16	3	2	13
5	10	11	8
9	6	7	12
4	15	14	1

Pedro Fiori Arantes

ARQUITETURA NA ERA DIGITAL-FINANCEIRA

Desenho, canteiro e renda da forma

Prefácio de Sérgio Ferro

editora 34

EDITORA 34

Editora 34 Ltda.
Rua Hungria, 592 Jardim Europa CEP 01455-000
São Paulo - SP Brasil Tel/Fax (11) 3811-6777 www.editora34.com.br

Copyright © Editora 34 Ltda., 2012
Arquitetura na era digital-financeira © Pedro Fiori Arantes, 2012

A FOTOCÓPIA DE QUALQUER FOLHA DESTE LIVRO É ILEGAL E CONFIGURA UMA
APROPRIAÇÃO INDEVIDA DOS DIREITOS INTELECTUAIS E PATRIMONIAIS DO AUTOR.

A Editora 34 agradece às seguintes pessoas
pela cessão de imagens reproduzidas neste livro:
Ciro Miguel (pp. 77, 213), Guilherme Wisnik (pp. 25, 29, 89b, 233),
Ivan Limongi (p. 27), Leonardo Finotti (p. 95b), Luiz Florence (p. 127b),
Mylena Fiori (p. 113), Pedro Kok (p. 109a), Vanessa Grossman (p. 95a)

Imagem da capa:
Construção do Museu Guggenheim Bilbao, de Frank Gehry,
realizada pela empresa de engenharia espanhola Idom

Capa, projeto gráfico e editoração eletrônica:
Bracher & Malta Produção Gráfica

Revisão:
Juliano Gouveia dos Santos, Camila Boldrini

1ª Edição - 2012

Catalogação na Fonte do Departamento Nacional do Livro
(Fundação Biblioteca Nacional, RJ, Brasil)

Arantes, Pedro Fiori
A662a   Arquitetura na era digital-financeira:
desenho, canteiro e renda da forma / Pedro Fiori
Arantes; prefácio de Sérgio Ferro. — São Paulo:
Editora 34, 2012 (1ª Edição).
368 p.

ISBN 978-85-7326-500-2

1. Arquitetura contemporânea - História
e crítica. 2. Cultura contemporânea e capitalismo.
I. Ferro, Sérgio. II. Título.

CDD - 720.01

ARQUITETURA NA ERA DIGITAL-FINANCEIRA
Desenho, canteiro e renda da forma

Prefácio, *Sérgio Ferro* 7

Introdução: Estrelas da exceção 17

1. As formas da renda 21
    Um milagre em Bilbao 22
    McGuggenheim na Guanabara 40
    As marcas da arquitetura
    e a arquitetura das marcas 53
    Arquitetura, experiência
    e subjetividade pós-moderna 67
    Monolitos, vazios e vertigens 84
    Superfícies fluidas e peles tatuadas 97
    Renda, juro e fetiche 114

2. O desenho programado 123
    Uma obra inexequível
    no centro do capitalismo avançado? 124
    O canteiro do desenho 128
    A prancheta digital e o clique no *mouse* 136
    Nascem flores de aço 147
    A automação da forma 161
    Ideologia e economia das formas complexas 170

3. Canteiro um pra um 177
    A atualidade da forma-canteiro 178
    O robô-pedreiro 191
    Fluxo contínuo 205
    O *digital master-builder* 216
    Canteiro híbrido 224
    Migrações e violações 236
    O valor da forma difícil 252

4. Em circulação 261

A imagem da arquitetura
e a arquitetura como imagem 262

Arquitetura em revista 274

Prestígio e poder no campo arquitetônico 288

O turismo da aura 307

Distribuição de renda 317

Distribuição de medalhas 325

Conclusão: A próxima fronteira 335

Referências bibliográficas 347

Índice onomástico 361

Sobre o autor 367

PREFÁCIO

Sérgio Ferro

Pedro Arantes me convidou para prefaciar este livro. Aceitei agradecido e honrado. Entretanto, ao lê-lo e relê-lo, me dei conta de que não precisa de prefácio — pelo menos no sentido de comentário que agregue qualquer coisa à sua compreensão.

Explico-me. Ele propõe um modelo de interpretação específico do novo ciclo da arquitetura, um modelo rigoroso em sua articulação teórica, completo, original, suficientemente abrangente e preciso na definição de seu objeto, muito mais explicativo que outros modelos anteriormente propostos. Não exagero. Comparem sua tese com as mais divulgadas de outros marxistas sobre a arquitetura pós-moderna, como as de Jameson, Eagleton ou Anderson, por exemplo. O contraste é chocante. Apesar de algumas observações estimulantes, fascinados por seu objeto, discorrem sobre a arquitetura com conceitos transversais, supostamente comuns a todas as artes. Com o que, obviamente, passam por cima de determinações mais essenciais e específicas da arquitetura. Em particular de sua enorme imbricação com uma das atividades centrais de nossa economia, a construção. Contrariando suas simpatias pelo marxismo, desconhecem a advertência de Marx: "[...] é totalmente errado (falso) [...] reter [...] somente os resultados finais sem o processo que os mediatiza; não reter senão a unidade sem a diferença, a afirmação sem a negação".[1] Esquecimento grave, lacuna teórica responsável pela escamoteação de questões embaraçosas mas incontornáveis: antagonismo entre concepção e realização, exploração, lucro, renda etc. Permanecem cautelosamente na área do consumo formal, do juízo de observação, da contemplação.

O modelo de Pedro Arantes tem outra amplitude. Examina primeiramente seu objeto em si e no cruzamento de suas relações recíprocas com suas determinações externas sincrônicas. A seguir, restitui o processo diacrônico que o mediatiza. Parte da delimitação precisa de seu tema: a arquitetura

---

[1] Karl Marx, *Grundrisse*. São Paulo: Boitempo, 2011, p. 144.

espetacular dos arquitetos-estrela contemporâneos. Procede segundo o exemplo adorniano: leitura interna, plástica, da forma específica na qual detecta a marca da pressão do contexto socioeconômico. Mas não enquanto ilustração ou ícone, como encarnação particular ou manifestação mediada pela especificidade da atividade arquitetônica. Este cuidado analítico conduz Pedro Arantes a fixar conceitos fundamentais como o da "renda da forma" — indispensável a partir de agora. A mesma pontaria teórica permite que recorra com proveito a trabalhos pioneiros como os de David Harvey e Otília Arantes.

A seguir, acrescenta o exame da formação de seu objeto. No segundo e terceiro capítulos, decodifica os polos complementares e opostos nos quais o capital cindiu a produção da obra construída: concepção e realização — o desenho (que não é mais desenhado) e o canteiro (que não cabe mais no singular). Enquanto o primeiro concentra mais e mais todas as decisões, inclusive operacionais (Pedro discute um novo gênero de *master-builder*), acentuando patologicamente a divisão entre trabalho intelectual e material, o canteiro, inversamente, sofre o esquartejamento de seu corpo produtivo em subfunções heterogêneas, dispersas no tempo e no espaço, diferentemente qualificadas e exploradas. Aqui sim, o termo derridadiano emprestado abusivamente para festejar trejeitos da concepção — desconstrução — poderia ser aplicado com triste adequação. O desmonte real é o do corpo produtivo, não o do desenho, sempre monocefálico enquanto prescrição autoritária, por mais absurdo e incoerente que seja. Este desmonte visa e permite a exploração agravada do trabalho pelo concubinato desequilibrado entre o capital produtivo e o financeiro.

Pedro Arantes conclui com um capítulo quase irônico: descreve dois procedimentos de rarificação. O primeiro trata da limitação do número das marcas de prestígio — isto é, de arquitetos-estrela. A mídia e as instituições elitistas do campo selecionam rigorosamente um punhado restrito de vedetes — isto é, excluem a maioria. Em eco à concentração escandalosa do poder econômico, a elite da profissão concentra a tarefa acumulada de dar corpo a seus negócios e enfeitá-los com a aparência de monopólio simbólico. A existência de muitas marcas prestigiosas significa a vulgarização das marcas, portanto enfraquecimento de seu poder de distinção. Mas, num segundo passo, a lógica da renda, do efeito Bilbao, impõe em outro nível o inverso da marca, o objeto único, absolutamente singular. Missão impossível: os arquitetos-estrela devem parir oxímoros, antinomias — o igual (a marca) e o desigual (a obra radicalmente única). Selecionados em função de seus tiques formais feito logotipo, devem abandonar os tiques para obter a singularidade total de sua obra — mas de tal modo que o logotipo possa ser, mesmo assim, reconhecido. Esquizofrenia metódica. Os mais espertos logo vão ao extremo: copiam a moeda. Põem-se como uma espécie de equivalente universal, de medida comum de obras díspares. Reduzem o logotipo ao nome e dispensam os tiques. Como o ouro, seu nome garante o valor das mais diversas mercadorias, todas únicas em seu corpo diferenciado. Vantagem adicional: os arquitetos-estrela podem assim explorar vários módulos de projeto, cada qual com seus arquitetos assalariados e seus respectivos tiques, todos batizados com o nome da estrela. Em seus escritórios, Jean Nouvel nem mesa tem. Como as empresas ideais: sem fábricas próprias, o sonho do novo capital.

Ao terminar a leitura deste livro, poderíamos (deveríamos) recomeçá-la. Armados agora com o conhecimento das várias e sutis relações recíprocas entre todos os momentos percorridos, perceberíamos com mais acuidade o todo coeso de seu modelo. Sua organicidade contraditória. Por isso, repito: ele não requer prefácio — mas várias leituras.

Contudo, se não requer prefácio, posso propor um parergo, um adendo dispensável no dizer de Kant. Parece-me conveniente, para situar a contribuição de Pedro Arantes, indicar em grandes linhas as tônicas do ciclo precedente — abandonadas, modificadas ou mantidas no atual. Conveniente, mas não indispensável.

Vamos lá.

"[...] no processo de produção do capital [...] o trabalho é uma totalidade — uma combinação de trabalhos — da qual as partes constitutivas são estrangeiras umas com relação às outras, de sorte que o conjunto do trabalho, enquanto totalidade, não é obra do operário [...] em sua combinação este trabalho aparece a serviço de uma vontade e de uma inteligência estrangeira, dirigido por esta inteligência — tendo sua unidade animadora fora dele [...] [mas se o trabalho] reconhece os produtos como sendo seus produtos e julga esta separação das condições de sua realização como inaceitável e imposto pela força, isto representa uma imensa [tomada de] consciência, que é ela mesma o produto do modo de produção fundado pelo capital, e que toca o sino de sua morte [...]"[2]

---

[2] *Idem*, pp. 386-7 e 380.

Se considerarmos a história longa da arquitetura, o lento movimento de suas determinações mais essenciais, de seu fundamento, podemos distinguir três grandes ciclos quanto à sua produção material (o que não exclui outras periodizações baseadas em outros critérios e em outros níveis). O classicismo (termo que utilizo para nomear a arquitetura entre o século XVI e o XX, incluindo o maneirismo, o barroco, o neoclássico etc.) corresponde ao período do capital fundado na subordinação formal do trabalho. O modernismo, segundo ciclo longo, corresponde ao capital fundado na subordinação real do trabalho (quase real na arquitetura). Os dois ciclos cobrem respectivamente os períodos de ascensão e de hegemonia do capital produtivo. O terceiro ciclo, estudado aqui por Pedro Arantes, corresponde à nova etapa do capital: a da subordinação do capital produtivo ao financeiro. O fundamento comum aos dois períodos anteriores — o conflito entre capital e trabalho — não se atenua. Ao contrário, se agrava. Mas passa a ser sobredeterminado pela disputa entre os dois tipos de capital. Na briga pela divisão da mais-valia, o capital financeiro dominante impõe transformações drásticas na maneira de produzir a arquitetura — e de angariar renda com ela. Pedro Arantes elaborou a teoria destas transformações. Não avança somente como mais um texto de crítica arquitetônica: inaugura a compreensão justa do último e atual ciclo da história longa da arquitetura sob o signo do capital.

Os dois ciclos anteriores terminam com a reação destrutiva do capital diante de ameaças tangíveis de "imensas [tomadas de] consciência" e do "tocar de sinos". Tanto o classicismo como o modernismo são desmantelados quando o próprio modo de produzir gera as condições de sua superação pelo mundo do trabalho — contra as quais o capital reage. Reage em dois momentos (não necessariamente cronológicos): destruição do modo de produção que se tornou perigoso e procura tateante de um modo de produzir alternativo.

Na virada do século XIX ao XX, o modernismo atinge a maioridade. Encontra os meios para superar a dependência da construção para com os *métiers* tradicionais. A subordinação somente formal do trabalho se confronta constantemente com a possibilidade de insubordinação e do *métier* monopolizável pelos trabalhadores ser utilizado como arma. No fim do século XIX esta possibilidade torna-se aguda. O capital responde à ameaça com a industrialização. Impossível na construção (Pedro Arantes discute o porquê), a industrialização é substituída pela troca dos materiais tradicionais por outros não monopolizáveis pelos trabalhadores, como o concreto e o ferro, e pelo aumento do controle central da produção, um *Ersatz* de subordinação real.

Pela primeira vez desde a Renascença, o desenho separado parece objetivamente justificado, o progresso técnico na fabricação complexa dos novos materiais e científico no controle das necessidades construtivas e funcionais tornam-se motivo de orgulho — assim como a marginalização dos *métiers*, motivo de alívio. Em princípio, o desenho pode agora corresponder à construção real. Somem o clássico e suas variantes, meras capas para encobrir a linguagem indispensável mas detestada dos *métiers*. Os novos materiais podem vir à tona e exibir enfaticamente a sabedoria de seu traçado.

Entretanto, o desenho separado não é somente, nem prioritariamente, desenho do objeto de uso ou contemplação. Sua função primeira é reunir a força de trabalho dispersa e reuni-la aos meios de produção também apropriados pelo capital, "de sorte que o conjunto do trabalho, enquanto totalidade, não é obra do operário [...] em sua combinação, este trabalho aparece a serviço de uma vontade e de uma inteligência estrangeira [...] tendo sua unidade animadora fora dele [...]".[3] O que é uma verdade estrutural na indústria, põe-se na forma do desenho arquitetônico de modo veemente, exatamente por não ser tão verdadeiro na manufatura da construção. A lacuna é compensada, de novo, por uma capa. Mas uma capa que agora quer reciclar a nova potência da "unidade animadora" e sua auto-satisfação com suas conquistas técnicas e científicas. Daí o caráter paradoxal do desenho modernista: mente, mas no colo da verdade. Ou dilui a percepção das proezas técnicas chamando a atenção para o "jogo dos sábios volumes" (manipulação dos interpretantes) ou as fantasias de prefigurações vanguardistas de proezas imaginárias (manipulação icônica). O desenho exalta o capital produtivo hegemônico e suas reais contribuições progressistas — enganado, no entanto, quanto a sua manifestação aqui e agora. Como se se disfarçasse em si mesmo.

Ora, emerge então um segundo paradoxo montado no primeiro. A capa modernista destinada a evitar que "[o trabalho] reconheça os produtos como sendo seus produtos", ao disfarçar-se numa variante verossímil de si mesmo, da verdade construtiva avançada, facilita o reconhecimento que quer evitar. Facilita o reconhecimento — e a reapropriação pelo trabalhador.

Quando cheguei na França, em 1972, num clima social ainda agitado pelo movimento operário de 1968, acompanhei a formação de vários coletivos autogeridos compostos por operários e técnicos da construção, inclusive arquitetos. No primeiro tempo, funcionavam bem, sem hierarquias e

---

[3] Karl Marx, *O Capital*. São Paulo: Abril Cultural, 1983, p. 263.

Prefácio

divisão estanque do trabalho, salários iguais etc. Sua linguagem plástica: a do modernismo, mas atento à realidade efetiva do canteiro. Duraram pouco, como a maioria das experiências autogestionárias do período. Elas assustavam demais, após o pesadelo vivido pelas elites políticas e econômicas diante da maior greve geral ilimitada da história da Europa, ocupação em massa das grandes indústrias — e de sua repercussão mundial. Havia chegado o momento de mudar o modelo produtivo de novo — começando por asfixiar os ensaios autogestionários. E, entre outras medidas, renegar o perigoso modernismo, como o modernismo renegara o classicismo dos *métiers*.

Mas mudar, sair do modernismo, não pressupõe saber o que pôr em seu lugar. (A negação determinada não tem rumo predeterminado. Não ser mais isto não implica necessariamente ser aquilo.) O período que segue imediatamente a 1968, para os aterrorizados, só comporta uma certeza: é preciso destruir o que o tornou possível. Os grandes complexos produtivos (o foco das principais greves, das importantes concentrações operárias, das lutas bem-sucedidas por direitos sociais etc.) são decompostos — "desconstruídos". Na euforia hegemônica do pós-guerra, o capital produtivo se distraiu: reuniu nestes complexos um corpo produtivo numeroso que quase passou a constituir um trabalhador coletivo por si, consciente de seus direitos e de sua força. Um absurdo descuido. A luta de classes muda então de sentido e de polo ofensivo: o capital reage com violência e rancor, ao verificar que, apesar do estrondoso progresso dos "trinta (anos) gloriosos" (mais ou menos 1945-1975), seus lucros não foram extraordinários. O *welfare state* é perigoso e custa caro. É preciso acabar com ele.

Pouco a pouco, aproximadamente entre 1975 e 1990, surgem na desordem os instrumentos para garrotear a produção e eliminar os focos e as condições para a emergência de concentrações operárias solidárias. Hoje, todos os conhecemos: a ideologia neoliberal, o toyotismo, a produção flexível por projetos, a deslocalização, a desregulamentação, a hegemonia do capital financeiro, a informática, as empresas sem fábricas etc. A hegemonia do capital produtivo entra em crise.

Na arquitetura, o desmonte do modernismo adota um tom exaltado, sintomático da ausência ainda de alternativa construtiva. À crítica dos grandes complexos produtivos corresponde a crítica dos grandes empreendimentos imobiliários de vocação social. Multiplicam-se as denúncias contra os conjuntos habitacionais e seus blocos de edifícios em concreto (esquecendo-se de que Paris, a cidade mais invejada, foi recoberta em 60% de sua área por blocos praticamente idênticos no tempo de Haussmann): feios, monótonos, desumanos... (e que hoje se destinam a habitações populares, logo trans-

formadas em guetos sociais; morei dez anos em uma delas e gostei muito).
Portzamparc e outros do mesmo naipe propõem substituí-las por pequenos
conjuntos de apartamentos dessemelhantes com jardinzinhos para candida-
tos a cândidos — ou seja, pequenos canteiros mais controláveis. Contra o
"estilo internacional" — isto é, soluções genéricas para problemas genéricos
— são promovidas tipologias locais, variantes formais etc. E assim por diante. Quando a pressão da esquerda entra em depressão profunda, o desafogo
e o desmonte tomam a forma debochada do pós-modernismo venturiano ou
variante, sob a atenção sisuda e cega da crítica. Assim, o antimodernismo
reacionário (e reativo contra a insubordinação latente), rapidamente adotado pela mídia, faz uma pirueta: sem jamais apontar seus graves compromis-
sos reais, transforma os avanços do modernismo em defeitos — em particular sua racionalidade e universalidade potenciais. O novo ciclo será o do
singular irracional. Não pós-modernista — mas anti-modernista.

Após esse passo para trás, esse lembrete, um passo para o lado do presente.

Pedro Arantes é excelente arquiteto. Mas a arquitetura que exerce é,
ponto por ponto, contrária à que analisa aqui. Ele participa da Usina, associação de arquitetos e outros técnicos que colaboram em canteiros de obras
autogeridas, nos quais as relações de produção também são opostas às descritas em sua tese: dignas, respeitosas, geradoras de um potencial transfor-
mador que extrapola o campo limitado da arquitetura. Apesar das enormes
dificuldades econômicas, políticas e institucionais, o que produz é de alta
qualidade. A maioria das outras realizações, públicas ou privadas, de conjuntos de habitações populares não suporta a comparação.

A crítica exigente e justa de Pedro Arantes à arquitetura dominante tem
o lastro indispensável de sua prática alternativa — a de uma arquitetura de
produtores livremente associados.

É hora de encerrar meus comentários e passar, com respeito carinhoso,
a palavra a ele.

Ao querido professor Jorge Hajime Oseki
(in memoriam)

Ao meu tio Roque G. Fiori,
que me ensinou a gostar de arquitetura
e a desconfiar dos arquitetos

Introdução
ESTRELAS DA EXCEÇÃO

Nas duas últimas décadas a arquitetura embarcou definitivamente no universo midiático das logomarcas, a ponto de as obras serem concebidas para gerar rendas de um novo tipo, que não apenas a velha renda fundiária. Os novos edifícios são desenhados para circular como se fossem *logotectures*.[1] A sofisticação técnica ostensiva, a diferenciação das superfícies e a exuberância formal passaram a ser requisitos para constituir imagens arquitetônicas exclusivas, capazes de valorizar os investimentos e, consequentemente, as cidades que os disputam.

Com a passagem da prevalência histórica do capital industrial para a hegemonia das finanças globalizadas — o reino do capital fictício, segundo Marx —, surgem, nas novas paisagens urbanas, figurações surpreendentes produzidas por uma arquitetura de ponta, aquela que explora os limites da técnica e dos materiais, quase sem restrições, inclusive orçamentárias. O que se vê por toda parte são formas que aparecem como o exato contrário da sobriedade tectônica e espacial, submetidas, via de regra, ao rigor da geometria euclidiana, que dominava a arquitetura moderna. Em sua "liberdade" inventiva, alimentam-se, nesta nova fase do capitalismo, de um paradoxo técnico-formal: quanto mais polimorfo, retorcido, desconstruído ou "liquefeito" o edifício arquitetônico — que deveria ser o objeto construtivo, material e estável por excelência —, maior seu sucesso de público e, portanto, seu valor como imagem publicitária.

A nova condição da arquitetura — o novo fetiche da forma, as técnicas digitais de projeto, as formas de organização dos canteiros de obra — será interpretada tomando como fio condutor projetos dos arquitetos mais premiados com as altas condecorações do "campo". Eles são os arquitetos-estrela, os super-heróis da nossa profissão e difusores da ideologia da "grande

---

[1] Ou "arquitetura logo", no sentido de edifícios emblemáticos que funcionam como logos de marcas corporativas. O termo é empregado no documentário de Sidney Pollack, *Sketches of Frank Gehry* (2005).

arquitetura" como fato urbano excepcional (ou de exceção). Possuem escritórios cada vez mais geridos como empresas, participam de concursos midiáticos, tem senso aguçado de oportunidade, movimentam o debate cultural, escrevem, induzem campanhas publicitárias e são divulgados mundialmente nas revistas de arquitetura, ocupando o imaginário dos demais profissionais e, sobretudo, dos estudantes, como modelos a seguir. Neles estão resumidas as promessas que a disciplina ainda é capaz de fazer enquanto "faculdade" que estimula a fantasia construtiva das classes dominantes. Nesse sentido, estudá-los significa questionar tanto seu poder quanto o modo como conduziram tal disciplina, definindo os critérios hegemônicos para o julgamento de projetos, obras e carreiras.

Do ponto de vista da acumulação capitalista, suas obras são exceções e não a regra na produção social do espaço. Exceções em diversos sentidos. Embora respondam por menos de 0,1% da produção arquitetônica mundial, ocupam a quase totalidade das revistas especializadas, das exposições e prêmios, além de se tornarem parâmetros para o sucesso profissional. O tipo de valorização que promovem é de outra natureza que a do mercado imobiliário *stricto sensu*. Essas obras, em geral, não estão diretamente à venda, apesar de muitas vezes fazerem parte de estratégias de "cidades à venda" ou da valorização das marcas. Seu valor de uso é o de representação e distinção. Elas não compõem o tecido urbano corriqueiro e, em geral, não precisam obedecer às legislações de uso do solo. São exceções que pretendem constituir-se em "fatos primários" da cidade e reconhecidos como monumentos, mesmo quando a encomenda é privada. A renda que geram é similar, porém diferente, da renda fundiária. É uma renda monopolística intrínseca à sua forma arquitetônica única e espetacular.

Por isso, essa arquitetura obtém mais dividendos na circulação do que com sua produção; ou melhor, sua produção é comandada pelos ganhos advindos da sua divulgação midiática e da capacidade de atrair riquezas (por meio de investidores, turistas, captação de fundos públicos etc.). Trata-se de uma arquitetura que circula como imagem e, por isso, já nasce como figuração de si mesma, num círculo tautológico de redução da experiência arquitetônica à pura visualidade, resultado da busca incessante pelo ineditismo e pela "renda da forma".

Nesses projetos, os softwares mais avançados podem ser empregados, além de máquinas programáveis e até robôs, mas o velho artesão e a exploração sem peias do trabalho precarizado e migrante continuam na base. Essas obras mobilizam forças produtivas também no sentido de alternar recorrências e excepcionalidades, como a aplicação pioneira de novos materiais e técnicas (ou a retomada de habilidades artesanais e de outros campos produtivos) que não estão à disposição da produção imobiliária corriqueira. São, desse modo, agentes de uma inovação restrita, que não quer se democratizar, pois o segredo de sua rentabilidade é a manutenção do monopólio, isto é, da exceção.

As mudanças que analisaremos nas técnicas de representação, de produção e no padrão das formas arquitetônicas indicam uma ruptura maior do que a crítica ao pós-modernismo deu comumente a entender. Podemos estar entrando numa nova fase de percepção, produção e consumo do fato arquitetônico que parece modificar alguns dos principais fundamentos das fases anteriores. Alguns deles que datam do Renascimento, e que permaneceram por séculos, estão agora sendo alterados e mesmo postos de ponta cabeça. Não é improvável que estejamos vivendo uma inflexão de proporções similares à revolução promovida por Brunelleschi, decorrente da conjunção entre dominância financeira e novas tecnologias digitais. A ideologia do todo poderoso *master-builder* é revivida, mas agora sob o arbítrio da era digital e amparada pelos novos modelos multidimensionais de gestão de informações de projeto, como "ideação" arquitetônica transformada em programação total.

A dissolução do fato arquitetônico é recorrente em diversos exemplos que abordaremos: desde edifícios que desaparecem em meio a nuvens ou tornam-se etéreos como balões, paredes móveis, torres que só existem por efeitos de luz, arquitetos que automatizam a morfogênese por meio da computação, robôs que substituem pedreiros, até a formação de um círculo autorreferente, no qual a arquitetura nasce para virar imagem de si mesma. O tipo de valorização que está associada a essa arquitetura acaba por conduzi-la cada vez mais a uma paradoxal experiência imaterial. Este, o grau zero da arquitetura, reduzida a mero significante, um jogo de formas, aparentemente sem regras e limitações de qualquer espécie, em busca do grau máximo da renda.

A resposta a esse estágio terminal a que chegou a arquitetura não necessariamente precisa estar restrita a uma retomada das premissas funcionalistas, acrescida da moral severa do construído, embora um pouco de honestidade construtiva não faça mal a ninguém. Certamente escolas, hospitais, moradias populares e obras de saneamento e transportes fazem parte de uma agenda antiespetacular da arquitetura, um programa de necessidades que ainda não foram plenamente atendidas — nos países centrais, se degradam progressivamente, e, nos periféricos, mal foram enfrentadas. A desmontagem do *welfare* (bem-estar social) e sua compensação ilusória com

Introdução: Estrelas da exceção

políticas de "animação cultural" e, agora, de "estímulo dos sentidos", fazem parte de uma ampla derrota política dos trabalhadores desde o final dos anos 1970. Uma resposta a isso, certamente, está fora das possibilidades de intervenção exclusiva da arquitetura, o que não significa que ela não deva escolher o seu lado.

1.
AS FORMAS DA RENDA

A arquitetura na era digital-financeira ampliou enormemente o repertório de formas e técnicas à sua disposição. O cubo modernista foi desmontado e em seu lugar uma profusão de volumes irregulares e de formas complexas ocupou a cena. As novas tecnologias digitais, de projeto e produção, bem como os novos materiais e as encomendas, que sempre solicitam novidades aos arquitetos, permitiram que fossem realizadas obras inimagináveis há poucas décadas. Turbinando esse processo está a injeção de capitais e fundos públicos atrás de ganhos especulativos de novo tipo, decorrentes do efeito de atração que esses edifícios produzem — o que denominamos "renda da forma".

Temas como a produção massificada e o planejamento das cidades, que foram recorrentes na arquitetura moderna, saíram de pauta. Numa sociedade dita pós-utópica em que o capital supostamente não encontra mais adversários, a "ideologia do plano"[2] deu lugar à produção de efeitos espetaculares em edifícios isolados, que seriam capazes, por si só, de ativar economias fragilizadas, atrair turistas e investidores, e redefinir a identidade de sociedades inteiras. Para tanto, os arquitetos renomados rechaçam a massificação e buscam a diferença a todo custo em obras únicas de grande poder simbólico, nas quais se exprimem, a um só tempo, o novo poder da economia política da cultura e a crise dos programas de bem-estar social.

Nosso ponto de partida não poderia deixar de ser a obra-símbolo — em vários níveis — dessa guinada: o museu Guggenheim de Bilbao, projeto de Frank Gehry. Essa obra reaparecerá em todos os capítulos deste livro, pois concentra em si inovações na forma, na técnica de projeto, na produção em canteiro, na projeção midiática de suas imagens e na maneira de obter ganhos simbólicos e materiais por parte de diversos agentes que dela se beneficiaram.

---

[2] Termo adotado por Manfredo Tafuri (*De la vanguardi a la metrópoli*. Barcelona: Gustavo Gili, 1972) e outros autores para definir o programa de vanguarda do movimento moderno para a planificação funcional das cidades, uma das ideologias reformistas mais ambiciosas do século XX.

A multiplicação do "Efeito Bilbao" foi mundial, inclusive no Brasil, referido neste capítulo por meio de algumas obras de arquitetos internacionais que passaram por aqui.

Analisamos a seguir como a arquitetura se aproxima da lógica das marcas, na produção de valores imateriais com significado econômico. Não por acaso, os mesmos arquitetos dos museus também são chamados para desenhar lojas de grife e consolidar visualmente os atributos de cada marca. As afinidades entre a "alta arquitetura" e a "alta costura" ocorrem em diversos planos, inclusive na dissociação progressiva da autoria em relação às marcas, como acontece na indústria do luxo. Não apenas a arquitetura serve às marcas, como os arquitetos viram marcas e emprestam seu nome aos produtos de grandes escritórios, em um dos casos que analisamos, sob a tutela de um fundo de investimentos.

A função na arquitetura também se expande até atingir dimensões sensoriais cada vez menos utilitárias. A arquitetura deve então fornecer experiências únicas e memoráveis como parte do negócio. Para isso, é mobilizada uma enorme gama de materiais, efeitos cromáticos, sistemas de iluminação e ornamentos digitais. Nas interpretações de diversos projetos, surgem obras que parecem fugir parcialmente à regra, nas quais se encontra o vestígio de uma arquitetura crítica ou mais atenta ao material. Descrevo um movimento geral sem deixar de verificar essas pequenas dissonâncias, ou anomalias, que, contudo, acabam, cedo ou tarde, enquadradas pelo esquema de valorização midiática. Por fim, essa nova mercadoria arquitetônica, que difere fundamentalmente dos preceitos da sua produção no período moderno, é investigada sob o ponto de vista da formação do fetiche e de seus fundamentos econômicos, que combinam renda e valor de modo singular.

Um milagre em Bilbao

No dia 7 de setembro de 1997, a imagem do novo Guggenheim de Bilbao, que seria inaugurado no mês seguinte, foi matéria de capa da *New York Times Magazine* com uma manchete que não deixava por menos: "Uma obra-prima da atualidade". Nas páginas internas, Herbert Muschamp, crítico de arquitetura do mais influente jornal do mundo, tampouco economizava entusiasmo e metáforas: "Milagres ainda ocorrem e um dos maiores está acontecendo aqui [em Bilbao]". E assim continuava: "O Museu Guggenheim de Frank Gehry ainda não foi inaugurado, mas as pessoas já estão indo em revoada para Bilbao ver o edifício tomar forma. Você esteve em Bilbao? Nos círculos arquitetônicos, essa questão virou uma senha. Você viu a luz? Você viu o futuro? [...] Pois se você quiser ver o coração da arte americana de hoje, vai precisar de um passaporte [...]. É uma razão real para gritar, perder a compostura, atirar os chapéus ao ar. É uma vitória de todos quando alguém de nós descobre o caminho em direção à liberdade, como Frank Gehry fez em Bilbao".[3]

Naquele mesmo mês, antes de o edifício ser aberto ao público, a entrega do principal prêmio de arquitetura do mundo, o Pritzker,[4] ao arquiteto norueguês Sverre Fehn foi realizada ainda no canteiro de obras. Curiosamente, Fehn é autor de uma arquitetura discreta, oposta à de Gehry, sóbria e integrada ao lugar, própria aos mestres escandinavos. Os arquitetos que se encontravam na cerimônia de premiação, como era de se esperar, só tinham olhos para o cenário. Uma única e rara nota dissonante — "uma construção feita para o culto quase narcisista da arquitetura" —, de Francisco Mangado, foi sufocada por uma revoada retórica de elogios: "um espetáculo espacial impressionante e uma fluência escultórica que assimila todas as culturas formais da modernidade" (Bohigas); "Gehry sintetizou as aspirações da arquitetura deste século" (Hans Hollein); "uma obra-prima que exteriormente parece livre e imprevisível, como uma planta selvagem na paisagem da cidade, mas que reordena magistralmente as energias dispersas em seu entorno" (Portzamparc); "o edifício de Gehry professa otimismo pretendendo mostrar a urgência de uma nova Bilbao, e a liberdade de sua arquitetura é um exemplo para aquela que Bilbao gostaria de desfrutar no futuro" (Rafael Moneo).

Quem se aproxima do museu vindo do centro da cidade, pela escura rua de Ramón Rubial, se depara com um enorme volume metálico disforme e reluzente interrompendo a linha do horizonte. Conforme o horário do dia e a luminosidade do céu, os reflexos adquirem tons e intensidades diferentes. As chapas que recobrem o museu são finas placas de uma liga à base de titânio, um metal nobre que, dada sua leveza e resistência mecânica e à corrosão, é utilizado para fins industriais, médicos (como próteses), aeronáuticos e militares (na fabricação de turbinas e bombas, por exemplo). Pela primeira vez foi empregado em grande escala em um edifício, com o objetivo de

---

[3] Citado em William Saunders (org.), *Judging architectural value*. Minneapolis: University of Minnesota Press, 2007, pp. 136-7.

[4] Falaremos mais dele no quarto capítulo.

conferir-lhe uma aparência suave e delicada, pois a folha de titânio fica levemente estufada, como um tecido. Conforme a luminosidade e umidade do dia, o metal pode brilhar como ouro. Gehry assim explica seu toque de Midas: "em Bilbao chove muito e a liga de titânio, em contato com a água, fica com a cor dourada; é um milagre".[5]

Cruzando a avenida Abandoibarra Hiribidea, chega-se à praça de acesso às bilheterias, que exibe em um outdoor as exposições *blockbusters* do momento. No trajeto predominam volumes ortogonais, em pedra amarelada de arenito, uma pequena concessão à cidade que o cerca, ao dialogar com suas formas, escalas e materiais. A entrada no museu se dá por meio de uma enorme escadaria, pois seu piso inferior está abaixo do nível da cidade, próximo à margem do rio Nervión. Nessa baixada, ao longo do rio, nos cais Evaristo Churruca e de La Campa de los Ingleses, ficavam galpões industriais e armazéns abandonados, que haviam sido desativados com a crise das indústrias metalúrgicas e dos estaleiros da região. Toda essa área passou então a fazer parte de um plano estratégico de revitalização das margens do rio, em um processo similar ao que ocorreu em Barcelona com a transposição do velho porto e a abertura da cidade para o mar, favorecida pela renovação urbana motivada pelas Olimpíadas de 1992.

A escadaria conduz ao átrio principal do edifício, que possui um pé direito de 53 metros de altura em seu ponto máximo. A escala monumental impressiona, sobretudo por desnortear visualmente. Olha-se para todos os lados, intensificando-se a sensação desestabilizadora própria das hipnoses. Passarelas e elevadores panorâmicos, cobertos por cachoeiras irregulares de vidro, simulam uma pequena cidade. O volume é construído por uma sequência de formas curvas escultóricas, em vários materiais: pedra, gesso, vidro e aço. Gehry afirma ter se inspirado no filme *Metrópolis* de Fritz Lang, mas o tom aflitivo de ansiedade social, característico do expressionismo alemão, é aqui substituído e desmentido pela leveza *pop* americana. As passarelas ondulantes dos três andares de exposição, contornando o átrio central, são uma citação sutil ao Guggenheim de Nova York, projetado por Frank Lloyd Wright em 1943 e inaugurado em 1959.

O museu abriga vinte salas de exposição e um auditório. As salas têm características expositivas diferenciadas. Metade delas é retangular e convencional, com a neutralidade da "caixa branca" dos museus modernos; o

---

[5] Entrevista a Miguel Mora, do jornal *El País*, reproduzida na *Folha de S. Paulo* de 31/1/2010.

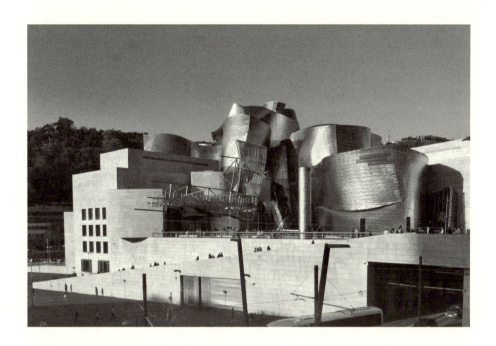

Museu Guggenheim Bilbao, projeto do arquiteto norte-americano Frank Gehry, construído na cidade basca entre 1992 e 1997.

piso é de madeira, a iluminação artificial e a sensação é a de se percorrer um espaço museográfico discreto, inesperado em um edifício exuberante e multiforme. A outra metade é composta por volumes irregulares, com pé-direito maior, paredes curvas, vigas à mostra, aberturas para luz externa, piso de concreto, e é destinada a abrigar arte contemporânea, instalações e grandes esculturas. A principal galeria, um enorme hangar com mais de cem metros de comprimento, abriga uma escultura permanente de Richard Serra, com suas placas ondulantes de aço corten.[6]

Do átrio é possível sair para um pequeno terraço, com vista para o rio Nervión e cercado por um enorme espelho d'água, que banha grande parte do museu até o limite do rio. Esse e outro espelho, na parte posterior do edifício, produzem efeitos cromáticos e de luz na superfície metalizada, ao mesmo tempo que a refletem irregularmente, multiplicando as formas fugazes e distorcidas, como num holograma. Defronte ao terraço, cruzando o espelho d'água e projetando-se sobre o rio, há uma passarela circular que se eleva suavemente. Ela compõe a praça pública que contorna o museu em face do rio e de onde o edifício se deixa contemplar como uma grande escultura. Desse lado, o museu é todo metálico e suas formas procuram sugerir uma certa continuidade com as águas do rio.

Observado dessa posição, o edifício parece um enorme encouraçado cubista. A analogia não é casual. Gehry pretendeu fazer uma referência à cultura marítima da cidade, que tinha como uma de suas principais atividades econômicas a indústria naval. Operários dos estaleiros colaboraram, inclusive, na construção da obra, na aplicação das placas de titânio sobre a estrutura metálica, como um casco de navio. A dança aquática das formas e a incidência irregular da luz nas superfícies metalizadas, quando vista por um observador em movimento, de fato faz com que o edifício pareça deslocar-se como uma nave tomada pelo desejo de uma leveza quase imaterial.

De outro lado, tal superfície, ora contínua e ondulada, ora com cortes abruptos e intersecção de volumes irregulares, esconde seus fundamentos construtivos para evidenciar a imensa massa escultural. O edifício produz no observador, como possivelmente acontecia com um quadro de Picasso no início do século XX, uma experiência de estranhamento em relação à sua composição não euclidiana, fora dos princípios clássicos: modulação, proporção, simetria, formas puras, ritmo e harmonia. O arquiteto realiza, assim,

---

[6] A escultura foi instalada no edifício ainda em obras, pois não teria como ser posicionada lá posteriormente.

Vistas do Guggenheim Bilbao a partir do rio Nervión,
que corta a cidade. Na imagem do alto, à esquerda,
a ponte de La Salve.

uma espécie de instabilidade semiótica proposital, que faz parte do seu gesto, presumidamente artístico e livre, como forma de fugir das matrizes visuais asseguradoras da modernidade e da tectônica arquitetural.

Visto como um edifício-escultura, não é fácil entender como foi construído, como é sua estrutura e onde ficam as salas de exposição recém-visitadas. Não há uma tectônica visível, como na arquitetura europeia tradicional, baseada na agregação e no peso da massa construída, obedecendo às leis da estática, e cujo espaço resultante é justamente o negativo dessa mesma massa. Na obra de Gehry não é a agregação que prevalece, mas a montagem de componentes leves e pré-fabricados (*assemblage*). A pele metálica externa e o gesso acartonado interno sobrepõem-se à estrutura, que fica encoberta, ocultando sua engenhosidade. O interior do edifício não corresponde ao seu exterior, ele guarda diversos vazios e espaços ocos, simplesmente residuais ou para instalações técnicas, que não são visíveis nem de dentro nem de fora. A construção é leve como um cenário, seguindo os princípios do *ballom frame*,[7] próprio à cultura construtiva norte-americana. Ou, como lembra Benevolo, vale-se da técnica corriqueira da armação oculta, normalmente utilizada em esculturas grandes e ocas, como a Estátua da Liberdade.[8]

Tal associação nos faz imaginar que a obra de Gehry talvez realize a fusão entre os dois arquétipos que inspiraram Venturi, Izenour e Scott Brown na definição de tipologias para a arquitetura americana: o "pato" e o "galpão decorado".[9] A forma pato, que remete a lanchonetes e *drive-ins* de beira de estrada, é um espaço oco condicionado por uma forma escultural que engloba em si a estrutura e o programa. O galpão decorado é, por sua vez, uma estrutura a serviço do programa, um refúgio convencional onde se aplica uma fachada ornamental, retórica e chamativa. Enquanto o pato é um edifício que simboliza nele mesmo a função, no galpão, um símbolo aplicado à fachada, como se fosse um *outdoor*, informa o seu conteúdo. Mesmo que não se possa fazer uma distinção clara na obra de Gehry entre fachada frontal e volume posterior, é possível notar que o museu tem uma frente retórica voltada para o rio, com sua fachada convulsionada, em titânio, e uma parte

---

[7] Sistema construtivo formado por pontaletes de madeira e paredes ocas e leves, muito empregado em galpões e casas pré-fabricadas dos subúrbios norte-americanos.

[8] Leonardo Benevolo, *A arquitetura no novo milênio*. São Paulo: Estação Liberdade, 2007, p. 205.

[9] Venturi, Izenour e Scott Brown, *Aprendendo com Las Vegas*. São Paulo: Cosac Naify, 2003, pp. 119-25.

Átrio do Museu Guggenheim Bilbao.

posterior com volumes mais convencionais, onde se destacam as caixas retangulares em arenito e se concentram as salas de exposição neutras e ortogonais. Mas a fachada retórica de Gehry não é apenas um outdoor cenográfico sobre um galpão, e sim um jogo complexo de volumes ocos e ornamentais, como um imenso pato, no caso, um navio. Desse modo, a obra contém em si as duas formas arquetípicas, e sintetiza os predicados da arquitetura americana a serviço do entretenimento, do comércio e da fantasia.

Ainda no que diz respeito à expressividade construtiva desse objeto exótico, o museu Guggenheim de Bilbao é o oposto do seu antecessor mais famoso, o Centro Georges Pompidou, em Paris, projetado por Renzo Piano e Richard Rogers. Neste último, a estrutura está toda à mostra, como um grande Mecano: as tubulações das instalações elétricas e hidráulicas, de ventilação, os elevadores e as escadas são vistos por quem está na rua. As lajes internas ficam, assim, completamente livres de obstáculos e interferências e favorecem os mais diversos usos e possibilidades de organização espacial. A estética industrial é ao mesmo tempo expressiva e colorida, inspirada nos desenhos de ficção científica do Archigram ou ainda na imagem *pop* do *Yellow Submarine*, dos Beatles. O museu francês é, assim, ao mesmo tempo, um elogio e uma paródia do *high-tech*, e certamente uma aula pública sobre o comportamento das estruturas e o funcionamento de um edifício complexo como aquele.

Na obra de Gehry tudo isso permanece oculto, com exceção dos elevadores panorâmicos que adquirem uma teatralidade similar à do hotel Bonaventure, de Portman, em Los Angeles. Apesar da alta tecnologia empregada na obra, como veremos nos próximos capítulos, ele não pretende extrair sua expressividade dos elementos estruturais *high-tech*, mas da imensa superfície reflexiva e dos volumes que a conformam e permitem luminosidades diferentes e mutantes. A cenografia de Gehry culmina com o abraço à ponte de La Salve, ao lado da qual ele construiu um enorme totem — um marco na entrada da cidade. Sua fachada é toda de placas de pedra, em referência às antigas portas ou arcos de acesso às cidades. Porém, deixa ver por trás sua estrutura metálica de suporte como um elemento de cenografia, mais uma vez ironizando a estática e provocando um choque entre o referente e o referencial.

O maior feito de Gehry, contudo, não é a forma do edifício, mas a maneira como ele foi inserido na cidade, sua escala e a relação que estabelece com a paisagem urbana e as colinas verdes que cercam Bilbao. O museu reordena seu entorno imediato e a cidade como um todo. Gehry decompôs o campo perspéctico em múltiplos pontos de fuga que dão a sensação de movimento e instabilidade, ao mesmo tempo que criou um ponto focal para Bilbao. Ele produziu, assim, uma "gigantesca máquina perspéctica",[10] similar à que executou Brunelleschi em Florença, quinhentos anos atrás, com a Igreja de Santa Maria del Fiore. Como veremos nos próximos capítulos, as similaridades são ainda maiores, pois a obra de Gehry também foi responsável por importantes transformações nas forças produtivas, assim como nas técnicas de representação e de construção. Segundo o arquiteto: "creio que o verdadeiro milagre não é projetar edifícios, pois posso ter algum talento, o milagre é conseguir que cheguem a ser construídos. Não creio que estejamos nos dando conta verdadeiramente da revolução que este edifício representa para o setor da construção".[11]

O significado e o vulto da obra — uma construção de 97 milhões de euros e com objetivos especulativos — favoreceram a sequência de inovações técnicas que analisaremos mais à frente. Por enquanto, nos interessa notar que o uso de alta tecnologia e de um metal nobre como o titânio não são acidentes de percurso, mas sinalizam uma importante inflexão na carreira de Gehry. Até os anos 1980, a obra do arquiteto era caracterizada, sobretudo, por suas casas desrespeitosas em bairros chiques de subúrbio, como a sua própria, em Santa Mônica, que, por seu aspecto de galinheiro, deixou os vizinhos exasperados — pequenas experimentações com o humor e a agressividade herdados da contracultura californiana. Gehry subvertia a padronização das casas (de fachadas de pastiche neoclássico) com suas construções irreverentes, realizadas com materiais baratos e fora de contexto, como chapas metálicas corrugadas, compensados de madeira, tábuas de pinus, placas de papelão, telas de alambrado e pinturas coloridas.

Ele compartilhava algumas de suas obras e princípios projetuais com artistas *pop* como Claes Oldenburg e Coosje van Bruggen, que utilizavam materiais precários, sucata industrial e exploravam em suas esculturas um figurativismo sarcástico. O próprio Gehry fez pesquisas figurativas em suas obras, explorando sobretudo a forma de um peixe, que reaparece em diversos de seus trabalhos. Nesses peixes, que irrompem no distrito de negócios de uma cidade no Michigan, em luminárias, em exposições, em um restaurante em Kobe ou na entrada da Vila Olímpica de Barcelona, a relação entre

---

[10] A expressão é de Giulio Carlo Argan, em "O significado da cúpula", *História da arte como história da cidade* (1983). São Paulo: Companhia das Letras, 1992, p. 95.

[11] Citado em César Caicoya, "Acuerdos formales: el museo Guggenheim, del proyecto a la construcción", revista *Arquitectura Viva*, nº 55, 1997.

As formas da renda

estrutura de suporte e disposição da pele em escamas é similar à que ele irá experimentar em Bilbao.

Gehry foi alçado ao conhecimento mundial graças a seu pequeno museu expressionista na Alemanha, o Vitra, do final dos anos 1980, e ganhou destaque na mídia com a vitória no concurso para o Walt Disney Concert Hall, em Los Angeles, em 1988 — obra que, no entanto, ficou paralisada por mais de uma década.[12] Em 1989, recebeu a condecoração máxima da arquitetura, o Pritzker e, logo a seguir, venceu um concurso restrito a ele e outros dois arquitetos (Arata Isozaki e Coop Himmelb(l)au) para realizar o museu Guggenheim em Bilbao. Foi nesse momento, pelas mãos de Thomas Krens — o executivo do mundo dos negócios da cultura que transformou o Guggenheim num sistema de franquias —, que Gehry encontrou o caminho para sua obra máxima. Nela, o experimentalismo das décadas anteriores reemergiu, agigantado, mas transformado. Os materiais simples e as encomendas de casas para amigos foram substituídos por materiais caros para um edifício altamente midiático e especulativo. Por trás dele, indústrias de software, grandes construtoras, o mercado das artes e empresas internacionais foram acionados. Dos pequenos negócios em torno da cultura *pop* e suburbana da Califórnia ao mundo do *big business*, ao qual Gehry vai oferecer uma das expressões mais vistosas e espetaculares. Sua experimentação não é mais um ingênuo desacato à norma culta ou ao gosto burguês norte-americano, agora se tornou parte da rede de negócios transnacionais. Seu toque de Midas não foi só um efeito plástico, mas real, como veremos. Gehry transformou um amontoado de formas irregulares em uma mina de ouro, seu edifício tornou-se uma "máquina de ganhar dinheiro".[13]

Na década de 1980, o País Basco vivia uma forte crise, com recessão, fechamento de estaleiros, 25% de desemprego, além das ações separatistas violentas do grupo ETA. O modelo de planejamento estratégico e *city marketing* da capital vizinha, Barcelona, foi adotado pela capital basca no seu plano de cidade pós-industrial, denominado "Bilbao Metropoli-30". Jordi Borja afirma, segundo a cartilha desse tipo de empresariamento urbano, que "a mercadoria da cidade, *vender cidades*, converteu-se em uma das funções básicas dos governos locais" e que, para tanto, deve-se "promover a cidade *para o exterior*, desenvolvendo uma imagem forte e positiva apoiada numa oferta de infraestrutura e serviços que exerçam a atração de investidores,

---

[12] Falaremos dela no próximo capítulo.

[13] Entrevista a Miguel Mora, *op. cit.*

visitantes e *usuários solventes* à cidade e que facilitem suas exportações (de bens e serviços e de seus profissionais)".[14]

O sociólogo Carlos Vainer considera que essa agenda foi o perfeito rebatimento para as cidades das políticas ditas neoliberais de abertura e desregulação das economias nacionais. Nela, o urbanismo não é mais pensado em termos políticos, mas de gestão, por meio da construção de consensos que são, antes de tudo, despolitizadores, pois negam a existência de interesses divergentes e desiguais, e seus conflitos. O mote da unidade entre todos, para operações desse tipo, é justamente a "sensação de crise aguda", material e simbólica, que favorece mobilizar cidadãos fragilizados, reféns da crise, em torno dos consensos estratégicos. É nesse momento que os gestores devem fomentar um "patriotismo cívico", como afirma Borja, no qual "a confiança e a crença no futuro da urbe apoiam-se em obras e serviços visíveis, tanto os que têm caráter monumental e simbólico como os dirigidos a melhorar a qualidade dos espaços públicos e do bem-estar da população".[15]

O sucesso do planejamento estratégico é apoiado na execução de grandes projetos, de valor icônico, com potencial de revitalização urbana e promoção da imagem da cidade. Uma agência semipública de desenvolvimento urbano, a Bilbao Ría 2000, coordena os projetos, e cada um deles é operado por uma sociedade gestora nos moldes de parcerias público-privadas.[16] São feitos investimentos públicos e privados em novos edifícios comerciais, governamentais, culturais e parques, no redesenho das margens do rio e em novas infraestruturas de transportes, com ampliação e renovação do metrô, da estação central de trens e do aeroporto. Todos são projetos assinados por arquitetos-estrelas, como Norman Foster, Santiago Calatrava, César Pelli, Michael Wilford e James Stirling, Ieoh Ming Pei, Rafael Moneo etc. Dentre esses projetos, a atração central (*core attraction*) é um novo museu de visibilidade internacional, um edifício-espetáculo.[17]

---

[14] Grifos do autor, citado em Carlos Vainer, "Pátria, empresa e mercadoria: notas sobre a estratégia discursiva do Planejamento Estratégico Urbano", em Otília Arantes, Ermínia Maricato e Carlos Vainer, *A cidade do pensamento único: desmanchando consensos*. Petrópolis: Vozes, 2000, pp. 78-80.

[15] *Idem*, p. 94.

[16] Javier Mozas, "'Collage' metropolitano: Bilbao, imperativos económicos y regeneración urbana", revista *Arquitectura Viva, op. cit.*

[17] Beatriz Plaza, "Evaluating the influence of a large cultural artifact in the attraction on tourism: the Guggenheim Museum Bilbao Case", *Urban Affairs Review*, nº 36, 2000, p. 273.

A administração basca viu na oferta do Guggenheim para construir uma filial em Bilbao, que batia à sua porta após uma dezena de negativas de outras cidades europeias, uma oportunidade para reverter a situação de crise — a cidade industrial em ruína — e mudar a imagem da cidade para a de um polo de serviços avançados, finanças e cultura. O objetivo era preparar a cidade para atrair a nova classe de agentes criativos, *yuppies* e turistas. Como Bilbao não conta com praia, montanhas ou neve, escreve Joseba Zulaika, a opção eram os investimentos em artes e cultura — o mesmo mix de Frankfurt, apresentada como modelo: cidade de bancos e museus.[18] E a oportunidade não consistia apenas em ampliar a atração dos investimentos do setor bancário e turismo cultural, mas também favorecer os negócios imobiliários, com a reordenação da orla do rio Nervión, e estimular um patriotismo basco moderado, ao mesmo tempo orgulhoso de si e cosmopolita, em oposição ao separatismo radical.

Essa transformação era anunciada em um novo guia turístico da cidade, ao afirmar que os bascos agora "se dedicam a investir em arquitetura de vanguarda em substituição ao terrorismo do ETA".[19] Não é casual que a nova arquitetura de Bilbao não procure nenhuma relação com a velha cidade, não recorra a qualquer procedimento historicista ou contextualista, projetando-se sobre a cidade, ao contrário, como obra-enclave que anuncia o futuro.[20] A antiga Bilbao é apenas o pano de fundo cinzento para o brilho dos novos ícones construídos. E essa arquitetura de vanguarda pode ser entendida como uma nova forma de "investimento", como afirma o guia turístico, um entre outros campos de negócios. No caso, elemento estratégico dos planos de desenvolvimento econômico local e promoção internacional da cidade. O que se confirma quando sabemos que a filial do Guggenheim

---

[18] Segundo Joseba Zulaika, *Guggenheim Bilbao: crónica de una seducción*. Madri: Nerea, 1997, pp. 123-5.

[19] Citado em Andeka Larrea e Garikoitz Gamarra. *Bilbao y su doble*. Bilbao: Harian, 2007, p. 63. Larrea e Gamarra alertam para o "véu de ignorância a respeito do tema basco" ao destacar o ETA (Euskadi Ta Askatasuna — Pátria Basca e Liberdade) dos demais movimentos sociais de resistência e insubmissão. Os autores mencionam, por exemplo, o Movimento de Objeción de Conciencia (MOC), principal protagonista histórico da luta antimilitarista na Espanha, além de diversos grupos comunistas e trotskistas.

[20] Em 1996, em texto de defesa do Guggenheim Bilbao, M. Esteban afirmava que "A grande Bilbao deve, portanto, esquecer seu passado industrial se quiser tornar-se relevante na Europa do século XXI". Citado em Andeka Larrea e Garikoitz Gamarra, *op. cit.*, p. 88.

não foi autorizada pela Secretaria de Cultura, mas negociada diretamente com o prefeito e a secretaria de finanças. "Não entendo nada de artes, mas aprovo [o investimento]", teria dito o economista que geria as finanças em Bilbao, segundo Joseba Zulaika.[21] As questões curatoriais, de acervo, pesquisa, formação de público etc., enfim, os objetivos em si do museu, não são detidamente avaliados e discutidos e sequer fazem parte das políticas culturais locais. As negociações foram mantidas em sigilo e longe do debate público. Faz parte do negócio o segredo que garanta a exclusividade da operação e sua capacidade de gerar rendas adicionais de monopólio. O interesse que prevalece, mesmo do ponto de vista dos gestores públicos, é mercantil: estimular os negócios por meio de um investimento chamariz e ativar a economia local com a atração de empresas e pessoas solventes.

O projeto final, orçado em uma centena de milhões de euros, teve que ser aprovado por Krens e representantes de Bilbao em Wall Street — onde se encontram os investidores do Guggenheim e do mercado das artes. A operação de exportar o Guggenheim, como uma empresa multinacional, precisava ser avalizada pelo mercado. Seria benéfico ou não para o valor da marca Guggenheim? Como o mercado de arte seria afetado por decisões locacionais como essa? Quais dividendos traria para Wall Street? Por outro lado, pedir o aval de Wall Street não era visto pelos gestores bascos como um humilhante ato de subordinação, mas como a chance de fortalecer sua própria bolsa de valores local: "agora o Merrill Lynch sabe onde está Bilbao".[22]

Após inaugurado, o museu passou a atrair cerca de um milhão de visitantes por ano, dez vezes mais do que o Guggenheim de Nova York e, segundo dados oficiais, seu gasto foi ressarcido aos cofres públicos em quatro anos, na forma de aumento da arrecadação.[23] O crítico americano Hal Foster chega a dizer que, depois dessa obra, a arquitetura não foi mais a mesma, e vive-se a cada novo projeto do gênero uma espécie de "Efeito Bilbao", no qual cada cidade procura construir um espetáculo de magnitude similar com o objetivo de atrair novos fluxos de capital.[24] O museu é o resultado mais bem-sucedido de *co-branding* urbano até o momento, associando as marcas

---

[21] Em Joseba Zulaika, *op. cit.*, p. 35.

[22] *Idem*, p. 231.

[23] Discutiremos essas informações no tópico "Distribuição de renda", no quarto capítulo.

[24] Hal Foster, *Design and crime*. Londres: Verso, 2002, p. 42.

de Guggenheim, Bilbao e Gehry numa alavancagem midiática conjunta. Como afirma Zulaika, "o museu Guggenheim se converteu mais em um assunto de dinheiro, poder e prestígio do que de arte".[25]

A obra de Gehry é, assim, duplamente bem-sucedida: não apenas como surpreendente aparato técnico/estético, como também, ou sobretudo, enquanto estratégia financeira altamente rentável. Eis o milagre. Ao ser divulgada pelos canais midiáticos como ápice da produção arquitetônica recente, gerou fabulosas rendas de monopólio para os diversos agentes envolvidos. Como já constatara David Harvey, as intervenções urbanas têm se especializado em construir lugares exclusivos capazes de exercer um poder de atração significativo sobre os fluxos de capital.[26] Nesse sentido, são operações de caráter eminentemente rentista, que mobilizam as formas arquitetônicas mais inusitadas para atrair atenções e riquezas do mundo todo. O museu de Gehry colaborou decisivamente para transformar a decadente e escura capital basca, que vinha sofrendo com os efeitos da desindustrialização e da violência separatista, numa das atrações do turismo mundial. Isso não significa produzir cidades melhores e mais justas, mas construir obras e lugares que são imãs magnetizadores de renda.[27]

O Guggenheim reaviva a "ideologia do lugar",[28] mas sob a forma degradada de "animação cultural". Degradada porque desprovida do componente utópico e, por isso, abertamente pró-mercado, explica Otília Arantes, "numa euforia que combina a relação entre finanças, cultura e mídia com a glamorização da economia de mercado, pós-queda do socialismo real e do

---

[25] Joseba Zulaika, "'Potlatch' arquitectónico: Guggenheim Bilbao, el precio de un símbolo", revista *Arquitectura Viva*, *op. cit.*, p. 22.

[26] Ver David Harvey, "A arte da renda: a globalização e transformação da cultura em *commodities*", em *A produção capitalista do espaço*. São Paulo: Annablume, 2005.

[27] Segundo Andeka Larrea e Garikoitz Gamarra, "Bilbao Metropoli-30 parece estar muito mais interessada em construir uma cidade atrativa para os investimentos do que uma cidade verdadeiramente justa", *op. cit.*, pp. 89-90. A Bilbao atual (2007) segue com problemas de desemprego, falta de investimentos em saneamento básico e habitação social, aumento do número de sem-tetos e da imigração clandestina, e um novo tipo de racismo emergente, resultante do novo extremismo de direita.

[28] Em oposição à ideologia do plano, a "ideologia do lugar" foi uma resposta concreta amparada numa arquitetura em escala local, que revaloriza o contexto, o "sentido de comunidade", "a vida pública" e o "coração da cidade", como antídotos à cidade funcionalista, com a intenção de restaurar um lugar publico carregado de sentido histórico, simbólico e social. Cf. Otília Arantes, "A ideologia do lugar público" em *O lugar da arquitetura depois dos modernos*. São Paulo: Edusp, 1993.

desmanche progressivo do *welfare*".[29] Os novos museus e centros culturais aparecem como fantasia compensatória diante da corrosão dos sistemas de proteção social e do trabalho. O investimento no cultural é assim uma forma de animar um corpo social combalido (daí o paradoxo, ou o cinismo). Se os aparatos de proteção social não são mais renovados nos moldes históricos, o Estado dedica-se a "uma política de reciclagem do patrimônio e apropriação cultural, centrada na autonomia dos cidadãos: tudo se passa como se com as novas responsabilidades econômicas se estivesse devolvendo aos indivíduos a sua cidadania através de atividades lúdico-culturais, patrocinadas pelos grandes centros, museus sobretudo [...] os principais responsáveis pela difusão dessa atmosfera de quermesse eletrônica que envolve a vida pública reproduzida em *modèle réduit*". Na formulação da autora: "à desestetização da arte segue-se um momento complementar de estetização do social".[30]

De outro lado, sob o ponto de vista dos arquitetos, o edifício cultural, e em particular o museu, passa a ser desejado como obra de livre imaginação (em oposição ao museu a serviço das obras de arte, neutro, como queriam os modernos). Daí que "todos os arquitetos hoje desejem assinar o seu museu", com a pretensão, ao mesmo tempo, de estar criando uma "obra de arte total". Otília tampouco deixa de reconhecer nos arquitetos uma categoria que não só se beneficia, mas legitima o afluxo substitutivo do cultural em relação ao social. A obra de livre imaginação transita da arquitetura específica dos museus para qualquer tipo de edifício assinado por um novo gênero de arquiteto-estrela, parte de um *star system* de autores, críticos e autoridades governamentais, que passou a reinar "no mundo da arquitetura depois da desintegração do credo modernista".[31]

Diante do estrondoso sucesso pirotécnico do museu Guggenheim de Bilbao, é possível identificar facilmente seus antecedentes no "Efeito Beaubourg", de vinte anos antes. A construção do Centro Georges Pompidou fez parte do processo de revitalização urbana do Marais, no início dos anos 1970, em meio ao clima ambíguo do rescaldo pós-68, no qual um bairro degradado vai sendo apropriado por jovens artistas e galerias. O edifício,

---

[29] Otília Arantes, "Os dois lados da arquitetura francesa pós-Beaubourg", em *ibidem*, pp. 185-6.

[30] Otília Arantes, "Os Novos Museus", em *ibidem*, p. 241.

[31] Otília Arantes, "Os dois lados da arquitetura francesa pós-Beaubourg", em *ibidem*, p. 190.

com as estruturas metálicas e tubulações como entranhas obscenamente à vista, é um prisma retangular. Seu recheio é convencional, mas apresentado na forma de um chamariz publicitário. A monumentalidade do Beaubourg, como de outros Grandes Projetos dos anos Mitterrand, é baseada em formas puras (como a Pirâmide do Louvre ou o cubo do Arco de La Défense), segundo um ideário no qual "pureza formal e racionalidade social parecem dar as mãos, porém no plano exclusivo da representação".[32]

Esse formalismo que ainda guarda alguma promessa, mesmo ideológica, de intervenção social, é esvaziado de qualquer perspectiva minimamente civilizatória no caso da operação-Bilbao, concebido agora segundo as mais estritas regras do *management*. O edifício-chamariz de Gehry, cujos volumes parecem aleatórios, foi estrategicamente planejado como operação comercial, despida de qualquer aspiração mais elevada. E a ausência de formas prismáticas (como as do caso francês) é preenchida por uma instabilidade formal que revela o contexto de dominância especulativa sob o qual foi produzida.

A animação cultural, no caso, nada mais é do que o próprio acontecimento ostensivo, em sua simbologia direta, de uma cidade gerida como negócio e para se fazer negócios, como explica Otília. No contexto atual, o planejador urbano tornou-se o seu oposto, o empreendedor imobiliário, e age igual a este, "como se fosse um caçador furtivo", na expressão de Peter Hall, à espreita de oportunidades e ocasiões para fazer negócio. Fazer cidades para esse "urbanismo em fim de linha" significa definir uma configuração espacial que seja propícia à valorização patrimonial. Nessa nova etapa da cidade-negócio, rentabilidade e patrimônio arquitetônico-cultural dão as mãos. Assim sendo, a cultura é mobilizada "como senha prestigiosa dos negócios, nova grife do mundo *fashion* da sociedade afluente", numa sociedade que alega haver "destronado o primado das relações de produção em nome das relações de 'sedução'", na expressão de Lipovetsky.[33]

Os arquitetos e urbanistas passam assim a agir como semeadores de "iscas culturais" para o capital, por meio da recuperação da riqueza simbólica das formas — em oposição à monotonia funcional do modernismo, por exemplo. A solicitação é para se construir "prismas espectrais em que se cristaliza a imagem mítica do rentável" na ultramodernidade. Enfim, assis-

---

[32] Otília Arantes, em *ibidem*, p. 178.

[33] Ambos os autores citados em Otília Arantes, "Cultura e transformação urbana", em Vera Pallamin (org.), *Cidade e cultura: esfera pública e transformação urbana*. São Paulo: Estação Liberdade, 2002.

timos à "convergência glamourosa entre *high culture* e *big business*" — e mais uma vez a arquitetura é um campo privilegiado para se estudar essa fusão. A cultura não é apenas a alma do negócio, cabe a ela e a suas alegações emancipatórias o papel de última trincheira civilizatória do capital diante da suposta barbárie dos perdedores: "o reino pretensamente autônomo da cultura, não só se autonomizou uma segunda vez (como a própria economia financeira), como se generalizou a ponto de entronizar o esquema culturalista de explicação em última instância da sociedade" e das desigualdades entre classes e entre nações.[34]

A classe burguesa e proprietária não mais define as normas e valores da sociedade, mas sim uma nova elite — os intermediários culturais, dentre os quais os arquitetos-estrela e designers ocupam lugar de destaque —, cujo poder reside nos ativos imateriais que possuem: "saber, criatividade, sensibilidade artística e talentos de empresários culturais, *expertise* profissional e faro comercial".[35]

A arquitetura dos museus, em suas metamorfoses contemporâneas, é uma alegoria de um processo em escala maior. O museu, "por definição um recurso civilizatório, qualquer que seja a forma histórica na qual se apresente", explica Otília, foi convertido em "polo midiático de atração e valorização econômica", como expressão de uma espécie de "reprodução culturalista do capital e de sua dominação *soft*". Citando Henri Cueco e Pierre Gaudibert, em *L'Arène de l'art*: a cultura encena "todas as síndromes próprias aos grandes negócios especulativos — baixa de qualidade, repetição, preços exorbitantes, blefes quanto à originalidade, intromissão, terrorismo intelectual, uniformização [...] Todo produto deve ser simples, claro, definível em poucas frases. A obra é seu próprio logo, tão opaco e simplificado como uma embalagem".[36]

Em resumo, a desorganização da sociedade administrada do ciclo histórico anterior, da ideologia do plano ao *welfare*, deu ensejo para que cultura e economia corressem "uma na direção da outra, dando a impressão de que a nova centralidade da cultura é econômica e a velha centralidade da economia tornou-se cultural, sendo o capitalismo uma forma cultural entre outras rivais". Hoje em dia "a cultura não é o outro ou mesmo a contrapar-

---

[34] Otília Arantes, "A 'virada cultural' do sistema das artes", revista *Margem Esquerda*, nº 6, 2005, pp. 62-4.

[35] *Idem*, p. 68.

[36] *Idem*, pp. 66-9.

As formas da renda

tida, o instrumento neutro de práticas mercadológicas, mas ela hoje é parte decisiva do mundo dos negócios e o é como grande negócio".[37]

McGuggenheim na Guanabara

O sucesso da parceria entre Guggenheim e Gehry foi tal que, no ano seguinte à inauguração de Bilbao, Nova York pretendeu ela mesma construir sua máquina de gerar dinheiro por intermédio da cultura. O local escolhido foi o dos piers 9, 13 e 14, ao sul da ponte Brooklyn, em Manhattan. O prefeito da cidade, Rudolph Giuliani, havia aceitado dispor de 68 milhões de dólares dos fundos públicos, recurso, contudo, insuficiente para a empreitada. O projeto era muito mais vultoso que o de Bilbao, com flores de titânio que chegavam a mais de cem metros de altura, na escala do *waterfront* de Manhattan e seus arranha-céus. O tamanho do museu era extraordinário, oito vezes maior do que o Guggenheim de Frank Lloyd Wright. Além disso, o aumento no preço internacional do titânio encarecia ainda mais a obra — seu custo foi estimado em 950 milhões de dólares, sete vezes o valor da de Bilbao.

Herbert Muschamp, o crítico de arquitetura do *New York Times*, mais uma vez saudou a obra de Gehry: "Aí vem a arquitetura" era o título de sua matéria. "Se Nova York é um perpétuo presente para o futuro", escreveu, "esse projeto é sua proa: arco-íris florescentes de titânio curvados sobre 50 mil metros quadrados de espaço de exposição [...] o projeto é um verdadeiro navio quebra-gelo, uma máquina para mastigar paisagens urbanas sombrias e rígidas e, sobretudo, mentes congeladas".[38] As conexões entre Muschamp, Gehry e Krens precisariam ser melhor explicadas, pois o *New York Times* parecia fazer parte da estratégia de valorização da marca Guggenheim. Mesmo assim, os apelos midiáticos não foram suficientes.

O fato era que a Fundação Guggenheim não poderia contar apenas com fundos públicos para sua nova empreitada e deveria arrecadar recursos junto a investidores em Wall Street. O impacto dos atentados de 11 de setembro de 2001 no turismo, na opinião pública e nas prioridades de reconstrução em Manhattan, tiraram as atenções do projeto. O Guggenheim sozinho não

---

[37] *Idem*, p. 75.

[38] Citado em David Dunlap, "Guggenheim drops plans for East River museum", *The New York Times*, 31/12/2002.

teria como levar adiante a iniciativa. Sua filial no SoHo, projeto de Arata Isozaki, de 1991, não conseguia sequer pagar as contas e teve que ceder metade de seu espaço para uma loja da grife italiana Prada, projetada por Rem Koolhaas. Peter Lewis, *chairman* do Guggenheim, admitiu a derrota: "eu ainda permaneço pessoalmente empenhado em apoiar um projeto arquitetônico e cultural extraordinário para o baixo Manhattan, mas estou procurando ver esse novo projeto noutra escala e provavelmente noutro lugar, para os anos vindouros".[39]

As atenções de Gehry e Krens dirigiram-se então para os países que tinham dinheiro sobrando naquele momento e poderiam viabilizar uma obra ainda mais impactante do que Bilbao. Os dois foram bater nas portas dos *sheiks* de Abu Dhabi, capital dos Emirados Árabes, enclave paradigmático da nova economia rentista, como bem descreveu Mike Davis.[40] Assim, Gehry pôde trabalhar sem qualquer restrição orçamentária, com o objetivo confesso de superar Bilbao, solicitação de Thomas Krens e dos magnatas do petróleo. O projeto, numa península do Golfo Pérsico (que tem abrigado diversas outras intervenções do poder americano), é uma repetição das fórmulas desconstrucionistas anteriores, mas em escala muito superior — não deixando de lembrar Bagdá bombardeada. Ele participa da transição da renda petroleira (naquele momento em alta)[41] para as novas formas de rentismo — como parques temáticos, hotéis espetaculares, novos museus, lojas de grife, ilhas da fantasia, centros financeiros de lavagem de dinheiro etc. A outra face de obras como essa é a extração bruta de mais-valia: os canteiros nos Emirados (e o novo Guggenheim não deverá ser exceção) são verdadeiros campos de trabalho semiescravo, povoados por imigrantes desprovidos de direitos e qualquer proteção trabalhista ou sindical, como veremos no terceiro capítulo.

O projeto em Abu Dhabi ainda não saiu do papel e a crise mundial de 2008 parece ter afetado sua viabilidade. Gehry, impaciente com a derrota em Nova York e expectante nos Emirados Árabes, procurou afastar-se da obsessão de produzir um novo Guggenheim. O mesmo fez Krens, perceben-

---

[39] *Idem.*

[40] Mike Davis, "Sand, fear and money in Dubai", em *Evil paradises*. Nova York: The New Press, 2007.

[41] Uma alta "especulativa", pois se trata de um preço que presentifica um futuro de escassez e faz uma comparação com outras aplicações financeiras, pouco tendo a ver com o custo de produção.

do que Gehry repetia suas fórmulas projetuais de sucesso, o que, para o museu, não era o melhor meio de obter ganhos monopolistas com projetos únicos associados à sua marca. Krens passa então a requisitar projetos de outros arquitetos do *star system*, algumas vezes fazendo concursos restritos entre eles. Em poucos anos já tinha projetos pipocando em todo o mundo, para filiais do Guggenheim em Salzburgo e Viena (projetos de Hans Hollein), Berlim (Richard Gluckman), Veneza (Vittorio Gregotti), Las Vegas (Rem Koolhaas), Tóquio (Shigeru Ban, Jean Nouvel e Zaha Hadid), Rio de Janeiro (Jean Nouvel), Taichung (Zaha Hadid), Guadalajara (Nouvel, Asymptote e Norten), Singapura (Zaha Hadid) e Vilna (Daniel Libeskind, Massimiliano Fuksas e Hadid). Quase todos, entretanto, não saíram do papel e alguns acabaram fechando completamente (Las Vegas) ou parcialmente (SoHo).

A peregrinação internacional de Thomas Krens para a venda de filiais do Guggenheim deu origem à denominação "McGuggenheim",[42] uma alegoria do museu-franquia vendido como *fast-food* cultural. Quando George Ritzer escreveu sobre a "Mcdonaldização da sociedade", em 1992, ele estava procurando descrever um fenômeno que se espraiava para muito além das praças de alimentação dos shopping centers. Inspirado na noção de "razão instrumental" em Max Weber, ele percebeu que os princípios da racionalidade *fast-food* estavam se tornando dominantes em diversos setores da sociedade americana e em todo o mundo, afetando as áreas da saúde, educação, turismo, lazer, família e inclusive da política.[43]

Vista por esse ângulo, a venda de franquias do Guggenheim não era apenas uma estratégia de arrecadar fundos para manter a sede deficitária de Nova York. Tratava-se de um fenômeno mais amplo, apoiado na mercantilização extrema da arte e nos negócios centrados em valores imateriais. Como no McDonald's, vende-se em cada franquia o nome da marca, valores corporativos intangíveis: conceitos, mais que produtos. A marca não faz qualquer investimento material em suas franquias (como no caso de uma indústria multinacional quando expande suas fábricas), ela apenas empresta o nome, os atributos e o *know-how*. Cada franquia do Guggenheim custava

---

[42] O termo foi cunhado pela mídia. Ver Donald McNeill, "McGuggenisation? National identity and a globalisation in the Basque Country", em *Political Geography*, nº 19, 2000.

[43] Ver George Ritzer, *The McDonaldization of society: an investigation into the changing character of contemporary social life*. Thousand Oaks: Pine Forge Press, 1995, cap. 1.

entre 20 e 50 milhões de dólares, sendo que os poderes públicos locais arcam com as obras e os déficits operacionais do museu implantado. Mas, diferente do McDonald's, o Guggenheim não pode repetir a arquitetura de seus edifícios como um carimbo. Faz parte do seu negócio favorecer o único, o autoral, e o inesperado, como forma adicional de ganhos rentistas.

Antes de chegarmos à baía de Guanabara, vejamos dois projetos de Zaha Hadid, que se tornou a nova *darling* dos negócios do Sr. Krens. Premiada com o Pritzker em 2004, Hadid, arquiteta inglesa de origem iraquiana, notabilizou-se por seus desenhos e aquarelas neoconstrutivistas, expostas no MoMA com grande repercussão em 1988, em exposição com curadoria de Philip Johnson e Mark Wigley, e da qual participaram Gehry e Eisenman, entre outros. Hadid projetava nessas imagens edifícios que se integravam às paisagens, como parte de um mesmo *continuum* topográfico e tectônico. Por décadas foi conhecida como arquiteta de desenhos, mais que de obras. Seu primeiro projeto para a franquia Guggenheim foi em 2003, em Taichung, a terceira maior cidade de Taiwan, e fazia parte de um plano para dotá-la de um conjunto de novos marcos urbanos, entre eles uma Casa de Ópera, com projeto de Nouvel, e um novo edifício para a prefeitura, de Gehry.

O museu de Zaha tem um volume que lembra uma lava vulcânica derramada sobre o solo e que se enrijece ao resfriar. A forma final captura esse movimento, de um material geológico que desliza sobre o solo até estabilizar-se. Ou ainda, lembra exoesqueletos calcários, lisos e contínuos, como em crustáceos e corais imaginários. Esse procedimento projetual, recorrente em Hadid, de paisagens artificiais que exploram analogias com sistemas que sugerem fluidez de inspiração orgânica ou mineral, só é possível graças aos novos programas de modelagem em computador.[44] As formas são manuseadas com as ferramentas digitais, esticadas, deformadas, como uma escultura virtual de borracha. O efeito proporciona uma forte sensação cinética para um enorme objeto estático, como se a arquitetura desejasse a imaterialidade, a instantaneidade e a indefinição formal. O interior do museu é igualmente móvel, com galerias que podem ser redefinidas de acordo com cada exposição, como um "espaço evento sempre mutante". O ponto culminante do exercício volumétrico é um balanço de 50 metros na ponta do edifício principal, como uma onda de maremoto congelada, formando uma marquise de acesso monumental — "uma experiência espacial sem precedentes para os visitantes", segundo o memorial do projeto. "Procuramos excitar a curiosi-

---

[44] Deles trataremos no próximo capítulo.

As formas da renda

dade e o desejo", afirma o sócio de Hadid, Patrik Schumacher, "para isso, um certo grau de estranhamento e mistério é indispensável, como em qualquer objeto de desejo".[45]

O projeto foi apresentado para as autoridades locais em uma maquete física. Para executá-la manualmente, o trabalho seria árduo e impreciso, uma vez que suas formas orgânicas são complexas e irregulares. Assim, utilizou-se uma máquina de prototipagem tridimensional, adotada em indústrias, para realizar em um bloco polimérico, com corte a laser, as formas do edifício.[46] O museu foi orçado em 400 milhões de dólares, valor que não tem como ser arcado exclusivamente pelo governo local. O prefeito de Taichung solicitou recursos do governo central, que alegou outras prioridades de investimento, entre elas a construção de um trem de alta velocidade interligando a cidade e a capital, Taipei.

A nova tentativa de Hadid de emplacar um Guggenheim foi em 2008, quando venceu contra Libeskind e Fuksas o concurso para a filial do museu em Vilna, capital da Lituânia. O museu, uma parceria entre o Guggenheim e o Hermitage, é posicionado em um parque à beira do rio, como em Bilbao. Trata-se de uma peça escultural única, disposta sobre um gramado verde e isolada de qualquer relação com o contexto urbano. Como um enorme organismo que pousou no local ou emergiu das águas do rio, as formas novamente mimetizam a liquidez. Internamente os volumes funcionais são igualmente arredondados e irregulares, como órgãos no interior de um ser vivo. O enorme cetáceo abre sua boca em direção ao rio, e por ali engole o público, para as entranhas do museu. As aberturas de iluminação são como guelras. Os grandes panos de vidro, igualmente curvos, dos átrios e cafés, simulam cabines de naves espaciais. O interior é ao mesmo tempo futurista e retrô, como um filme de ficção científica dos anos 1970. O edifício é mais um objeto de design ampliado do que arquitetura. Sua fluência formal e a superfície contínua e lustrosa simulam a forma de um objeto produzido por injeção plástica ou prensa metálica, processos industriais típicos da produção em massa de mercadorias. Não por acaso Hadid é também designer e trabalha com peças injetadas em plástico, como foi o caso de suas famosas sandálias para a marca Melissa (agora reposicionada como objeto de grife). Esse ilusionismo em relação à construtibilidade própria à arquitetura, como já

---

[45] Em Patrick Schumacher, *Digital Hadid: landscapes in motion*. Basileia: Birkhäuser, 1994, p. 81.

[46] Trataremos da automação das maquetes no próximo capítulo.

vimos em Gehry, é um procedimento recorrente em muitos dos arquitetos-estrela e, como seguiremos analisando, faz parte da superexposição midiática das peles dos edifícios espetaculares.

Desembarquemos agora na Guanabara. Antes de Krens, os consultores catalães já haviam passado pelo Rio de Janeiro vendendo seus planos estratégicos. O fortalecimento do turismo e a construção de novos marcos urbanos com forte identidade faziam parte dos consensos propostos para o Rio — que também vivia uma situação aguda de crise, com o aumento da informalidade, do desemprego e da violência. No Plano Estratégico da Cidade, aprovado em 1995, a construção de grandes obras de efeito simbólico e repercussão internacional já constava do cardápio de intervenções.

Numa metrópole desigual como o Rio, a escala dos problemas e o tamanho dos conflitos, contudo, não podem ser comparados com os de Barcelona e Bilbao. A construção de consensos passou a ser uma nova arma das elites locais para fortalecer seu comando e suas posições na cidade. O diagnóstico do plano baseava-se numa naturalização da desigualdade, explica Carlos Vainer, pois apresentava todos os cidadãos como igualmente vítimas e responsáveis pela crise.[47] Mais uma vez, o consenso esconde a divergência de interesses e a existência de conflitos distributivos. A saída da crise deve ocorrer sem rupturas, para que tudo permaneça como está, e o caminho é fabricar uma unidade cívica, no plano simbólico, para a reconstrução sem conflitos da cidade. Segundo Vainer, a participação popular na elaboração do plano foi postiça e seu resultado é uma "bem orquestrada farsa, cujo objetivo tem sido o de legitimar orientações e projetos caros aos grupos dominantes da cidade".[48]

Uma das estratégias para a renovação urbana do Rio era a transformação de sua decadente área portuária em um *waterfront* digno das renovações de São Francisco, Boston e Nova York, além da própria Barcelona. A transformação da região portuária já havia sido estudada em projeto do português Nuno Portas e de Oriol Bohigas, outro catalão. Mas, até então, faltava o investimento capaz de representar o *turning point* da operação urbana. E uma filial do Guggenheim parecia ser uma excelente oportunidade para deslanchar o processo de renovação e reinserir o Rio de Janeiro no panora-

---

[47] Ver Carlos Vainer, "Os liberais também fazem planejamento urbano? Glosas ao 'Plano Estratégico da Cidade do Rio de Janeiro'", em Otília Arantes, Ermínia Maricato e Carlos Vainer, *A cidade do pensamento único: desmanchando consensos*.

[48] *Idem*, p. 115.

ma internacional. Como em Bilbao, o museu não era uma obra isolada, mas integrada numa estratégia de empresariamento urbano e *city marketing*.

É nesse contexto que Krens aterrissa na cidade para vender seu museu. Dessa vez, traz a tiracolo Jean Nouvel, e não mais Gehry. Os interesses do americano, evidentemente, vão além da renovação urbana carioca, ele quer obter os *royalties* do uso da marca do museu e ainda participar ativamente do mercado de arte local, integrando-o nos circuitos internacionais. Krens afirmava que seu interesse especial em filiais do museu no terceiro mundo era utilizá-las como "plataforma para canalizar a arte local" para os mercados afluentes, como forma de multiplicar as oportunidades de negócio (algo similar ao que se passa com nosso futebol).[49]

No Brasil, negociavam com Krens o vice-presidente da República, Marco Maciel (empenhado na candidatura de Recife para receber a filial), um ex-diretor do Banco Central e então presidente do Projeto Guggenheim Brasil, Arnim Lore, e o banqueiro e curador Edemar Cid Ferreira (empenhado na candidatura de São Paulo), que depois se notabilizaria também pelo golpe na praça com o Banco Santos.[50] Disputando a filial sul-americana do Guggenheim com Santiago do Chile, Buenos Aires, São Paulo, Recife e Salvador, o Rio foi escolhido para receber o museu. Edemar Cid Ferreira ainda lutava por São Paulo, mas Krens garantiu que os empresários cariocas contribuiriam com bom aporte de recursos para o acervo do museu — e que o Rio precisava reverter energicamente sua imagem negativa, como fora o caso de Bilbao, sem medir esforços para tanto.[51]

Em 2001, quando Cesar Maia retornou à prefeitura, o projeto do novo museu já fazia parte de sua campanha. Não houve consulta pública sobre o assunto ou concurso aberto de projetos. No mesmo ano foi acertado com Krens e Jean Nouvel o início do processo, e assinado um contrato que cobrava da municipalidade 28,6 milhões de dólares pela utilização da marca Guggenheim, 9 milhões pela taxa de associação, 4 milhões para os técnicos da Fundação acompanharem as obras e 120 milhões referentes ao pagamento de déficits operacionais na gestão do museu nos anos seguintes à sua abertura.[52]

---

[49] "Guggenheim irá a Guadalajara", *Folha de S. Paulo*, 18/10/2005.

[50] Ângela Pimenta, "A festa que pode levar um museu para o Rio de Janeiro", revista *Veja*, nº 1676, 22/11/2000.

[51] *Idem.*

[52] De acordo com Eliomar Coelho, "Por fora, bela viola...", *O Globo*, 24/6/2003.

Segundo Jean Nouvel, a oportunidade para a cidade do Rio de Janeiro era única: "Um projeto dessa natureza é muito atraente, o primeiro na América do Sul, teria rápido retorno do investimento, como ocorreu em Bilbao, na Espanha. O Brasil entraria no circuito da arte internacional. E não existe isso de um museu concorrer com outro. Na Europa há muitos museus 'concorrentes'. Na realidade, todos se beneficiariam com o fluxo criado pelo Guggenheim, que também seria o motor de uma grande operação de reconstrução da região do porto".[53]

Diante da oposição do IAB à contratação do arquiteto francês, o Secretário de Urbanismo, Alfredo Sirkis, ex-guerrilheiro no período da ditadura militar, reagiu: "O corporativismo xenófobo é desprezível. A última construção no Rio com alguma participação de um arquiteto estrangeiro foi o Palácio Gustavo Capanema, o MEC, que o Le Corbusier palpitou. Toda metrópole internacional digna do nome tem projetos de arquitetos internacionais".[54]

O projeto foi apresentado no início de 2003, depois de dois anos de trabalho da equipe de Jean Nouvel, com obra estimada em 500 milhões de reais, o que totalizava à época um desembolso municipal de 1 bilhão de reais, se somarmos o custo do contrato com a Fundação Guggenheim — valor três vezes superior ao do Guggenheim Bilbao. Não é preciso dizer que esse valor passava longe dos museus cariocas, que vivem na penúria.

Localizado no desativado píer Mauá, o edifício tomava partido da posição peninsular do atracadouro para recriar uma pequena cidade de fantasia ancorada no centro urbano. Como o píer seria, a bem dizer, reconfigurado, Jean Nouvel aproveitou para criar situações edificadas submersas e uma pequena floresta subtropical numa depressão escavada abaixo do nível do mar. Dois grandes volumes primários fazem a marcação nas extremidades da península: de um lado, uma lâmina retangular branca em alumínio, sem uso interno algum, marca a entrada no museu e, do outro, um cilindro em aço corten, como um casco de navio ou um tonel de refinaria, abriga a sala de exposição monumental. Jean Nouvel argumentava que o retângulo branco funcionaria como um "véu" ou "vela" na entrada do conjunto, mas ele se impunha como uma verdadeira barreira, separando a cidade do museu, que se tornava um enclave protegido da metrópole caótica,

---

[53] Citado em Paula Mageste, "A defesa da cria", revista *Época*, 2003.

[54] Antônio Barbosa, "Entrevista com Alfredo Sirkis", em www.vitruvius.com.br, 2003.

barulhenta e desigual, ao mesmo tempo que fazia as vezes de chamariz de sua presença, enquanto aparato do mercado de artes.

Ao longo do percurso que leva da entrada ao cilindro final, o espectador percorre salas diversificadas de exposição. Algumas localizam-se abaixo do nível da água, como num aquário submarino, em condições de umidade nada favoráveis a um museu; outras estão posicionadas sob troncos de pirâmide, ao lado de espelhos d'água (numa cidade com epidemias tropicais), caminhos sombreados, até chegar ao momento culminante da fantasia tropical: uma pequena floresta com direito a cascata de 30 metros de altura. Jean Nouvel reproduz aqui a imagem selvagem da América para os europeus civilizados, das narrativas dos viajantes aos estereótipos do turismo exótico. Para um carioca, o percurso produziria uma sensação de ser estrangeiro em terra própria. No topo do cilindro, um restaurante panorâmico é abrigado por uma cobertura em forma de nuvem, cuja sombra acolhedora reforça a sensação onírica.

Na primeira versão do projeto, a torre cilíndrica em aço corten não existia. Nouvel tinha pretendido fazer todo o museu próximo ao nível da água, quase invisível no horizonte da cidade, num ato de respeito à magnífica paisagem carioca. Krens, evidentemente, não aprovou essa versão e solicitou ao arquiteto francês que desse presença ao edifício. Além disso, incluiu no *briefing* a exigência de que, do museu, fosse possível avistar o Pão de Açúcar e o Corcovado, como mais um atrativo para os visitantes. Assim sendo, Nouvel desenhou o imenso cilindro e posicionou sobre ele o restaurante panorâmico.[55] Às favas com qualquer discrição.

Na apresentação do projeto, o arquiteto chegou a afirmar, sem inibições, que pretendeu produzir "territórios de sonho" e que se inspirou no "mito de Atlântida". O projeto "exacerba a condição museu-shopping-parque temático ao sintetizar os estereótipos dos 'trópicos' do europeu colonizador e do 'melhor das férias tropicais' do norte-americano num território latino-americano", afirma Lígia Nobre.[56] As dimensões megalômanas e parasitárias do Guggenheim Rio no frágil e precário contexto institucional, urbano e cultural brasileiro, ainda segundo ela, "o configuram como um 'grande naufrágio

---

[55] Segundo depoimento de Daniel Pollara ao autor. Pollara fez parte da equipe da empresa Idom, que prestou consultoria ao projeto de Nouvel.

[56] Lígia Nobre, "Guggenheim-Rio é visão estereotipada do Brasil", em *Fórum Permanente*, 1997.

Maquete do Museu Guggenheim do Rio de Janeiro, projeto do arquiteto francês Jean Nouvel, 2002.

anunciado'".[57] O museu-ilha recria, mais de cem anos depois, a imagem da riqueza parasitária na cidade real, imagem que fora dada por outra ilha da baía de Guanabara, a famosa Ilha Fiscal, que abrigava as suntuosas festas da corte imperial.

As consultorias Idom e McKinsey foram contratadas para analisar a viabilidade construtiva e econômica do empreendimento. A Idom é a empresa que construiu o Guggenheim Bilbao e sua tarefa era estudar a exequibilidade do projeto, a qualidade dos espaços de exposição e as dificuldades construtivas decorrentes do local do projeto. Segundo Daniel Pollara, da Idom, o orçamento sempre esteve muito acima do que a prefeitura imaginava desembolsar. "O Nouvel fez um projeto de museu europeu, desconsiderando as condições do Brasil, econômicas e de cultura construtiva", afirma.[58] O papel de Pollara e sua equipe foi permanentemente reduzir custos, adaptar o projeto para materiais e técnicas locais, e dialogar com grandes empreiteiras brasileiras para avaliar como atuariam numa obra como aquela. A McKinsey, por sua vez, realizou o relatório de marketing e de viabilidade econômica. Contudo, diferentemente de Bilbao, uma cidade de médio porte e fora do mapa turístico, os efeitos econômicos do empreendimento não eram facilmente visualizáveis. Por ser o Rio uma metrópole maior, complexa e já consolidada como destino turístico internacional, os benefícios da operação dificilmente seriam similares aos do "Efeito Bilbao".

O projeto do Guggenheim Rio expressa uma combinação de negócios transnacionais das artes e da arquitetura, num contexto de competição entre cidades, em que a elite carioca assume a posição de sócia menor, ao mesmo tempo arcando com a totalidade dos custos e sem direito de opinar sobre o pacote entregue por Krens e Nouvel. Depois de passeatas e atos públicos, o processo foi paralisado na justiça graças a uma ação popular movida por intermédio do vereador Eliomar Coelho. A ação alegava que o contrato entre a Prefeitura e Krens violava a Constituição Federal, por adotar valores em moeda estrangeira e utilizar leis do estado de Nova York. Mesmo com a suspensão judicial, a Prefeitura pagou dois milhões de dólares para o ateliê Jean Nouvel e demais consultorias, por um anteprojeto amalucado que ficou de propriedade da Fundação Guggenheim.

O prefeito Cesar Maia, contudo, não desistiu da empreitada de dotar o Rio de Janeiro de uma grande obra com repercussão internacional. Ele

---

[57] *Idem.*

[58] Entrevista ao autor.

50   Arquitetura na era digital-financeira

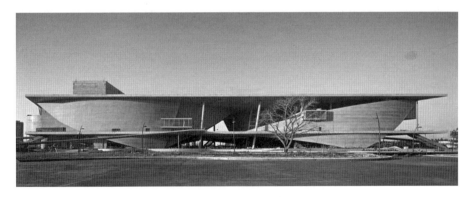

Maquete e fotografia da Cidade da Música, projeto do arquiteto francês
Christian de Portzamparc para a Barra da Tijuca, no Rio de Janeiro.
A construção foi iniciada em 2002.

conseguiu construir, na Barra da Tijuca, o projeto da Cidade da Música, de autoria de Christian de Portzamparc, vencedor do Pritzker em 1994. O projeto é mais um exercício de releitura da arquitetura e da paisagem brasileiras por um arquiteto francês. Embora não se trate de uma fantasia tropical, o projeto é igualmente megalômano[59] e se inspira em outro clichê brasileiro: a arquitetura de Niemeyer, em especial os palácios de Brasília. Dois planos horizontais apoiados em volumes curvos e brancos, com rampas de acesso, na qual só faltam se apresentar em revista os Dragões da Independência. O palácio de Portzamparc é repleto de acrobacias formais, que chegam a ser excessivas, mas são próprias da arquitetura midiática (da qual, aliás, Niemeyer, a seu modo, sempre foi um mestre). O termo de comparação com Brasília não mostra apenas um descolamento histórico-geográfico que dá a sensação de farsa: o novo edifício é ainda três vezes maior que o Palácio do Planalto e doze vezes maior que o da Alvorada em área construída. A obra é óbvia e ao mesmo tempo constrangedora: afinal, qual o sentido de um superpalácio em plena Barra — talvez a antítese mais acabada do sonho moderno do Brasil dos anos 1950?

Em 2010, o novo prefeito do Rio de Janeiro, Eduardo Paes, anunciou a construção, no mesmo píer Mauá, do Museu do Amanhã, com projeto do estelar Santiago Calatrava, conhecido por suas estruturas brancas, esguias e espetaculares. Esta deverá ser a principal obra da primeira fase de revitalização da zona portuária, cujos projetos ficaram parados por uma década.[60] A temática do museu, apresentada por meio de tecnologias digitais e interatividades, está afinada com os novos tempos: meio ambiente, práticas sustentáveis e a relação entre homem e natureza. A obra será financiada pelos cofres públicos e terá seu conteúdo museográfico formulado pela Fundação Roberto Marinho, braço do principal grupo de comunicações do Brasil e responsável pela curadoria dos Museus da Língua Brasileira e do Futebol, em São Paulo.

---

[59] O edifício ainda não foi inaugurado e já consumiu 700 milhões de reais, originando uma Comissão Parlamentar de Inquérito (CPI).

[60] Ver Ítalo Nogueira, "Projeto espanhol dá início à revitalização do porto do Rio", *Folha de S. Paulo*, 26/2/2010.

AS MARCAS DA ARQUITETURA
E A ARQUITETURA DAS MARCAS

Não será demais lembrar que o Movimento Moderno na arquitetura, desde seus primeiros manifestos, na década de 1920, definiu um programa que elegia como principal aliado, e exemplo a ser seguido, o capital industrial — mais adiante, o próprio Estado e, na periferia, as burguesias nacionais e seus governos desenvolvimentistas. Da engenharia à estética industrial, a inspiração maquinista e racionalista norteou suas experiências construtivas e urbanísticas. Mesmo em caráter experimental, eram, quase sempre, projetos que poderiam ser multiplicados, em escala de massa. Daí a afinidade com a seriação industrial, embora pouco realizada na prática. Concreto, aço, vidro eram os novos materiais empregados nas formas prismáticas, em geral ortogonais e abstratas, despidas de ornamentos. Tornaram-se objeto de pesquisa e projeto os edifícios industriais, de escritórios, grandes infraestruturas e casas operárias ("máquinas de morar") — componentes do capital fixo e do fundo de consumo e reprodução da força de trabalho que integram o processo produtivo inerente à acumulação capitalista.[61] A cidade, de seu lado, era pensada como um tecido urbano relativamente uniforme, separado apenas por suas funções, um modelo no qual a renda diferencial intraurbana, teoricamente, poderia tender a zero.

O capital industrial e o trabalho assalariado representavam o polo moderno, enquanto o proprietário fundiário e sua renda da terra (heranças do Antigo Regime e promotores da irracionalidade urbana), o arcaico. Na disputa pela repartição da mais-valia, a arquitetura moderna fez sua aliança com os setores produtivos, com o capital enquanto função, mais do que como propriedade. Tal simbiose com os ramos industriais mais avançados, sobretudo o setor automobilístico foi, contudo, a rigor, mais estilizada do que efetiva, tendo ocorrido, de fato, com as grandes construtoras e governos modernizadores, em cujos canteiros de obra o que vigorava era mesmo a mais retrógrada exploração.

Na arquitetura contemporânea, a aliança se deu novamente com os setores dominantes, ou seja, com o polo mais dinâmico e próspero da eco-

---

[61] São categorias marxistas utilizadas por Manuel Castells e David Harvey, entre outros, para distinguir as diferentes estruturas edificadas em uma cidade: meios físicos de produção e circulação de mercadorias (capital fixo) ou fundos e dispositivos de consumo individual e coletivo que dão suporte à reprodução da força de trabalho.

As formas da renda

nomia, neste caso, o próprio capital rentista, e em particular a indústria do entretenimento e a nova "economia do acesso".[62] Na verdade, a associação histórica da arquitetura sempre foi com os donos do poder e do dinheiro, sobretudo com a propriedade privada, da terra e do capital. Existe uma tendência da arquitetura de se apegar às rendas, dada sua fixidez e seu custo elevado.[63] É quase uma fatalidade da sua natureza: ela reitera o fundiário e o financeiro, mesmo que não o faça voluntariamente. Por ser um bem único, sempre detém alguma renda de monopólio. O fato de a arquitetura moderna ter se associado aos setores produtivos e governos nacionais modernizadores era uma contratendência que procurava minimizar o poder da renda e das finanças. Na era da mundialização financeira, contudo, não há mais nenhuma força que contrarie esse poder. Como veremos, as implicações no plano das dimensões construtivas e sociais da arquitetura serão profundas: a arquitetura rentista abdica de certos conteúdos em benefício de usos improdutivos,[64] próprios à esfera da circulação e do consumo (shopping centers, aeroportos, hotéis, spas, estádios, museus, lojas de grife, salas de concerto, parques temáticos etc.). Seu desejo não é mais de seriação e massificação, mas de diferenciação e exclusividade. Como veremos no terceiro capítulo, a nova arquitetura encontrará, na esfera da produção, afinidades eletivas com a acumulação pós-fordista, dita flexível.

Na virada do século XXI, os arquitetos do *star system* passaram a desenvolver imagens cada vez mais elaboradas para representar o poder e o dinheiro. Como diz Jacques Herzog, um dos responsáveis pelo projeto da Tate Modern, do Ninho de Pequim e do novo Teatro de Dança de São Paulo: "trabalhamos com a materialidade física da arquitetura porque só assim

---

[62] Termo adotado por Jeremy Rifkin para definir a época atual, na qual o sistema produtor de mercadorias estaria vendendo experiências, serviços e relacionamentos mais do que bens materiais propriamente ditos. Ver Rifkin, *A era do acesso*. Lisboa: Presença, 2001.

[63] Segundo David Harvey, em "A arte da renda", *op. cit.*, não apenas a arquitetura, mas todo o campo cultural privilegia as rendas monopolistas. As mercadorias culturais possuiriam uma dinâmica diferenciada em relação às mercadorias convencionais, pois sua linguagem de excepcionalidade, originalidade, autenticidade é decisiva para o estabelecimento das rendas.

[64] Adoto o termo em referência à noção de "trabalho improdutivo" que, para Marx, é aquele que não gera diretamente mais-valia e que se apoia, justamente, na sua distribuição e partição.

podemos transcendê-la, ir mais longe e inclusive chegar ao imaterial".[65] Alcançar o "imaterial" por meio da mais tectônica das artes, a arquitetura — um aparente contrassenso —,[66] é produzir um valor intangível, mas socialmente verificável, como representação de um poder corporativo (de um governo, de uma empresa, de uma ordem religiosa ou de um país). A diferença é que, agora, essa força espetacular da arquitetura não é mais requisito único de regimes absolutistas, autocráticos ou fascistas, mas de grandes estratégias de negócio associadas ao turismo, a eventos culturais e esportivos, ao marketing urbano e à promoção de identidades empresariais. É o que reconhece Herzog, sem meias palavras: "Se a arte e a arquitetura são agora mais do que nunca instrumentos políticos é porque estão cada vez mais próximas do universo das marcas".[67] O fato é que nenhum arquiteto moderno, diante de suas (agora) prosaicas caixas de vidro, aço e concreto, poderia ter antecipado o grau de sofisticação técnica e exuberância formal que a arquitetura de marca está alcançando.

A ascensão das marcas, mesmo as de empresas produtoras de mercadorias tangíveis, está associada, sobretudo, à nova hegemonia financeira, segundo a qual a imagem e o nome da marca sobrepõem-se ao valor-trabalho das mercadorias que a empresa produz (ou terceiriza), acrescentando-lhes um valor de novo tipo: uma espécie de renda de representação das próprias mercadorias. Cumprem, como imagem que se destaca do corpo prosaico do objeto, um papel similar ao da abstração do dinheiro. O diferencial de exclusividade da marca é justamente ser uma forma de propriedade que não pode ser generalizada. O monopólio sobre o seu uso é uma forma de renda, por isso ela é patenteada e, de forma correlata à terra, é protegida por cercas jurídicas (e por vezes reais) para controle do acesso. Essa autonomização das formas de propriedade produz, simultaneamente, uma autonomização da forma como pura propriedade. A forma se torna capital por meio de um fenômeno imagético, no qual é remunerada como capital simbólico, por uma espécie de renda da forma.

---

[65] Jacques Herzog citado em Luis Fernández-Galiano, "Diálogo y logo: Jacques Herzog piensa en voz alta", revista *Arquitectura Viva*, nº 91, 2003, p. 29.

[66] Como afirma Tafuri, "a arquitetura, pelo menos segundo a concepção tradicional, é uma estrutura estável, dá forma a valores permanentes, consolida uma morfologia urbana", em *Projecto e utopia* (1973). Lisboa: Presença, 1985, p. 36.

[67] Jacques Herzog citado em Luis Fernández-Galiano, *op. cit.*, p. 26.

As formas da renda

Essa relação entre o objeto físico e os valores imateriais não ocorre apenas no plano da ideologia, evidentemente. Ela tem fundamentos produtivos e faz parte de um processo de valorização do capital de novo tipo. Atualmente, todas as grandes empresas sabem fazer produtos similares com a mesma competência técnica, a diferença está nos valores imateriais que cada produto é capaz de incorporar por meio de estratégias de marketing, *branding* e design. As grandes corporações perceberam rapidamente, explica Naomi Klein, que "todo mundo pode fabricar produtos" e, ainda, que "essa tarefa ignóbil pode ser delegada a terceiros", de preferência em países da periferia, com salários reduzidos, desregulação trabalhista, baixa fiscalização ambiental e altos incentivos fiscais. Enquanto isso, "as matrizes estão livres para se concentrar em seu verdadeiro negócio — criar uma mitologia corporativa poderosa o bastante para infundir significado a esses toscos objetos apenas assinalando-os com seu nome".[68]

Essa busca pela transcendência corporativa é um fenômeno relativamente recente — quando um grupo seleto de empresas percebeu que construir e fortalecer suas imagens de marca, numa corrida pela ausência de peso, era a estratégia para alcançar um novo tipo de lucratividade.[69] "Esses pioneiros declaram audaciosamente que produzir bens era apenas um aspecto incidental de suas operações",[70] afirma Naomi Klein, "pois sua verdadeira meta era livrar-se do mundo das coisas", ou procurar "fazer crer que cada produto adquiria um estatuto superior ao de coisa", como se tivesse uma alma, um núcleo espiritual.[71]

A estratégia estava dando certo, pois as empresas que investiam no nome de suas marcas passaram a inflar como balões e a valer no mercado várias vezes mais do que no papel — numa impressionante capitalização fictícia. Mesmo que seguissem produzindo (cada vez menos diretamente)

---

[68] Naomi Klein, *Sem logo: a tirania das marcas em um planeta vendido*. Rio de Janeiro: Record, 2004, p. 46.

[69] É bom lembrar, no entanto, que esta estratégia não decorre exclusivamente da atual dominância financeira no regime de acumulação. A possibilidade de desviar taxas de lucros da taxa média remonta, no fundo, à própria órbita produtiva: as formas rentistas de hoje estão, na verdade, exponenciando mecanismos de concorrência entre capitais, sobretudo quando fabricam diferenças imaginárias para abocanhar uma porção maior do lucro total.

[70] Ver Naomi Klein, *op. cit.*, cap. 1.

[71] Isleide Fontenelle, *O nome da marca*. São Paulo: Boitempo, 2004, pp. 177-80.

mercadorias palpáveis, seus lucros se elevavam muito acima da média porque tinham se tornado verdadeiros "agentes produtores de significados", como se fizessem parte da indústria cultural. O mundo das marcas aparece, assim, como uma síntese entre as lógicas financeira e estética, na procura de formas de valorização rentistas, baseadas na distinção e na diferenciação.

Parece que estamos presenciando uma espécie de deslocamento ou mudança de estatuto da forma-mercadoria, afirma Isleide Fontenelle.[72] Além de gerar mais-valia por meio do trabalho, ela crescentemente aufere rendas, assumindo a condição de mercadoria cultural — por natureza, distinta da mercadoria prosaica e, por isso, portadora de uma renda adicional, de tipo monopolista.[73] Mais que isso, o fato de cada empresa produzir mercadorias supostamente exclusivas limita as possibilidades de comparação entre produtos e trabalhos equivalentes. A própria medida de trabalho socialmente necessário estaria, assim, deixando de expressar o valor, que, por sua vez, passaria a padecer de uma espécie de desmedida.[74]

A articulação entre renda e lucro no interior das mercadorias introduz na lógica produtiva uma dinâmica nova, um traço rentista que não deve ser subestimado. Segundo François Chesnais, dentro da contabilidade das empresas-rede passou a ocorrer uma "'confusão' das fronteiras entre o 'lucro' e a 'renda'".[75] Não por acaso, a gestão de marcas tornou-se a especialidade preocupada justamente em definir o ponto ótimo dessa combinação entre lucro e renda.

Na arquitetura não é diferente. Os arquitetos da era financeira, ao contrário dos modernos, não procuram soluções universalistas, para serem reproduzidas em grande escala — o que reduziria o potencial de renda monopolista da mercadoria. O objetivo é a produção da exclusividade, da obra única, associada às grifes dos projetistas e de seus patronos. E a corrida pelo ineditismo é item contratual,[76] pois os clientes solicitam dos arquitetos obras

---

[72] Isleide Fontenelle, *op. cit.*

[73] David Harvey, "A arte da renda", *op. cit.*

[74] Ver Jorge Grespan, *O negativo do capital*. São Paulo: Hucitec, 1998, e Eleutério da Silva Prado, *Desmedida do valor: crítica da pós-grande indústria*. São Paulo: Xamã, 2005. Trataremos da desmedida na produção da arquitetura nos próximos capítulos.

[75] François Chesnais, "A emergência de um regime de acumulação financeira", revista *Praga*, nº 3, 1997, p. 37.

[76] Segundo informação do arquiteto Caio Faggin a respeito dos contratos do escritório Foster and Partners. Entrevista ao autor.

exclusivas em todos os seus detalhes — soluções de fachada, revestimentos e estruturas não podem ser repetidas.

O sucesso estrondoso de algumas obras e seus arquitetos, contudo, acaba estimulando a repetição das mesmas fórmulas projetuais, reduzindo a cada duplicação de volumetrias similares sua competência em gerar rendas de exclusividade. A arquitetura de marca tem, assim, um limite comercial que a obriga a adotar soluções inusitadas e sempre mais chamativas: se diversas cidades almejarem uma obra de Frank Gehry, por exemplo, elas perderão progressivamente a capacidade de capturar riquezas por meio de projetos desse tipo. Krens percebera esse risco, como vimos, mas o fato de ter escolhido outros arquitetos de grife pode não ser suficiente para reverter a queda tendencial dos ganhos rentistas em operações de multiplicação do Guggenheim pelo mundo.

Não apenas os museus, mas as grifes de luxo, do mundo da moda ou da indústria automobilística, têm contratado os arquitetos do *star system* para construir suas lojas icônicas, que expressem o significado transcendental de suas marcas. Otília Arantes elege o termo "contaminações" para designar essa permeabilidade entre o mundo da arte e do comércio, ou entre os espaços dos museus e das lojas de grife.[77] Os mesmos arquitetos que projetam os espaços culturais mais prestigiados são convidados para reforçar a aura das marcas em novos edifícios e lojas. O ambiente onde ocorre a relação do consumidor com o objeto de marca deve emular o de um museu, onde se dá a relação com a obra de arte. Daí que os espaços de venda e exposição das grandes marcas passam a ser projetados para realizar, paradoxalmente, um apelo anticomercial ao consumo. O que se vende não são estritamente mercadorias, mas experiências transcendentais, desejos, estilos de vida, valores imateriais.

Os exemplos se multiplicam. A marca francesa Hermès contratou Renzo Piano para projetar sua loja em Tóquio, uma verdadeira casa-tesouro, em um edifício aparentemente despojado, com uma fachada contínua em tijolo de vidro que brilha à noite como uma única peça, uma imensa joia. Ainda em Tóquio, a atual meca do luxo, a grife Mikimoto, conhecida por sua joalheria com pérolas orientais, construiu uma torre branca e lisa, com aberturas irregulares na fachada, de autoria de Toyo Ito. Uma variante mais ousada dessa composição e em concreto aparente foi feita por Ito para a grife

---

[77] Adotando, no caso, o nome com que foi batizado um desfile de modas, e simultaneamente mostra de design, ocorrido no MuBE, em 1999. Citado em "A 'virada cultural' do sistema das artes", *op. cit.*, p. 71.

Tod's. A italiana Prada foi atrás dos celebrados suíços Herzog & de Meuron para a sua megaloja, também em Tóquio, um edifício composto por uma estrutura metálica preta de trapézios vazados, nos quais foram aplicados vidros planos, côncavos ou convexos. As diferentes geometrias criam reflexos facetados que permitem ao observador, situado tanto no interior como no exterior, ver "imagens em constante mudança de perspectivas, quase cinematográficas, dos produtos Prada, da cidade e de si próprios".[78] Em Manhattan, Christian de Portzamparc, antes do desastre de seu palácio carioca da música, faz um prédio elegante com um volume chanfrado em vidros verdes para o conglomerado de grifes de luxo francesas LVMH (Louis Vuitton, Moët, Hennessy). Ainda em Nova York, Nouvel projeta a butique da Versace e Gehry faz a cenografia da loja do estilista Issey Miyake, com suas nuvens em chapa metálica. Em Berlim, Nouvel constrói as novas Galerias Lafayette, com dois imensos cones de vidro cruzando o vão central de iluminação. Tadao Ando projeta para a Armani uma loja em concreto aparente e, com um desenho preciso e elegante, eleva o espaço ao status de um templo (da marca) etc., etc.

Três empresas automobilísticas alemãs — BMW, Mercedes-Benz e Porsche —, realizaram recentemente edifícios de arquitetura espetacular para seus principais showrooms, fábricas e até mesmo museus. Em 2002, a BMW realizou um concurso para seu edifício BMW World, do qual participaram 275 escritórios de arquitetura. O vencedor foi o grupo austríaco Coop Himmelb(l)au. O espaço foi concebido para transmitir os valores imateriais e de prestígio da marca a seus consumidores. As atividades de entretenimento, realidade virtual, *test-drive* e compra de carros tornam o edifício um ponto turístico que atrai mais de meio milhão de pessoas por ano. Para tanto, os arquitetos austríacos construíram um pavilhão de treliças metálicas de aço com geometria complexa inspirada em nuvens e formações atmosféricas, com um ponto de convergência espetacular no momento em que a cobertura forma um toroide e se apoia sobre um tronco de cone. Essa forma regrada só pode ser calculada e executada graças aos novos programas de desenho paramétrico em computador. A estrutura envidraçada é iluminada em azul e lilás de modo cenográfico. A BMW ainda contratou Zaha Hadid para a ampliação de sua fábrica em Leipzig, uma imensa marquise de interligação entre os três prédios propriamente industriais. Ela serve de acesso e circulação principal, abriga novas áreas administrativas e sociais e, sobretu-

---

[78] Em *Edifícios espetaculares*. Colônia: Evergreen, 2007, p. 75.

do, produz um "espetáculo dinâmico"[79] à vista de todos os funcionários, reforçando o compromisso da empresa com o alto design e a inovação.

A Mercedes-Benz construiu um museu da marca em Stuttgart com projeto do grupo UN Studio. O edifício simula um imenso capacete aerodinâmico, desconstruído por dobras e cortes. O interior é uma espiral de rampas que lembra o Guggenheim de Wright, mas nesse caso, as rampas são pistas para os carros em exibição. A fachada futurista é constituída por peças únicas, as janelas são compostas por 1,8 mil vidros triangulares distintos, façanha construtiva permitida pelas máquinas de produção flexível, como veremos nos próximos capítulos. Em 2008, foi a vez da marca Porsche inaugurar seu museu, outro prédio espetacular, também em Stuttgart, de autoria da dupla vienense Delugan e Meissl. Esse, como os edifícios da BMW e Mercedes, mais do que um museu, é um templo de celebração fetichista do automóvel. A sociedade automobilística é ali venerada sem qualquer espaço, evidentemente, para se avaliar as consequências negativas, urbanas, sociais, ambientais e de saúde pública, decorrentes da multiplicação do modelo individual de transporte motorizado.

A principal operação de *co-branding* entre o mundo das marcas e a alta arquitetura parece ter sido o casamento entre as grifes Prada e Koolhaas. O arquiteto holandês foi contratado para envolver-se mais profundamente com o *branding* da marca para poder projetar novas lojas em Nova York, Los Angeles, São Francisco e Londres. Sua abordagem, por isso, vai muito além da forma do edifício e passa a assemelhar-se ao papel de um gestor de marcas. É assim que ele estabelece novos conceitos-chave para orientar os projetos das lojas: fazer compras não pode ser um ato idêntico; deve-se procurar a variedade de espaços numa loja; promover a sensação de exclusividade; transformar a loja da marca numa anfitriã da cidade; saber combinar a manutenção da identidade da marca com sua transformação permanente no tempo; conservar a intimidade de uma companhia pequena e, sobretudo, introduzir tipologias não comerciais no interior da loja, como eventos culturais e atividades não ligadas à venda.[80] Segundo Koolhaas, se frequentar "museus, livrarias, aeroportos, hospitais e até escolas está se tornando indistinto do ato de fazer compras", sendo que neles as pessoas são tratadas como

---

[79] A expressão é do memorial do projeto. Parte desse espetáculo é o transporte de carros ainda em montagem por trilhos elevados, de um edifício a outro.

[80] Ver Rem Koolhaas, *Projects for Prada — Part 1*. Milão: Fondazione Prada Edizioni, 2001.

A Maison Hermès em Tóquio, projeto do arquiteto italiano Renzo Piano, 1998-2001.

O BMW World, em Munique, projeto do escritório austríaco Coop Himmelb(l)au, 2003-2007.

consumidores, uma marca de atitude deve propor uma equação reversa, isto é, enriquecer a experiência das compras, a ponto de abarcar atividades distintas e únicas que voltariam a trazer autenticidade à vida.[81] Desse modo, passam a fazer parte do programa arquitetônico das lojas elementos como arquibancadas, palcos para *pocket shows*, debates e projeções de vídeo, cafés, pequenas livrarias, grandes murais, aparelhos para interação digital, superfícies rugosas e gelatinosas para experiências táteis, paredes-espelho que deformam e projetam imagens etc.

Evidentemente, as lojas de Koolhaas não acenam para a desmercantilização da vida, ao contrário. Ao pretender abarcar diversas atividades sociais em um ambiente comercial, sob a chancela de uma marca, a mercantilização pretende preencher todos os poros da existência. O ato de compra deixa de ser uma experiência mecânica e funcional para exigir do consumidor uma entrega total, da mente e do corpo. Sua contrapartida é a riqueza da nova experiência cultural de ir às compras, planejada minuciosamente pelo arquiteto, em oposição à pobreza e vulgaridade dos shopping centers. Mais que isso, segundo o arquiteto as lojas seriam os últimos espaços de vida pública.[82] A apologia cínica de Koolhaas travestido em *manager* na verdade reedita os termos degradados da animação cultural que, como vimos, é a fantasia compensatória do mercado para a crise dos sistemas de proteção social e do trabalho, e da própria vida pública.

Vejamos mais uma última relação entre os arquitetos e as marcas. Na alta arquitetura, como na alta costura, a autoria não é estritamente corporativa (como em um tênis Nike), mas atribuída a uma assinatura única de um artista que, supostamente, desenhou os produtos e lhes confere autenticidade. Mais recentemente, a autoria pessoal do artista, mesmo nas casas de luxo, foi sendo absorvida pela criação industrial da marca. Em seu princípio, toda a criação no mundo da moda estava centralizada em grandes costureiros, criadores livres e independentes, o que Lipovetsky denominou de "costureiros demiurgos".[83] Na medida em que os produtos de luxo adquiriram personalidade própria e forneceram identidade a grandes casas, a aura do nome começou a destacar-se do seu criador e a transcender o próprio artista.

---

[81] *Idem.*

[82] Ver Rem Koolhaas *et al.*, *Harvard Design Guide to Shopping*. Colônia: Taschen, 2002.

[83] Gilles Lipovetsky e Elyette Roux, *O luxo eterno: da idade do sagrado ao tempo das marcas*. São Paulo: Companhia das Letras, 2005, p. 43.

Com isso, a alta costura virou uma indústria de criação, mesmo que parte da produção ainda seja artesanal. As antigas casas de luxo tornam-se gigantes mundiais, grupos internacionais negociados nas bolsas de valores. A autoria se metamorfoseou em portfólios de gestão de marcas operados por profissionais do marketing. Eles estudam como a massificação das grifes de luxo pode ser estendida até o limite da perda de identidade da marca, na procura do ponto ótimo da valorização, entre os ganhos rentistas de exclusividade e a produção de lucros decorrentes da fabricação em série. Como afirma Lipovetsky, as antigas lutas por reconhecimento e prestígio agora são suplantadas por "operações de fusão e de aquisição, movimentos de concentração e reestruturação em vista da constituição de impérios industriais internacionais".[84] Por sua vez, enquanto a criação de novos produtos e a gestão das marcas estão cada vez mais concentradas no topo, na base, a produção tangível dos produtos será em grande medida transferida para países da periferia, em condições precárias de trabalho e remuneração[85] — mesmo fenômeno que encontraremos nos canteiros de obra da alta arquitetura, como veremos no terceiro capítulo.

O principal exemplo de arquiteto que virou marca e que mobiliza uma máquina de produção de projetos dissociada da sua autoria material é o inglês Norman Foster. Seu escritório chegou a empregar 1,3 mil profissionais na elaboração de aproximadamente duzentos projetos simultâneos. A empresa é dividida internamente em seis grandes grupos de projeto, com um líder cada um.[86] Além desses grupos verticais, há equipes transversais, de modelagem tridimensional e de renderização, para a produção de imagens espetaculares, fora os departamentos tradicionais de uma empresa, como administração e finanças, recursos humanos e assessoria de mídia. A participação de Foster nos duzentos projetos simultâneos é, evidentemente, restrita, e seu grau de envolvimento varia conforme a importância e proximidade do cliente. Foster, contudo, sempre que possível é o *showman* responsável pela apresentação dos projetos a clientes, júris e público em geral, como se deles tivesse sido, de fato, o autor. Por trás, equipes interdisciplinares, de

---

[84] *Idem*, p. 48.

[85] O grande modelo desse sistema foi a Benetton, com criação concentrada na Itália, estamparia na Califórnia e corte e costura das peças no leste asiático. A badalada grife Diesel, por exemplo, produz suas calças jeans vendidas por milhares de reais em uma fábrica no Ceará.

[86] Segundo informações de Martin Corullon e Caio Faggin, arquitetos brasileiros que trabalharam no escritório Foster entre 2006 e 2009.

As formas da renda

profissionais experientes a jovens estagiários, além de inúmeros consultores, participam da elaboração, mas são pouco visíveis e raramente mencionados (a não ser, parcialmente, em fichas técnicas). A autoria, contudo, continua sendo atribuída publicamente ao único gênio criativo, Sir Norman Foster, que recebe individualmente os prêmios pelos trabalhos do escritório.

Foster soube utilizar o uso da tecnologia em aço para produzir imagens fortes e emblemáticas em seus edifícios — nem sempre justificadas apenas pelas exigências técnicas, mas solicitadas por formas que se sobrepõem e comandam as soluções *high-tech* resultantes. Seu escritório produziu grandes torres-logomarca, como as do HSBC em Hong Kong e, mais recentemente, da seguradora Swiss Re, conhecida como o "pepino" de Londres, aeroportos icônicos, como o "dragão" de Pequim, ou ainda marcas para governos, como a cúpula do *Reichstag* em Berlim e a sede do Greater London Authority, em forma de gota, na beira do Tâmisa. Suas formas com aparência industrial por vezes escondem um sistema de montagem altamente customizado e artesanal. Paul Goldberger, por exemplo, nota que "os malabarismos estruturais no edifício do HSBC são uma expressão exagerada e quase barroca da alta tecnologia" — nesses casos, a arquitetura de Foster é mais a expressão visual do *high-tech* do que sua real efetivação.[87] Unificados pela necessidade de produção e valorização de marcas vistosas, a tão propalada diferença entre os arquitetos da alta tecnologia e os cenaristas do luxo pode ser menor do que aparenta.[88]

Mas, voltemos ao problema de como o megaescritório de Foster pode continuar realizando obras que seguem sendo atribuídas a um único arquiteto. É possível associar à marca Foster determinadas qualidades, atributos manuseados sem a necessária intervenção direta do arquiteto: uso ostensivo da tecnologia, a preocupação ambiental crescente, a exploração formal com toroides e formas curvas (fugindo cada vez mais das caixas ortogonais), a capacidade de construir imagens fortes para identidades corporativas ou governos etc. Cada cliente procura o escritório em busca de determinados atributos, mais do que outros. Desse modo, os seis grandes grupos de projeto acabam se especializando em um determinado viés (mais ambiental, mais tecnológico, mais comercial), de modo a abarcar as várias personalidades da

---

[87] Citado em Eric Howeler, *Skyscrapers: designs of the recent past and for the near future*. Londres: Thames & Hudson, 2003, p. 36.

[88] O arquiteto Caio Faggin comenta que "o *high-tech* de Foster nem sempre é isso tudo. Quando você está lá dentro, vendo como as formas nascem, descobre que há muita maquiagem".

Interior da HSBC Tower, projeto do arquiteto inglês Norman Foster para a sede do banco em Hong Kong, 1997-2002.

Abaixo, no centro da fotografia, o Swiss Re Building, projeto de Norman Foster para a sede da seguradora na City de Londres, 1997-2004.

marca Foster. Internamente aos grupos, há igualmente especializações nos trabalhos e um fomento à diversidade, sobretudo entre os mais jovens. Os arquitetos mais experientes e sócios da empresa são ainda os que tomam as decisões principais na condução dos projetos, julgam as diversas opções de partido, mas, em geral, não põem a mão na massa. Quem desenha é um time de jovens arquitetos vindos de todas as partes do mundo, muitos deles formados em faculdades prestigiadas e cosmopolitas, e que estão antenados em tudo que de novo ocorre na área. E não só, eles prospectam referências em outros campos culturais, geográficos e tecnológicos atrás de elementos que forneçam ineditismo e qualidades surpreendentes para os projetos. Tubos de vidro da indústria química, por exemplo, estavam sendo testados para se obter efeitos especiais de luz em uma fachada.[89] Os jovens arquitetos atuam como caçadores do que é *cool*, para transformar a própria marca Foster em algo reconhecido como tal. Esses profissionais, chamados no mundo das marcas de *coolhunters*, procuram "chegar às tendências na fonte, descobrir de onde elas estão vindo. Sabendo disso, é possível sair na frente — e isso é tudo no mundo dos negócios".[90] O círculo se fecha quando pessoas *cool* (um grupo conhecido pelos marqueteiros como consumidores alfa) passam a reconhecer a marca como igualmente *cool* e a querer relacionar-se com ela, como no caso emblemático da Apple.[91]

Mais recentemente a marca Foster passou a interessar fundos de investidores especulativos (*private equities*). Investir em grandes empresas de design parece ser um filão lucrativo. Em um estudo da Universidade de Economia de Chicago, o professor Kevin Murphy avalia que não só os investimentos em bom design ampliam consideravelmente a lucratividade das empresas como os próprios escritórios e consultorias de projetos devem ser vistos enquanto interessantes alvos de investimentos financeiros.[92] O exemplo que dá, não por acaso, é o do Foster and Partners, escritório dos arquitetos que venceram o Pritzker — o maior em tamanho, faturamento e massa de lucros. Em 2007, 85% da participação de Foster, o equivalente a 40% do total de participações da empresa, foi vendido para o fundo de investimen-

---

[89] Segundo Caio Faggin. Entrevista ao autor.

[90] Isleide Fontenelle, "Os caçadores do *cool*", revista *Lua Nova*, nº 63, 2004, p. 167.

[91] *Idem.*

[92] Kevin Murphy, "The economic value of investing in architecture and design", 2003. Disponível em: www.dqionline.com/downloads/MSallette_Ind_Study.pdf.

tos 3i, pelo valor de 350 milhões de libras (cerca de 1 bilhão de reais). A 3i tem um portfólio variado, que, somente na Inglaterra, contempla de construtoras a empresas de cirurgia de olhos, de softwares a indústrias de injeção de plásticos. No mesmo ano, a 3i comandou a implantação de um plano de reorganização da estrutura administrativa e de expansão do escritório, passando de 900 para 1,3 mil funcionários, de cinquenta nacionalidades diferentes. Em 2008, a Foster and Partners atuava em vinte países e tinha como meta avançar na contratação de projetos em mercados emergentes e com alta liquidez. No segundo ano de presença da 3i, o escritório faturou 191 milhões de libras e lucrou 49 milhões, sendo mais de 80% desses valores vindo do exterior.[93] O *boom* do escritório era notável e, talvez, insustentável. A Foster and Partners encabeçou o ranking das cem empresas britânicas de propriedade de fundos de investimento com maior lucratividade em 2008, com um crescimento anual de 147%.[94] Mas, em 2009 sofreria um forte impacto com a crise, além de um escândalo financeiro, do qual trataremos no último capítulo.

ARQUITETURA, EXPERIÊNCIA E SUBJETIVIDADE PÓS-MODERNA

Uma dimensão correlata à arquitetura de marca, não diretamente centrada na racionalidade corporativa do *branding*, é decorrente da relação entre a arquitetura e a chamada subjetividade pós-moderna. Os edifícios passam a ser projetados para atender antes a estímulos elementares de prazer que aspectos funcionais, técnicos ou urbanos. Ao contrário de um alargamento da experiência humana, podemos estar presenciando seu estreitamento e confinamento a dimensões quase exclusivamente sensoriais e, sobretudo, táteis, que revelam, inclusive, a cegueira histórica do processo em curso.

Talvez possa ser feita uma comparação com o que Richard Sennett descreve em *O declínio do homem público*, e com o que denomina de tirania da intimidade: uma compulsão pelos pequenos prazeres individuais, como compensação pela atrofia do sujeito em sua plenitude social. Segundo Sen-

---

[93] Paul J. Davies, "Foster clinches gold after Olympic Triumph", *China-Fortune Capital*, 3/9/2008.

[94] Pesquisa "Buyout Track", realizada pelo Llyods TSB, em "Architect Foster builds a winning business", *Sunday Times*, 8/2/2009.

As formas da renda

nett, "nós cultivamos todos os mitos de que os males da sociedade dizem respeito à impessoalidade, frieza e alienação, nos confrontamos assim com a ideologia da intimidade: as relações sociais não são reais, credíveis e verídicas senão quando levam em conta a psicologia interna de cada um. Esta ideologia transforma categorias políticas em categorias psicológicas".[95] Como explica Sennett, a contradição e complementaridade entre as esferas pública e privada é substituída pela hipertrofia da intimidade, para a qual parece não haver superação possível — na medida em que cancela a política e atomiza os sujeitos. Nesse contexto, não há mais espaço para ações coletivas transformadoras, o horizonte histórico parece encolher e esgotar as energias utópicas. O sujeito é reduzido a uma espécie de "conformismo minimalista", que afirma apenas que "é preciso ser si mesmo".[96] Essa debilitação corresponde, sem dúvida, a mudanças históricas do padrão de acumulação e dominação no capitalismo, como veremos mais adiante.

Aqui, estamos igualmente distantes do paradigma modernista da máquina de morar, ou da utopia técnica do trabalho. A arquitetura que analisamos pretende obter respostas emocionais de seus usuários, procura surpreendê-los, excitá-los, mais do que solicitar uma "experiência", no sentido forte do termo, como relação de conhecimento; por isso mesmo, Sennett prefere falar em "ilusão de experiência". Trata-se, em suma, de algo como a experiência degradada na forma de mera "vivência", numa sociedade de massa, de que fala Walter Benjamin.[97] Nesse aspecto, a chamada arquitetura da experiência se aproxima das instalações de arte contemporânea ou dos parques temáticos, mobilizando múltiplas referências de um repertório visual estereotipado, como uma verdadeira fábrica de sentidos.

A arquiteta Anna Klingmann, autora do livro *Brandscapes* e consultora de gestão de marcas em Nova York, formula, a partir do livro de Joseph Pine e James Gilmore, *The experience economy*, preceitos didáticos para a nova arquitetura, de caráter instrumental e pró-sistêmico. O primeiro, do qual já tratamos mais detidamente no tópico anterior, é o deslocamento do foco, do produto para a marca — com a diferença de que, na versão de Klingmann, tratar a arquitetura como marca significa melhorar a comunicação com os consumidores, compreendê-los em seus anseios, criar identidades

---

[95] Richard Sennett, "O fim da cultura pública", em *O declínio do homem público: as tiranias da intimidade*. São Paulo: Companhia das Letras, 1988, pp. 317-28.

[96] Otília Arantes, *Urbanismo em fim de linha*. São Paulo: Edusp, 1999, p. 28.

[97] Retomaremos esse conceito no item "O turismo da aura", no último capítulo.

com seus estilos de vida etc. Nesse sentido, o arquiteto desceria de sua posição autoritária, de formulador unilateral de soluções, própria ao modernismo, para se tornar um cuidadoso observador das necessidades e desejos de cada grupo de usuários, procurando atendê-los e, ao mesmo tempo, caprichosamente supreendê-los — como fez Koolhaas com a Prada. O segundo preceito da cartilha é a transição da necessidade para o desejo — nesse caso, a arquitetura deve definitivamente livrar-se dos preceitos funcionalistas e racionalistas para procurar a satisfação emocional, o prazer momentâneo, a busca de identidade. O terceiro preceito é a passagem da performance para a experiência, o que quer dizer, colocar em segundo plano o desempenho funcional e estrutural de um edifício para evidenciar suas qualidades emocionais e sensoriais. Fazendo um paralelo com o aforismo de Calvin Klein — "não importa o que eu visto, mas como sou visto" — para o caso da arquitetura, mais importante do que saber como o edifício foi projetado (e construído) são as sensações que ele proporciona. Segundo a autora, "o design experiencial significa criar uma arquitetura que as pessoas verdadeiramente desfrutem e não apenas se apropriem no plano intelectual".[98] Daí a importância de se criar ambiências, atmosferas, experiências sensoriais, de um espaço que se projeta para além do físico. Klingmann ainda apresenta outros preceitos, cujos títulos já resumem seus significados: do plano à coreografia (isto é, do racional ao estímulo dramático); do programa à ambiência (desenvolver cenários específicos ao invés de usos abstratos); do impacto ao contato (diferir da mídia, uma vez que a arquitetura permite a interação real); da função à forma (liberar-se dos constrangimentos funcionais impostos pela geometria euclidiana e procurar formas únicas, flexíveis, customizáveis); de *commodity* a catalisadora (evitar o produto genérico e produzir distinção, identidade e capital simbólico para lugares, corporações e governos, de modo a obter vantagens competitivas) etc., etc.

Vamos analisar a seguir cinco projetos representativos da relação entre arquitetura, experiência e subjetividade pós-moderna — e que não são meras ilustrações dos preceitos marqueteiros de Klingmann, apesar de mobilizarem, cada um a seu modo, os temas por ela sistematizados. São projetos diversos entre si, que vão do espalhafatoso jogo de formas à sutileza supostamente minimalista, mas onde prevalece a venda do acesso a uma experiência sen-

---

[98] Anna Klingmann, *Brandscapes: architecture in the experience economy*. Cambridge: MIT Press, 2007, p. 313.

sorial. Não faço aqui uma condenação puritana[99] à mobilização do desejo e do prazer na arquitetura, mas sim um convite à compreensão de como e porque são trazidas determinadas sensações ao primeiro plano. Para reforçar meu argumento de que não se trata de uma crítica moralista, o último dos projetos que a autora menciona, o Museu Judaico de Berlim, é apresentado como uma construção refinada da arquitetura como experiência direta, no mínimo inquietante, que pretende restituir significados políticos, históricos e sociais, à diferença da fabricação meramente sentimental ou edulcorada de ambiências à venda no mercado dos sentidos.

O primeiro exemplo é um projeto de Gehry a 125 quilômetros de Bilbao, em Elciego, na província de La Rioja. Em 2001, o arquiteto americano foi convidado pela casa Marqués de Riscal para construir a Cidade do Vinho, um "templo dedicado ao néctar dos deuses". O espaço dionisíaco tem como programa: um museu da vinicultura, uma loja de vinhos (que não vende só as garrafas da casa), 43 suítes cinco estrelas, um restaurante de primeira linha e um spa dirigido pela cadeia Les Sources de Caudalie. O acesso a essa experiência custa de 400 a 1.400 dólares a diária.

A parceria com o cada vez mais financeirizado *mondo vino* não foi casual.[100] A iniciativa associa dois tipos de rentismo, o do vinho[101] e o da arquitetura. David Harvey, atualizando o exemplo de Marx, comenta que, na atual indústria globalizada do vinho, não é mais a tradição que garante as maiores rendas aos melhores *terroirs*, mas a prática discursiva do mercado de *experts*, cujos critérios de avaliação de gosto têm favorecido produtores que modernizam seus métodos e adotam estratégias de marketing. O edifício de Gehry dá *status* inovador à casa Marqués de Riscal e região, colaborando para o fortalecimento global da marca, ao mesmo tempo em que atrai turistas, enólogos e enófilos ávidos por experiências.

A construção brota em meio à cidade medieval de sobrados em pedras de arenito como um jorro de vinho espalhando púrpuras ondulações e reflexos metalizados — figuração rentista, tal como um borbotão de riqueza

---

[99] Muito menos, como nos velhos tempos do *ethos* capitalista, centrada na frugalidade dos patrões e na concomitante esfola da força de trabalho.

[100] Ver, por exemplo, a descrição da modernização da economia do vinho no documentário *Mondovino* (2004), de Jonathan Nossiter.

[101] Marx, para explicar a teoria da renda diferencial da terra em O *Capital*, utilizara como um de seus exemplos a produção de vinhos.

Cidade do Vinho, hotel-adega projetado por
Frank Gehry para a casa Marqués de Riscal, em Elciego,
província de La Rioja, Espanha, 2001-2006.

(como a do petróleo) emergindo da terra. Como em Bilbao, o arquiteto faz uma mínima concessão ao arenito local em alguns dos volumes do edifício, mas que são soterrados pelas cachoeiras de metal. As ondas, em tom violáceo e baunilha, fazem uma alusão às cores e aos buquês dos vinhos. Há, de fato, um choque total entre edifício e seu entorno, sem qualquer preocupação contextual (contrariando a vertente regionalista/vernacular tão em voga na Espanha).

Quem está no complexo de luxo tem visuais, como se diz, de toda a cidade, seus prédios históricos, vinhedos e as montanhas que os cercam. Taças de vinho são servidas nos jardins privativos, enquanto se observa o espetáculo formal da mais nova obra de Gehry na Espanha, que custou 70 milhões de euros. Os salões internos são monumentais como os de um palácio, mas em registro *pop*. Um elevador panorâmico percorre seus quatro andares até a cave espetacular, com cerca de 3 mil garrafas. No spa, o cliente pode fazer vinho-terapia, na qual uvas e extratos antioxidantes do vinho são utilizados no combate ao stress e no tratamento contra o envelhecimento de pele.[102]

Outro edifício de Gehry que explora o universo sensorial, agora ligado à música, é o Experiência da Música (Experience Music Project), em Seattle. A obra foi contratada pelo excêntrico sócio do Bill Gates, Paul Allen, com o objetivo de abrigar sua coleção de objetos adquiridos em leilão e ligados à história do rock, em especial de Jimi Hendrix, natural da mesma Seattle. Como na Cidade do Vinho, a parceria com o bilionário sócio da Microsoft não é casual, e relaciona novamente arquitetura a mais um tipo de rentismo, dessa vez o da indústria do conhecimento, patenteada na forma de softwares.[103]

Allen queria uma forma surpreendente (*swoopy*) e reconheceu na chamada "cabeça de cavalo" — cobertura que Gehry utilizara para abrigar o *board* do DG Bank, em Berlim —, algo próximo do que desejava. Gehry brincou dizendo que não entendia nada de rock: "ouço Haydn". Mas, seus dois principais parceiros, Jim Glymph e Craig Webb, eram fanáticos admiradores do gênero e tocavam guitarras, o que facilitou a entrada de Gehry

---

[102] Ver Graham Keeley, "Guggenheim architect Frank Gehry to create City of Wine complex for Marques de Riscal", *Daily Mail*, 20/1/2010.

[103] A renda de monopólio da indústria de softwares é baseada nas patentes, que protegem o acesso ao conhecimento ali depositado.

Experience Music Project, museu dedicado à cultura pop projetado por Frank Gehry para Paul Allen, da Microsoft, em Seattle, 1996-2000.

nesse universo.[104] Além disso, a distância não era tão grande assim, pois as afinidades entre a arte *pop* e o rock dos anos 1970 aproximavam-no mais de Hendrix do que ele imaginava. O método intuitivo e visual de criação de Gehry é mais similar à liberdade do rock do que às estruturas rígidas da composição clássica. A musicalidade orgânica, baseada em células melódicas e rítmicas dos rifes de guitarra, e a distorção elétrica do som encontravam parentesco com suas formas esculturais.

Nas primeiras maquetes, o edifício emerge como massas de aço (e de som) irregulares e justapostas, aludindo a solos de guitarras. Esses volumes foram tingidos com as cores vivas das Stratocasters empunhadas por Hendrix (azul, vermelho, bege, dourado). Para produzir a unidade entre os diversos estilhaços sonoros ou as partes de uma Fender despedaçada no palco, Gehry dispôs faixas de vidros decorativas e ondulantes, apoiadas em suportes que simulam os destroços dos braços da guitarra. Todas essas massas amorfas só puderam ser representadas, calculadas e construídas graças aos novos softwares de projeto que o escritório de Gehry já utilizava desde Bilbao. Aumentando a confusão, o prédio é ainda cortado pelo monotrilho elevado de Seattle, o que favorece, por sua vez, a sua espetacularização como acontecimento urbano e a observação dinâmica do conjunto pelos passageiros do trem. O monotrilho liga a torre do Space Needle, símbolo máximo da cidade, ao centro histórico, onde foi construída outra obra da arquitetura espetacular, a Biblioteca de Rem Koolhaas.

O resultado final do programa de usos, abrigado sob todos esses elementos retorcidos, são seis alas de exposição e entretenimento, um restaurante e uma livraria. A ala principal, denominada Sky Church, abriga o acervo permanente de Allen — roupas e instrumentos de Hendrix e outras preciosidades do colecionador fanático. Já na ala chamada Sound Lab, os visitantes entram num palco virtual diante de um estádio lotado, como se fossem os astros do show. É a chance de cantar ou tocar para as massas e viver a glória de ser aplaudido pela multidão extasiada, como num caraoquê midiático. Noutro volume irregular é abrigada uma biblioteca elétrica, com aparelhos eletrônicos onde é possível escolher músicas e videoclips, além de brincar de misturar sons e ritmos. Há ainda um pequeno parque de diversões, uma galeria destinada a exposições temporárias de gêneros afins, como blues e rap, e um hall da fama, para celebrar os gênios do rock. Recentemente Paul

---

[104] Em *Gehry talks: architecture and process*. Nova York: Universe Architecture Series, 2002, pp. 195-9.

Allen somou ao EMP sua coleção de ficção científica, com fantasias e peças de naves espaciais de sets de gravações, como as do filme *Star Trek*.

Se tudo pode não passar de uma mera extravagância de um milionário, como o delirante palácio de Xanadu, do *Cidadão Kane* (como se sabe, Orson Welles se inspirou no palácio do magnata da mídia Randolph Hearst), a obra de Gehry foi concebida, no entanto, com o objetivo elevado de transmitir uma experiência musical, como indica o próprio nome do espaço. Mas, evidentemente, trata-se de uma experiência socialmente empobrecida, que resume o rock a coleções de objetos, aparelhos eletrônicos e emulações da fama (seja na simulação do show ou no batido hall de celebridades), sob a cenografia de chapas ondulantes de metal colorido. Por mais fantásticos que sejam alguns dos efeitos visuais obtidos pelos arquitetos nessa obra, é sobretudo disso que se trata.

Outro projeto de sensações planejadas — que aliás rendeu ao seu autor, o arquiteto suíço Peter Zumthor, o prêmio Mies em 1998 e o Pritzker de 2009 — é um banho termal na pequena estância mineral de Vals, conhecido como "As termas de pedra". Nesse caso, o espetáculo pretende ser o seu oposto, isto é, intimista, com formas simples e neutras, ao contrário da cacofonia visual de Gehry, mas igualmente integrado ao mercado de experiências únicas do turismo. O projeto nasceu por iniciativa do governo local e de cinco hotéis que estavam perdendo turistas nas últimas décadas, com seus 207 quartos com baixa taxa de ocupação. Zumthor foi contratado para construir um edifício que não atrapalhasse a verde paisagem do vale de Vals, de modo que decidiu enterrá-lo parcialmente em uma colina, exatamente entre os hotéis. Sua cobertura, um teto-jardim, faz o edifício quase desaparecer. Seu acesso é exclusivamente por dentro dos hotéis, através de túneis que chegam aos vestiários, onde o hóspede se prepara para entrar nas termas.

O edifício tem uma única fachada, retangular, com aberturas ortogonais formando uma composição harmônica e equilibrada. Todo o conjunto é construído com pedras locais, cortadas em placas de alturas diversas, o que proporciona uma variedade de tons e linhas nas paredes, ora polidas ora ásperas. Juntas de dilatação, nas lajes, mais largas do que o comum, são cobertas com faixas de vidro e permitem a entrada de linhas de luz natural que reforçam a cenografia do lugar. A terma possui duas piscinas principais, com água aquecida, uma delas interna ao edifício e outra parcialmente descoberta. Ambas são envolvidas pelas pedras, como se fossem lagoas naturais em formações rochosas. A piscina interna é iluminada por uma dezena de quadrados de vidros no teto, onde, à noite, luzes artificiais azuis são acesas. Outras piscinas, menores e menos visíveis, ficam atrás de blocos de pedra, e fornecem surpresas para os visitantes. Uma delas é de água ainda mais quente, com luzes avermelhadas, e a outra, de água fria com luzes azuis. Há ainda saunas e salas de massagem e relaxamento.

Do ponto de vista formal, tudo parece simples e essencial. O edifício, fragmentado discretamente em blocos destacados pelas juntas de iluminação e dilatação, forma um todo único e harmonioso. O tratamento dos materiais, das luzes e aberturas, fornece ao conjunto o significado elevado de um templo. O aspecto religioso, contudo, não está fora do lugar, pois o edifício pretende oferecer em seus banhos (batismais?) um arremedo de experiência mística (como toda cerimônia de purificação pela água), num delicado prazer fruto do relaxamento do corpo e da mente.

Sem desconsiderar os méritos inegáveis do projeto, ele tem sido, no entanto, apresentado como a renovação necessária ao modelo de museus e espaços culturais espalhafatosos, não obstante o elenco de artifícios cenográficos que acabamos de enumerar. Anna Klingmann afirma que Zumthor abriu o campo para "projetos com foco em ambiências espirituais" que evocam memórias afetivas ao invés de promover a usual surpresa de êxtase diante de uma obra chamativa. Nesse caso, o menos é mais, e o usuário sente prazer nos pequenos detalhes, nas sensações suaves. Jan Specht, que estuda o papel da arquitetura no estímulo ao turismo, também cita as termas em Vals como alternativa ao excesso presente nas demais obras icônicas: "Peter Zumthor demonstrou que o espetacular não precisa necessariamente ser 'ruidoso', pode impressionar igualmente por seu silêncio reticente".[105] O que é decisivo, explica Specht, é que a obra continua apresentando o extraordinário, de uma forma que "pode ser entendido por um 'turista comum' e amplamente aceito como tal" — *that's business*, conclui. Barulhento ou espiritual, o show continua, os hotéis estão lotados e a arquitetura da experiência segue gerando suas rendas.

No limite da dissolução da forma arquitetônica, uma instalação, também na Suíça, o chamado Blur Building (Edifício Névoa), de Diller e Scofidio, é um espetáculo de assunção — passamos assim do templo de Zumthor para adentrar no céu. A dupla nova-iorquina, que venceu o recente concurso para o MIS em Copacabana, construiu, para a Swiss Expo de 2002, uma ponte oculta por nuvens de vapor em meio ao lago Neuchâtel. Trata-se de uma estrutura metálica de cem metro de comprimento, tensionada por cabos de

---

[105] Jan Specht, "The role of architecture in tourism destination, development and branding", em Shaul Krakover e Natan Uriely, *Tourism destination and development branding*. Eilat: Ben-Gurion University of the Negev, 2009, p. 102.

O hotel e spa Termas de Vals, projeto de Peter Zumthor, Cantão de Graubünden, Suíça, 1992-1996.

aço, a 23 metros acima do nível da água, e desmaterializada por meio de 12,5 mil pulverizadores de vapor, que utilizam a água do próprio lago e são controlados digitalmente. Como afrimam os arquitetos no memorial do projeto, a sua arquitetura efêmera é "um meio habitável destituído de referências, feições, profundidade, escala, volume, superfície e dimensões". O visitante percorre uma ponte, partindo da margem firme e discernível do lago até ser tomado por nuvens que borram sua percepção e o desorientam espacialmente. Cegado pelos vapores, segue adiante mesmo assim, até entrar no interior da estrutura. Nesse momento, sons e cheiros passam a estimular outros sentidos. Uma escada misteriosa o leva para uma torre, a "plataforma dos anjos", que termina logo acima das nuvens e permite observar a massa de vapores brancos e a paisagem montanhosa que cerca o lago.

O edifício cria atmosferas imateriais e embaçamentos da percepção, querendo modificar o estatuto da relação humana com a materialidade do ambiente construído. Ruy Sardinha e David Sperling, comentando o edifício, afirmam que "Blur condensa declarações de ordem material, simbólica e cultural que nos remetem a uma condição contemporânea da 'experiência espacial'. [...] A arquitetura concreta (*firmitas*) passa a ocupar uma posição periférica em um 'campo fusional' da arquitetura-arte-paisagem-mídias digitais no qual se apresentam outras possibilidades estruturalmente distintas".[106] Sem funções definidas, a não ser a da própria sensorialidade pura que evoca, o edifício literalmente sugere a liquefação da experiência arquitetônica no seu grau zero. Encontra-se, como dissemos, no limite entre construção e instalação, naquele ponto em que a materialidade mínima é apenas o suporte de uma imaterialidade máxima — fronteira em que se encontram igualmente as instalações de Olafur Eliasson.

Nesse quadro, a arquitetura resume-se a um conjunto de operações técnico-artísticas destinadas a produzir exclusivamente certos efeitos sensoriais. Contudo, o resultado é a desorientação do público naquele edifício-nuvem, perdido entre os vapores e a materialidade dura do objeto técnico que produz a névoa artificial. O "fator uau!" agora é desconcertante e não apenas espetacular. O que não deixa de ser uma metáfora do nosso estado de incerteza e indefinição, e mesmo da crise atual.

Sardinha e Sperling consideram que "sua declaração (a)simbólica reside na construção intencional da perda de referências visuais e espaciais, que

---

[106] Ruy Sardinha e David Sperling, "Deslocamentos da experiência espacial: de earthwork à arquitetura líquida", em *Revista Universitária do Audiovisual — RUA*. UFSCar, n° 51, ago. 2012.

Blur Building, do escritório Diller Scofidio, instalação na Expo.02, Yverdon-Les-Bains, Suíça, 2002.

oscila entre a nuvem como ícone exterior e o 'nada para ver' do interior. Seu efeito borrado, de 'baixa definição', propõe-se como reação crítica à supersaturação midiática e de 'alta definição' presente em boa parte das tecnologias de imersão e de simulação contemporâneas". Ao mesmo tempo, concluem os autores, "a reflexão que deve fomentar a experiência espacial de Blur, e de resto a arquitetura como campo fusional, é quanto se pode considerá-la como vetor de uma ruptura ou vetor de maximização criativa de aparatos para a intensificação de uma experiência cada vez mais obliterada".[107]

A obra de Diller e Scofidio, como as demais que analisamos nesse tópico, estimula um determinado tipo de experiência sensorial própria de um sujeito esvaziado. É da condição pós-moderna nutrir-se justamente dos prazeres sensoriais imediatos como fantasia compensatória da espécie de obliteração social e política que a define. Espetáculos como esse rendem, evidentemente, os aplausos do *mainstream*. Anna Klingmann festeja a obra da dupla nova-iorquina como ponto culminante da arquitetura experiencial: "Blur dissemina um novo jeito de pensar a arquitetura no limite da dissolução de seus contornos materiais, como puro encontro sensorial".[108] Em um mundo pós-utópico, "o presente que é oferecido nada mais é do que a sensação única de visitar o céu".[109] Paródia involuntária de uma utopia socialista, pois, como se há de recordar, aos condenados da terra restava o tudo ou nada de um assalto aos céus, onde se encontrava o tesouro que lhe fora roubado desde que o primeiro senhor interpusera trabalho alheio entre o seu desejo e a natureza bruta.

Um exemplo dissonante é o Museu Judaico de Berlim, de Daniel Libeskind, que mobiliza emoções e sensações como nas obras que analisamos, mas noutro sentido: trata-se de uma descida aos infernos e não de uma ascensão aos céus. É evidente que um memorial sobre o holocausto não poderia ser festivo e edulcorado como os museus do rock ou do vinho. Além do quê, se entendermos Auschwitz, como o fez certa tradição crítica, não como uma aberração ou um desvio no curso normal do progresso histórico — no caso, a paranoia exterminadora de um líder antissemita —, mas como a consumação social e simbólica da barbárie num sistema baseado na anulação de sua fonte de valorização, quando a condição humana passa a ser vista

---

[107] *Idem.*

[108] Anna Klingmann, *op. cit.*, p. 54.

[109] *Idem, ibidem.*

como a somatória de existências descartáveis, o edifício de Libeskind se mostra ainda mais poderoso.

O jovem arquiteto, apesar de ter participado da famosa exposição "Deconstructivist Architecture" no MoMA, em 1988, com Eisenman, Hadid e Gehry, era pouco conhecido quando venceu em 1993 o concurso para o Museu Judaico, concorrendo com 165 equipes. Os desenhos que apresentou se distinguiam por um traço de rara intensidade, feitos com carvão, realçando a ambiência expressionista que inspirava sua composição: as imagens interiores eram desorientadoras e quase indecifráveis, os volumes retangulares, como se fossem corpos martirizados, eram retalhados por cortes aparentemente aleatórios em toda a sua fachada (ou carcaça).

O terreno destinado ao museu, no bairro de Kreuzberg, fica ao lado de um palacete do século XVIII que abrigou a Suprema Corte do rei da Prússia. Quem se aproxima do edifício pela Lindenstrasse, percebe por detrás das árvores uma fachada metalizada plana, recoberta com placas de zinco, como a de um prédio industrial. Sobre um jardim verde, o edifício parece não ter entrada, sem portas, outdoors ou efeitos para atração de visitantes. O enorme volume de paredes verticais se aproxima discretamente da rua e se desenvolve até o fim do lote fazendo um movimento violento em zigue-zague. A forma tortuosa não é aleatória, ela faz com que o edifício desvie de duas grandes árvores que já existiam no terreno, evidenciando seu respeito pela vida. Ao mesmo tempo, a violação do retângulo, que é decomposto em losangos, sugere com discrição a violência inominável sofrida pelo povo judeu. O edifício não tem janelas, mas fendas em sua couraça de zinco, como uma máquina de guerra que fora riscada por gestos incisivos do arquiteto. Segundo Libeskind, são linhas que reproduzem as ruas de um mapa (imaginário?) dos lugares habitados historicamente pelos judeus em Berlim.

Sem permitir o acesso direto da rua, descobre-se que é pelo edifício histórico ao lado que se entra no Museu Judaico. Nele, Libeskind faz um corte e instala uma torre de concreto vazia, abrigando apenas os lances de escada que levam ao subsolo. O acesso ao museu não se faz por uma entrada em um átrio iluminado e monumental, ao contrário, desce-se ao porão do edifício antigo e, através das suas fundações entra-se em uma galeria subterrânea que conduz ao novo prédio. Ali, nos deparamos com três caminhos, que só podem ser vistos dois a dois, por uma ilusão de óptica produzida pelo arquiteto: eles se cruzam antes que se ingresse no museu, produzindo uma incômoda escolha sobre o destino a tomar. Um deles leva a uma porta preta que dá acesso a uma torre de concreto, vazia e escura, em que uma fresta no alto deixa penetrar uma única réstia de luz. É a sala do holo-

As formas da renda

81

causto. Por outro, chega-se a uma segunda porta que, aberta, leva a um jardim descoberto, mas semienterrado. Ele é formado por compridas caixas de concreto, preenchidas com terra e com plantas que brotam em seu topo. São 49 caixas, distribuídas em uma grelha de 7x7 metros, com estreitas passagens entre elas que permitem o deslocamento dos visitantes. O tabuleiro onde se encontram é inclinado e produz um efeito de desequilíbrio e desconforto. O jardim, que lembra algumas telas expressionistas, não é o lugar do Éden, muito menos se encontra suspenso numa Babilônia, mas é o lugar do exílio, igualmente sem saída, como uma prisão. É preciso então retornar aos corredores subterrâneos até achar a entrada que leva ao restante do museu: uma longa e estreita escadaria, na qual se sobem três andares até o último pavimento do edifício. Cruzam-se sobre ela pilares e vigas como se tivessem brotado, sem mais, das paredes, provocando mais uma vez uma sensação de insegurança e, por assim dizer, de ameaça.

Nas paredes, os rasgos das fachadas deixam entrar filetes de luz e permitem visualizar Berlim. As circulações aparecem em ordem não esperada; interrompendo o espaço de exposição, há novas torres vazias de concreto, iluminadas do alto, e que não são visíveis do exterior. Nelas, apenas o silêncio ocupa o espaço. "Isso tudo não é cenografia", afirma Libeskind, essa fragmentação e desorientação "é parte da própria experiência dos judeus em Berlim".[110] No limite, o edifício era a negação da própria ideia de um museu do holocausto, pois não há nada a exibir na evocação de tal genocídio, a não ser o ambíguo vazio da memória histórica.

Após permanecer dois anos inquietantemente vazio, como um memorial, em 2001 o edifício foi finalmente ocupado por uma cenografia museográfica com mezaninos metálicos, divisórias coloridas, totens e balcões iluminados e focos de luz teatrais para abrigar uma exposição sobre a presença judaica na Alemanha. O zigue-zague da planta do edifício foi transformado em logomarca para os objetos vendidos na nova lojinha do museu. A partir de então, ele passou a atrair mais de 700 mil visitantes ao ano e se tornou mais um edifício midiático da nova Berlim. O jovem e desconhecido Libeskind foi elevado ao panteão das celebridades e seu poder crítico desapareceu nas obras seguintes de forma constrangedora. Nos museus que projetou para Denver e Ontario, por exemplo, transformou suas fachadas de zinco com cortes abruptos, similares às de Berlim, em uma fórmula fácil e postiça

---

[110] Depoimento retirado do documentário sobre a obra em Richard Copans, *Collection Architectures* (2003), vol. 3.

Museu Judaico, projeto de Daniel Libeskind, arquiteto polonês radicado em Nova York. O museu foi inaugurado em 2001, vizinho do antigo Kollegienhaus, em Berlim.

para obter cada vez mais efeitos espetaculares e totalmente pró-sistêmicos. Libeskind mimetizava o "efeito Gehry" na produção de novas máquinas simbólicas de atrair turistas e gerar dinheiro. Seu auge se deu com a vitória no concurso para a reconstrução das Torres Gêmeas em Nova York. Dele trataremos no último capítulo.

Monolitos, vazios e vertigens

O concreto branco aparente foi empregado em duas obras recentes, que, por utilizarem uma técnica consagrada pelos modernos (apesar da particularidade do material branco), e apresentarem uma forma, por assim dizer, contida, parecem não fazer parte da constelação de que vínhamos tratando, embora tenham sido igualmente festejadas e premiadas: a Casa da Música, de Rem Koolhaas, no Porto, inaugurada em 2005, e o Museu Iberê Camargo, projeto de Álvaro Siza, em Porto Alegre, inaugurado em 2008. Apesar da diferença em seus programas de uso, ambas são obras icônicas. Compostas por grandes volumes fechados, tratados como monolitos de geometria irregular, foram concebidas com grandes vazios internos e percursos desenhados para obter efeitos plasticamente expressivos. Além do mais, ambas se situam em cidades de porte urbano similar, com pouco mais de um milhão de habitantes, e têm por função ajudar a ampliar sua projeção internacional.

O que procuraremos realizar neste tópico é a comparação dos dois edifícios em alguns de seus aspectos compositivos e estruturais, com ênfase no modo como interpretaram e trabalharam seu principal material de base, o concreto branco aparente. O termo material é entendido aqui no sentido que lhe é dado por Sérgio Ferro: "o material é tudo o que serve para a construção da obra [...] é a matéria mais os homens que a trabalham, é o suporte ativo do trabalho de concepção e de realização".[111] Ou seja, a maneira como o material é integrado ao processo de concepção do projeto, quer dizer, a inteligência do material, pressupõe não apenas a habilidade do arquiteto em mobilizar a seu favor aquelas qualidades físicas, construtivas e plásticas inerentes à matéria, como também, o seu respeito para com os trabalhadores que a manuseiam no canteiro. Trata-se, portanto, de um conceito ao mesmo tempo analítico e normativo — mais um parâmetro de avaliação do que

---

[111] Sérgio Ferro, *Arquitetura e trabalho livre*. São Paulo: Cosac Naify, 2006, p. 237.

decorrência da constatação daquilo que efetivamente está se passando na realidade, como veremos.

A Casa da Música, de Koolhaas e seu escritório OMA, nasceu, literalmente, de um projeto de uma casa para um cliente holandês e não como um edifício planejado para receber apresentações musicais. Essa transposição inusitada é justificada pelo arquiteto como resultado da pressa a que o projeto foi submetido. No final dos anos 1990 a cidade do Porto foi indicada como capital cultural da Europa para o ano de 2001, dentro de um programa de investimentos urbanos e culturais da União Europeia. O concurso para a Casa da Música, restrito a três arquitetos, foi realizado em 1999, às vésperas do evento, com o objetivo de que a obra ficasse pronta para a ocasião. Com apenas duas semanas para que os proponentes apresentassem suas ideias iniciais, Rem Koolhaas não hesitou em aproveitar um conceito que já tinha pronto e que estava sendo desenvolvido para uma residência — o de um volume prismático com vazios escavados internamente. Evidentemente, o programa e o porte de uma habitação unifamiliar não guardavam relação imediata com uma sala de concertos. Contudo, a equipe de Koolhaas percebeu que a sala de estar retangular que atravessava o prisma de lado a lado poderia ser adotada, se ampliada tal qual, como sala de concertos, uma vez que seu volume era o de *shoebox* (caixa de sapato), uma forma acusticamente recomendada — mas não a única possível.

A experiência de transposição, com isso, além de involuntariamente irônica — senão oportunista, como o arquiteto reconhece —, não tem nenhuma preocupação com o contexto. O local em que aterrissa o bólido de Koolhaas abrigava uma importante estação de bondes da cidade, da qual não sobra resquício. Faz-se terra arrasada do terreno, cujo subsolo é ocupado por três andares de estacionamentos para automóveis particulares (outro sinal da mudança do paradigma público de transportes, o bonde, para a prevalência do carro). Quem chega de metrô à Casa da Música tem que atravessar terrenos baldios e caminhos esburacados sem qualquer amenidade urbanística para alcançar o edifício (ao menos por enquanto).

Tal como nos projetos para a Biblioteca Nacional da França e a Biblioteca Central de Seattle, o arquiteto desenha grandes volumes cheios de cavidades que definem não-formas. Esses volumes "pairam no interior como se fossem órgãos flutuantes", sendo que os espaços públicos mais importantes são definidos como "a ausência de edifício ou vazios escavados".[112] No

---

[112] Cito aqui as expressões de Jameson a respeito do projeto para o concurso da

As formas da renda

85

caso do edifício do Porto, como no de Seattle, são volumes internos, em grande medida ortogonais e dispostos de forma desencontrada, que se projetam com balanços variados. Uma superfície envoltória única, como uma malha elástica, toma a forma dos volumes rígidos e recobre os vazios entre eles. Na Casa da Música, são as duas salas de concerto, uma maior e outra menor, dispostas em direções inversas, mas não rigorosamente perpendiculares, que fazem a pele esticar em seus pontos máximos. Nos espaços ocos entre os blocos principais são dispostos átrios, salas de apoio e circulações que, com isso, ganham visuais inesperados de vazios paradoxalmente polimórficos.

A Casa da Música tem uma base de apoio no solo pequena para o tamanho do desenvolvimento superior de seu volume, gerando uma impressão incômoda de instabilidade. A provocação de Koolhaas — ao sugerir um bólido caindo sobre a cidade — é elaborada também nos movimentos em onda que ele produz sobre a laje da praça e a cobertura dos estacionamentos. É como se o impacto do meteorito, ao atingir o solo, provocasse dobras e ondulações no piso, despertando no frequentador certa sensação de desequilíbrio, e proporcionando aos skatistas uma ótima lombada para acrobacias. O uso do concreto dá ao meteorito a aparência de uma enorme rocha irregular, mas suas superfícies planas, como as de um diamante, reforçam a impressão de que a pedra bruta foi aparada e lapidada. Contudo, o uso do concreto na arquitetura (um líquido viscoso que se adensa) não é como um monolito a ser escavado pelas ferramentas de um escultor (ou joalheiro) — como veremos, há uma contradição evidente entre as exigências do material e a maneira como Koolhaas pretendeu empregá-lo.

A visita ao edifício é marcada por sucessões de surpresas, ou provocações, ao gosto de Koolhaas. As salas de concerto, que pairam como enormes blocos fechados sobre os visitantes, são acessadas por escadas (rolantes ou não) que as circundam e cruzam os seus vazios, gerando visuais próximos aos desenhos de Piranesi. Essas são as áreas brancas do edifício, nas quais o concreto fica aparente, sendo recoberto apenas no piso, por chapas de alumínio e, em algumas laterais, por placas perfuradas do mesmo material escondendo as instalações elétricas e hidráulicas. Os acessos não são imediatos, criam situações imprevistas e deixam o visitante desorientado, até o momento em que se entra nas salas de concerto ou saletas anexas, maiores ou me-

---

Biblioteca Nacional da França, em *Espaço e imagem*. Rio de Janeiro: UFRJ, 1994, pp. 179-80.

nores, como num palácio. Todas elas têm suas superfícies decoradas com cores, luzes e texturas diferentes umas das outras, criando uma identidade única — e às vezes próxima à cenografia de uma loja Prada. A sala principal de concertos tem suas paredes forradas em madeira com desenhos ornamentais folheados a ouro (reminiscência da colonização?). Outras, com veludos coloridos ou azulejos em desenhos modernos ou pombalinos, fazem uma menção pontual (e polêmica) à cultura portuguesa, mas apresentada como citação pós-moderna sobre o artefato estrangeiro.

O elemento mais surpreendente do projeto é a inexistência de vedos opacos frontais e traseiros na sala principal de concertos. O volume da *shoebox* atravessa o bólido de lado a lado produzindo um túnel. Nas extremidades, vidros ondulados fazem o fechamento, permitindo a entrada da luz natural e uma vista difusa, embaralhada pelas ondulações, da cidade lá fora. À noite, o efeito se inverte, é a sala iluminada por dentro que reluz na cidade, emitindo sinal de sua animação. Quem está fora da sala de concertos pode vê-la por esses vidros, inclusive da choperia, que recebe o público na hora do intervalo. O restaurante, no topo do edifício, é alcançado por outro percurso cheio de surpresas. Toma-se um elevador revestido em cobre e, na sua saída, manequins com pinturas punk nos recebem e encaminham ao salão principal — tudo muito *cool*. Os pilares inclinados em torno das mesas já nos dão a sensação de embriaguez, enquanto a cenografia geral é a de um filme de Ridley Scott. Do restaurante atinge-se um pátio aberto, com azulejos em xadrez preto e branco — posição vertiginosa, de onde se avista toda a cidade. Como afirma Koolhaas: "às vezes, me parece que projetar um prédio é como escrever um roteiro de cinema. Tudo é uma questão de tensão, atmosfera, ritmo, a sequência certa das impressões espaciais".[113]

O projeto original vencera o concurso sem definir qual seria o material que constituiria a pele superficial do prisma irregular. A princípio, seriam chapas metálicas ou alguma superfície leve suportada por uma estrutura metálica como o *ballon frame* — solução que Koolhaas adotou na Biblioteca de Seattle, com uma treliça metálica envidraçada. Mas, no Porto, Koolhaas resolveu fazer uma concessão à tecnologia local mais desenvolvida, o concreto armado. Contudo, sua obra não foi concebida em função das exigências desse material, chamado a responder às formas polimórficas de uma obra cujo conceito fora desenvolvido, literalmente, de modo imaterial, na

---

[113] Entrevista a Hanno Rauterberg, em *Entrevistas com arquitetos*. São Paulo: Viana & Mosley, 2009, p. 107.

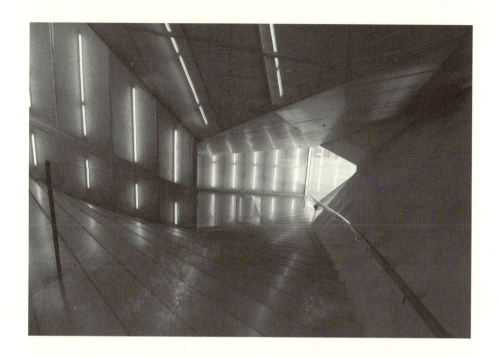

A Casa da Música, no Porto, em Portugal,
sala de concertos projetada pelo arquiteto holandês
Rem Koolhaas, 1999-2005.

realidade virtual do computador. A megaempresa de engenharia Ove Arup foi acionada para resolver o que fazer, mas o problema já estava posto.

A desconsideração de Koolhaas pelo material (matéria mais trabalho) é gritante na fachada do edifício. O arquiteto exigiu que o concreto fosse inteiro marcado com uma grelha diagonal, o que obrigou a uma paginação das fôrmas, contrariando a agregação gravitacional do concreto, que é um líquido viscoso quando lançado. Os construtores foram submetidos a um esforço exaustivo para dispor as fôrmas inclinadas segundo o *grid* traçado em computador.[114] Nas dobras do prisma, a tarefa era ainda mais difícil, pois uma grelha precisava encaixar milimetricamente com a outra, sempre fora da vertical. Como a concretagem não poderia ser realizada de uma vez só para cada pano da cortina de concreto, pois a pressão estouraria as fôrmas, cada lançamento era interrompido em uma altura de cerca de três metros. Com isso, ficam visíveis as emendas entre as concretagens, decorrentes das diferenças de tempo de cura de cada lançamento, e que inexoravelmente eram horizontais, de acordo com a lei da gravidade. Em uma obra convencional, as fôrmas são dispostas de tal modo que as emendas sejam suturadas no alinhamento de topo. A despeito de todo o cuidado e esforço dos construtores, a fachada da Casa da Música ficou fortemente marcada por faixas de sutura do concreto, que são niveladas pela lei descoberta por Newton, contrariando a grelha diagonal que Koolhaas queria ver ressaltada.

Mas esse não foi o pior problema nem o que submeteu os trabalhadores a maiores riscos. Como o bólido de Koolhaas tem pequena área de contato com o chão, se comparada com a área máxima que alcança na altura da sala de concertos, isso implica esforços estruturais adicionais que precisam ser controlados de modo que as paredes não se abram. Para tanto, os operários tiveram que executar difíceis armaduras com vergalhões pesados e amarrações fechadas, e sustentar-se apoiando os pés no meio das ferragens, uma vez que não é possível montar andaimes inclinados. Durante as concretagens, a inclinação dos planos em relação ao eixo vertical produziu uma enorme instabilidade, até a finalização do edifício, quando a viga de arremate na cobertura fecharia o volume em um único sólido autoportante. As cortinas de concreto querendo tombar exigiram que os operários as suportassem com centenas de escoras travejadas e apoiadas em ângulo no chão até que o fechamento superior fosse feito com uma chave em viga metálica treliçada. O

---

[114] Segundo depoimento do arquiteto Jorge Carvalho, do escritório ANC Arquitectos, que participou do projeto de Koolhaas no Porto. Entrevista ao autor.

risco de acidente era iminente, apesar da obra não ter registrado nenhuma morte.[115]

Internamente, uma dezena de pilares inclinados, projetados pela Ove Arup para responder às resultantes dos planos igualmente inclinados que suportavam, oferecia os mesmos problemas de armação, escoramento e execução. Em diversos deles é possível notar que a parte voltada para baixo ficava lisa, mas a voltada para cima resultava áspera, devido à sedimentação do material na fôrma inclinada. A maneira como Koolhaas usou o concreto parecia querer contrariar a lei do material e da própria gravidade. Trata-se de um exemplo claro de cisão entre forma e matéria, de uma forma conceitual que nasce dissociada do material. Mesmo assim, o índice do fazer, inerente à relação entre trabalho e matéria, deixa ver as dificuldades adicionais a que os trabalhadores foram submetidos para erguer o edifício (que atrasou em mais de dois anos o cronograma).

Como reconhece Jorge Carvalho, arquiteto que participou do projeto, "o edifício tem uma forma que se origina a partir de outros parâmetros que não os do material e das condições de produção".[116] A procura da forma inusitada, do efeito provocativo e da ambiência *cool* são dominantes — pois geram um fato arquitetônico de destaque na concorrência midiática. Mas essa não é uma escolha sem consequências. Desrespeitar a inteligência construtiva do material é também desrespeitar o trabalho de construir. A desconsideração pelo momento produtivo, em favor dos efeitos visuais minuciosamente estudados, é o sinal da dominância da renda da forma e das formas de valorização que querem dissociar-se do mundo do trabalho (como no caso da Prada), mas que, ao mesmo tempo, não podem prescindir dele, muito menos dispensar sua depredação.

Mudemos de porto e de arquiteto. O Museu Iberê Camargo, em Porto Alegre, projeto de Álvaro Siza, não deixa de estar inscrito na mesma lógica de produção de edifícios icônicos concebidos pelo *star system* para lançar cidades internacionalmente. A prefeitura doou um terreno público à Fundação Iberê Camargo — instituição patrocinada pelo maior empresário do estado, Jorge Gerdau Johannpeter — para que fosse construído um museu destinado a abrigar a obra do pintor gaúcho. O terreno, na beira do lago Guaíba, com vista magnífica sobre a cidade, está no seu vetor de maior valorização imobiliária. Ao redor, despontam grandes empreendimentos, como

---

[115] *Idem.*

[116] *Idem.*

As formas da renda

um novo shopping center, um imenso condomínio multiuso no antigo Estaleiro Só, e um conjunto imobiliário patrocinado pelo Sport Club Internacional — que também renovará seu estádio, o Beira-Rio, para a Copa de 2014. As favelas (ou vilas) da região estão sendo removidas, como no bairro ao lado, o Cristal, onde fica o jóquei clube da cidade. O novo museu não pode ser compreendido fora desse contexto, mas, para efeito de comparação com a Casa da Música, vamos nos deter nas qualidades, apesar de tudo, do edifício, e de como ele soube mobilizar o mesmo material de base, o concreto branco aparente.

O museu encontra-se separado do Guaíba apenas pela avenida que o margeia, e é contornado por uma falésia de pedras e vegetação densa. Desse modo, o edifício está inserido na cidade de uma maneira muito peculiar, em que os elementos naturais, como o rio e a encosta verde que o acolhe, destacam-se do ambiente construído da cidade. Dali, mira-se a silhueta do centro histórico, distante, como uma península que avança sobre o rio. Assim, a relação com o urbano é quase contemplativa. O museu de Siza consegue, portanto, situar-se habilmente na paisagem, respeitando-a, mas evitando nela se dissolver. Seu volume branco e expressivo acena como um novo elemento compositivo nas margens do rio e reorganiza a compreensão de toda sua paisagem.

A obra faz referência à arquitetura brasileira, mas sem querer mimetizá-la de forma chapada, como no palácio de Portzamparc. A gestualidade e a ondulação branca de Niemeyer estão ali presentes, mas citadas com ponderação. A referência principal parece ser o projeto da área esportiva do Sesc Pompeia, de Lina Bo Bardi, em que duas torres de concreto aparente se abraçam com passarelas fechadas em suas laterais como pontes que se conectam e se cruzam em situações e alturas variadas. No edifício maior, o das quadras esportivas, Lina faz buracos irregulares na fachada, permitindo o enquadramento de vistas da cidade. Ao mesmo tempo, trata-se de um volume fechado, assentado pesadamente no chão, típico da arquitetura portuguesa, explica Jorge Figuera, que não tem a leveza e a faceirice da nossa menina de pernas finas, como brincou Lucio Costa. O museu "não se 'levanta' do chão e nem se 'abre' para a paisagem"[117] como alguns dos principais museus brasileiros (o MASP, o MAM do Rio e o MAC de Niterói). Sua forma cega não cai na tentação da transparência, que acaba, como se sabe,

---

[117] Jorge Figueira, "Mundo Coral", em *Fundação Iberê Camargo*. São Paulo: Cosac Naify, 2008, p. 136.

prejudicando a observação das obras expostas, além da sua preservação física (danos provocados pela luz natural e dificuldade de manter a climatização adequada).

O edifício tem uma forma lúdica, como se fosse um personagem estranho, cujos braços são visualizados diante do tronco principal. Siza já adotara referências antropomórficas na Faculdade do Porto, e estudava em desenhos os personagens expressionistas e disformes de Iberê. Embora assimétrico e polimórfico, é possível dividi-lo em duas partes: uma, de geometria mais ortogonal e marcada, onde se encontram os três andares de salas de exposição, em que o arquiteto procurou realizar os ambientes o mais neutros, claros e favoráveis à apresentação dos quadros do pintor; outra, orgânica e lírica, onde acontece o espetáculo das rampas de circulação que alimentam todo o edifício. Entre os dois espaços, há o vazio do átrio principal, que toma todo o pé direito dos quatro andares do museu — de modo que quem circula vê as áreas expositivas e quem está nestas observa os movimentos das rampas na fachada ondulante.

Como no Guggenheim de Nova York, visita-se o museu subindo de elevador até o último nível e descendo pelas rampas. Mas, aqui, Siza separou os espaços expositivos, planos e ortogonais, das descidas livres em rampa. Nestas, a *promenade* é agraciada com três aberturas que enquadram visuais do rio, da cidade e de seu famoso pôr do sol, como se ali tivessem sido afixadas pinturas de paisagens, não de um autor qualquer, mas do mestre de toda a obra, Siza. E como sabemos, pintura de paisagem é um gênero de unanimidade garantida. Se esses visuais não competem diretamente com as obras em exposição, como no museu de Niterói, pois são apresentados no momento em que se circula de um andar a outro, curiosamente, através de tais enquadramentos, o porto-alegrense é convidado a redescobrir a cor local de sua própria terra, juntando-se aos demais turistas na busca das emoções fáceis do pitoresco. Tudo se passa como se a costumeira atitude contemplativa, expulsa das salas de exposição pela própria natureza da obra perturbadora de Iberê, retornasse às passarelas, de onde se avistam esses novos quadros.

As rampas, por sua vez, são dispostas de modo inusitado e expressivo, evitando a configuração mecânica e repetitiva que usualmente adotam os lances de rampa em sequência contínua. Há três internas e três externas, configurando um único circuito. Em toda subida ou descida de andares, o visitante sempre percorre um lance de rampa interno e outro externo. Nas internas, coladas à grande cortina ondulante de concreto, e favorecendo-lhe a rigidez, os percursos são curvos e suaves. Elas são abertas para o grande

As formas da renda

vão central, como dobraduras no pano de concreto que compõe essa grande fachada interna. As externas, que saem do edifício como braços, ou pontes, são cortes secos e inflexões que conformam uma geometria angulosa. Como uma maneira de quebrar a monotonia e o circuito em espiral das rampas, adotado por Wright em Nova York, por exemplo, Siza ainda usa de outro artifício: as rampas nunca podem ser descidas de uma só vez. Para acessá--las, de um pavimento a outro, é preciso passar pelos espaços expositivos que são, assim, integrados naturalmente como grandes praças intercaladas aos fluxos de circulação. Além disso, o arquiteto fez com que as duas primeiras rampas subissem em sentido horário, as duas seguintes, em anti-horário, e as duas últimas, novamente em sentido horário. Desse modo, tanto na vista interna quanto externa do edifício, o arquiteto obtém uma plástica inesperada, que difere de um desenho originado por uma subida contínua igual. Afinal, a surpresa é um ingrediente indispensável numa *promenade* arquitetural consoante às exigências da época. Siza sabe perfeitamente disso, e a oferece com muita competência — para felicidade dos caçadores de imagens, como veremos.

Internamente, o edifício é revestido por uma camada de isolante térmico de lã de rocha (devido à baixa inércia térmica do concreto) e placas de gesso acartonado pintadas em branco, onde são penduradas as telas. Os espaços de exposição são caixas brancas, neutras, iluminadas por meio de um forro de vidro leitoso, com uma face lateral à vista e marcado por uma grade quadrangular que lembra o charme do *Jugendstil* austríaco. No último andar, a claraboia é mais elevada e combina luz artificial com luz natural filtrada por uma segunda vidraça. A área expositiva é assim, absolutamente clássica, e a luz, difusa e suave, ao contrário dos focos concentrados que se tornaram moda na museografia recente. Contudo, o efeito cenográfico do átrio central e suas passarelas — efeito que já é parte dos programas atuais de museus — reclama atenção e obriga as salas a se abrirem para ele, suprimindo paredes e reduzindo proporcionalmente os espaços expositivos. Desproporção que, contudo, talvez seja condizente com um prédio que abriga uma fundação mantida por um dos maiores empresários do país.

No subsolo do museu, que se estende para além da projeção do volume principal que recebe as exposições, foram atendidas as funções complementares e atividades pedagógicas: oficinas de pintura e de gravura, auditório, reserva técnica, refeitório, administração e estacionamento, que fica sob a avenida. O café foi posicionado em um volume sobre esse subsolo estendido, no nível da calçada, com vista para o rio — discretamente fora do edifício principal, para não contaminar o espaço expositivo com seus ruídos e odores.

O Museu Iberê Camargo, em Porto Alegre, primeiro projeto
do arquiteto português Álvaro Siza no Brasil, 2002-2008.

Do ponto de vista construtivo, o edifício é uma caixa monolítica sem juntas de dilatação, como a Casa da Música, mas aproveita essa condição, similar a de um casco de navio, de forma inteligente. Por ser um monolito, sua fundação é rasa e se apoia no chão sobre um leito drenante, formando um radier, graças aos esforços distribuídos, ao invés de concentrados — como ocorre na Casa da Música —, que exigem fundações profundas. No caso de Siza, o uso adequado do concreto em sua lógica construtiva, na conformação da caixa superestrutural, não impede que se obtenha um resultado plasticamente interessante, ao contrário, ele é ainda mais expressivo porque extrai formas a partir da própria inteligência do material e não contra ela. As cortinas de concreto onduladas, coladas às passarelas, são verticais no eixo de seus planos, o que permite a sedimentação correta do material e a montagem das armaduras com andaimes acompanhando as áreas de trabalho. "A paginação foi cuidadosamente estudada e obedecia rigorosamente o critério de execução e dos lançamentos previstos", explica o engenheiro da obra José Luiz Canal.[118] Assim, cada concretagem fechava com a linha de topo das fôrmas e a sutura ficava escondida nas emendas frisadas. O trabalho de montar as fôrmas consistia, sobretudo, na sua produção em oficina, onde uma equipe de marceneiros qualificados trabalhava sobre a rígida esteriotomia das curvas desenhadas por Siza.

O cuidado com os detalhes quase sempre se norteou por pressupostos construtivos e não apenas pela busca de efeitos visuais, como na obra de Koolhaas. Siza solicitou, por exemplo, que a junta da rampa fosse contrafiada (encobrisse sua laje de piso com a sobreposição da parede lateral), o que lhe permitia, ao mesmo tempo, o efeito plástico desejado e a coerência do ponto de vista construtivo, pois as paredes laterais e o teto formavam um tubo estrutural para vencer o vão e eram concretados de uma vez só, após o piso. Essas rampas externas tiveram que permanecer escoradas até o fim da obra, mas sem a complicação e os riscos que estavam envolvidos na Casa da Música. As rampas descoladas do corpo do edifício permitiram ainda tracionar as vigas de fechamento da cobertura, que puderam ser muito esbeltas, com apenas 30 cm de altura para um vão de 18 m.[119]

O que se vê na obra de Siza — talvez este seja o seu mérito maior — é um enorme respeito pela lógica do material e das condições de produção,

---

[118] Entrevista ao autor.

[119] José Luiz Canal, "Projeto em construção", em *Fundação Iberê Camargo*. São Paulo: Cosac Naify, 2008, pp. 139-62.

sem que isso signifique uma arquitetura enfadonha e repetitiva. Seu resultado formal não é obtido contrariando as necessidades funcionais e a lógica estrutural, mas indo ao encontro delas, sem com isso deixar de ser poeticamente inventivo. Como afirma Siza, aquele que "mais se compromete com as circunstâncias da sua produção, mais dela se liberta".[120]

Na verdade, o museu de Siza, mesmo fazendo parte do circuito premiado das obras estelares, não sucumbe inteiramente aos preceitos midiáticos da produção de formas espetaculares. Sua obra nasce de uma consciência rara, e difícil de explicar, em que ainda vigora o respeito pelo ato de construir. Porém, tudo somado, talvez não seja este respeito à verdade do material e aos processos construtivos, como procuramos enfatizar, o que lhe tenha garantido o Leão de Ouro, e sim, certa concessão, apesar de tudo, à lógica das obras únicas e emblemáticas, e seu inegável papel difusor. As razões, aqui apresentadas, que explicam a qualidade de seu museu, quando confrontado à Casa da Música, não são exatamente as mesmas que levam a crítica a aplaudir a ambos, muitas vezes sem reconhecer neles diferenças básicas. Os interesses midiáticos que a obra despertou são de outra ordem, pois o edifício de fato favorece imagens espetaculares, como veremos no quarto capítulo.

Superfícies fluidas e peles tatuadas

Obras monolíticas em concreto, como as que nos serviram de exemplo, e que foram dominantes por décadas na arquitetura moderna — sobretudo em sua vertente brutalista —, são hoje exceções. Elas expressam uma materialidade física e um peso do qual a produção da arquitetura na era das marcas quer, quase sempre, se livrar. O desencontro na obra analisada de Koolhaas é, em parte, derivado deste fato: ela quer se desgarrar de um material que não favorece o anseio pela imaterialidade. A tendência dominante na arquitetura do *star system* é em direção à leveza, transparências ou embaçamentos, até o limite do desaparecimento da matéria. Na já mencionada declaração-manifesto de Jacques Herzog: "trabalha-se a materialidade física da arquitetura para poder transcendê-la, ir mais longe e inclusive chegar ao imaterial".[121]

---

[120] Citado em Jorge Figueira, "Mundo Coral", *op. cit.*, p. 130.

[121] Herzog citado em Luis Fernández-Galiano, "Diálogo y logo: Jacques Herzog piensa en voz alta", revista *Arquitetura Viva*, nº 91, 2003, p. 29.

A revolução moderna do aço e vidro foi o primeiro passo na busca da leveza e da transparência ao permitir separar a superfície da fachada da sua função estrutural e, com isso, promover, como elementos independentes, o esqueleto estrutural e a cortina de vidro. Mas a seriação e a padronização fordistas, assimiladas parcialmente pela arquitetura moderna, acabaram resultando em soluções convencionais, torres e caixas de vidro plano, que ainda mantinham uma inegável presença física. Não é possível afirmar que uma obra como o edifício Seagram, de Mies van der Rohe, tenha alcançado o que os arquitetos contemporâneos denominam de "materialidade imaterial".

O vidro transparente é um elemento paradoxal. Invisível por natureza, ao mesmo tempo que não oferece obstáculos à visão, faz aparecer elementos que reafirmam a materialidade da arquitetura: lajes, pilares, mobiliário, cortinas, pessoas etc. A nova imaterialidade será conquistada por materiais cujo uso se diferencia daquele do vidro na arquitetura moderna: reflexos e translucidez ao invés de transparência, ou ainda formas orgânicas e até elásticas ao invés de planas e rijas. É neste sentido — de uma prevalência do exterior em detrimento do interior — que as superfícies podem então ser concebidas como peles (*building skins*), sobrepostas aos esqueletos estruturais de forma não transparente, promovendo, com isso, uma autonomização relativa da superfície.

As superfícies podem assim tornar-se fluidas e tender ao imaterial, mesmo que abriguem por trás delas estruturas relativamente convencionais e pesadas. Elas podem adquirir tais características graças às novas possibilidades de projeto e fabricação digitais de formas complexas, como veremos nos próximos capítulos. E também devido aos materiais que passaram a estar disponíveis ou ser manuseados de forma inovadora para a construção civil (polímeros, policarbonatos, vidros, cerâmicas, metais e materiais híbridos), que podem ser moldados industrialmente nas formas, texturas e opacidades que se desejar, além das novas tintas, filmes e métodos de impressão que podem neles ser aplicados.[122]

Como meio de incrementar os efeitos das novas peles, são utilizados diversos recursos de iluminação, planejados por profissionais especializados. Diferentemente do prédio de vidro, cuja fachada iluminava-se na medida em que seus espaços interiores estavam em uso ou eram mantidos com luzes acesas, a nova luminotécnica pode prescindir, se for o caso, da dinâmica de

---

[122] De acordo com Sanford Kwinter, *Far from equilibrium: essays on technology and design culture*. Nova York: Actar, 2008, p. 132.

uso do edifício, criando um efeito retórico próprio. A iluminação é projetada para salientar a espessura elástica e a autonomia relativa da pele sobre o restante do edifício. As situações mais emblemáticas, como veremos, são de efeitos de luz internos à pele, ou seja, sistemas de iluminação, alguns deles multicoloridos, que ficam inseridos no próprio corpo da superfície ou imediatamente atrás dele. Seu acionamento e efeitos de variação cromática são programados e controlados por computadores.

Essa crescente prevalência visual das superfícies em relação às estruturas é o que permite a mágica da desmaterialização arquitetônica atual e sua transformação em imagem midiática. Ela possibilita "quebrar a massa, a densidade e o peso aparentes de prédios gigantescos", como afirmou Charles Jencks.[123] A nova arquitetura quer diminuir a massa e o peso enquanto enfatiza o volume e o contorno — "a diferença entre o tijolo e o balão", na expressão de Jameson, ou entre modernidade pesada e modernidade leve ou líquida, nos termos de Bauman. São princípios que já estão presentes em parcela da arquitetura moderna, mas que agora são projetados em um mundo espacial inteiramente discrepante, pois já não operam de acordo com as oposições binárias modernas, explica Jameson.

Wolfgang Fritz Haug, ao analisar a abstração na estética das mercadorias, considera justamente o elemento de superfície como componente fundamental na formação do fetiche. Segundo ele, existe uma diferenciação estrutural que permite liberar a superfície de qualquer funcionalidade para aderi-la à mercadoria como uma pele, lindamente preparada, não apenas proteção envoltória, mas "verdadeiro rosto a ser visto" antes do próprio corpo da mercadoria. A superfície irá converter-se, explica Haug, numa nova mercadoria "incomparavelmente mais perfeita que a primeira" e irá desprender-se desta descorporificando-se e correndo pelo mundo inteiro como um "espírito colorido da mercadoria, circulando sem amarras".[124] Ninguém estaria mais seguro contra seus olhares amorosos, pois essa aparência abstraída (ou encenada) é sempre mais perfeita tecnicamente. Lisa, intocada e tendencialmente imaterial, ela atrai na mesma medida em que apaga os rastros do trabalho que lhe deram origem.

---

[123] Citado em Fredric Jameson, "O tijolo e o balão: arquitetura, idealismo e especulação imobiliária", em *A cultura do dinheiro: ensaios sobre a globalização*. Petrópolis: Vozes, 2001, p. 202.

[124] Wolfgang Fritz Haug, *Crítica da estética da mercadoria* (1971). São Paulo: Unesp, 1996, p. 75.

A dupla Herzog & de Meuron é provavelmente a que demonstrou mais ousadia na experimentação de epidermes arquitetônicas cada vez mais inusitadas e imateriais. Eles passaram de uma experiência de arquitetura mais monolítica, com texturas em pedra, cobre e chapas enferrujadas, a invólucros sempre mais leves e *high-tech*, com placas poliméricas coloridas, vidros serigrafados e membranas infláveis, como as do Allianz Arena, o estádio de Munique que sediou a abertura da Copa de 2006. Este último é um dos exemplos mais acabados e espetaculares dos feitos da dupla suíça. Jacques Herzog afirma que o estádio tornou-se um modelo de "Projeto-Logo para um país ou um clube, uma ferramenta para entrar em um mercado".[125] O estádio foi a edificação esportiva mais midiática já construída para um grande evento (até ser superado pela própria dupla, poucos anos depois, em Pequim), com sua imagem surpreendente — como um enorme pneumático iluminado em azul, vermelho ou branco —, divulgada sem cessar nos quatro cantos do globo.

Os registros da arena em construção revelam a técnica de abstração do projeto[126] — afinal, como tornar um pesadíssimo estádio em algo leve como um balão? A estrutura interna é relativamente convencional: arquibancadas em concreto armado coroadas por uma cobertura em treliça metálica. Nada muito diferente da geração de estádios construídos na Europa nas últimas décadas. A surpresa fica por conta do momento em que a superfície inflável e iluminada começa a ser aplicada sobre o corpo do edifício, produzindo um deslumbramento mágico. Quando a cobertura membranosa, de um plástico similar ao teflon, passa a envolver toda a estrutura de concreto, o efeito se completa. A iluminação, que nos demais estádios concentra-se em seu interior, é dirigida também para o exterior — dentro, o espetáculo esportivo, fora, o espetáculo arquitetônico, capitalizando a cidade de Munique, a alta tecnologia alemã e os próprios arquitetos.

Efeito similar foi adotado no centro aquático Water Cube, da Olimpíada de Pequim, projeto do escritório australiano PTW. A estrutura do cubo que abriga as piscinas olímpicas se inspira nas bolhas de água quando agregadas a uma espuma de sabão. A geometria da estrutura metálica é a repro-

---

[125] Citado em Luis Fernández-Galiano, *op. cit.*, p. 26.

[126] O canteiro do Allianz Arena é apresentado no documentário *Construindo o superestádio*, Discovery Channel (2005), de Su Turhan e Silvia Beutl. A obra foi executada por 1,5 mil operários de vinte países diferentes, em regime de três turnos para cumprir o prazo de inauguração exigido pela FIFA.

Allianz Arena, estádio de futebol projetado pelos arquitetos suíços Jacques Herzog e Pierre de Meuron, inaugurado em 2005, em Munique, para a Copa do Mundo da Alemanha.

dução simulada em computador dessa forma física, com 22 mil vigas, que conformam as paredes espumantes e seu teto, como um sistema único. Os vazios entre as vigas são fechados pelo mesmo tipo de membrana dupla do Allianz Arena, dando ao edifício sua imagem característica. As membranas são infladas, como colchões de ar, e recebem dezenas de milhares de lâmpadas de LED multicoloridas que podem ser acionadas para resultar em combinações cromáticas diversas comandadas digitalmente. O uso da membrana nesse projeto, assim como no Estádio de Munique, não se resume ao indubitável resultado cenográfico e midiático, mas também responde a problemas funcionais, estruturais e energéticos. O sistema de treliças metálicas que utiliza para vencer os grandes vãos das piscinas e arquibancadas é uma solução inteligente e leve. A cobertura em membrana dupla favorece o isolamento térmico e acústico, além da iluminação natural difusa, complementar à artificial. O ar quente retido no interior da membrana inflada é utilizado no aquecimento da água das piscinas. Sistemas inventivos de superfícies ecoeficientes têm sido cada vez mais estudados e implementados em outros projetos, procurando demonstrar que suas vantagens podem não ser apenas midiáticas. Aliás, atualmente já faz parte do programa arquitetônico de um edifício de sucesso ser ecologicamente correto.

O efeito balão pode, evidentemente, ser produzido sem esses elementos infláveis. Diversos projetos inspirados em formas orgânicas e biomórficas, sempre com apoio dos novos softwares, têm gerado superfícies com efeitos similares. O projeto do centro comercial Selfridges em Birmingham, do grupo Future Systems, obtém formas orgânicas e infladas com superfícies rígidas. O volume é curvo em todas as direções, e o teto junto aos fechamentos laterais formam uma única superfície contínua. Sua pele é composta por 15 mil discos idênticos de alumínio anodizado polido, fixados sobre paredes curvas de concreto revestidas por material isolante. O edifício, absolutamente contrastante em seu contexto, tornou-se o novo ícone da cidade e funciona como catalisador da renovação urbana do bairro de Digbeth.

Essa verdadeira tara pelas peles inovadoras na arquitetura contemporânea acabou reabilitando o gosto pelo ornamento (agora denominado ornamento digital),[127] que havia sido rechaçado como tabu pela arquitetura moderna desde o famoso manifesto de Adolf Loos, "Ornamento e crime", de 1908. Segundo o arquiteto austríaco, a epidemia decorativa era uma re-

---

[127] Ver Kai Strehlke, "El ornamento digital: aproximaciones a un nuevo decoro", revista *Arquitectura Viva*, n° 124, 2009, pp. 26-9.

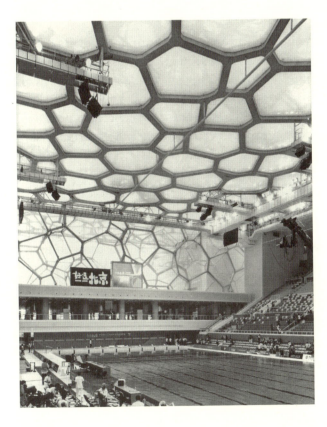

Water Cube, parque aquático projetado pelo escritório australiano PTW para os Jogos Olímpicos de Pequim de 2008.

gressão para o homem moderno: no mundo desencantado da nova racionalidade, o ornamento, no estado degradado em que se encontrava naquele momento, integrado à produção em massa, deveria ser entendido como uma patologia, no caso, de aristocratas degenerados ou criminosos com peles tatuadas. Loos via no ornamento tanto uma delinquência moral quanto econômica. Sua rejeição ao ornamento se estendia com a mesma veemência ao simbolismo erótico e ao princípio do endeusado prazer, como impulsos opostos à objetividade racionalista. O prazer, segundo a ética dominante do trabalho, é uma energia desperdiçada, tal como o ornamento na construção. Assim, móveis, roupas e edificações ornamentados eram um delito contra a economia, e um devaneio imoral que destruía trabalho humano, dinheiro e materiais.[128] O texto de Loos e as formulações que se seguiram definiam a arquitetura moderna como parte do reino das formas severas, limpas e duradouras, contrárias aos modismos e ao consumo conspícuo, aos rendilhados, às madeiras talhadas e às paredes tatuadas. Loos descrevia o novo homem como personificação do espírito do despojamento, do trabalho e da poupança, os elementos basilares enfim de uma ética puritana, cujas afinidades com o espírito implacável da acumulação capitalista Max Weber apontava naquele momento.[129]

O pós-modernismo voltou a ocupar o ornamento, mas como citação, quase sempre irônica, em contextos acintosamente contrários ao ascetismo moderno. Não por acaso apelidados pejorativamente de fachadistas, os arquitetos mais representativos dessa tendência fizeram sua apresentação pública conjunta numa rua artificial, a *Strada Novissima*, concebida por Paolo Portoghesi para a Bienal de Veneza, em 1980, toda ela simulando fachadas, em geral composições disparatadas de elementos construtivos ou ornamentais. Salvo para alguns poucos arquitetos dentre os pós-modernos (Léon Krier, por exemplo, defensor intransigente do neoclassicismo), o *revival* tinha algo de simultaneamente provocativo e lúdico, era uma grande brincadeira com a arquitetura do passado. Ou ainda, numa atitude inspirada no *pop*, valorizava a vulgaridade da arquitetura comum, ou da arquitetura comercial — por isso mesmo o texto *Aprendendo com Las Vegas* foi consi-

---

[128] Ver Adolf Loos, "Ornamento e delitto", em *Parole nel vuoto* (1908). Milão: Adelphi, 1972, p. 221.

[129] Uma crítica ao texto de Loos e ao racionalismo da arquitetura moderna é realizada por Theodor Adorno em "O funcionalismo hoje" (1967), revista *Gávea*, n° 15, jul. 1997, pp. 654-79.

derado o primeiro grande manifesto pós-moderno, com sua apologia do *strip* comercial.[130]

Mas a reabilitação do ornamento a que estamos assistindo não tem mais nada a ver com os prédios de fachadas intencionalmente *fake* (como os palácios pré-moldados do Bofill, entre outros) ou as citações pós-modernas. Trata-se agora de um vínculo, plenamente afirmativo e positivador, com o novo espírito do capitalismo, que, em decorrência do *cash nexus*, se expressa com naturalidade e coerência estrutural nas tecnologias que permitem o desenho e a produção digital do ornamento, dissociando-o de seu fundamento de base: o trabalho artesanal.

Enquanto Loos centra sua crítica no ornamento como produto degradado parasitando um ciclo econômico em expansão, poucas décadas antes, a noção de ornamento, para William Morris, por exemplo, se confundia com a real liberdade do trabalho manual. A sua essência, explica Sérgio Ferro, é "a mão trabalhadora que deixa seu gesto técnico derivar no prazer de si mesmo". Por isso, "ele é sempre, se autêntico, o alargamento, a 'didatização', a explicitação, o comentário desse gesto, a expressão da alegria no trabalho, como dizia Morris".[131] Daí que a explicação de Sérgio Ferro para o desaparecimento do ornamento na arquitetura moderna não é apenas de ordem programática, mas derivada da luta de classes no canteiro: "a mão trabalhadora torna-se perigosa quando, através de seu canto no ornamento, apoia a exigência operária de autodeterminação, a exigência daquele momento. É necessário que ela se dissipe...".[132]

O desrecalque, na sua violência simbólica que vem a ser esse retorno ao ornamento, deve ser explicado pelas condições objetivas que definiram a derrota dos trabalhadores no canteiro de obras desde então. São essas as circunstâncias que permitem "voltar às formas ostensivas de ornamento, até o *kitsch* pós-moderno, seguindo o declive do aniquilamento da luta operária". Mas, no novo ornamento, "a mão trabalhadora agora é exclusivamente a do arquiteto", lembra Sérgio, e "ela se torna eufórica em torno de suas tramas, alinhamentos, módulos, dos seus jogos de linguagem, da elegância ou da brutalidade de seus traços: seu 'ego' explode como fogos de artifício".[133]

---

[130] Ver Otília Arantes, "Arquitetura simulada", em *O lugar da arquitetura depois dos modernos*. São Paulo: Edusp, 1993.

[131] Sérgio Ferro, *Arquitetura e trabalho livre*. São Paulo: Cosac Naify, 2006, p. 364.

[132] *Idem, ibidem*.

[133] *Idem, ibidem*.

O ornamento na era digital é integralmente produzido nos escritórios de arquitetura por meio do auxílio de programas de computador; depois, as informações são transmitidas para a fabricação industrial, por vezes com o auxílio de robôs ornamentistas. As experiências pedagógicas do Departamento de Arquitetura do Instituto de Tecnologia de Zurique (ETH Zurich) são exemplares nesse sentido. Os mais elaborados desenhos ornamentais feitos em computador são realizados em diversos materiais por um robô, com uma precisão que seria irreproduzível pelo trabalho humano. São aparelhagens dificílimas em tijolo, milimetricamente executadas pela máquina, encaixes complexos de peças de madeira, entalhes em materiais diversos ou ainda cortes especiais em moldes de poliestireno para concretagem de painéis ornamentais. Dessas experiências e do significado da supressão do trabalhador executante trataremos mais detidamente quando R-O-B (*Robotic Operating Buddy*) entrar em cena, no terceiro capítulo.

Mas o ornamento não é reabilitado unicamente em função das novas condições objetivas no uso da tecnologia, ele corresponde àquela nova subjetividade que é mobilizada e fomentada pela reprodução do capital na sua fase atual. O catálogo de uma concorrida exposição em Basel, *Re-sampling ornament*, em 2008 (portanto antes da eclosão da crise mundial), afirmava "que em nossa era de consumo conspícuo, a cultura de marca tornou-se um recurso bem-vindo para a arquitetura do ornamento em toda sua opulência", apresentando a seguir projetos de revestimentos e ambiências decorativas para grifes de luxo. Os curadores da exposição, Oliver Domeisen e Francesca Ferguson, reconhecem no ornamento aquelas mesmas dimensões rejeitadas por Loos — o erotismo e o desperdício —, mas que agora voltaram à atualidade numa sociedade que nutre o narcisismo e o consumismo acelerado. O seu jogo de beleza e sensualidade, seu apelo tátil, são requisitos de uma arquitetura que hipertrofia a reação ao estímulo sensorial. O novo ornamento não tem fundamento no trabalho, ele é, por definição, mentira e transgressividade, uma narrativa (ou fábula) visual produzida pelo arquiteto como um "método de subsumir qualquer coisa ao idioma arquitetônico: corpos humanos, plantas, padrões microscópios, bestas fantásticas".[134]

A reabilitação digital do ornamento promove um simultâneo alargamento e esvaziamento do universo de formas à disposição dos arquitetos. Elas estão disponíveis para produzir obras cada vez mais superficialmente

---

[134] Oliver Domeisen e Francesca Ferguson, apresentação da exposição *Re-sampling ornament*, 2008.

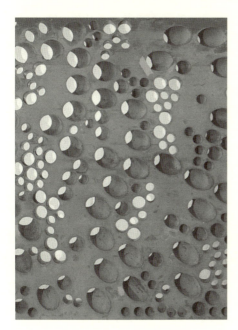

Ornamentos realizados por R-O-B, Departamento de Arquitetura
do Instituto de Tecnologia de Zurique (ETH Zurich).

sedutoras, próprias a um mundo pós-utópico. Como afirma Koolhaas: "eu não vejo nenhum modelo utópico que ainda esteja funcionando, nada no qual um arquiteto possa se orientar. Então, o que resta para o arquiteto, senão ficar projetando lindos ornamentos, e ponto final?".[135]

O uso da aplicação de filmes ou serigrafias industriais em vidros ou plásticos é um dos artifícios mais recorrentes. Filmes coloridos produzindo efeitos ornamentais são usados por Koolhaas no edifício McCormick em Chicago e na Embaixada da Holanda em Berlim, ambos de 2003. Os também holandeses Neutelings e Riedijk fazem uma fachada multicromática no Instituto da Imagem e do Som, em Hilversum. Os vidros que a compõem foram fundidos pela Saint-Gobain industrialmente com manchas de cor que simulam pixels borrados de uma televisão, trabalho do artista plástico Jaap Drupsteen. O UNStudio aplica desenhos com motivos musicais serigrafados no Teatro Musical de Graz, na Áustria, em uma tonalidade vermelha quase imperceptível à luz do dia, mas que, à noite, torna-se fulgurante graças à iluminação artificial. Herzog & de Meuron utilizam serigrafias na biblioteca de formas orgânicas de Brandenburgo e na caixa-fábrica Ricola, em Mulhouse, na França. Em um hospital de Basel — um edifício ortogonal —, a dupla suíça utilizou impressões em vidro de bolas verdes e as sobrepôs às empenas, produzindo um efeito holográfico que altera a percepção visual da forma rígida exigida pelo programa. Mais uma caixa decorada é a Biblioteca da Escola Técnica de Eberswalde, na Alemanha, com fotografias impressas diretamente em placas de concreto ou adesivadas em vidro, tomando toda a fachada e conduzido a um efeito estritamente decorativo. Ao anoitecer, as impressões no concreto somem e as fotografias nos vidros são visíveis, como fotogramas iluminados de uma película de cinema.

Peles de metal, como vimos, são características da experimentação de arquitetos como Frank Gehry, que explora em cada obra novos tipos de dobras, escamas, texturas e cores. O uso propriamente ornamental do metal, como se fosse um tecido composto por urdiduras e tramas com reflexos irregulares, foi explorado por Dominik Dreiner em um conjunto de escritórios em Heilbronn, Alemanha. Ornamentos derivados de pixels também são experimentados em projetos de Herzog & de Meuron, como a decomposição de uma fotografia do mar de Tenerife no Espaço das Artes de Santa Cruz. A fachada de concreto do museu é perfurada de acordo com o diagrama de

---

[135] Entrevista a Hanno Rauterberg, em *Entrevistas com arquitetos, op. cit.*, p. 102.

Acima: Netherlands Institute for Sound and Vision, projeto de Willem-Jan Neutelings e Michiel Riedijk, em Hilversum, Holanda, 1999-2006.

Detalhe do centro de embalagem e distribuição da Ricola, em Mulhouse-Brunstatt, na França, projeto de Herzog & de Meuron, 1992-1993.

pixels obtido por sucessivas reduções de resolução e aumento do contraste das imagens — não se poderia ser mais acintosamente gratuito.

A ornamentação não é apenas um efeito da superfície externa. Como vimos na Casa da Música, todos os espaços de uso e vazios internos são decorados, com exceção das circulações. Salas com paredes de veludo, vidros ornamentais, azulejos com desenhos abstratos e concretistas, ou figurativos, lembrando os temas pombalinos. Como clímax, as superfícies em madeira folheada a ouro da sala principal de concertos. Os desenhos foram feitos a partir de pixels de grãos de ouro que foram ampliados e deram ao material um efeito novo apenas alcançável com instrumentos digitais. As ondulações dos pixels sobre as placas de madeira simulam ainda o desenho aproximado de ondas sonoras.

Motivos e grafismos orientais abrem outro campo de exploração de ornamentos digitais. Arabescos são adotados por Jean Nouvel em três de seus projetos no Oriente Médio, mas sem a funcionalidade técnica de seus diafragmas reguladores de luz no Instituto do Mundo Árabe, em Paris. Em Doha, no Qatar, o arquiteto reproduz sua torre Agbar, de Barcelona, mas monocromática e rendilhada por uma superfície composta de octógonos e quadrados. A imensa cúpula achatada que cobre a filial do Louvre em Abu Dhabi, é igualmente formada por padrões geométricos superpostos, em uma trama complexa de inspiração árabe. E alcança o ponto máximo no uso de efeitos como esses na Ópera de Dubai, em que o caráter tectônico é ofuscado por uma verdadeira nuvem rendilhada que recobre o edifício (de estrutura convencional, diga-se de passagem). Essa fumaça decorativa surge como uma atmosfera que fornece ao edifício a sensação de movimento e instabilidade, uma espécie de índice de antifixidez. O efeito é produzido por duas lâminas laterais tridimensionais e camadas de superfícies irregulares que as articulam com a torre sólida central, formando véus de arabescos ornamentais. Os filtros de opacidade e transparência são dados pelo rendilhado multiforme dessas texturas, utilizadas aqui não como manifestação contextualista, mas sim performática. Durante o dia, a luz penetra de fora para dentro, e, à noite, ocorre o contrário, proporcionando um espetáculo visual de luzes.

Os arabescos também são utilizados pela dupla Herzog & de Meuron no projeto para a Cidade do Flamenco, em Jerez de la Frontera. Os muros de contorno do edifício e sua torre central combinam desenhos de inspiração islâmica (que está na base do Flamenco) e simbolismos gráficos modernos, inspirados no rock, punk e nas assinaturas de grafiteiros. O resultado é um emaranhado de formas lineares e vazadas, desenhado em computador e que deveria conformar elementos estruturais e ornamentais em concreto. Essa

Acima: modelo digital da Ciudad del Flamenco, em Jerez de la Frontera, Espanha, projeto de Herzog & de Meuron, 2003-2006.

Maquete do Doha High Rise Office Tower, na capital do Qatar, projeto de Jean Nouvel, 2002-2010.

experimentação está na origem da solução em maior escala que a dupla irá adotar para o Estádio Olímpico de Pequim. Nesse caso, estrutura, pele e ornamento se fundem em um único sistema. A sucessão de fios emaranhados e enrijecidos constitui uma textura similar a um ninho de pássaro ou a um cesto de palha. O edifício é todo vazado, embora o seu interior não seja visível de fora, apenas a cobertura é envolvida por uma membrana, que tem a mera função de proteger as arquibancadas das intempéries. No "Ninho", o que conta é a estrutura tornada ela mesma um grande ornamento, além de permitir a irradiação para o exterior de luzes amarelas e vermelhas, feito uma grande explosão de fogos de artifício, como se viu na abertura dos Jogos Olímpicos de 2008.

Em oposição a esse enrijecimento da pele ornamentada na forma de estrutura, Mark Goulthorpe realiza uma superfície móvel, comandada por computadores. Seu projeto experimental *Aegis Hyposurface* é uma superfície multifacetada deformável, como uma membrana de borracha, composta por triângulos metálicos articulados e que se movimentam por meio de milhares de micropistões. Seu comando não é fornecido diretamente pelas máquinas — a superfície recebe estímulos do movimento de pessoas ou dos níveis de som e luzes captados a partir de sensores ópticos e elétricos, e interage com eles, respondendo em tempo real. Segundo Goulthorpe, o projeto "marca a transição do espaço autoplástico (determinado) para o aloplástico (interativo, indeterminado)".[136] A forma dinâmica e sensorial, adaptável aos estímulos do meio, indica um dos limites alcançados até o momento na exploração decorativa das superfícies fluidas e peles tatuadas.

As experiências cenográficas, mais uma vez, chegam ao limite do desaparecimento do fato arquitetônico, como no *Blur Building*, mas agora não se trata de um embaçamento da experiência, e sim de ilusionismo. O arquiteto Toyo Ito produziu em Yokohama um edifício que é pura arquitetura de luz, o *Tower of Winds*. Ele foi montado em torno de uma chaminé abandonada, onde foram fixados anéis de neon que são comandados por computador, assim como uma sequência de canhões de luz posicionados no chão. Uma tela veste esse cilindro de metal e neons de cima a baixo. Ela é quem reflete as luzes projetadas do chão à noite, simulando a existência de um prédio real, ou desaparece, quando os neons internos são acionados. Como na superfície móvel de Goulthorpe, o sistema reage ao ser estimulado exte-

---

[136] Citado em Branko Kolarevic (org.), *Architecture in digital age: design and manufacturing*. Nova York: Taylor & Francis, 2003, p. 51.

Vistas externa e interna do Ninho de Pássaro, estádio projetado por Herzog & de Meuron para os Jogos Olímpicos de Pequim de 2008.

riormente, por sons, ventos e movimentos do tráfico da cidade. A iluminação pode então ficar calma ou pulsante, em função dessas interferências, soando como uma música visual do ambiente.[137] Desligados os comandos, o edifício desaparece abruptamente. A arquitetura é só uma pele de luz, mas engana. A proliferação eufórica no uso de superfícies midiáticas e ornamentos digitais, com o objetivo de tornar a arquitetura cada vez mais uma experiência imaterial, pode conduzi-la a um grau zero da forma.

RENDA, JURO E FETICHE

Ao caracterizar a sociedade do espetáculo como o estágio avançado do capitalismo no qual tudo virou representação, Guy Debord estava justamente apontando para a autonomização das imagens em relação à práxis social. Ao mesmo tempo, "a realidade vivida é invadida pela contemplação do espetáculo e retoma em si a ordem espetacular à qual adere de forma positiva".[138] As imagens se destacam da vida e retornam a ela como se fossem o próprio mundo real. Trata-se de um movimento tautológico em que os meios se confundem com os fins, uma gestão de abrangência máxima das condições da existência por uma segunda realidade imaterial, separada, mas integrada. O termo espetáculo já tinha sido adotado por Walter Benjamin para definir a estetização da política como prática central do fascismo. Debord, entretanto, completa o argumento definindo o espetáculo não apenas como a manifestação dos regimes totalitários, mas do próprio capital. Na sua definição mais conhecida: "o espetáculo é o *capital* em tal grau de acumulação que se torna imagem".[139]

A interpretação que passou a se generalizar a partir da década de 1970 é a de que viveríamos uma transição da modernidade para a chamada pós-modernidade — com uma correspondente transição da centralidade da lógica econômica da produção para a circulação e o consumo. A capacidade de controle acurado sobre a forma e sobre a imagem passa, em consequência, a ser um elemento decisivo. Presenciamos, por isso, a inflação vertiginosa do

---

[137] Christian Schittich, *Building skins: concepts, layers, materials*. Basileia: Birkhäuser, 2001, pp. 25-6.

[138] Guy Debord, *A sociedade do espetáculo* (1969). Rio de Janeiro: Contraponto, 1997, p. 15.

[139] *Idem, ibidem*, p. 25.

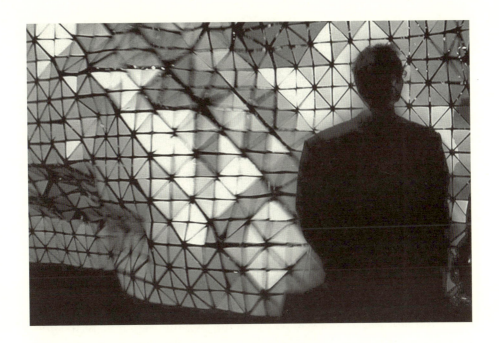

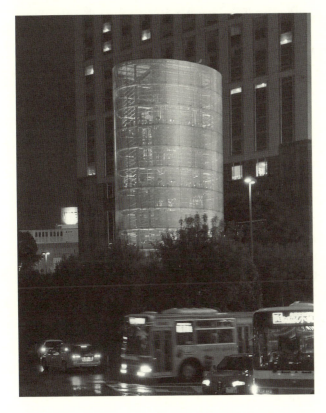

Acima: Aegis Hyposurface, parede manipulada digitalmente, projeto experimental de Mark Goulthorpe para o Birmingham Hippodrome Theatre, Inglaterra, 1999.

Tower of Winds, estrutura com luzes montada sobre uma antiga construção de concreto em Yokohama, no Japão, projeto original de 1986 do arquiteto Toyo Ito.

design. "O sistema de valor de troca se estendeu a todo o domínio dos signos, formas e objetos [...] em nome do design", afirma Baudrillard. Imagem e produto podem circular como uma coisa só: produtos-imagem enquanto signos e valores de troca.[140] Segundo Hal Foster, nessas condições, o produto não é mais um objeto, mas um dado a ser manipulado.[141]

Essa transformação é contemporânea à expansão da financeirização como fenômeno hegemônico global. É o momento em que a lógica do capital fictício assume o comando das forças produtivas reais, como previra Marx, em *O Capital*. O tempo e a forma do capital portador de juros passam, então, a se impor sobre os demais e servem como nova medida. De um lado, o tempo se projeta para frente com os juros comandando, de forma ditatorial, a expectativa de lucros futuros e as decisões do presente. De outro, a forma-dinheiro deixa de estar articulada com seu conteúdo, descolando-se de seu fundamento. O capital pretende desgarrar-se do trabalho e instituir uma dominação sem sujeitos.

No campo da produção das mercadorias — pois é ainda disso que estamos tratando —, a expansão da lógica do capital portador de juros sobre todas as outras esferas da economia e da cultura se exprime por meio de uma autonomização do significado em relação à materialidade dura dos produtos. Na produção de mercadorias, a racionalidade do capital fictício se expressa com a troca de um produto imaginário (como o "nome da marca" ou a "experiência") por dinheiro — isto é, a transformação em capital daquilo que originalmente não é. Como na sua forma financeira, essa é a possibilidade que o capital procura para valorizar-se a si mesmo, desprendendo-se da materialidade dura dos produtos.

O que estamos presenciando é uma manifestação mais avançada do fetichismo da mercadoria, pois não se trata apenas da separação entre produto e produtor, mas da separação entre o produto real e sua imagem como produto imaginário — que passa a circular e a valorizar-se com certa autonomia. O fetiche em sua primeira manifestação, como fetichismo da mercadoria, é a separação entre o fazer e o feito, a autonomização do produto em relação ao produtor. O encantamento da mercadoria, que parece nascida por iniciativa própria, negando sua origem, é uma abstração primeira. O exemplo dado por Marx é o da mesa que passa a dançar, como numa sessão espírita. Esse fetiche de primeiro grau está associado à formação de valor na

---

[140] Jean Baudrillard citado em Hal Foster, *Design and crime, op. cit.*, p. 18.

[141] Hal Foster, *ibidem*, p. 21.

produção de mercadorias, bens tangíveis que cristalizam a energia do trabalho fisicamente aplicado.

Já o fetichismo na sociedade do espetáculo vai além dessa alienação inicial. Ele poderia ser comparado com o que Marx denominou, no livro III do *O Capital*, de fetichismo do capital, como forma de autonomização da propriedade e de sua representação. Essa nova abstração não é mais interna à mercadoria, como no primeiro caso, mas aparece como uma força externa. No fetichismo do capital financeiro, o dinheiro parece gerar mais dinheiro a despeito da produção e do trabalho, como se o valor nascesse da própria circulação. Esta abstração passa a sobredeterminar as formas produtivas, como forma mais acabada de exploração. Segundo Marx, nesse momento o fetiche encontra sua "forma pura" e "não traz nenhuma cicatriz, nenhuma marca do seu nascimento".[142]

Pode-se afirmar que, de forma similar, ocorre a autonomização da imagem em relação ao objeto. A imagem também se torna um ativo financeiro, como uma renda que adquire uma figuração. Segundo Guy Debord, "o espetáculo é a outra face do dinheiro: o equivalente geral abstrato de todas as mercadorias [...] o espetáculo é o dinheiro que apenas se olha, porque nele a totalidade do uso se troca pela totalidade da representação abstrata".[143]

Se o primeiro fetiche ainda estava vinculado à produção do valor e ao mundo de Prometeu — ou seja, à liberação de forças produtivas, ao "fogo do trabalho" que lambe as matérias inanimadas despertando-as —,[144] no fetiche em sua forma mais avançada prevalece o reino de Midas (ou de Gehry): tudo que o dinheiro toca passa a reluzir, tal qual sua imagem, ao mesmo tempo em que se desumaniza, pois o processo de acumulação pretende desprender-se de seus fundamentos.

Na produção da cultura — no caso, da arquitetura —, a passagem de um tipo a outro de fetichismo tem consequências importantes. Como afirma Fredric Jameson, "há uma diferença radical no papel da abstração no modernismo e no pós-modernismo".[145] A abstração pós-moderna está associada à financeirização que, no âmbito da produção do espaço, encontra, como equivalente ao capital portador de juros, e intimamente ligado a ele, a espe-

---

[142] Karl Marx, *O Capital*. São Paulo: Abril Cultural, 1988, vol. 4, livro III, p. 279.

[143] Guy Debord, *op. cit.*, p. 34.

[144] Karl Marx, *O Capital*. São Paulo: Abril Cultural, 1988, vol. 1, livro I, p. 146.

[145] Fredric Jameson, "O tijolo e o balão: arquitetura, idealismo e especulação imobiliária", *op. cit.*, p. 173.

As formas da renda

culação imobiliária e suas rendas. O problema colocado por Jameson é o de definir as novas mediações entre economia financeira/rentista e inflação cultural, levando-se em conta a especificidade da arquitetura.

O fetichismo da mercadoria, na crítica de arquitetura, é um verdadeiro tabu, enfrentado por poucos. Creio que devemos ao arquiteto Sérgio Ferro a interpretação mais contundente desta verdadeira interdição, em seu ensaio sobre "O canteiro e o desenho".[146] A dificuldade passava por definir a arquitetura como uma fusão entre arte e mercadoria, e como protagonista na produção do valor, o que lhe permitia ser decifrada segundo a interpretação de Marx. A crítica ao fetiche da mercadoria na produção da arquitetura permitiu vislumbrar um espaço até então oculto: o canteiro de obras. A contradição desenho-canteiro, que está na base da separação entre os produtores e seu produto, é o mote da crítica de Sérgio Ferro.

Em seus textos mais recentes, Ferro também nota que a mudança na natureza do fetiche torna insuficiente a crítica à alienação do produtor para explicar a produção contemporânea. As utopias modernas, segundo ele, mal ou bem sempre foram construtivas, em consonância com os avanços da indústria e da engenharia. Os projetos arquitetônicos de hoje, contudo, zombam dos preceitos construtivos convencionais com suas aberrações: tramas embaralhadas, geometrias não euclidianas, pilares inclinados, curvas oblíquas, volumes irregulares, cascatas de formas aleatórias. Um poço sem fundo da autonomia formal que irá encontrar nas novas ferramentas tecnológicas de projeto a possibilidade de transpor o gesto artístico em processo produtivo factível no canteiro de obras. O desenho no computador aumenta sua força e permite figuras que antes seriam irrealizáveis com régua e compasso. A arquitetura pende para o escultórico e a imagem da obra acabada torna-se um evento midiático.

A arquitetura pós-moderna, ou simulada,[147] ao incorporar recursos e expedientes da mídia, principia, decididamente e quase ao pé da letra, a desmaterializar-se. Nesse contexto, ocorre uma exacerbação do formalismo, uma reabilitação do frívolo, um predomínio do significante sobre o significado, enfim, estamos diante de uma arquitetura em que o fútil assume pro-

---

[146] O ensaio, de 1976, foi revisado e republicado em *Arquitetura e trabalho livre*, *op. cit.*

[147] A expressão "arquitetura simulada" é adotada por Otília Arantes em *O lugar da arquitetura depois dos modernos*. São Paulo: Edusp, 1993.

porções metafísicas.[148] Malabarismos formais convertidos em apoteose publicitária dão origem a uma tectônica que não guarda mais relação com a escala humana e com a estática dos objetos. Segundo Peter Fuller, trata-se de "um fluxo de imagens que parecem mais reais do que a própria realidade", o que dá "a impressão de um mundo físico em que as coisas foram desmaterializadas ou reduzidas a superfícies".[149] O design das mercadorias, dos objetos mais simples aos edifícios mais complexos, passa por uma expansão da estética das aparências, das embalagens e das peles, cada vez mais sofisticadas e chamativas, num *"obsceno* reino chapado das superfícies"*, na expressão de Otília Arantes, em que a mera provocação da imagem desmancha qualquer propósito construtivo.

O fundamento econômico dessas metamorfoses no campo da alta arquitetura é, sobretudo, a busca do que estamos denominando renda da forma. Isto é, a utilização da arquitetura para a obtenção de ganhos monopolistas derivados da atração proporcionada por suas formas únicas e impactantes. Nessas obras, o efeito visual, ruidoso em Gehry ou mais silencioso em Zumthor, pesado em Siza ou leve em Herzog, *cool* em Koolhaas ou *high-tech* em Foster, deve ser capaz de proporcionar o chamado "fator uau!". Isto é, a capacidade de impressionar, atrair o observador e reter na sua memória aquele objeto arquitetônico único. A identificação da obra com determinados atributos intangíveis lhe garante a capacidade alquímica de transmitir, por meio de grandes objetos inertes e presos ao solo, valores imateriais a cidades, governos e corporações. É assim que a alta arquitetura colabora para elevar o capital simbólico e econômico de seus empreendedores e beneficiários, e aumentar suas vantagens competitivas.

Trata-se de uma modalidade da renda de monopólio[150] que é similar à do mercado das artes, do turismo dos lugares únicos e da valorização das marcas, como já vimos. O que está à venda não é o produto, mas o conceito e a experiência que ele proporciona. Pode-se pagar por essa obra diretamente (seja o visitante que compra o acesso, sejam os fundos públicos e privados que pagam pela promessa de renda futura advinda dela), ou indiretamente, na medida em que as formas circulam e atraem negócios em torno dos ícones

---

[148] *Idem, ibidem*, p. 65.

[149] Citado em *ibidem*, p. 51.

[150] A renda de monopólio é baseada na não reprodutibilidade de determinados bens e mercadorias. Nesse sentido, é uma renda cujos ganhos advêm de fatores opostos aos da produção em massa de bens padronizados.

que representam. Elas movimentam o mercado editorial, a indústria do turismo, atraem investidores, valorizam imóveis, aumentam a arrecadação de impostos, colaboram para forjar identidades e até para ampliar a capacidade de gerar capital fictício de empresas e países nas vendas de suas ações e títulos.

Para a operação ser bem-sucedida, o edifício deve ser projetado segundo os requisitos da boa forma da renda, assim como deve corresponder a uma estratégia que articula interesses locais e internacionais. Desse modo, as obras icônicas participam muitas vezes de planejamentos estratégicos urbanos, como vimos, que definem as políticas públicas segundo critérios de governança e gestão empresarial das cidades. Os governos passam a apostar em obras e investimentos que apresentam taxas de retorno no mínimo equivalentes aos custos do capital a juros, numa concepção da ação pública cada vez mais financeirizada.[151]

A renda da forma, nesse contexto, aparece como mais uma autonomização da propriedade e de sua representação. Semelhante ao que ocorre no fetichismo do capital, a sua imagem parece gerar mais dinheiro, a despeito da produção e do trabalho, como se o valor nascesse da própria circulação. Os edifícios dão a impressão de desgarrar-se do solo e do trabalho que lhes origina, como balões — daí a constante disposição dos arquitetos mais premiados em levar a arquitetura ao seu grau zero de existência, a pura forma. Contudo, essa desmaterialização plena não é possível, como em outros ramos da indústria cultural e da economia do conhecimento. Daí que uma interpretação da economia política da arquitetura restitui seus fundamentos materiais e deixa ver que a produção dessa renda ainda está assentada, direta ou indiretamente, na produção do espaço pelo valor-trabalho.

Nos próximos dois capítulos investigaremos as forças produtivas que estão por trás dessa arquitetura imaterial na tentativa de explicar como ela é feita. Contudo, é preciso reconhecer que os ganhos determinantes que movem os empreendedores das obras analisadas são da ordem da renda — como forma de apropriação da mais-valia social produzida noutros setores. Seus edifícios funcionam como ímãs na atração de riquezas geradas noutros locais, apropriadas como remuneração de sua propriedade única.

---

[151] A financeirização das políticas públicas foi tema de meu mestrado, *O ajuste urbano: as políticas do Banco Mundial e do BID para as cidades latino-americanas*. FAU-USP, 2004.

Daí que a produção do valor passa a estar condicionada por essa lógica que lhe é externa.

Os agentes que dominam e comandam o processo de execução dessas obras não são as empresas de construção civil e tampouco incorporadores imobiliários *stricto sensu*. Quem encomenda obras de arquitetura para o *star system* — quase sempre os governos, instituições culturais e corporações privadas —, está em busca da valorização de suas marcas. Ou seja, não almejam obter dividendos diretamente do processo imediato de produção (mas ainda dependem deste, inclusive para evidenciar a imensa quantidade de trabalho depositada em seus tesouros, como veremos). Seu interesse é dirigido aos ganhos advindos da própria exibição da forma arquitetônica, como manifestação corpórea capaz de expressar valores intangíveis, conceitos, identidades e atributos aos quais querem se vincular, atraindo, ao mesmo tempo, turistas e investidores.

Nos casos que estamos analisando, diferentemente da produção do mercado imobiliário, a renda fundiária, ou de localização, não compõe sua remuneração principal — apesar do mecanismo de sucção privada da riqueza social ser similar. As obras analisadas — museus, spas, hotéis, lojas de grife, sedes de corporações, estádios, salas de concerto etc. — favorecem rendas que não são imediatamente derivadas do aumento do preço do solo, como é o objetivo de um empreendimento imobiliário. A legislação de uso do solo de cada cidade lhes é, quase sempre, indiferente, mesmo em obras privadas, pois são aprovadas em caráter de exceção, em função dos concursos que lhes deram origem, de *lobbies* a favor do empreendimento ou, ainda, por fazerem parte de planos estratégicos que fomentam esses projetos. Seus ganhos, assim, não são condicionados ou limitados pela regulação fundiária de cada cidade. Essas obras parecem pairar sobre esses fatores de produção, como investimentos especulativos que passam por diversas bolsas de valores sem se importarem com as regras que condicionam o sistema produtivo de cada país.

Elas obtêm seus ganhos monopolistas em um segmento diferenciado do mercado imobiliário, e seus processos de valorização são igualmente diferentes. A alta arquitetura é requisitada quando se deseja produzir iscas de atração de divisas e de ganhos imateriais para marcas e cidades, pois só ela está habilitada a gerar esse tipo de fato urbano especial. São edifícios com qualidades monopolistas intrínsecas à forma, não dependentes do lugar em que estão, como as obras de arte, mas, nesse caso, sem sê-las propriamente (apesar de o desejarem). Ou seja, trata-se de um tipo de geração de renda derivada do poder imagético da forma construída e que é inalcançável (ou mes-

As formas da renda

mo indesejável) pela produção mercantil imobiliária mais corriqueira, ainda presa ao solo — mas cada vez mais financeirizada por hipotecas e fundos de investimento.

Mesmo que obras de Gehry, Herzog, Koolhaas ou Foster possam pousar em qualquer cidade que pague por isso, elas não pairam literalmente no ar e estão, de fato, inseridas em contextos urbanos específicos, muitos deles aguardando seus efeitos colaterais em processos de renovação imobiliária de áreas degradadas ou empobrecidas. A grande maioria dessas obras já é encomendada com o objetivo de gerar uma onda de valorização (ou de distribuição de renda, como veremos no último capítulo) que tem fortes consequências na estrutura fundiária e nos ganhos imobiliários no entorno imediato e ampliado de onde será instalada. Nesse sentido, se a renda da forma pode, no limite, prescindir do lugar, ela não tem como escapar dele, na medida em que se efetiva como obra construída. É apenas assim que ela distribui seus dividendos a determinados agentes, que estão bem posicionados para capturar esses ganhos nos locais onde a arquitetura espetacular aterrissa.

Do mesmo modo, essas obras não são literalmente imagens imateriais, como pode dar a entender a sua dissolução física em superfícies cada vez mais etéreas. O ciberespaço ainda não tem como substituir a concretude do edifício construído, e esta permanece como resíduo e verdade de uma valorização que se quer dissociar do trabalho e da práxis social. Como veremos nos próximos capítulos, é das frestas entreabertas pela contradição entre produção material e valorização imaterial que se pode enxergar o sentido da produção social do espaço pela alta arquitetura na era digital-financeira.

2.
O DESENHO PROGRAMADO

Quais as bases técnicas e materiais que permitem o desenho e a exe-cução dos volumes irregulares e das superfícies informes da arquitetura de marca? As geometrias complexas que potenciam a renda são manuseáveis com quais novos instrumentos? Quais abstrações o ato de projetar sofrerá com a virada cibernética? No que está se metamorfoseando o arquiteto e quais os limites para a sua criação? Enfim, quais as principais transformações nas forças produtivas e nas relações de produção da alta arquitetura na era digital?

Neste capítulo e no próximo, entraremos na esfera da produção, pri-meiro investigando o que mudou nos meios e técnicas de desenho, para de-pois analisar como o projeto é materializado no canteiro de obras. Veremos como arquitetos, desenhistas e operários receberão novas (ou antigas) atri-buições, o que lhes obrigará, cada um a seu modo, a redefinir parcialmente suas relações, hierarquias e habilidades.

As transformações que apresentaremos a seguir não são decorrentes de um único fator, como a informatização do desenho, mas de um conjunto de acontecimentos mais ou menos simultâneos: a ascensão do regime de acumulação dominado pelas finanças e pela renda; a organização em rede e a acumulação flexível da produção pós-fordista, com mudanças no mundo do trabalho; a derrocada do bloco socialista; a crise do *welfare* e o aumento das desigualdades sociais; as novas formas de hegemonia norte-americana; a difusão das novas tecnologias digitais e da informação; a consolidação de uma virada epistemológica nas ciências, na linguística e na filosofia etc. Des-se modo, mesmo que nosso foco, num primeiro momento, esteja na infor-matização do projeto, ele será contextualizado, sempre que possível, nas relações que estabelece com os demais fatores.

Uma obra inexequível no centro do capitalismo avançado?

1989 é o ano da queda do muro de Berlim. Desde então a arquitetura ocidental tem procurado construir novos ícones do capitalismo global (agora sem oponentes). A corporação Walt Disney, não por acaso uma das mais poderosas máquinas de produção de significados visuais e discursivos pró-sistêmicos, encomendou a Frank Gehry, naquele mesmo ano, o projeto de um edifício em Los Angeles que deveria ser o mais inovador da América: o Walt Disney Concert Hall. Ao mesmo tempo, um edifício que fornecesse finalmente uma "identidade cívica"[152] para a capital da indústria do entretenimento e do software, além da metrópole que mais rapidamente cresceu no mundo industrial avançado.

Uma identidade cívica cujo princípio democrático durou pouco. Os levantes urbanos, já recorrentes numa cidade polarizada e racista como L.A., irromperam novamente no ano de 1992 e levaram Gehry a alterar o projeto. Ele deixou de ter um pátio coberto e aberto a todos, o que o arquiteto denominara de "sala de estar da cidade", para se fechar como uma fortaleza. O resultado é um edifício cujo caráter defensivo faz com que sua couraça de aço possa ser interpretada como uma blindagem urbana. Como afirma Diane Ghirardo, o Disney Hall tornou-se um projeto "entrincheirado contra possíveis agitações urbanas em deferência à paranoia das classes médias".[153]

Paranoia construída pelos próprios incorporadores imobiliários na produção da cidade, como explicou Mike Davis: "a lógica eutópica de lugares esterilizados totalmente desprovidos de natureza e de história [...] reempacota o mito da boa vida dos subúrbios como também serve de alcova para um novo e crescente *medo da cidade*".[154] O "efeito fortaleza" do Disney Hall é um resultado coerente com a história daquela metrópole conflagrada, contrariando o arquiteto em suas recorrentes afirmações de que projeta para

---

[152] Francesco Dal Co e Kurt Forster, *Frank O. Gehry: the complete works*. Nova York: Monacelli Press, 1998, p. 442.

[153] Diane Ghirardo, *Arquitetura contemporânea*. São Paulo: Martins Fontes, 2002, p. 117. Diane lembra que Gehry já projetara outra fortaleza em L.A., a Biblioteca Frances Goldwyn, em 1982-86. Segundo Mike Davis, trata-se da "biblioteca mais ameaçadora jamais construída". Em Mike Davis, *Cidade de quartzo*. São Paulo: Boitempo Editorial, 1993, p. 217.

[154] Mike Davis, *op. cit.*, pp. 19-20.

a democracia e os valores liberais americanos.[155] As obras de Gehry em L.A., resume Mike Davis, são uma "poderosa metáfora para a retirada das ruas e a introversão do espaço que caracteriza a reação do design contra as insurreições urbanas".[156]

Nosso ponto aqui não será, contudo, avaliar a forte relação entre os novos monumentos da arquitetura estelar e os agenciamentos das classes dominantes com o objetivo de desencadear, por meio de grandes obras, processos de renovação urbana e de expansão do seu controle social. Mas sim, como o projeto de Frank Gehry para o Walt Disney Concert Hall colocou um novo problema para a arquitetura e a indústria da construção nos Estados Unidos: o edifício-emblema, vencedor de concurso público, ao começar a ser desenvolvido, se mostra inexequível. Mais que isso. Nos EUA, até aquele momento do desenvolvimento das forças produtivas na construção, o edifício, ícone da nova identidade urbana, era irrepresentável em desenho, impossível de ser corretamente calculado e orçado. Acabou recusado por escritórios de projeto e empresas de construção precisamente por ser considerado inexequível.

O processo de "Disneyficação" da paisagem urbana, como denominou Sharon Zukin a forma de "economia simbólica baseada na mídia, no mercado imobiliário e na produção artística",[157] encontrava aqui um limite do ponto de vista das bases materiais: o desafio parecia superior às condições objetivas da produção arquitetônica. Era parte do negócio da Disney a criação de formas fantasiosas, mas quando elas saíam das telas para a realidade concreta, os efeitos de animação deveriam passar pelo teste da construtibilidade. Gehry afirmou que se inspirara para a sua composição nas formas dançantes dos desenhos da Disney — mas na arquitetura a imagem pressupõe uma tectônica.

Em 1989, o escritório de Gehry tinha apenas dois computadores, um para uso de processador de texto e outro para contabilidade.[158] Os desenhos

---

[155] Sydney Pollack, filme *Sketches of Frank Gehry* (2005).

[156] Mike Davis, *op. cit.*, p. 217.

[157] Sharon Zukin, "Learning from Disney World", em *The culture of cities*. Cambridge: Blackwell, 1995, p. 55. Ver também "Disneyworld: the power of facade, the facade of power", em *Landscapes of power: from Detroit to Disney World*. Berkeley: California Press, 1993.

[158] De acordo com Mildred Friedman, *Gehry talks: architecture and process*. Nova York: Universe Architecture Series, 2002, p. 15.

O desenho programado

ainda eram feitos todos de forma artesanal (como descreveremos no próximo tópico). O projeto era complexo e os arquitetos e engenheiros subcontratados para a realização dos desenhos executivos acabaram se recusando a finalizá--lo e a assumir os riscos técnico-profissionais. As perguntas que todos se faziam eram: "Como vamos construir isso? Com quais materiais e sistemas?".[159] Quando os desenhos chegaram a 85% da execução, a equipe se deu conta de que não teriam como ser concluídos com sucesso pelos métodos tradicionais.[160] Os orçamentistas tinham dificuldades em prever os custos e acabavam por superestimá-los. As empresas construtoras consultadas se recusaram a assumir a obra.

A arquitetura espetacular de Gehry, cujas formas surpreendentes poderiam exprimir os novos tempos da economia norte-americana e mundial, havia encontrado ali seu limite material. A vitória no concurso mostrava que as condições subjetivas para a aceitação do projeto existiam, mas as condições objetivas para erguer aquele edifício ainda não estavam postas no centro do capitalismo avançado, em plenos anos 1990.

A própria equipe de Gehry saiu à procura de soluções, como veremos, até que o projeto conseguisse ser representado, calculado, orçado, construído, e finalmente inaugurado em 2003. O impasse aqui descrito provocará um salto mortal da arquitetura estelar no mundo digital. Mundo no qual o escritório Gehry and Partners foi um dos principais "agentes da inovação",[161] associado, obviamente, a outras grandes empresas de software, hardware, construção civil e indústria militar, além de financiado por fundos privados e públicos.

A narrativa apologética descreve a trajetória de Gehry como o maior *case* de sucesso tecnológico na arquitetura. Trata-se da transformação de um arquiteto-artesão, ligado à contracultura californiana e a um grupo de artistas e escultores da *pop art*, no principal *digital master-builder*[162] da atualidade, com uma carteira de clientes *first class*, composta por governos, instituições de arte, de entretenimento, hotéis e universidades. Nosso propósito é encontrar, por trás dessa nuvem de fogos de artifício, uma história cujo

---

[159] Jim Glymph, "Evolution of the digital design process", em Branko Kolarevic (org.), *Architecture in the digital age*. Nova York: Taylor & Francis, 2003, p. 105.

[160] *Idem*, p. 107.

[161] Para usar o termo empregado por Fernando Haddad no livro *Em defesa do socialismo*. São Paulo: Vozes, 1998.

[162] Branko Kolarevic (org.), *op. cit.*

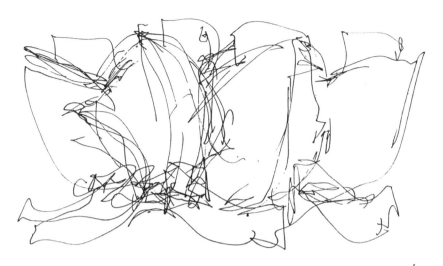

Esboço de Frank Gehry para o Walt Disney Concert Hall,
maio de 1991.

Walt Disney Concert Hall, em Los Angeles.
O concurso para o projeto foi realizado em 1988.
A construção foi concluída em 2003.

significado objetivo evidencie as transformações reais em curso. Como veremos, Gehry não apenas multiplicou por dez o seu escritório, de modo a espalhar desde então pelo mundo suas formas fluidas, instáveis e metalizadas, como ampliou seu *business*, tornando-se um produtor de softwares com a criação da Gehry Technologies.[163]

Nosso percurso nesse capítulo tem como fio condutor o escritório Gehry and Partners, que nos levará ao fim a Peter Eisenman, quem, aparentemente, mais longe foi na automação do processo de criação, utilizando o computador como agente decisivo na definição das qualidades do projeto e na quase diluição da autoria, chegando ao limite de propor um procedimento autômato de morfogênese.

O CANTEIRO DO DESENHO

A noção de "desenho separado", como sistema de informações e transmissão de ordens exterior que se sobrepõe aos trabalhadores no canteiro de obras, já foi suficientemente analisada por Sérgio Ferro.[164] Há uma transição histórica decisiva quando, na modernidade, é rompida a unidade entre desenho e canteiro, na passagem da cooperação simples das corporações de ofício para a manufatura comandada por uma força heterônoma. É nesse momento que o arquiteto se emancipa do canteiro, como parte da divisão entre trabalho intelectual e manual, e se aproxima cada vez mais dos donos do poder e do dinheiro. Ocorre, a partir de então, a perda progressiva do saber e da influência dos demais trabalhadores sobre os meios e fins da produção. Essa fratura decisiva teve lugar no Renascimento, quando se configurou o sistema científico de codificação e representação da arquitetura — inaugurado por Brunelleschi e preservado em grande parte nos séculos seguintes, aperfeiçoando-se com alguns tratados subsequentes, sendo o mais famoso deles, o da geometria descritiva mongeana, do século XIX.

A exteriorização do conhecimento em agentes especialmente designados para concentrá-lo foi, ao mesmo tempo, sinal de "progresso, não podemos duvidar", como reconhece Sérgio. De um lado, o desenho penetrou as rela-

---

[163] Dennis Shelden, "Tectonics, economics and the reconfiguration of practice: the case for process change by digital means", em *Architectural design*. Londres: John Wiley & Sons, vol. 76, nº 4, 2006, pp. 82-7.

[164] Sérgio Ferro, *op. cit.*, pp. 151-200 e pp. 330-78.

ções de produção, abstraiu (separou, apartou) o trabalhador de seu saber e de sua autodeterminação relativa — o trabalho passava a ser ele próprio abstrato. Comandada por um desenho-destino que lhe era heterônomo, essa desqualificação dos saberes individuais, entretanto, ocorreu associada a um progresso artístico e técnico da arquitetura e não a uma regressão. Como explica Giulio Carlo Argan,[165] a cúpula da basílica de Santa Maria del Fiore foi uma "novidade técnico-formal clamorosa", uma obra que inaugurou a espacialidade moderna. Ou ainda, na interpretação de Manfredo Tafuri, Brunelleschi produziu "um objeto arquitetônico autônomo e absoluto, destinado a intervir nas estruturas da cidade e alterar seus significados. Uma autossuficiência simbólica e construtiva da nova espacialidade, dando a ela um valor de ordem racional".[166]

Graças à abstração que lhe deu origem, a própria cúpula tornou-se uma "gigantesca máquina perspéctica" capaz de representar o espaço em sua totalidade. A abstração produziu, assim, um duplo movimento: alienação do trabalho e desenvolvimento das forças produtivas, técnicas e artísticas. Do ponto de vista da acumulação de capital, essa abstração do desenho em relação ao canteiro é o caminho obrigatório para a extração da mais-valia, como qualquer outro desenho para a produção de mercadorias. Cabe ao desenho separado dar ligadura, servir de medida e molde para que o trabalho heterônomo seja coagulado em um objeto — por isso ele é mais fôrma do que forma. É o desenho, enquanto instrumento de comando do capital, re--unindo numa totalização forçada os trabalhadores parcelados no "trabalhador coletivo", que, posto em movimento, valoriza o capital.

A combinação entre técnica de produção e técnica de dominação própria ao capitalismo expressa-se de forma mais nítida na produção manufatureira dos canteiros de obra do que na grande indústria, afirma Sérgio Ferro, pois a ausência da mediação mecânica deixa transparecer com clareza o comando arbitrário da exploração. A especificidade da divisão do trabalho na manufatura é, por isso, uma violência e uma instabilidade sem tréguas, num setor que, teoricamente, deveria buscar a estabilidade e o acúmulo de experiência e saber. Por sua vez, na ausência das distâncias impostas pela mecanização da indústria, são instauradas outras distâncias, ainda por meio

---

[165] Giulio Carlo Argan, "O significado da cúpula", em *História da arte como história da cidade* (1983). São Paulo: Companhia das Letras, 1992, p. 95.

[166] Manfredo Tafuri, *Teorias e história da arquitectura*. Lisboa: Presença, 1979, p. 37.

O desenho programado

do desenho: a "mediação arquitetônica" (formalismo, jogo de volumes, texturas) e o apagamento das marcas do processo de produção, sobretudo por meio da camuflagem do revestimento ("cujo segredo é fazer do trabalho concreto trabalho abstrato")[167].

Na contradição desenho/canteiro, mesmo que o desenho separado seja o polo do trabalho intelectual, ele deixa entrever um ofício artesanal: a produção manual do desenho, com o auxílio de diversos instrumentos. Como os trabalhadores do canteiro, os arquitetos, engenheiros e desenhistas estão subdivididos em diversas especialidades e camadas de profissionais,[168] que conformam um trabalhador coletivo típico da manufatura. A habilidade artesanal está fraturada e inserida na divisão do trabalho, que separa o profissional de parcela do seu saber. Sem participar das decisões tomadas *a priori* que conformam o projeto, a maioria dos profissionais desenha fragmentos do produto. São desenhos de instalações elétricas e hidráulicas, de estruturas e fundações, de paisagismo, de contenções, de detalhes de todos os tipos ou ainda a normatização de textos e carimbos. Apenas o arquiteto--chefe e seus auxiliares imediatos, que controlam e coordenam os trabalhos parcelares de concepção e representação, têm a ideia completa do que se executa — são os definidores, junto aos clientes, do "partido projetual".

Antes de avançar para o mundo do desenho digital, vejamos como eram produzidas artesanalmente as pranchas de apresentação de projetos, uma experiência de saber prático que não faz mais parte da formação universitária do arquiteto e mesmo do imaginário da geração CAD (*Computer-Assisted Design*) — apesar de toda a linguagem operativa dos softwares convencionais de desenho ainda se basear na prática de prancheta.

Se o ponto de partida do projeto, como afirma Sérgio, é a "mão solta do artista", a "linha torturada em concurso de sensibilidade", a ele se segue uma representação gráfica técnica e metódica: "o traço sem desvios, os ângulos rigorosos, o metro bem afiado, o preto no branco".[169] Esse trabalho do ofício artesanal de preparação das pranchas para a obra era um pequeno

---

[167] Sérgio Ferro, *Arquitetura e trabalho livre*. São Paulo, Cosac Naify, 2006, pp. 401-6.

[168] No escritório de arquitetura há uma pirâmide de comando que se inicia com o arquiteto-chefe (em geral o "sênior") e depois segue com o arquiteto pleno, arquiteto júnior, projetista, desenhista-projetista, desenhista-auxiliar, arquivista, maquetista e estagiário. O escritório ainda contrata projetos e consultorias externas de diversas especialidades da engenharia (elétrica, hidráulica, de estruturas, de fundações, de solos etc.).

[169] Sérgio Ferro, *op. cit.*, p. 157.

canteiro de obras, uma experiência física com a matéria, de controle rigoroso dos movimentos do corpo e dos instrumentos de desenho. Por ele passavam todos os arquitetos, com extensões e profundidades variáveis, e ocupando diferentes posições dentro dessa manufatura. Essa "coreografia" de ritmos e gestos do desenho de arquitetura foi quase integralmente substituída pelo desenho em computador, que instaurou uma nova relação com o corpo do desenhista, menos elaborada e tortuosa e mais repetitiva: os inúmeros cliques no *mouse* e comandos de teclado no CAD.

A perfeição e limpeza desse trabalho na prancheta não deixavam de ser mais uma violência, interna ao "consulado da representação", que muitas vezes era direcionada ao arquiteto aprendiz ou ao desenhista, o operário do risco. Tal qual o oficial de revestimentos descrito por Sérgio Ferro, que, com "sua mão treinada, leve pela carga de muita sabedoria, acaricia até o polimento a superfície em que desaparece",[170] o desenhista não podia deixar qualquer vestígio da sua presença. É a mão-amputada, mas habilidosa, do mundo do desenho. Seu traço, apesar de contido e preciso, guardava ainda a marca da habilidade manual, no enquadramento do desenho, nas opções de "molhos" e grafismos das pranchas, no esmero do traço, nas máscaras coloridas, em que os artífices do desenho reconheciam seus estilos próprios, mesmo que abafados. O desenhista habilidoso transformava meras pranchas de instruções para obra em cuidadosos objetos gráficos, cuja qualidade artesanal evidenciava a geometria construtiva da própria arquitetura ali representada.

Em sua prancheta, o arquiteto-desenhista trabalhava com alguns instrumentos, produtos químicos e papéis.[171] A regra de medida e traço era dada pelas réguas, esquadros, compassos e pelo escalímetro. As canetas nanquim, previamente limpas ao fim do último desenho, tinham seus mecanismos conferidos e seus refis carregados. Antes de começar um desenho em papel vegetal, base para as cópias heliográficas posteriores, a prancheta era verificada. Conferia-se a sua estabilidade, a sua limpeza, se os cabos da régua paralela estavam bem esticados para seu alinhamento, ou ainda se as articulações do tecnígrafo estavam ajustadas. O papel vegetal, graças à sua transpa-

---

[170] *Idem*, p. 130.

[171] A descrição a seguir é do método de desenho e seus instrumentos nos anos 1980 e início dos 1990, logo antes da introdução do desenho digital. Além da minha pequena experiência com esse tipo de desenho, contei com os depoimentos de João Marcos Lopes e Renata Moreira.

O desenho programado

rência, era utilizado sobreposto a outro desenho, então redesenhado. A prática de redesenho era feita sucessivamente. Nos estágios iniciais com lápis, em um papel mais simples e áspero — o papel-manteiga —, e depois no papel vegetal, até a apresentação final, que poderia ser feita em uma folha de maior gramatura e resistência (como o papel Schoeller).

Posicionado na mesa branca, o papel vegetal era então limpo por uma mecha de algodão com benzina, para que a gordura da mão não produzisse áreas impermeáveis ao nanquim. A benzina era repassada com frequência em réguas e mesmo no papel, quando por descuido encostava-se a mão além da passagem dos esquadros e da régua. A mão leve não deveria tocar no papel e tinha que obrigatoriamente estar sempre limpa. Para cada linha de espessura diferente, canetas com penas específicas eram usadas e substituídas com cuidado. O traço deveria ser uniforme, sempre com a caneta estritamente perpendicular e com a mesma pressão sobre o papel, para evitar irregularidades e a formação de bolhas de tinta. As pequenas bolhas de nanquim em geral surgiam no cruzamento de linhas ou na parada descuidada da caneta após deslizar, e deveriam ser evitadas e retiradas, pois demoram a secar e são potenciais borradoras do desenho. Os desenhistas mais cuidadosos desenhavam as quinas antes com pena fina, de modo a cercar a área na qual a tinta da pena mais grossa deveria ficar contida, sem extravasar.

Era preciso esperar que cada traço secasse o suficiente para que sobre ele pudesse ser deslizada a régua paralela e o esquadro sem produzir um rastro de tinta na folha. Planejava-se o desenho para deslizar a régua sempre na mesma direção, enquanto as linhas secavam. Os ângulos fora de padrão solicitavam o uso de esquadros móveis que são regulados por um transferidor com rosca, de apelido "jacaré". Antes da invenção desse instrumento e mesmo depois, no caso dos desenhistas mais ortodoxos, usava-se esquadros soltos, maiores ou menores, de modo a construir manualmente cada ângulo com ajuda do transferidor. Círculos e suas seções eram traçados por compassos com canetas afixadas na extremidade, e a ponta seca deveria ser posicionada com cuidado para não perfurar a folha nem deslizar. No caso de círculos com raios pequenos e padronizados eram utilizados gabaritos, os chamados bolômetros. Curvas compostas por segmentos de círculos e formas orgânicas mais complexas eram desenhadas com outro gabarito, a curva francesa. Linhas sem regramento geométrico, como curvas de nível, exigiam a mão firme do desenhista ou a utilização de réguas flexíveis que guiavam o traçado da caneta nanquim.

As hachuras podiam ser feitas uma a uma com pequenos deslocamentos do esquadro, ou com caros decalques de *letraset* — um cartão, também em papel vegetal, que pode conter hachuras, desenhos, símbolos e letras impressas decalcáveis para aplicação gráfica. Formas irregulares, como árvores, escalas humanas ou carros eram carimbadas no desenho com blocos de madeira molhados em almofadas de tinta. As cotas e textos eram desenhados com normógrafos, com "aranhas", ou com gabaritos para cada escala de desenho — trabalho que também exigia delicadeza para evitar borrões. As velhas "aranhas" deslizavam uma de suas pernas em ponta seca no baixo relevo das letras esculpidas em alguma das diversas réguas possíveis, escolhidas conforme o corpo do tipo pretendido, enquanto a outra carregava a caneta nanquim que executava o traço, também na espessura escolhida, compatível com o corpo da letra a ser desenhada.

Manchas coloridas para destacar partes do desenho eram feitas por meio de máscaras com fita adesiva e a dispersão de um produto, seja graxa de sapato passada com algodão, seja pastel óleo espalhado de maneira uniforme no verso do papel vegetal, também com algodão, e encharcado em solvente. Mais recentemente, as manchas passaram a ser feitas por canetas coloridas especiais, mas cuja execução também era meticulosa, para que não ficassem visíveis a sobreposição de camadas ou o sentido da pintura. As margens e o carimbo das folhas eram outro objeto de traçado do desenhista. No caso dos carimbos, sua diagramação, legibilidade e qualidade gráfica eram muito prezadas. Nos escritórios que possuíam uma logomarca própria, ela era desenhada ou carimbada nas pranchas.

O cuidado em todo esse processo justificava-se também pelo trabalho desgastante para corrigir um simples erro. Com o nanquim, um erro não tinha como ser apagado facilmente com borracha. A linha ou o borrão deveriam ser retirados raspando-se suavemente o papel com uma lâmina metálica, tipo gilete, em diversas posições. O papel maltratado pela lâmina precisava ser alisado por borrachas especiais. Muitas vezes, dependendo da gramatura do papel, a marca da "giletada" ficava visível no vegetal, mas desaparecia quando feita sua cópia.

Encerrada toda essa "coreografia", estava ali o original, que recebia uma última limpeza com benzina e era arquivado. Dele eram feitas cópias heliográficas, produzidas em papel sensível a determinados espectros de luz, revelado com banho em solução à base de amônia. O resultado era uma reprodução azulada, vermelha ou preta, às vezes pouco contrastada, se a máquina fosse mais antiga, e que exalava um terrível mau cheiro. Os trabalhadores que executavam as reproduções, em geral em porões com pouca ventilação, ficam expostos à toxicidade da amônia.

Quando as cópias retornavam para revisão, o original voltava a ser

O desenho programado   133

atacado pela gilete, algumas vezes até furar. Daí que diversos escritórios preferiam, inclusive para os desenhos finais, o uso do grafite. O desenho a lápis, com lapiseiras de diferentes calibres, também tinha suas técnicas especiais. Apesar da facilidade de corrigir erros com borracha e não ter que aguardar o nanquim secar, os cuidados para evitar sujeiras, a forma de deslizar réguas, de mantê-las limpas, eram similares. A dificuldade adicional residia no fato de o grafite, ao deslizar no vegetal no traçado de um risco, soltar um pó que adere ao dorso da mão e às réguas, que precisam ser constantemente limpos para evitar manchas no papel. Além disso, o grafite ia sendo polido na ponta de forma irregular, o que precisava ser observado para que as linhas não ficassem descalibradas. A lapiseira deveria ser empunhada sempre na vertical, para que toda espessura da linha correspondesse à pena prevista.

Mudança de escala em desenhos manuais exigia também novos exercícios. No caso de desenhos regulares, ortogonais, cada medida deveria ser transportada para o novo desenho por meio do escalímetro. Mas quando a base era irregular, como as curvas de nível de um terreno ou mesmo um perímetro complexo, era preciso esquadrinhar todo o desenho com uma grade quadrangular e transportar cada segmento de linha para a grade em nova escala. Era possível fazer o mesmo com o auxílio de outra geringonça, a escala pantográfica.

Os desenhos tridimensionais eram quase que exclusivamente elevações axonométricas, mais simples do que a perspectiva com um ou mais pontos de fuga, cuja distorção de profundidade era complexa de se realizar em escala e desnecessária nas representações técnicas do desenho como ordem de serviço. Na axonometria, a planta baixa era projetada de forma oblíqua, com linhas paralelas traçadas ponto a ponto por meio do deslizamento do jogo de esquadros. Mais um desafio de movimentação de instrumentos para que o nanquim não borrasse. A projeção de sombras em uma elevação axonométrica também era complexa, e seu preenchimento era feito por máscaras de cor, como já mencionamos.

As perspectivas com ponto de fuga poderiam ser regradas geometricamente ou ser mais livres e artísticas. No primeiro caso, todas as técnicas de transferência de medidas, por meio de compassos, além do uso de jogo de esquadros, demandavam um exercício complexo de precisão descritiva. Nas perspectivas livres, tanto de estudo quanto de apresentação, arquitetos e ilustradores poderiam enfatizar determinados aspectos do projeto, com pequenas distorções ópticas ou pelo uso de elementos e focos de atenção do desenho. A cor era igualmente usada com liberdade, em geral por meio da aquarela. O desenho livre também podia indicar o uso desejado pelo projetista, dependendo do modo como traçava grupos de pessoas e suas atividades, as áreas sombreadas, árvores, paisagens, horizontes. As perspectivas, por serem trabalhosas, eram em geral pouco numerosas e escolhia-se pontos precisos para serem retratados. A construção da ambiência espacial por meio delas era igualmente um trabalho artesanal dos arquitetos e desenhistas.

As maquetes de madeira também faziam parte do artesanato do desenho. Elas permitiam ao arquiteto um contato físico com o seu projeto, enquanto artefato construído. Na sua execução, poderiam ser verificados alguns dos princípios da geometria e do desempenho estrutural. No caso das maquetes de estudo, mais conceituais, e mesmo de arquivamento no escritório para eventuais exposições, sobriedade e neutralidade eram exigidas — a não ser nas maquetes de apresentação a clientes, que poderiam ser mais realistas e coloridas. As madeiras escolhidas em geral eram chapas finas de compensado ou madeira balsa, leves e fáceis de cortar. Mas também poderiam ser usados blocos maciços cortados em serras mecanizadas, como a tico-tico. Nas madeiras em placa ou chapa, serrinhas, limas e estiletes eram utilizados para o corte após o esquadrinhamento das peças. As peças cortadas eram conferidas e lixadas, algumas vezes com lixas de espessura diferente, até que a madeira ficasse uniforme e suave ao tato. Eram então juntadas cuidadosamente com colas ou encaixes. A cola de madeira, cujo odor tóxico era forte, deveria ser espalhada com precisão para não escorrer para fora dos pontos de contato. As maquetes finalizadas eram mantidas na madeira crua, ou protegidas por uma camada de seladora ou verniz fosco, ou ainda pintadas de branco, com todos os cuidados que isso exigia. Os principais escritórios tinham equipes de maquetistas, salas com bancadas e máquinas para executá-las. Mas, semelhante ao desenho, todos os arquitetos, em algum momento de sua formação, com extensão e profundidade variáveis, passavam pelo artesanato das maquetes. Como veremos, as maquetes, tanto quanto os desenhos, estão sendo "automatizadas", por meio de cortes a laser ou mesmo a execução digital completa em impressoras de três dimensões.

O desenho abarca, assim, um canteiro. Nele há trabalho intelectual e manual, seja unificado no arquiteto-artesão, seja na forma manufatureira de projeto, no caso de escritórios maiores, em que há divisão do trabalho mais avançada. O produto que dali é obtido, contudo, não tem um fim em si, como no trabalho do artista. Ele é um meio, uma instrução para a execução do objeto final: o edifício construído. O jogo de plantas, maquetes e perspectivas, não deixa, contudo, de ser mercadoria, antes mesmo da arquitetura se tornar edifício. O valor de uso da mercadoria-desenho é ser a instrução e o comando do trabalho separado para a transformação da matéria em artefato construído.

Por não se tratar de uma instrução de projeto para a produção em massa, como na grande indústria, as exigências de precisão e automação são menores. O desenho de arquitetura analisa cada caso específico para potenciar os ganhos do empreendedor, extraídos da mais-valia do trabalho e por meio da apropriação de rendas, sejam elas fundiárias, de incorporação imobiliária ou a que investigamos neste ensaio, a renda da forma. O canteiro arcaico de elaboração do desenho arquitetônico não é, assim, uma irracionalidade dentro do circuito de acumulação do capital na produção das cidades. A execução artesanal de desenhos é adequada à exigência de valorização máxima em cada novo projeto, que solicita o estudo da edificação mais adequada para extrair de cada parcela do solo o máximo de riqueza, seja ela na forma de renda, lucro ou juro. Isso não impedirá, contudo, que o desenho entre na era digital e favoreça novos ganhos.

A PRANCHETA DIGITAL E O CLIQUE NO *MOUSE*

As metamorfoses recentes no canteiro do desenho repercutiram na maneira de representar, estimulando transformações tanto no modo de projetar como nos resultados obtidos com os edifícios dos arquitetos-estrela. Se o caráter por assim dizer artesanal do projeto permaneceu quase o mesmo por quinhentos anos, desde o surgimento do "desenho separado", no Renascimento, ele vem sendo alterado em extensão e profundidade cada vez maiores nas duas últimas décadas. Seus limites de representação, geométricos, instrumentais e técnicos, eram ao mesmo tempo limites para as possibilidades de concepção dos projetos. Como veremos, alterações no modo de produção do desenho arquitetônico na era digital, associadas às transformações mais amplas no regime de acumulação capitalista, na tecnologia e nos materiais, permitirão algumas alterações nas forças produtivas no campo da arquitetura, com o objetivo de incrementar os ganhos rentistas. Há uma ruptura no "consulado da representação" no momento em que este incorpora a virada cibernética, isto é, a passagem da forma à informação, em seu caráter puramente operatório.[172]

---

[172] Nesse sentido, é possível um paralelo com o que discute Laymert Garcia dos

136   Arquitetura na era digital-financeira

A introdução do computador no desenho arquitetônico, a partir dos anos 1980, produziu transformações em dois âmbitos: inicialmente, na prática de representação e, a seguir, nas possibilidades de concepção, cálculo e construção das edificações. Apesar de ambas as modificações estarem associadas, apresentaremos neste tópico, por uma questão analítica, aquelas realizadas nas técnicas de representação em que os paradigmas euclidiano — na geometria —, e mongeano — na decupagem do objeto arquitetônico (planta, corte e elevação) —, ainda são mantidos. Nos tópicos seguintes, analisaremos como o computador alterou a própria morfogênese, ao permitir, por meio de vetores e algoritmos, a elaboração de formas arquitetônicas complexas até então inimagináveis, apoiadas ideologicamente na virada epistemológica das teorias da complexidade e nas modificações das formas dominantes de reprodução do capital.

A tecnologia de programação informacional para interagir graficamente com o computador é datada dos anos 1960, quando foram estabelecidos os primeiros princípios para os sistemas de projeto que contavam com a sua ajuda.[173] Sua adoção se deu originalmente em grandes indústrias (como a aeroespacial e a automotiva), que se beneficiavam com a precisão das informações para integrar projeto e execução por meio de máquinas automatizadas, enquanto o desenvolvimento dos softwares era realizado em parceria com centros de pesquisa de universidades norte-americanas, antes que adquirissem viabilidade, inclusive comercial. Os primeiros softwares de CAD para computador pessoal (PC), adotados em escritórios de projeto e não apenas em ambientes industriais, começaram a ser vendidos a partir de 1982. Não houve um desenvolvimento específico de softwares para a arquitetura e construção civil, que, retardatários na inovação tecnológica, adotavam programas de outros setores da produção industrial, em versões simplificadas e bidimensionais. Com isso, os programas de CAD, utilizados para projetos de arquitetura, funcionavam como uma prancheta digital inespecífica, habilitada para realizar desenhos técnicos genéricos.

Nos escritórios de arquitetura, propagou-se desde então o rumor contínuo e aborrecido de cliques nos *mouses* e teclados, periféricos de baixo custo que foram generalizados como principais *input devices*, no lugar das

---

Santos no ensaio "A informação após a virada cibernética", em *Revolução tecnológica, internet e socialismo*. São Paulo: Perseu Abramo, 2003.

[173] Sua primeira versão foi realizada no MIT, após testes nas Forças Aéreas norte--americanas, segundo Marian Bozdoc, *The history of CAD*, 2003.

caríssimas mesas digitalizadoras. O antigo ateliê do arquiteto estava cada vez mais próximo, inclusive visualmente, de uma empresa de processamento de dados, ou até das mesas de operação do mercado financeiro. Os escritórios passaram por uma espécie de assepsia, com pranchetas quase sempre limpas e mesas povoadas de computadores. No clique no *mouse* há uma atrofia da gestualidade do arquiteto desenhista, pois é um movimento repetitivo, causador inclusive de novas doenças do trabalho. A posição de desenho é estática e o olho é exigido constantemente para encontrar linhas e pontos, nem sempre facilmente visualizáveis na tela.

O CAD convencional de arquitetura é uma versão digital do que se fazia à mão, de modo que ele não altera profundamente a racionalidade projetual anterior, mas sim o meio de se obter as representações gráficas, automatizando-as parcialmente. Ou seja, traz vantagens da cibernética sem alterar qualitativamente as relações de produção existentes. Seu objetivo é "libertar o arquiteto de tarefas repetitivas, tediosas e consumidoras de tempo do desenho manual".[174] Este software, que estamos denominando aqui de "prancheta digital" para evidenciar essa condição simultânea de mudança e continuidade, está presente (legal ou ilegalmente) em quase todos os escritórios e escolas de arquitetura. O principal é o AutoCAD da empresa Autodesk, que detém cerca de 70% do mercado de softwares de arquitetura.[175] Seu número de licenças cresceu exponencialmente em menos de uma década, de 50 mil unidades, em 1986, para 1,3 milhão, em 1995, evidenciando a rapidez de propagação da tecnologia do desenho digital, acompanhada da queda do preço dos computadores.[176]

Vejamos alguns dos progressos na assistência do computador ao desenho do arquiteto.[177] O desenho de linhas está evidentemente dissociado do traço como movimento de uma pena com tinta acompanhada de réguas e compassos. A geometria do desenho, ainda euclidiana, vai sendo construída por comandos, atalhos de teclado ou cliques no *mouse*. Cria-se um vocabu-

---

[174] Kostas Terzidis, *Algorithmic architecture*. Amsterdam, Boston: Architectural Press, 2006, p. 54.

[175] Segundo Mahesh Senagala, "Deconstructing AutoCAD", em *Proceedings of the 7th Iberoamerican Congress of Digital Graphics*. Rosário: SIGraDi, 2003.

[176] De acordo com Marian Bozdoc, *op. cit.*

[177] A descrição do desenho digital feita a seguir é apoiada nos depoimentos dos arquitetos José Baravelli, Renata Moreira e Guilherme Petrella.

lário próprio ao desenho digital, em inglês, que vira a língua única do cadista. Existem comandos para realizar linhas paralelas, perpendiculares e oblíquas, os ângulos e tamanhos são digitados, e qualquer ponto está coordenado pelas mesmas relações de ângulo e distância das operações de translação, rotação e reflexão, dispensando escalímetros e transferidores, que antes acompanhavam o desenhista em cada traço. Os trechos do desenho com repetições e simetrias podem ser compostos a partir da multiplicação ou espelhamento do elemento original.

Os desenhos ainda são feitos um a um, como na prancheta convencional. Os padrões gráficos também são os convencionais, mas agora inseridos de forma digital e com enorme precisão. Os instrumentos são os mesmos, mas todos virtuais: canetas com penas de todas as espessuras, lápis de cor, hachuras, sólidos, transparências, gradações, pantones, blocos. Eles podem ser utilizados com certa facilidade, permitindo experimentar opções como corta-e-cola, estica, inverte, sobrepõe, copia, pinta, apaga, desfaz, multiplica, imprime, redesenha por cima, incorpora imagens externas, textos, quantificações e dimensionamentos (lineares, áreas e volumetrias), parâmetros, cálculos etc.

A limpeza do desenho deixa de ser uma obsessão como era para o desenhista. Apagar linhas ou mesmo desfazer ou refazer as últimas operações dos desenhos são ações executadas com um ou dois comandos. A inserção de textos, com o tamanho e fonte desejados, também elimina o sofrimento do normógrafo. As hachuras e máscaras coloridas são feitas contornando-se o polígono a ser destacado. Tipos de traço (tracejado, traço ponto, pontilhado), que faziam parte da habilidade e prática do desenhista, são padrões de tipo de linha no CAD, assim como as espessuras. Carimbos são aplicados em uma prancha modelo, na qual só é necessário alterar a numeração e o título para cada novo desenho. Figuras humanas, árvores e móveis são todos inseridos por meio de blocos de desenhos, retirados de uma biblioteca virtual, que também pode ser constituída pelo cadista. A mudança de escalas é igualmente feita por um simples *zoom* na tela ou por uma indicação no comando de impressão. Não é mais preciso escalar e refazer o desenho manualmente para poder estudá-lo nas diferentes escalas.

A principal transformação introduzida pelo CAD foi a dos *layers*, ou camadas de desenho. Seja por sobreposição ou por separação de grupos de elementos, os *layers* permitem filtrá-las, isolá-las e reagrupá-las de acordo com o que se quer evidenciar em cada desenho (estrutura, alvenaria, cobertura, instalações etc.), que vai acumulando camadas sobre camadas, como se fossem papéis vegetais, mas que podem ser ligadas em conjunto ou sepa-

O desenho programado   139

radamente, para alteração de algumas delas — procedimento que facilita a conferência do projeto e a coordenação entre os diversos projetistas e seus desenhos, cuja comunicação pode dispensar a troca de pranchas em papel, pois os arquivos são enviados e recebidos pela internet. O desenho que retorna é então adicionado como um ou mais *layers* ao arquivo base para verificação e depois é apresentado nas pranchas executivas específicas.

Os "originais" — desenhos na forma de bytes — são arquivados em discos e podem ser mobilizados para qualquer correção, revisão ou reprodução. A impressão é feita em *bureaux*, às vezes os mesmos das antigas cópias heliográficas e que agora possuem grandes impressoras de rolo, as plotadoras. As cópias finais não são mais azuladas e malcheirosas, e sim limpas e contrastadas. Sua aparência, contudo, enquanto código para prescrição do serviço no canteiro de obras é muito similar ao desenho artesanal.

As perspectivas também sofrem sua automação parcial. As elevações axonométricas podem ser feitas no mesmo programa de CAD. Já as perspectivas com ponto de fuga e mais elementos gráficos, como cores, texturas e iluminação, são feitas em programas tridimensionais, difundidos, sobretudo, a partir da segunda metade dos anos 1990. Após a modelagem de base dos volumes, por meio de formas aramadas, é feita a renderização, ou seja, a aplicação das qualidades desejadas em cada superfície, como texturas, cores, opacidades, transparências. A ambiência é construída também por blocos de mobília em três dimensões, focos de luz dirigidos, sombras, brilhos. Os ângulos de visão podem ser escolhidos com a alteração do ponto de vista, diferentemente da perspectiva manual, cuja escolha a priori do ponto de observação definia toda a construção da imagem. Agora, no computador, é possível investigar o projeto por vários ângulos, inclusive em movimento, simulando um percurso. Quando a perspectiva é produzida para clientes ou para divulgação, ela adquire cada vez mais um efeito midiático e espetacular.

As maquetes físicas também sofreram alterações no seu processo de fabricação. Não apenas foram cada vez mais terceirizadas pela maioria dos escritórios, como passaram a contar, a partir dos anos 1990, com máquinas de corte a laser para as suas peças. As informações são diretamente transmitidas do arquivo de desenho digital para a máquina de corte, em um processo similar ao das máquinas de controle numérico, que abordaremos no próximo capítulo. Cabe ao maquetista colar as peças a partir de um mapa de montagem e dar o acabamento final. Mais recentemente, e com um maior investimento, é possível também que toda a maquete seja feita em computador, por meio de máquinas especiais de estereolitografia. Elas são impres-

Os escritórios de Norman Foster, em Londres (no alto),
e Frank Gehry, em Los Angeles.

soras em três dimensões baseadas no uso de polímeros líquidos que são solidificados quando expostos a raios laser.[178] Essas máquinas, utilizadas há mais de vinte anos para realizar *mockups* industriais, são cada vez mais comuns em grandes escritórios e escolas de arquitetura.[179] Com isso, dispensam arquitetos e estudantes de pôr a mão na massa na hora de realizar modelos físicos de seus projetos digitais. O polímero enrijecido fornece uma tectônica artificial, que não é mais experimentalmente testada pelo arquiteto na produção da maquete. Há aqui uma evidente perda do conhecimento tátil e relacional nas escolhas projetuais e construtivas. A maquete gerada automaticamente pela máquina, com suas milhares de pulsões a laser, não fornece mais qualquer paralelo com a experiência do trabalho necessário para gerar aquela forma, mesmo enquanto modelo reduzido e transcrito para outros materiais.

O saber projetual que passava pelas mãos dos arquitetos, ao ser cada vez mais automatizado, irá avançar a ponto de questionar a dimensão estritamente humana da ação de projetar, como veremos nos próximos tópicos. A unidade entre mãos e cabeça na criação do arquiteto foi metamorfoseada pela introdução da máquina e limitada a momentos mais restritos do que anteriormente, quando ele executava como artífice sua mercadoria-projeto.

Richard Sennett questiona se essa "ruptura das habilidades" historicamente associadas à prática do arquiteto não trará consequências desestruturadoras para a disciplina. Segundo ele, é preciso "levar em conta o que é perdido mentalmente quando o trabalho na tela substitui o traçado à mão".[180] Como afirma: "desenhar os tijolos à mão, por mais tedioso que possa parecer, leva o projetista a pensar em sua materialidade, a lidar com sua solidez, contraposta ao espaço em branco representado no papel por uma janela na tela do computador".[181] No desenho técnico, nas perspectivas, nas maquetes, todos em crescente automação, há uma prática que se desvincula tanto da materialidade, numa "desconexão entre simulação e realidade", como lembra Sennett, quanto da experiência da habilidade de artífice que aproxima o

---

[178] Branko Kolarevic (org.), "Digital production", em *op. cit.*, pp. 36-7.

[179] Veja-se o seu uso em algumas maquetes da Bienal de Arquitetura de São Paulo de 2009, em especial da Faculdade de Arquitetura de Hong Kong. Martin Corullon, que trabalhou no Foster and Partners, conta que o escritório agora tem máquinas como estas.

[180] Richard Sennett, *O artífice*. Rio de Janeiro: Record, 2009, p. 51.

[181] *Idem*, p. 52.

arquiteto do mundo do trabalho, e, de algum modo, da própria experiência de trabalho em canteiro, do qual um dia fez parte organicamente.[182]

O desenho em CAD — muitas vezes operado por arquitetos recém-formados e desenhistas sem experiência de obra — aprofunda a separação entre as lógicas de produção no canteiro e as de representação digital. A maneira de informar o desenho é diferente, sobretudo por meio dos comandos de aproximação e distanciamento do *zoom* e da sobreposição de escalas e informações. O mergulho do *zoom* no espaço vazio da tela e a observação do projeto por fragmentos (como num microscópio) por vezes desorientam e dificultam a apreensão do todo. Numa folha de desenho presa na prancheta, a representação é produzida e lida como uma pequena narrativa, em sua totalidade, mesmo que esta seja parcial (um corte, uma elevação). O desenho vai emergindo do papel com sua lógica construtiva, a delimitação de eixos, pontos de apoio estruturais, alinhamentos principais etc. No CAD, um mesmo desenho contém em si diversas escalas e diversas camadas, o que resulta, muitas vezes, em trechos excessivamente informados e outros lacunares (frequentes pela aceleração e redução do tempo de projeto). O processo de desenho ocorre por fragmentos, é não linear, com idas e vindas, como peças de um quebra-cabeça — o que guarda similaridade com a própria fragmentação pós-moderna da linguagem.

Ao mesmo tempo, o software não pode ser fetichizado. Ele foi programado por profissionais e empresas que definem certos parâmetros para a prática do projeto. São eles que determinam quais as operações que o arquiteto e o cadista terão à sua disposição. Nesse sentido, sobrepõe-se uma camada de heteronomia sobre as deliberações de projeto do arquiteto, ou de autonomia relativa na definição de soluções que podem ou não ser assimiladas pelo software. William Mitchell, professor do MIT e especialista em CAD, chega a afirmar que "o software é em verdade uma força profundamente conservadora [...] não uma ferramenta de libertação como costumamos achar".[183] Isso porque não se pode ignorar a lógica mercantil que comanda o desenvolvimento do software: ela "privilegia determinadas práticas e marginaliza outras, simplesmente fazendo com que aquelas que você apoia com

---

[182] História detalhadamente investigada no Laboratório Dessin/Chantier da Escola de Arquitetura de Grenoble e resumida por Sérgio Ferro em seus "Comentários ao desenho e o canteiro", em *op. cit.*, p. 321.

[183] Citado em Branko Kolarevic (org.), *op. cit.*, p. 294.

O desenho programado

seu software se tornem muito mais eficientes, rápidas e fáceis; o que introduz uma distinção entre as práticas, reforçada pela dinâmica comercial".[184]

Alguns escritórios de arquitetura passaram a produzir seus próprios programas[185] e mesmo a constituir uma empresa de softwares, como é o caso de Gehry. O professor Ulrich Flemming, da Universidade Carnegie Mellon, em Pittsburgh, adota como pedagogia abrir os softwares de projeto com seus alunos de arquitetura para mostrar que "os programas são artefatos artesanais como quaisquer outros e podem igualmente ser reconstruídos. Assim, o único software que vale a pena usar é aquele que você programou, que você pode personalizar".[186] Seria essa uma forma regressiva de compreender a indústria do software ou um caminho para o que Richard Sennett definiu como desafio para a sociedade moderna: "pensar a vida como artífices fazendo bom uso da tecnologia"?[187]

O fato é que estamos diante de um novo momento na abstração do projeto de arquitetura e do trabalho de construir. Mais uma vez, ela é uma abstração contraditória, com avanço e regressão simultâneos. O projeto feito em computador, por distanciar-se cada vez mais do vestígio artesanal do fazer material, aproxima-se da noção de projeto como "ideação", como *cosa mentale*, sem amarras físicas. O ato de projetar reduz a gestualidade do desenho para se concentrar em sua "programação" como sequências de instruções — primeiro para a máquina e depois para os construtores. O projeto desprende-se, assim, de sua materialidade analógica para avançar no que ele tem de mais essencial: a prescrição. Nesse sentido, o computador como instrumento do arquiteto aumenta seu poder de comando, permite que seus desenhos sejam mais precisos, rigorosos e, no limite, mais completamente determinados como ordem de serviço, sem brechas.

É preciso também avaliar os ganhos para o capital decorrentes da introdução do CAD. Nos escritórios, o desenho auxiliado por computadores promove uma economia de tempo e um aumento de produtividade. A introdução de máquinas e de softwares, como noutros setores, representa uma

---

[184] *Idem, ibidem.*

[185] O arquiteto alemão Bernhard Franken afirma: "estou cansado de softwares inadequados, por isso começamos a programar o nosso, para que as coisas sejam realizadas do modo que queremos. Temos que fazer isso por conta própria, pois a indústria não está fornecendo softwares corretos". *Idem*, p. 295.

[186] *Idem*, p. 296.

[187] Em Richard Sennett, *op. cit.*, p. 56.

mudança na composição orgânica do capital e no próprio processo de produção. Os escritórios passaram a investir mais nas ferramentas à disposição dos projetistas: ao invés de réguas e canetas, agora computadores, impressoras e programas. O aumento do capital fixo (máquinas e softwares) corresponde, simultaneamente, a uma redução do capital variável (força de trabalho). Economia de tempo significa, do ponto de vista do capital, redução do número de trabalhadores, ao mesmo tempo que ocorrem mudanças nas suas habilidades específicas. Trata-se do efeito da automação, que afeta diversos setores, em especial o bancário.[188]

A condição de classe do arquiteto, seja ele profissional autônomo, empregador ou assalariado, não é diretamente modificada com a introdução do computador, mas pode ser alterada com a reorganização geral do setor. O crescimento dos escritórios-empresa, cada vez mais informatizados e produtivos, pode significar a redução da viabilidade dos pequenos ateliês liberais e, consequentemente, o aumento das relações de assalariamento. Ao mesmo tempo, a possibilidade de terceirização de projetos em CAD pela internet tem permitido a contratação de projetistas virtuais em várias partes do globo. Trata-se de uma forma cada vez mais disseminada de precarização das relações de trabalho, pois a contratação *overseas/offshore* de cadistas do terceiro mundo promove um rebaixamento geral da remuneração desses profissionais.[189] Associada à baixa sindicalização e à perda de habilidades artesanais, ocorre uma quebra simbólica da aura da profissão, ao menos para os que se tornaram "infoproletários".[190] Nos EUA, os jovens arquitetos que vendem sua força de trabalho desse modo passaram a se denominar, de forma auto-depreciativa, de "CAD *monkeys*".[191] As consequências psíquicas e motoras desse fenômeno estão sendo estudadas. O neurologista Frank R. Wilson, por exemplo, ao visitar um local de trabalho, afirmou: "eles são jovens, talento-

---

[188] O aumento na composição orgânica do capital (mais máquinas, maior produtividade e redução da quantidade de trabalhadores) não significam necessariamente uma queda na produção de mais-valia, visto que há um aumento da produtividade, isto é, da mais-valia relativa.

[189] M. Mulder e J. Heintz, "Offshore outsourcing: now available for architects", em Ridder e Wamelink (orgs.), *World of Construction Project Management*. Delft: TU--Delft, 2007.

[190] Ricardo Antunes e Ruy Braga, *Infoproletários: degradação real do trabalho virtual*. São Paulo: Boitempo, 2009.

[191] Como é possível acompanhar pelo fórum de discussão "Architect's wages and conditions", em www.butterpaper.com.

O desenho programado

sos, educados, motivados, saudáveis e fisicamente ativos, atentos e autocríticos. O que está errado? Eles estão sendo engolidos pelas máquinas, perdendo completamente a autonomia. Eles não são mais arquitetos e designers; a empresa os colocou na posição de operadores de computador".[192]

Com a automação, a indústria do software passa a ser um elemento cada vez mais importante na economia do projeto. Como afirma o arquiteto francês Bernard Cache, "softwares passaram a ser parte do *business* no nosso campo".[193] A licença para o uso de cada programa (na casa de milhares de dólares) que é paga por máquina — muitas delas na forma de anuidades com a substituição periódica das versões — é uma forma de ganho rentista. A licença controla o acesso ao software patenteado e funciona como uma cerca protegendo o conhecimento ali armazenado. A "renda do conhecimento" guarda assim semelhanças com a renda da propriedade fundiária; é uma forma de renda de monopólio.[194]

No ano de 2007, o faturamento da comercialização de softwares de CAD foi de 5,23 bilhões de dólares, com crescimento de 15 a 20% em relação aos anos anteriores. São 5,3 milhões de usuários em todo o mundo, dos quais 63% utilizam programas bidimensionais e 37%, tridimensionais.[195] Apesar disso, o faturamento dos programas tridimensionais é significativamente maior (53% do total), o que demonstra um mercado lucrativo e em expansão.

A pirataria atinge em grande escala o setor. Um relatório da empresa SolidWorks evidencia uma dinâmica regional diferenciada: enquanto nos EUA a pirataria está entre 10 e 15%, na Índia chega a 70% e na China e Rússia a 90%.[196] Segundo informação da Autodesk, cerca de 50% das máquinas utilizam programa pirateado.[197] Contudo, a própria Autodesk se beneficiou parcialmente com a pirataria, pois a difusão do uso de seus formatos de arquivos (dwg e dxf), mesmo ilegal, em escritórios de todos os

---

[192] Jennifer Sullivan, "It hurts so bad", em www.salon1999.com.

[193] Citado em Branko Kolarevic (org.), *op. cit.*, p. 65.

[194] A analogia é adotada por Fernando Haddad, *Em defesa do socialismo*. São Paulo: Vozes, 1998.

[195] Jon Peddie Research, *CAD Report*, 2008.

[196] Segundo relatório "Software piracy in the CAD industry", no material institucional da SolidWorks.

[197] Ex-diretor da Autodesk afirma que mais de 50% das máquinas rodam AutoCAD pirata. Ver David Stone, *Software piracy* (1999).

portes, empresas de construção, *bureaux* e no uso doméstico, por estudantes e profissionais, fez com que ela conquistasse a maior fatia do mercado, uma vez que ele depende do funcionamento em rede.

Não existe, ao que parece, um software livre de CAD, com programação aberta aos usuários.[198] As dezenas de versões "gratuitas" cedidas por tempo provisório ou como iscas para aquisição de versões pagas e mais incrementadas não são software livre, evidentemente. A Autodesk, por exemplo, não oferece a versão do AutoCad para Linux, numa política deliberada de boicote ao sistema operacional livre e concorrente do Windows.

Nascem flores de aço

Retornemos ao nosso personagem principal, Frank Gehry, em seu périplo para tornar exequíveis as formas espetaculares do Walt Disney Concert Hall. Conta a versão oficial que, insatisfeitos com a derrocada do projeto de Los Angeles, Gehry e sua equipe iniciaram uma pesquisa em empresas de software para descobrir como viabilizar a execução de suas esculturas — e certamente não seria com os programas de CAD convencionais. A primeira tentativa, fracassada, foi junto ao MIT, mas o programa de modelagem tridimensional construía superfícies por meio de triângulos, o que desagradou a Gehry, que queria superfícies lisas e contínuas.[199]

Procurando alternativas na grande indústria, a equipe descobriu o programa CATIA (*Computer-Aided Three-Dimensional Interactive Application*), da francesa Dessault Systèmes, que no final dos anos 1980 já era líder na indústria automotiva e aeronáutica. O programa foi desenvolvido pela Dessault para a produção de jatos militares no final dos anos 1970 e tornou-se um dos softwares mais bem-sucedidos para projetos industriais em três dimensões. A versão comercial número três do CATIA, de 1988, permitia o desenho paramétrico de formas irregulares com membranas contínuas e suaves, como queria Gehry, construídas a partir de curvas de Bézier e de

---

[198] Existem algumas iniciativas incipientes de desenvolvimento de CADs livres, como o Archimedes, surgido no IME-USP. No entanto, elas ainda não contam com plenos recursos de desenho e modelagem. Há outras iniciativas mais distantes do universo do projeto arquitetônico, como o Blendor (voltado à modelagem genérica e animações).

[199] Conforme afirma Dennis Shelden, diretor de computação do escritório, em *Digital surface representation and the constructibility of Gehry's architecture*. Tese de Doutorado, Cambridge, 2002, p. 28.

O desenho programado

superfícies algorítmicas. O CATIA adotava a plataforma Unix da IBM e, dado seu sucesso em diversas indústrias de ponta, firmou uma *joint-venture* com a própria IBM, em 1992.

O primeiro teste da equipe de Gehry com o programa foi realizado, por via das dúvidas, em uma enorme escultura metálica e não em uma edificação. Tratava-se do "Peixe", executado em 1991 na entrada da Vila Olímpica de Barcelona.[200] A escolha não foi casual: o que o escritório queria testar era o desempenho do computador para auxiliar na descrição e cálculo de geometrias complexas e nada mais.[201] A escultura era o melhor dos testes, pois permitia avaliar a construtibilidade da superfície irregular e suas estruturas de apoio, sem preocupações com uso, instalações, conforto ambiental etc. Essa experiência não deixa de oferecer uma antevisão emblemática da arquitetura a caminho.

O projeto do "Peixe" foi integralmente realizado em um modelo 3D por meio do CATIA, e as coordenadas para corte de todas as peças mediante máquinas de controle numérico (CNC) foram transmitidas sem papel a uma oficina italiana. O chefe da execução e sócio de Gehry, Jim Glymph, instalou-se na fábrica Permasteelisa até que o seu computador com a plataforma CATIA conseguisse transferir o banco de dados para as máquinas de execução das peças a laser. Levadas para Barcelona, elas foram montadas em poucas semanas, enquanto as construções convencionais de aço do restante da Vila Olímpica sofriam com atrasos e retrabalhos em canteiro de seus elementos metálicos.[202]

Glymph caracteriza a bem-sucedida experiência como uma "quebra de paradigma" em vários sentidos: o projeto admitiu complexidade geométrica, foi completado no prazo e orçamento previstos, encontrou-se um novo processo de documentação do projeto, e a colaboração direta com a oficina italiana evitou a dissociação comum entre arquiteto e fabricante.[203] A aplicação noutros edifícios foi imediata. Primeiro no Nationale Nederlanden (conhecido como Casa Dançante), em Praga, e logo após no Museu Guggenheim de Bilbao, que confirmou o sucesso da empreitada.[204] Depois da

---

[200] Conforme Jim Glymph, sócio de Gehry, em "Evolution of the digital design process", em Branko Kolarevic (org.), *op. cit.*, p. 109.

[201] Dennis Shelden, *op. cit.*, p. 27.

[202] *Idem*, p. 28.

[203] *Idem, ibidem.*

[204] Visitaremos ambos os canteiros dessas obras no próximo capítulo.

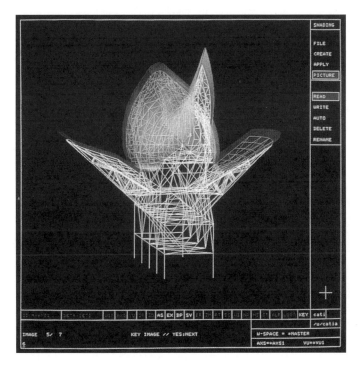

Esboço de Frank Gehry para escultura da Vila Olímpica de Barcelona, e modelo digital realizado com o software CATIA, 1991.

inauguração de Bilbao, em 1997, e com o constrangimento das empresas americanas de construção, a obra do Walt Disney Concert Hall finalmente pôde ser iniciada (e concluída em 2003).

Vejamos as etapas do projeto para que as flores metálicas se tornassem enfim possíveis.[205] Como as obras de Gehry ainda nascem de maquetes físicas, artesanais, feitas de papelão, folhas de alumínio, acetato, massa de modelar e lâminas de borracha, elas precisam ser transportadas para dentro dos computadores. Para tanto, são utilizados dois procedimentos. Nas formas menos complexas, a maquete é quadriculada e seus pontos de intersecção são lidos por um braço digitalizador a laser. Nas mais complexas, a maquete precisa ser escaneada por um aparelho de uso médico similar ao da tomografia.

A introdução de formas orgânicas complexas e não euclidianas no ambiente virtual, a partir de objetos físicos existentes, foi um dos desafios da indústria cinematográfica e de *games* a partir dos anos 1980. Não por acaso, revistas de arquitetura passaram a entrevistar programadores de animação com a intenção de conhecer suas técnicas e softwares para construção de realidades virtuais. Em número da revista inglesa *Architectural Design* de 1993, Mark Dippé, diretor assistente de efeitos especiais do filme *Terminator 2*, dirigido por James Cameron (o mesmo de *Avatar*), explica como foi feita a morfogênese virtual do androide prateado. Segundo Dippé, "não se trata mais de anacrônicos 'efeitos-especiais', mas de imagens 'reais' [...] de uma hiper-realidade".[206] O procedimento de escaneamento do corpo do ator por meio de retícula e a produção de superfícies suaves e contínuas do androide em softwares tridimensionais são muito similares aos realizados pelo escritório de Gehry. O androide, quando derrotado, é liquefeito, e seu metal, ao derreter, gera formas amorfas também similares às produzidas pelo arquite-

---

[205] O processo de projeto no escritório Gehry é detalhadamente descrito por Dennis Shelden, *op. cit.*

[206] Mark Dippé em entrevista a Stephen Perrela, em "Folding in architecture", revista *AD*, 1993, p. 92. O termo "hiper-realidade", que retomo a seguir, foi bastante utilizado por teóricos do pós-modernismo para designar esse universo virtual de imagens, ou simulacros de realidade, que se tornam mais convincentes do que a própria realidade, cada vez mais irreal, ou esvaziada de sentido. Umberto Eco, por exemplo, inicia sua *Viagem na irrealidade cotidiana* (São Paulo: Nova Fronteira, 1984) com as holografias — à época, "última maravilha da técnica dos raios laser" — para mostrar que não se restringiam a meros efeitos lúdicos ou ilusionistas, sendo estudadas e aplicadas pela NASA para as explorações espaciais, p. 9.

to em seus edifícios. Softwares da indústria cinematográfica e de *games* passaram a ser adotados em alguns dos escritórios de arquitetura que pretendiam elaborar volumetrias cada vez mais ousadas e espetaculares.

Contudo, as solicitações estruturais e a exigência de construtibilidade, que não são um problema para a realidade virtual do cinema, ainda precisavam ser equacionadas. É por isso que os arquitetos de ponta tiveram que pesquisar os ambientes de projeto digital da grande indústria, em busca de programas que permitissem o cálculo, a descrição paramétrica e a informação construtiva para componentes complexos — os chamados CAD/CAM, programas que fazem a passagem entre o desenho e a manufatura auxiliada por computador. Foi encontrada uma similaridade de matriz projetual com as indústrias aeronáutica e naval, que produzem objetos com superfícies lisas e complexas, enrijecidas por meio de estruturas em costelas que podem ser mimetizadas pela arquitetura.[207] Essas indústrias fabricam artefatos complexos, grandes e caros, em uma escala industrial não tão massificada (quanto a da indústria automobilística), o que permite pontos de contato com a produção da arquitetura, não apenas pelos softwares de modelagem 3D, mas também, como veremos no próximo capítulo, pelos operários da indústria naval, que começam a ingressar nos canteiros de obra.

Feito o escaneamento das maquetes de criação de Gehry, as superfícies passam a ser regradas de forma paramétrica pelo CATIA. Junto com o programador, o computador define as superfícies NURBS (*Non-Uniform Rational Basis Spline*), que são malhas contínuas, suaves e deformáveis, como uma lâmina virtual de borracha.[208] Todas as intersecções dessa grelha são coordenadas geometricamente, o que permite que sua descrição seja armazenada como um banco de dados paramétrico. As formas tridimensionais são então desdobradas em duas dimensões para serem analisadas construtivamente e então retornarem à forma de maquete física, agora com as peças cortadas a laser. A simulação de transformação da casca amorfa em polígonos bidimensionais é um ensaio de como as curvaturas complexas serão desdobradas nas máquinas de CNC da construção final do edifício. No limite, é o mesmo que traçar moldes para o corte de uma peça de roupa.

O passo seguinte é o aprofundamento do modelo virtual tridimensional, associado a um banco de dados relacional. O projeto é todo desenvol-

---

[207] Branko Kolarevic (org.), *op. cit.*, pp. 8-10.

[208] Wilson Florio, *O uso das ferramentas de modelagem vetorial na concepção de uma arquitetura de formas complexas*. Tese de Doutorado, FAU-USP, 2005.

O desenho programado

vido neste modelo, que não é apenas uma representação tridimensional, mas uma simulação, capaz de avaliar o desempenho do edifício, incluindo a dimensão temporal do seu ciclo de vida: desenho arquitetônico, engenharia, etapas e processos de construção, até avaliar a operação do edifício e seus sistemas após a conclusão da obra. Todos os elementos nele inseridos são paramétricos, de forma a orientar quantificações, orçamentos, corte e montagem de peças.

Nos projetos de Gehry, a etapa inicial e decisiva é o detalhamento das superfícies irregulares de cobertura e suas estruturas de sustentação.[209] A "pele" é estudada em todas as suas dobras por meio de análises gaussianas, que tingem de diversas cores a superfície NURBS de acordo com a intensidade das curvaturas e deformações críticas que ela está sofrendo em cada ponto. Com isso é possível segmentá-la em polígonos que sofrem deformações menores, e evitar a complexidade da dupla curvatura em uma única peça. As camadas localizadas sob a "pele" são estudadas; seu enrijecimento e sustentação, sua estanquidade e isolação, por meio de uma estrutura metálica oculta, que pode ser mais convencional, com elementos compostos por seções de reta, como no caso de Bilbao e do Disney Hall, ou por meio de costelas curvas, similares a de cascos de navio ou de avião, como no projeto de Seattle. São feitos os estudos de cargas e comportamento estrutural, incluindo as simulações da incidência de vento e neve, e ainda análises de custos e viabilidade de fabricação, o que pode exigir algumas simplificações das formas exuberantes, até consolidar o modelo da casca. Enquanto o interior do edifício passa a ser desenvolvido, são feitos *mockups* em escala 1:1 para testes de materiais, resistência a impactos, exposição a intempéries e fogo.

As definições subsequentes de projeto ficam em grande parte condicionadas ao efeito de superfície que o arquiteto pretendeu obter. Embora possíveis, alterações na cobertura em função do programa de usos ou das instalações são evitadas para garantir a integridade da forma escultural envoltória. Além do cálculo e projeto de estrutura e sua representação tridimensional, passam a ser realizados simultaneamente os estudos de arquitetura e instalações, sempre abastecendo *online* o mesmo modelo, que é manipulado em rede pelos projetistas. A coordenação de projeto já ocorre dentro da realidade virtual tridimensional, com isso é possível detectar problemas de interferências e incompatibilidade entre os diversos projetos complementares mais facilmente do que na conferência em desenhos bidimensionais separa-

---

[209] Sigo aqui o relato de Dennis Shelden, integrante da equipe de Gehry, *op. cit.*

dos, ou mesmo em *layers* no CAD convencional. O próprio modelo tridimensional já indica parte dos conflitos onde há interferência geométrica de um sistema e seus envelopamentos em relação a outros.

Como projetistas externos e construtoras ainda não utilizam de forma disseminada o mesmo ambiente tridimensional de projeto que os agentes da inovação, ocorre uma tensão recíproca entre conservação e mudança. Eles são pressionados a adquirir os programas mais modernos, promovendo uma onda de substituição de softwares. Os escritórios de arquitetura começam a internalizar grande parte do projeto, inclusive os desenhos complementares e executivos, e a aumentar de tamanho, de modo a potencializar sua plataforma digital, como ocorre com Gehry e outros arquitetos-estrela. Mas, os agentes convencionais pressionam para que a informação tridimensional seja desdobrada em formas de representação tradicionais no CAD bidimensional, o que acaba ocorrendo com alguma frequência, reconhece Dennis Shelden.[210]

Outra inovação estimulada e apropriada pela equipe de Gehry, a partir de um software desenvolvido pela Disney Imagineering junto com o Centro para Gestão Integrada da Universidade de Stanford, foi a visualização temporal do modelo tridimensional, a chamada "4ª dimensão". Com isso, tornou-se possível simular e analisar a sequência de etapas da construção em canteiro, sua progressão e eventuais conflitos no tempo. As informações obtidas nessa análise passam a subsidiar o cronograma de obra, a coordenação das equipes de construção e o momento de encomenda de peças e materiais para que cheguem *just-in-time* no canteiro.

O modelo virtual, agora multidimensional, permite a análise da performance do edifício — o que Chris Luebkeman, diretor da megaempresa de engenharia Ove Arup, denominou de "5ª dimensão".[211] Isso significa que passamos do estágio de mera representação para o de simulação. Nos estudos de performance diversas situações podem ser simuladas: variações de custo, desempenho energético, insolação e ganhos solares, fluxos de vento e ventilação interna, otimização dos sistemas mecânicos (ar-condicionado, elevadores etc.), análise acústica, incêndio (comportamento dos materiais, colunas de fumaça e até simulação da reação de fuga em caso de pânico). A Ove Arup, que realiza cálculos estruturais e análises de performance para muitos

---

[210] *Idem*, p. 55.

[211] Chris Luebkeman, "Performance-based design", em Branko Kolarevic (org.), *op. cit.*, p. 285.

O desenho programado

dos arquitetos-estrela, e está sempre *up-to-date* em softwares, adota um modelo ampliado, que abarca elementos socioambientais (qualidade do ar, saneamento, uso do solo, transportes, herança cultural, regulações legais), societais (instalações públicas, acesso, inclusão, conforto, segurança), econômicos (viabilidade, produtividade do edifício ocupado, custos e benefícios sociais, empregos, efeitos competitivos) e de recursos naturais (materiais, água, energia, lixo).[212]

O escritório de Gehry é reconhecido como pioneiro no uso do modelo multidimensional de gestão de informações para a arquitetura.[213] Esse modelo complexo, que não deve ser confundido com a mera renderização em três dimensões, passou a ser desenvolvido a partir da última década pela indústria de softwares comerciais para a construção civil sob a denominação de *Building Information Modeling* (BIM). Por meio dele, o projeto pode ser abastecido com todas as informações que lhe são úteis, mesmo que elas não tenham representação gráfica, como num banco de dados.[214] O método para se trabalhar com esse modelo significa uma mudança qualitativa na prática projetual, que deixa de ser centrada na elaboração de pranchas de desenho (sejam elas manuais ou digitais) para alcançar um novo tipo de tratamento da informação. Todos os elementos do projeto passam a estar coordenados e associados a pequenos pacotes de dados com seus atributos. Assim, o projeto torna-se um grande banco de informações, multidimensional e relacional: ao mesmo tempo gráfico, matemático e textual. Ele pode ser acessado e manipulado cumulativamente, durante o processo de projeto e construção, pelos diversos agentes envolvidos em rede. O desenvolvimento do sistema de informações é, igualmente, um meio de reduzir os riscos envolvidos na construção civil, cujas dificuldades de planejamento, coordenação e previsibilidade são notórias.

Enquanto a equipe de Gehry trilhava experimentalmente o percurso da modelagem multidimensional para responder a seus desafios nos anos 1990, a indústria de softwares começava a desenvolver comercialmente o sistema BIM para vender aos demais arquitetos um pacote predeterminado de operações. Se não é possível afirmar que Gehry abriu a senda para o novo negócio, ele se tornou um dos seus principais propagandistas, ao ter viabiliza-

---

[212] *Idem, ibidem.*

[213] Branko Kolarevic, em *idem*, p. 59.

[214] Jon Pittman, "Building information modeling: current challenges and future directions", em *idem*, p. 256.

do suas obras espetaculares com ferramentas digitais similares. Os ganhos com a nova fronteira do conhecimento aberta na construção civil foram imediatamente explorados por quase todas as empresas de software no setor (Autodesk, Revit, Graphisoft, ArchiCAD, Bentley e VectorWorks), que passaram a desenvolver programas BIM visando ganhos extraordinários.[215] Como reconhece Jon Pittman, vice-presidente da Autodesk, uma vez que os arquitetos passam a "obter dados cada vez mais extensivos, completos e úteis para empreenderem construções por meio do sistema BIM, devem pagar mais pelo software".[216]

A tecnologia BIM ainda não é amplamente difundida, e como qualquer onda de inovação, ela começa pelo topo, pelos capitais de maior porte, até se disseminar. Em 2006, apenas 16% dos escritórios de projeto norte-americanos filiados à AIA (Instituto de Arquitetos da América) utilizavam tecnologia BIM, mas 50% dos escritórios com faturamento acima de 5 milhões ao ano já adotavam o sistema.[217] Em 2007, o Instituto Nacional de Ciências da Construção dos EUA apresentou a primeira versão do projeto de normatização nacional de parâmetros, o *National Building Information Modeling Standard*,[218] que deverá ser referência internacional e servirá como base das avaliações de certificação ambiental e de desempenho.[219]

A crescente informatização dos escritórios faz com que parte substancial de seu faturamento seja investida em máquinas e programas. Como os megaescritórios passaram a investir enormemente em capital fixo, será cada vez mais difícil concorrer com eles. A inovação tecnológica é acompanhada por uma tendência de concentração monopolista em escritórios de marca ou de arquitetura corporativa-imobiliária.

Manter a dianteira com a utilização de novos softwares também exige programadores capazes de utilizá-los em toda sua potencialidade, e eles são

---

[215] Os BIMs são a panaceia do momento na indústria de softwares para a construção. Veja-se pelo artigo de Steve Parnell no *Architect's Journal Online* de 28/7/2009, com o título "Building information modelling: the golden opportunity".

[216] Jon Pittman, *op. cit.*, p. 257.

[217] Lynn Murray, "Building information modeling takes architectural design to a new dimension", em *Design Cost Data*, 2007.

[218] *National Building Information Modeling Standard. Version 1 — Part 1: Overview, principles, methodologies*. Washington: NIBS, 2009.

[219] Vladimir Bazjanac, "Impact of the U.S. National Building Information Model Standard (NBIMS) on building energy performance simulation". Berkeley: Lawrence Berkeley National Laboratory, 2008.

O desenho programado

mais caros do que os abundantes cadistas. Há, por um lado, uma pressão para que as universidades atualizem seus currículos de modo a formar jovens projetistas habilitados e, por outro, uma caça a operadores BIM no terceiro mundo.[220] Outro limite à expansão da nova tecnologia está no fato de que, enquanto toda a cadeia de projetos e obras não estiver integrada pelo novo modelo de gestão da informação — e para isso ele precisa ser capaz de ampliar os lucros de todos os agentes —, prevalecerá, em grande medida, o mínimo múltiplo comum: os programas CAD convencionais.

No momento em que a articulação de todos os agentes e informações de um projeto em uma hiper-realidade for possível, o arquiteto concluirá sua transformação de arcaico desenhista em programador, ou seja, atingirá o trabalho intelectual em estado puro, sem qualquer vestígio de memória motriz, pois o computador, como se diz, é uma "ferramenta para a mente e não para as mãos".[221] Ao invés de canetas reais ou virtuais, o arquiteto manipulará dados que circulam como um fluxo de informações entre projetistas e construtores, entre máquinas de projeto e de execução. Este é mais um passo em direção à abstração do ato de projetar, no qual a ideação vai se tornando cada vez mais uma programação tecnológica e, por assim dizer, anti--histórica, como previra Argan.[222] Ao arquiteto-programador cabe uma "nova objetividade", científica e tecnológica, separando-o dos papéis, agora retrógrados, até então atribuídos à figura do intelectual, no qual se reconhecia a personificação mesma da elaboração crítica da realidade. Assim, no limite cabe a essa nova configuração do trabalho intelectual, como já afirmou Tafuri, "planificar o seu próprio desaparecimento".[223]

Ao mesmo tempo, o arquiteto é um programador especial, não é um tecnólogo *stricto sensu*. O conhecimento que mobiliza e a informação que

---

[220] Segundo Steve Parnell, *op. cit.*, "A revolução CAD trouxe um *boom* de especialistas em visualização nos anos 1990, e é provável que o BIM promova um efeito similar. Se os arquitetos ingleses não perceberem que esse é o novo modelo de negócio, as tarefas podem ser repassadas com facilidade para a Índia ou a China. Companhias como a Make já enviam detalhes de desenho para a China, e uma grande construtora frustrada com a inabilidade de nossos arquitetos com modelos em 3D está contratando pessoas na Índia e economizando dinheiro".

[221] Malcom McCullough, *Abstracting craft: the practiced digital hand*. Cambridge: MIT Press, 1998, p. 151.

[222] Como indicara Giulio Carlo Argan em seu texto premonitório, *Projeto e destino* (1963). São Paulo: Ática, 2001.

[223] Manfredo Tafuri, *Projecto e utopia*. Lisboa: Presença, 1985.

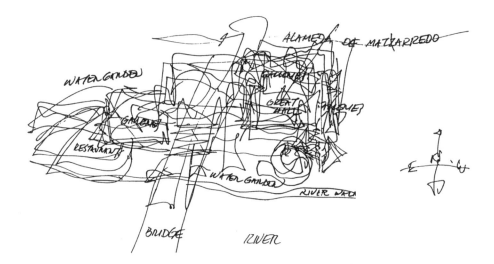

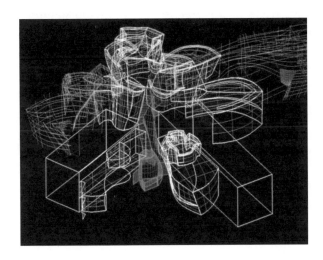

Esboço, maquete física
e modelo digital do
Guggenheim Bilbao,
projeto de Frank Gehry,
1993-1997.

produz se diferenciam da ciência da computação. Como "agente produtor de significados"[224] ou "analista simbólico"[225] sua programação envolve a criação de valores culturais com expressão econômica. Sua atividade é similar à de outros produtores da cultura material e do entretenimento, como designers, estilistas, diretores de animação, publicitários etc. Nesse sentido, participa da criação de novas formas rentáveis a partir de uma posição privilegiada.

A possibilidade de concentrar informações e a criatividade em um único modelo projetual/virtual que articula todos os agentes envolvidos traz ao programador-chefe o controle sobre os demais programadores. Diante da fragmentação de saberes já parcelares dos especialistas, pretende-se que apenas o arquiteto pode assumir o papel da unidade, graças à sua formação generalista e multidisciplinar. Ele retomaria, assim, a condição de *master-builder*, agora na era digital, reconquistando o poder sobre o ato de construir, como fez Brunelleschi a seu tempo.[226] Nesse caso, os arquitetos-programadores mais bem-sucedidos seriam alçados ao cargo de CEOs da construção, enquanto outros segmentos habitarão o submundo dos digitadores de dados, os *CAD-monkeys* ou *BIM-monkeys*.

Os novos softwares permitem centralizar informações, além de fragmentar e dispersar trabalhadores de forma mais poderosa do que antes — inclusive geograficamente, como vimos. Seu efeito em rede é hierárquico, há uma cadeia de comando na programação. As decisões iniciais tomadas por poucos irão determinar como todos os agentes parcelados se relacionarão no ambiente virtual da modelagem do projeto. E a instantaneidade da alimentação do modelo permite que a cabeça central esteja sempre informada e atualizada para tomar suas decisões.

Se há progresso na nova tecnologia é preciso ver qual é seu sentido e direção. As inovações, como em geral ocorrem no capitalismo, concentram-se nos setores mais lucrativos — no caso da construção civil, na realização de edifícios corporativos e de prédios icônicos em cidades que competem por isso. São obras que promovem ganhos extraordinários, não apenas na sua

---

[224] Naomi Klein, *Sem logo: a tirania das marcas em um planeta vendido*. Rio de Janeiro: Record, 2004.

[225] Robert Reich, *O trabalho das nações*. Lisboa: Quetzal, 1993.

[226] Essa formulação de Branko Kolarevic em seu livro de 2003, *op. cit.*, é reafirmada por diversos outros autores. Retomaremos a ideologia do *digital master-builder* no próximo capítulo.

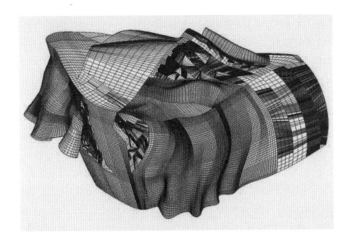

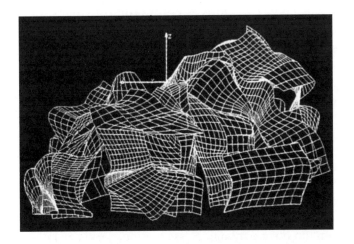

Modelos digitais do Experience Music Project de Seattle, projeto de Frank Gehry, 1995-2000.

própria construção, mas na forma de rendas adicionais — e que por isso atraem a inovação. Além do mais, mesmo que os softwares estejam chegando às empresas produtoras de habitação em massa, o seu uso e formato são direcionados para ampliar a rentabilidade do processo mais do que conferir qualidade à arquitetura e melhorar as condições urbanas.

Seria interessante, por sua vez, verificar quais as possíveis utilizações — e transformações — que as novas tecnologias de modelagem teriam em obras não inteiramente mercantis, projetadas no setor público, por cooperativas ou grupos auto-organizados. Nesse caso, os ganhos na capacidade de projeto poderiam ser dirigidos para a ampliação do valor de uso, mais do que dos rendimentos do capital. De outro lado, uma vez que a modelagem virtual permite a atuação simultânea e em rede dos projetistas, ao invés de reforçar o comando do *project manager* e a precarização dos desenhistas enquanto infoproletários, ela poderia favorecer, noutro contexto, o trabalho horizontal e livremente associado, talvez de artífices da nova tecnologia, para utilizar a expressão de Sennett.

O desenvolvimento brutal das forças produtivas na área de projeto não se deu, contudo, no sentido de abri-las e democratizá-las — como poderia ter ocorrido —, mas de concentrá-las, segundo modelos de gestão empresarial, e fortalecê-las no controle do canteiro. Não houve apenas um descompasso, como veremos, entre o ritmo de inovação no setor de projetos e no de obras, pois ali ainda há o trabalhador braçal a baixos salários para refrear o investimento em capital fixo, mas um aumento vertiginoso da heteronomia do trabalhador executante. As contradições entre projeto e produção na arquitetura não foram suprimidas, como querem os ideólogos da produção digital, mas encontraram um novo patamar. Nesse sentido, o esquema desenho/canteiro de Sérgio Ferro e de seu laboratório de pesquisa na Escola de Arquitetura de Grenoble deve ser revisitado, tarefa para a qual pretendemos aqui colaborar.

Embora Gehry tenha sido nosso principal personagem até aqui, é evidente que todo esse aparato tecnológico não foi posto em marcha em função dos desafios que se autoimpôs esse arquiteto excêntrico. Mesmo assim, ele e sua equipe foram agentes ativos e não desprezíveis desse processo, assim como souberam captá-lo e evidenciá-lo de forma única, enquanto manifestação do espírito do seu tempo. Não por acaso, Frank Gehry tornou-se o primeiro arquiteto de renome a também explorar a venda de softwares de projeto. Suas obras servem como propaganda das possibilidades do software que seu escritório desenvolveu, o *Digital Project* (uma versão BIM do CATIA, com adaptação para a construção civil), em parceria com a Dessault e a IBM. A empresa Gehry Technologies promete aos usuários a chance de criar com a mesma liberdade que tornou Gehry um mito, o que os programas da concorrência podem não permitir. Mas se não for esse o caso, a ferramenta promete ser eficiente para melhorar a produtividade em obras convencionais. Gehry já equipou os três mil profissionais de um dos maiores escritórios de arquitetura do mundo, o SOM (Skidmore, Owings & Merrill), e vende pacotes para a China.[227]

Apesar de protagonizar as inovações na área, Gehry não alterou em grande medida seu método de concepção de projeto.[228] Sua exploração formal, que encontrou limites objetivos de representação e produção no Disney Hall, em 1989, pôde seguir adiante, sem maiores restrições. O que era irrepresentável, não calculável, não orçável e não construível deixou de ser, e com razoável confiabilidade. Contudo, a investigação formal que o arquiteto já trilhava não foi modificada pela emergência da realidade virtual. Se Gehry ainda se sente livre para criar, ele o faz como o artesão das maquetes físicas manipuladas pela mão do arquiteto-escultor, do desenho de traço solto — para que tudo depois seja transformado (ou promovido) pela mais alta tecnologia. Nosso próximo personagem, Peter Eisenman, promete ir além, pois propõe colocar as geometrias digitais em movimento e eliminar grande parte das atribuições do autor, acrescentando informações ao computador desde as primeiras etapas de concepção, na geração de formas.

A AUTOMAÇÃO DA FORMA

O projeto digital e seu efeito hiper-real não promovem apenas ganhos de produtividade, economia de tempo ou a capacidade infinitamente superior de armazenar e mobilizar informações. O que está ocorrendo no espaço informacional é uma "produção e circulação dos signos qualitativamente diferentes dos anteriores".[229] Segundo Pierre Lévy, a "virtualização" (do corpo, da técnica, da economia, da linguagem) está alterando a percepção do

---

[227] Informações obtidas no site da empresa Gehry Technologies em mar. 2008.

[228] Como observa Mildred Friedman, em *Gehry talks*: "Como Gehry irá se ajustar ao novo processo? Seu método de trabalho não mudou por causa do computador; o que ocorreu foi que tornou-se mais fácil para seus colaboradores viabilizar muitas de suas formas mais inusuais", *op. cit.*, p. 17.

[229] Pierre Lévy, *O que é o virtual?*. São Paulo: Editora 34, 2003, p. 85.

O desenho programado

espaço-tempo, a relação sujeito-objeto e coloca problemas cognitivos novos.[230] Sendo assim, o problema da criação em arte e arquitetura não tem como se manter inalterado.

Eisenman percebe, como outros arquitetos, que a era digital transformou o modo de representação do desenho renascentista, quinhentos anos depois, mas aspira superar igualmente o campo perspéctico monocular e antropocêntrico. A quebra desse campo ocorre também com a perda da centralidade do assim chamado sujeito cartesiano, o que tem implicações no método e no significado do ato de projetar. Segundo ele, o projetista deve despojar-se de qualquer anterioridade, subjetiva ou objetiva, para que possa construir signos cuja fisionomia seja apreensível apenas *a posteriori*. As novas tecnologias permitiriam, assim, uma extensão do ato criativo para além do humano, para um universo de formas inimagináveis pela racionalidade anterior.

De forma provocativa, o arquiteto afirma que "Bilbao é apenas uma ilusão de mudança, ao invés de uma mudança real". Segundo ele, podemos nos perguntar "que diferença espaço-temporal existe entre Bilbao e Borromini?".[231] Ou entre as formas da arquitetura-espetáculo e o Barroco? O tão decantado formalismo de Gehry estaria inadvertidamente desatualizado em relação aos problemas atuais, por mais avançados que sejam seus sistemas digitais de projeto e rentáveis seus edifícios. Gehry estaria, apesar de tudo, restrito à ação de tornar suas esculturas exequíveis enquanto arquitetura, o que significa que não teria avançado no sentido de uma experiência de criação formal que assimile as transformações cognitivas dadas pelo novo paradigma cibernético.

Nos anos 1980, Eisenman fez parte, junto com Gehry, do grupo de arquitetos denominado "desconstrucionista".[232] Naquele momento ele já

---

[230] *Idem, ibidem.*

[231] Peter Eisenman, *Written into the void: selected writings, 1990-2004.* New Haven: Yale Press, 2007, p. 125.

[232] A conexão entre o pensamento desconstrutivista na filosofia e na arquitetura foi realizada, sobretudo, por intermédio de Eisenman e Bernard Tschumi, integrantes do grupo de arquitetos que em 1988 fez parte da famosa exposição *Deconstructivist Architecture*, no MoMA, com curadoria de Philip Johnson e Mark Wigley. Andreas Papadakis publica logo em seguida, com grande repercussão, o livro *Deconstruction*, com ensaios críticos de Jacques Derrida, Ivan Leonidov e Charles Jencks, além de projetos dos mesmos arquitetos da exposição: Eisenman, Tschumi, Gehry, Koolhaas, Libeskind, Hadid e o grupo Coop Himmelb(l)au.

pesquisava meios de expressão arquitetônica condizentes com a indeterminação contemporânea e as novas relações espaço-temporais. Em sua sequência de "casas experimentais", entre outros exercícios projetuais ao longo dos anos 1970 e 1980, Eisenman procurou explorar a ideia de uma série de desenhos que não formam um contínuo ordenado no tempo e no espaço, podendo se desdobrar ao infinito. Como explica Otília Arantes, "o resultado final não é uma síntese de um processo, o resultado de uma acumulação, mas uma parada arbitrária numa série que poderia continuar indefinidamente através de deslocamentos sucessivos. [...] O percurso portanto é mais importante do que os objetos que possam eventualmente dele resultar, o que faz de suas casas apenas momentos dessa trajetória".[233]

Ao mesmo tempo, tudo se passa como se o autor não fosse mais do que um observador passivo do movimento autorreflexivo da forma à procura de si mesma. Esse anti-humanismo que procura referências na filosofia pós-estruturalista francesa, em especial em Jacques Derrida, já investia, portanto, numa espécie de atrofia do sujeito histórico e em um inédito automatismo da forma.

Com o surgimento das novas tecnologias tridimensionais e dos desenhos com algoritmos, que lhe foram apresentados pelos seus jovens discípulos da Columbia University, entre eles, Greg Lynn, as explorações de Eisenman no computador, que já datam dessa época, foram, pouco a pouco, convertendo-se em método.[234] Eisenman afirmou, mais recentemente, que pretende, com "os algoritmos importados da indústria aeroespacial, da produção automotiva, e dos efeitos especiais no cinema, promover a modificação, transformação, transgressão da natureza arquitetônica".[235] O algoritmo lhe possibilitaria realizar, por meio de expressões lógicas e operações matemáticas compreensíveis pelo computador, os deslocamentos e jogos combinatórios que já vinha experimetando nos anos anteriores. Ele pretende assim, ao "transformar a cultura eletrônica em método" projetual, criar

---

[233] Otília Arantes, "Margens da Arquitetura", no catálogo da exposição do Eisenman no MASP, em 1993, reproduzido em O *lugar da arquitetura depois dos modernos*. São Paulo: Edusp, 1993, p. 79.

[234] Greg Lynn. *Folds, bodies & blobs: collected essays*. Bruxelas: La Lettre Volée, 1998.

[235] Peter Eisenman, *op. cit.*, p. 122.

O desenho programado

um "novo mundo",[236] ou ao menos, como já afirmava ao tempo de suas casas em série, provocar pequenas modificações individuais de percepção e gerar uma compreensão diferente do mundo.[237]

Para o professor de arquitetura em Harvard, Kostas Terzidis, a linguagem algorítmica permite a "mediação entre a mente humana e o poder de processamento do computador".[238] É o que faz com que ele se interesse, assim como Eisenman, pela linguagem de fronteira (ou língua comum), entre o humano e o não humano, e defenda o conceito de uma alteridade própria à relação homem-máquina, dadas suas distintas formas de inteligência na manipulação de informações e probabilidades. A programação do computador pelo arquiteto não se daria apenas de forma unívoca, alimentando um banco de dados cumulativo, mas bidirecional. O que gera um problema para a noção de autoria, pelo menos na acepção romântica do artista inspirado, agora relativizado pelo caráter aleatório introduzido pela máquina e sua inteligência artificial. "O algoritmo é um procedimento cujo resultado não pode ser necessariamente creditado ao criador [...] ele introduz um mecanismo anônimo e automático".[239] A criação como que escapa das mãos do sujeito por meio de uma série infinita de mutações a partir das informações primeiras. Os algoritmos permitem formas em movimento na tela do computador, até o momento em que elas sejam congeladas — aí sim, em geral como resultado de um ato de decisão (de um sujeito não totalmente ausente).

Apesar da racionalidade que supõe o uso da linguagem algorítmica, o seu resultado é o imprevisto, o informe, o complexo, o instável, e tudo o mais que daí se segue em termos de transgressões de padrões herdados. A programação algorítmica tem como ponto de partida algum problema geométrico pós-euclidiano: o biomorfismo ou a mimese de qualquer forma complexa que possa ser movimentada por computações insondáveis. Os resultados são inapropriáveis pela racionalidade materialista e insinuam, paradoxalmente, uma "razão mística", como uma "morfogênese cósmica", na de-

---

[236] Luca Galofaro, *Digital Eisenman: an office of the electronic era*. Basileia: Birkhäuser, 1999, p. 42.

[237] Otília Arantes, *op. cit.*, p. 70.

[238] Kostas Terzidis, *Algorithmic architecture*. Amsterdam, Boston: Architectural Press, 2006, p. 15.

[239] *Idem*, p. 57.

finição de Pierre Lévy. Segundo esse autor, para o artista contemporâneo "trata-se menos de interpretar o mundo do que permitir que processos biológicos atuais ou hipotéticos, que estruturas matemáticas, que dinâmicas sociais ou coletivas, tomem diretamente a palavra". Ele "esculpe o virtual", para que "a parte muda da criatividade cósmica possa fazer ouvir o seu próprio canto".[240]

A arquitetura não seria mais "projetada", mas "ejetada pelo real", na expressão de Edmond Couchot. Contudo, a força dessa ejeção produz sua libertação do próprio real em direção a uma "realidade sintetizada, artificial, sem substrato material além da nuvem eletrônica de bilhões de microimpulsos que percorrem circuitos eletrônicos do computador, uma realidade cuja única realidade é virtual".[241] Nesse sentido, afirma Couchot, pode-se dizer que "a imagem-matriz digital não apresenta mais nenhuma aderência ao real: liberta-se dele".[242] Daí uma confluência entre razão tecnológica e razão mística.

Curiosamente — já que estamos na contramão do racionalismo clássico — André Gorz relembra que o projeto leibniziano de uma *Mathesis Universalis*, na qual as leis do universo e os processos lógicos do pensamento convergiriam num Cálculo Único, renasce, em pleno século XIX, no ideal booleano de uma língua universal, apoiada na matriz binária (0, 1) de uma álgebra *sui generis*, em que a verdade ou a falsidade das proposições poderia ser computada como numa sequência matemática. Pois o surpreendente é que, assim algebrizadas, as operações do espírito poderiam enfim abarcar camadas do real até então inacessíveis ao pensamento concreto, não formalizado. Ao que parece, estava a caminho o singular casamento de misticismo e lógica, mencionado acima. Com isso, continua Gorz, o pensamento matemático cruzava uma inesperada fronteira: "inventar e efetivar realidades não experienciáveis — realidades que hoje se chamam de 'realidade virtual' e que podem ser estabelecidas no mundo com a mediação da informática".[243]

---

[240] Pierre Lévy, *op. cit.*, p. 149.

[241] Edmond Couchot, "Da representação à simulação: evolução das técnicas e das artes de figuração", em André Parente (org.), *Imagem-máquina: a era das tecnologias do virtual*. Rio de Janeiro: Editora 34, 1993, p. 42.

[242] *Idem, ibidem.*

[243] André Gorz, O *imaterial: conhecimento, valor, capital*. São Paulo: Annablume, 2004, p. 84.

A manipulação da forma por esse sujeito que renega sua condição se daria — assim prossegue a narrativa — por meio do próprio movimento (dobra) da natureza sobre si mesma. Eisenman passa do desconstrucionismo derridadiano da fase anterior, e do poço sem fundo dos desdobramentos de um processo contínuo de "desdiferenciação", às interpretações de Deleuze sobre Leibniz (e a arte barroca), ou René Thom, para apresentar uma concepção não cartesiana de espaço. Segundo Deleuze, o espaço é uma matéria contínua com vida, como um organismo, composto por infinitas dobras e texturas. A arte informal, que não está submetida ao perspectivismo e à planimetria renascentista, é igualmente feita por meio de texturas e formas dobradas, como num origami, onde a morfogênese é sempre uma questão de dobra. A noção de tempo linear é também infletida pela de "acontecimento" ou "evento", cujo instante fulminante se projeta numa espécie de tempo morto, em que nada se passa, como uma dobradura no fluxo temporal. O sujeito nessas condições de tempo e espaço se confunde com os predicados das próprias dobras e acontecimentos, daí que sua noção precisa ser completamente remanejada.[244]

Essas interpretações filosóficas sobre as noções de espaço, tempo e sujeito são adotadas em seu sentido literal (e imagético) por Eisenman na pesquisa formal em arquitetura. Cada novo projeto seu começa com uma leitura geométrica convencional do território e do programa de usos aliada à execução de pequenas maquetes volumétricas (digitais e em papelão), que vão sendo progressivamente dobradas, desdobradas e redobradas até o resultado final. As dobras não são completamente aleatórias porque partem de diagramas gráficos escolhidos por Eisenman e sua equipe. Tais diagramas, sem preocupação de escala, são elementos gráficos sobrepostos como transparências e articulados entre si por meio de equações matemáticas. Eles não podem ser desenhos feitos pelos arquitetos, pois não devem guardar qualquer memória autoral ou histórica. São obtidos, em geral, a partir de imagens de outras disciplinas, como a matemática, a biologia e a física, e conservam alguma similaridade com o tema do projeto, como se o diagrama registrasse uma sismografia própria a cada situação projetual.[245] São semelhantes a

---

[244] Gilles Deleuze, *Conversações* (1977). São Paulo: Editora 34, 2008, pp. 194-202.

[245] Sobre a relação formal das obras de Eisenman com as formas geradas pela bioinformática, ver o texto de Timothy Lenoir e Casey Alt, "Flow, process, fold: intersections in bioinformatic and contemporary architecture", em *Science, metaphor, and architecture*. Princeton: Princeton University Press, 2002.

camadas físicas do real, campos eletromagnéticos, que somente podem ser concebidos matematicamente (ou biologicamente), pois estão ausentes do pensamento dominado por parâmetros ópticos. Assim, o computador é abastecido por informações recolhidas de um universo não antropocêntrico, que servirão de instruções para a automação da morfogênese.

Nessas condições, o arquiteto seria um mero condutor de uma espécie de autoconsciência da matéria, que dobra e se desdobra em um *continuum* infinito do espaço leibniziano. A autoria teria se diluído nessa gênese guiada, em grande medida, pelo computador, como instrumento pós-humano capaz de simular ou mesmo encarnar a dobra contínua da matéria, cuja programação já se encontraria nela mesma — daí que o arquiteto deve ser capaz de fazê-la emergir de si própria.

Com a descoberta do mapeamento de moléculas e do genoma enquanto sistema de códigos que programam o humano e o não humano, e que está na base da invenção da informática, as fronteiras entre homem e natureza se dissolvem. A célula foi cibernetizada, pois ela era uma pequena unidade de informações. A reprodução pode ser assim concebida como a cópia de uma mensagem. Dessas analogias entre biologia e teorias da comunicação emerge a noção de modelização e composição de organismos.[246] Como o programador também é um programa, as transfusões metabólicas entre sujeito e objeto (que se "interprenetram e hibridizam")[247] passam a fazer parte da nova reprodução das formas, administradas por meio da nova biologia e da cibernética.

As abstrações sucessivas no ato de projetar, que acompanhamos nesse capítulo, atingem aqui seu limite extremo. A ideia de um sujeito programador de objetos é posta em dúvida. O arquiteto-programador é também uma programação de células, como qualquer outra matéria existente. Ele é simultaneamente programa, programador e programado, e se dissolve na natureza única e contínua do universo. O ato de projetar encontra, assim, sua última condição abstrata na indeterminação entre sujeito e objeto, entre homem e natureza. Na condição de programador e programado, de sujeito obliterado pela autonomia da auto-organização da matéria, o arquiteto seria apenas o elemento sensível para inseminar ou interromper a gênese da forma, como numa reprodução assistida. A criação lhe escapa das mãos — há algo

---

[246] Edgar Morin, *Introdução ao pensamento complexo* (1990). Porto Alegre: Instituto Piaget, 2003.

[247] Edmond Couchot, *op. cit.*, p. 42.

O desenho programado

de mágico, como afirma Eisenman, na manipulação que o computador faz das tramas: "só escolho formas que ele gera", procuro o "acidente".[248]

Nas obras de Eisenman, o disparador deve ser aquele diagrama sismográfico de cada tema projetual. Assim é que para o projeto de um centro de pesquisas biológicas em Frankfurt, Eisenman escolhe como diagrama o modelo de sequência do nucleotídio do DNA na produção da proteína; para o projeto da Igreja do Ano 2000 em Roma, escolhe a formação de cristais líquidos, por considerar que sua suspensão entre estados físicos simboliza a relação entre homem, Deus e natureza; para o projeto de uma biblioteca em Genebra, adota diagramas de frequências nervosas das sinapses cerebrais; para um escritório de softwares na Índia, a forma da mandala; para a Cidade da Cultura em Santiago de Compostela, decalca a geometria irregular dos cinco caminhos sagrados dos peregrinos e das camadas geológicas do terreno; e assim por diante.[249]

Tais diagramas se sobrepõem a retículas uniformes ou geológicas que são manipuladas pelo computador e progressivamente dobradas e desdobradas até que os volumes euclidianos iniciais se tornem irreconhecíveis e, dentro deles, o programa de usos inicialmente estudado de forma convencional. Esse procedimento instaura um movimento, uma relação espaço-tempo diversa na programação da forma, até ser interrompido pelos arquitetos por meio de um congelamento da imagem, que, mesmo imóvel, não deixa de ter micromovimentos incessantes. Essa interrupção, afirma Eisenman, ocorre quando "a imagem parece a menos compreensível", quando então passa a ser desenvolvido o projeto.[250]

A realização dessa operação digital e a maneira como é apresentada pelo arquiteto e seus discípulos em textos e palestras conferem uma marca aos projetos de Eisenman. A autoria, recusada parcialmente na morfogênese, é reposta pelo mercado e pela economia simbólica. No sistema midiático dos arquitetos-estrela, o diferencial de Eisenman está em seu método de projeto, que incorpora em si elementos da virada cibernética como a automação parcial da criação. Eisenman tira proveito, nos concursos, deste paradoxo: sua assinatura é ao mesmo tempo ausência de uma autoria, no sentido convencional. Segundo ele, "ao receber a encomenda diretamente de

---

[248] Citado em Wilson Florio, *op. cit.*

[249] Ver Luca Galofaro, *op. cit.*, que relata com conhecimento de causa, pois foi da equipe de Eisenman em alguns desses projetos.

[250] *Idem*, p. 55

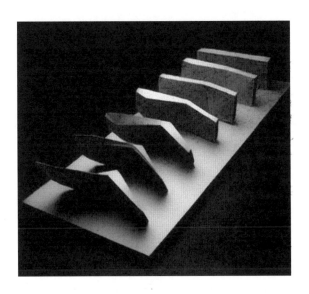

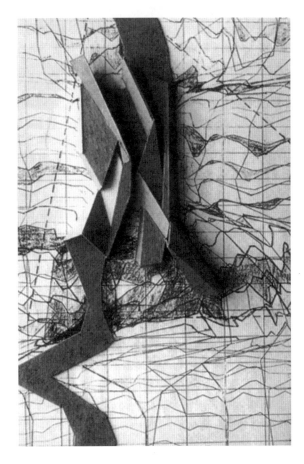

Estudos para a Biblioteca
da Praça das Nações,
em Genebra, projeto de
Peter Eisenman, 1998.

uma prefeitura ou de um governo, eles estão dizendo: 'queremos um Eisenman. Construamos um'. O que se torna interessante para mim em um concurso é que acabe em um projeto difícil de ser definido como um 'Peter Eisenman'".[251] Ou seja, o autor-criador cedeu lugar à marca, como vimos no primeiro capítulo.

Em última instância, trata-se de um uso superficial e fetichizado da tecnologia — a procura, acima de tudo, de uma *aparência cibernética* — pois Eisenman não pesquisa as verdadeiras possibilidades da virada cibernética para a produção da arquitetura, tema que Buckminster Fuller, por exemplo, havia avançado décadas antes.[252] Ele tampouco propõe, ao final, uma modalidade operatória diferente para a arquitetura, mas apenas a utilização das novas ferramentas digitais como meio de acelerar a manipulação hipertrofiada e exasperada da forma. O sistema, ávido por imagens espetaculares e rentáveis, premia esses "geniais" manipuladores de formas, seja o arquiteto-artesão da mão treinada ou aquele que mobiliza a refração computacional.

Ideologia e economia das formas complexas

Como vimos, as novas tecnologias apresentam uma dupla consequência na produção de formas complexas em arquitetura: de um lado, permitem que volumes e superfícies até então não representáveis e calculáveis possam ser interpretados, regrados e construídos; de outro lado, o projeto digital torna possível a gênese de formas até então inimagináveis e inapreensíveis pela racionalidade dita cartesiana. Nesse sentido, ocorre uma expansão do universo formal e simbólico à disposição da criação arquitetônica.

Do ponto de vista ideológico, os arquitetos irão procurar justificativas exteriores à sua disciplina para arbitrar as escolhas formais. Pesquisam na matemática, na física, na química e na biologia teorias e imagens que possam ser incorporadas na programação da morfogênese arquitetônica. Ao mesmo tempo, solicitam a autoridade da filosofia para suas explorações visuais. A

---

[251] Entrevista a Fredy Massad e Alicia Yeste, jul. 2005, em www.vitruvius.com.br.

[252] Richard Buckminster Fuller percebeu, com o estudo de geodésicas e formas leves por meio de computadores, que era possível fazer mais com menos: mais com menos trabalho, menos energia e menos matéria-prima — o que Fuller chama de miniaturização das estruturas. Ver Laymert Garcia dos Santos em "A informação após a virada cibernética", *op. cit.* A manipulação digital da forma por Eisenman não tem as mesmas preocupações e permanece no campo do formalismo.

incorporação das formulações teóricas e descobertas desses outros campos é quase sempre epidérmica, como aliás é da natureza das superfícies complexas mimetizadas pelos arquitetos. Mas são elas o lastro, a justificativa e o discurso para as arbitrariedades e gratuidades perpetradas por estes. Trata-se, em suma, de mero decalque estilizado de visualidades e linguagens das novas descobertas nas ciências, utilizando a capacidade de processamento de máquinas cada vez mais poderosas.

As teorias dos sistemas, dos jogos e do caos são livremente manipuladas em um discurso único pró-complexidade. A arquitetura moderna teria sido redutora e autoritária, enquanto a arquitetura atual está aberta à complexidade da forma natural ou hiperabstrata (como na matemática pós-euclidiana, por exemplo). Daí deriva uma gramática da instabilidade e do amorfo, e o vocabulário da nova tectônica, como vimos no primeiro capítulo. Mas, ao contrário de cientistas e filósofos, os arquitetos manipulam superficialmente esses conhecimentos para responder a uma encomenda restrita, em geral da construção de um edifício.

Quando esses arquitetos entram em ação, manuseando suas maquetes e programas de computador na pesquisa de formas intrincadas, ocorre um paradoxo e uma inversão entre complexidade e simplificação. A pesquisa formal é autorreferente, dobra-se sobre si mesma de modo autista, complexificando a geometria e simplificando as relações sociais e urbanas do entorno, anulando o tempo histórico, apagando contradições e conflitos. Tal arquitetura é apresentada como se fosse uma mônada isolada — um "signo puro, privado de referências para além das que remetem ao próprio objeto".[253] No entanto, como afirma Tafuri, a arquitetura é um campo específico de "estruturas complexas", mas esta complexidade não é derivada de confrontos formais emaranhados, e sim da maneira como se inter-relacionam várias estruturas que nela confluem: a vida social, a história, a cidade, a política, os sistemas simbólicos e técnicos etc.[254]

A arquitetura de formas complexas, derivada de um pensamento aparentemente induzido por analogias apenas formais, encobre uma inserção simplificadora do objeto em seu contexto, em geral por refração. Donde seu comportamento de mônada autorreferente, enclave, fortaleza. Mas então, no que se baseia a escolha de formas complexas que pairam no ar? Em decisões mais ou menos aleatórias, que não emanam da lógica complexa do

---

[253] Manfredo Tafuri, *Projecto e utopia*. Lisboa: Presença, 1985, p. 103.

[254] Manfredo Tafuri, *Teorias e história da arquitetctura*. Lisboa: Presença, 1979.

O desenho programado

objeto, mas da "imagem que se desprende".[255] Quando a lógica é a do objeto, há um valor intrínseco, uma coerência interna, uma experiência contextualizada. Mas, na alta arquitetura que analisamos é recorrente a escolha da forma motivada por valores extrínsecos, por sua vez, mero decalque de teorias cuja atração é tanto maior quanto mais transgressivo em aparência é o seu glamour. Daí o sentido de arbitrariedade evidente nessas obras. Por que essas formas e não outras? A forma responde unicamente aos seus códigos, à sua gênese como programação metabólica. Ela se pretende a-histórica e a-social, e só presta contas à equação que lhe deu origem, à matematizações de seu DNA, alinhadas pelo computador.

À procura de explicações para o atual florescimento de tamanho formalismo no capitalismo contemporâneo (de resto, uma tendência congênita e recorrente num sistema regido pela abstração e consequente indiferença a todo e qualquer conteúdo), pode-se deparar com o mesmo fenômeno nas mais diversas áreas do conhecimento: em todas reina uma espécie de fervor místico pela modelagem computadorizada. A analogia parece então se impor com naturalidade: a nova "máquina de símbolos cibernética" vem a ser o próprio sistema capitalista, afirma André Gorz.[256] Um sistema cuja trajetória também pode ser lida como uma sucessão de "vitórias do simbólico e do formal sobre as dimensões não computáveis do mundo social da vida, como a experiência e a vivência".[257]

Há, portanto, uma autonomização da forma que encontra correspondências na autonomização da economia e no fetichismo do capital financeiro, como discutimos no primeiro capítulo. A realidade social é dominada por abstrações em todos os níveis. As abstrações do dinheiro vão contaminando diversas outras instâncias, entre elas a prática do projeto, como vimos. Segundo Gorz, "o abstrato rompeu as fronteiras do concreto e cobriu o mundo da vida com um tecido de equações algébricas que, graças à sua eficácia estruturante, aparece mais real do que o tecido das relações sociais vivas".[258]

As formas que se autonomizam tocam pouco no "objetivo final" ou no que seria o "sentido verdadeiro" dessa abstração: o crescimento econômico e a acumulação do capital. Mas, se existe uma razão na forma complexa é

---

[255] Guy Debord, *op. cit.*, p. 15.

[256] André Gorz, *O imaterial: conhecimento, valor e capital*. São Paulo: Annablume, 2005, p. 83.

[257] *Idem*, p. 84.

[258] *Idem*, p. 85.

sua capacidade de gerar vantagens a todos os capitais envolvidos. É justamente sua inserção de mônada, com frequência em áreas decadentes e contextos adversos, que permite a ela impulsionar uma onda de ganhos distribuídos por diversos agentes, dos empreendedores e construtores ao mercado editorial e de turismo, dos quais falaremos no quarto capítulo.

As razões econômicas da forma complexa são, assim, da ordem da valorização do capital. Quanto mais diferentes, raras e surpreendente forem essas formas — seja nas esculturas de Gehry, na autogeração de formas de Eisenman ou na obra de qualquer outro arquiteto-estrela que promova formas estranhas e sedutoras —, maior o potencial de gerar lucro e renda. O "efeito de exclusividade" da forma funciona como uma inovação tecnológica e permite ganhos adicionais decorrentes da raridade e da renda de monopólio. Como já discutimos, a potenciação da renda é um efeito de capital simbólico que aumenta o título de propriedade, permitindo, por sua vez, abocanhar uma parcela maior da mais-valia social. A forma difícil é igualmente vantajosa na produção do valor no canteiro, como veremos no próximo capítulo, pois produz ganhos adicionais na execução: quanto mais difícil para o trabalho, melhor para o capital, como demonstra a economia do luxo.

Nas formas disformes dos arquitetos da "vanguarda digital", manipulações arbitrárias, aleatórias, randômicas, parcialmente automatizadas são promotoras de complexidades que têm um claro significado econômico. No limite, essas formas podem ser quaisquer, desde que sempre únicas, novas, atraentes, servindo de iscas para a valorização do capital, prontas para qualquer — ou nenhum — uso.[259]

Por sua vez, a ideologia da complexidade, ou a complexidade fetichizada, não é, obviamente, neutra e ainda encerra armadilhas políticas. A liberdade formal no limite do gesto aleatório, ao promover uma espécie de "instabilidade semiótica" proposital — composições inapreensíveis que fogem das matrizes visuais asseguradoras —, converge para os fundamentos da nova economia e da desestabilização do próprio mundo do trabalho. A fluidificação das formas revela aqui uma real dimensão de classe, se for permitido falar do que afinal está em jogo: a alegação vanguardista corriqueira de que tal desmanche representa o fim de referências estáveis e sufocantes

---

[259] Sérgio Ferro fala dos paralelepípedos anônimos da arquitetura moderna de Mies van der Rohe como arquétipo da forma de "tipo-zero". A indiferença quanto ao uso continua a mesma, mas pede agora uma forma única e não anônima.

O desenho programado

não deixa de incluir, como se fosse apenas um detalhe, o desmanche das instituições próprias ao campo do trabalho.

Os vendedores de complexidade apresentam-na como socialmente indeterminada, como derivada dos paradigmas das ciências ou da natureza, quando na verdade esconde uma forma de dominação de classe. Ela não é só abstração, pois abarca uma especificidade sócio-histórica tangível. Segundo István Mészáros, a ideologia da complexidade no capitalismo mascara o confisco do real poder político da sociedade, sua capacidade de autogoverno. O discurso da complexidade é assim uma forma de controle social. A complexidade crescente é apresentada como "a impossibilidade da atividade autônoma dos produtores associados", ou seja, "a verdadeira questão é o *controle* e não a complexidade socialmente indeterminada".[260]

Nesse sentido, Mészáros sugere que o argumento da complexidade seja utilizado de modo oposto ao que nos é ideologicamente apresentado. Isso porque "a progressiva complexidade gerada por um sistema que não consegue controlar produtivamente suas complicações cada vez maiores é um perigo e não algo positivo", enquanto "os recursos combinados dos produtores associados são, em princípio, muito mais apropriados para se controlar a complexidade inerente às genuínas exigências produtivas do processo de reprodução social".[261] No lugar da complexidade do controle, Mészáros propõe o "controle da complexidade" o que significa a "reobtenção do controle sobre o processo de trabalho como um todo".[262]

A emergência da complexidade fetichizada como impedimento para o controle operário não é, assim, apenas um fenômeno ideológico, mas da luta de classes. Ela corresponde a uma reestruturação dos mecanismos de produção e distribuição do valor, como é o caso da empresa em rede pós-fordista. As formas complexas da arquitetura são um produto e têm paralelos na emergência de novas estruturas de acumulação, que se poderia também qualificar de complexas, simultaneamente centralizadas e dispersas, mas que, na verdade, significaram uma nova derrota para a classe trabalhadora, como discutiremos no próximo capítulo.

Um breve recuo explicativo. Toda a modificação técnica importante nas forças produtivas, como explicou Marx, responde a uma pressão operária

---

[260] István Mészáros, *O poder da ideologia*. São Paulo: Boitempo, 2004, p. 522.

[261] *Idem*, p. 523.

[262] *Idem, ibidem*.

que lhe antecedeu.[263] Durante os trinta anos gloriosos (1945-75), os anos do *welfare*, os trabalhadores obtiveram várias vantagens — e os lucros do capital foram limitados ao aumento da mais-valia relativa. Isso se deve a diversos fatores, e entre eles há um que nos interessa de perto: a estruturação produtiva nos termos de grandes indústrias — e seu correlato, o trabalho coletivo. Este último sai de sua abstração enquanto criação do capital e toma corpo concreto na consciência operária. A sua maior manifestação foram as greves operárias na França, em 1968, as maiores de todos os tempos na Europa — quando os trabalhadores reclamavam outras relações de produção e autogestão.

Em 1973, por exemplo, uma das principais fábricas francesas de relógios, a LIP, em Besançon, foi tomada pelos trabalhadores e submetida a um regime libertário de autogestão.[264] Eles haviam participado do movimento de 1968 e, em 1973, quando foram anunciadas demissões e o possível fechamento da fábrica, os trabalhadores sequestraram alguns dos diretores para pedir esclarecimentos sobre a reestruturação em curso. Sabendo que a fábrica seria liquidada, assumiram o seu comando e o controle dos estoques, fortaleceram as comissões de fábrica, organizaram comitês de ação, assembleias gerais, um jornal (o *UnitéLIP*), abriram os portões da fábrica para visitação, tornaram o refeitório público, aceitaram o trabalho voluntário de apoiadores e realizaram um mutirão de venda de relógios, uma vez que as lojas se recusavam a vendê-los. Quando a polícia retomou a fábrica, os trabalhadores, sem terem aonde ir, estenderam a autogestão para toda a cidade — "ocuparemos Besançon" —, realizando atividades nas praças, teatros, cinemas, escolas e levando a produção para dentro das casas — "a fábrica é o coletivo de trabalhadores e não suas paredes". Fato que culmina na enorme Marcha dos 100 mil. No entanto, em 1974, com a eleição do conservador Valéry Giscard, o "exemplo LIP" foi derrotado economicamente: tanto as linhas contratadas de financiamento, quanto a compra de seus relógios de precisão por empresas estatais (como a Renault), foram revogadas.

Contra a onda de greves e as práticas autogestionárias que surgiram na Europa (veja-se a revolução portuguesa, de 1974, por exemplo) e noutras partes do mundo naqueles anos, o capital reage de duas maneiras. Primeiro

---

[263] Ver *A miséria da filosofia* e os *Grundrisse*.

[264] Ver o documentário *LIP: L'Imagination au pouvoir* (2007), dirigido por Christian Rouaud, com depoimentos de diversos operários que participaram desse acontecimento e a entrevista com um de seus protagonistas, Charles Piaget, concedida a Bernard Ravenel, "Leçons d'autogestion", em www.mouvements.info, 2007.

O desenho programado

com a anulação das conquistas operárias e da proteção social, por meio da desmontagem das políticas de bem-estar social e da emergência do neoliberalismo — que, no fundo, é menos uma doutrina econômica coerente do que uma tecnologia de poder destinada a desmontar a coesão da classe involuntariamente fortalecida durante o período fordista — e, em seguida, com o ataque ao trabalhador coletivo, por meio de práticas de individualização salarial, rotação etc. Isso significava substituir a grande indústria pela produção em rede, facilitada pela informática e pelos bolsões de baixos salários, disponíveis na periferia do capitalismo para serem explorados. A série de informações e prescrições que convergia na produção da grande indústria agora é centralizada, para depois se dispersar nas unidades de produção em rede.

Isso também ocorre na produção da arquitetura, como no caso do prédio do HSBC de Foster, em Hong Kong, cujas peças chegaram de navios provenientes de várias partes do mundo; o mesmo para as placas de titânio do Guggenheim de Bilbao, cujo minério fora extraído na Austrália, laminado em Pittsburgh, tratado na França e cortado na Itália, para só então dirigir-se a Bilbao. Somado à prática de buscar no terceiro mundo serviços de desenhistas digitais a baixo custo ou fazer circular o trabalhador migrante por meio das cadeias de subcontratação em canteiro.

A hipercentralização prescritiva, que analisamos nesse capítulo, atinge o limite da forma manufatura com a pulverização dos fornecedores finais, e mesmo dos montadores. Nenhum operário pode mais compreender em que complexidade está inserido. A possibilidade mesma do trabalhador coletivo — a grande arma operária do *welfare* — fica assim anulada. A complexificação, em todos os níveis, é, por isso, uma arma do capital. A mudança não ocorre por acaso, mas responde à ameaça representada pelo inédito protagonismo de um trabalhador coletivo autogerido pela própria classe operária.

3.
CANTEIRO UM PRA UM

As transformações nas forças produtivas e nas relações sociais de produção que vêm ocorrendo na elaboração dos projetos da alta arquitetura encontram seu momento de verdade no estágio de sua produção concreta, em fábricas e canteiros. Há conflitos e desequilíbrios, como veremos. A promessa da automação flexível da obra, que passaria a obedecer aos modelos informacionais de projeto, encontra resistências para ser realizada, ao mesmo tempo que é posta parcialmente em prática.

O ponto de partida desse capítulo é avaliar em que medida o canteiro de obras é uma forma produtiva que antecipa questões da chamada acumulação flexível, uma vez que tem como características próprias a versatilidade e a produção de obras, em geral, únicas. Mais do que durante o paradigma fordista, o canteiro encontra afinidades com o novo regime de acumulação, o que permite uma convergência, para o bem e para o mal, com o movimento geral do capital, do ponto de vista tecnológico e organizacional.

O caminho que seguiremos será paralelo mas inverso ao do capítulo anterior. Analisaremos qual o ponto máximo da automação, com a substituição do operário por um robô-pedreiro — uma fronteira similar e espelhada em relação à automação das formas testadas por Peter Eisenman. Passaremos, na sequência, pelos incontornáveis canteiros de Gehry, examinando como sua equipe busca compatibilizar o projeto digital com a pré-fabricação não padronizada e a montagem em canteiro. O ponto de inflexão do capítulo é a avaliação do desejo do arquiteto de retomar o comando sobre todo o processo produtivo da construção, graças às novas tecnologias digitais. A partir daí voltaremos a focalizar no operário da construção, suas velhas e novas atribuições, suas condições de trabalho, seus direitos violados, a presença dos migrantes, enfim, a dinâmica de um setor produtivo *hard* que não tem como ser exportado para o terceiro mundo, como nas demais cadeias de produção, uma vez que está preso ao solo.

O ponto de chegada deste capítulo não será apenas a renda, mas a produção do valor. O que a construção de formas complexas e difíceis de executar representa do ponto de vista do valor-trabalho? Os edifícios da arquitetura de marca, tal como a economia do luxo, procuram o valor de representação próprio à forma-tesouro? É o que veremos.

A atualidade da forma-canteiro

O atraso relativo do canteiro de obras em relação aos setores industriais que adotavam máquinas e esteiras parecia poder ser superado pela arquitetura moderna, de concreto, aço e vidro. A ideologia do progresso e a estética maquinista incorporadas pelos arquitetos modernos pretendiam transformar o arcaico canteiro em uma indústria moderna. Le Corbusier, em visita às indústrias Ford, nos anos 1920, como também o fizera Lênin, afirmou: "A experiência de Ford, repetida em mil atividades do mundo moderno, na industriosa produção, nos dá a lição. Aceitemos a lição".[265]

As tentativas que se seguiram de industrialização fordista da arquitetura foram inúmeras e quase sempre fracassadas, devido à incompreensão das especificidades do seu modo particular de produção/dominação, como também do lugar que ocupa na acumulação capitalista. A modernização viria de fora do espaço da produção, pelas determinações do novo desenho, que pretendia obedecer aos mesmos critérios de concepção dos produtos industriais. As cidades, nessas condições, seriam parcialmente postas abaixo ou iniciadas do zero para receber os novos produtos. Contudo, a pré-fabricação parcial de peças para montagem em obra — que sequer chegou a ser a forma hegemônica — não alterava substancialmente a condição produtiva do canteiro, em especial das etapas que continuavam invariavelmente realizadas em campo, como os trabalhos com terra, contenções, fundações e redes. A padronização de componentes, exigida por uma economia de escala fordista, tinha como resultado, em geral, edifícios inóspitos e monótonos, pouco integrados ao tecido urbano. O principal campo de exploração da pré-fabricação esteve associado à habitação proletária e aos edifícios industriais, ambos influenciando custos diretos da reprodução da força de trabalho e de capital fixo. No caso dos blocos de moradia operária, quase sempre apartados da cidade na forma de conjuntos habitacionais, o desastre social e urbano foi evidente.

---

[265] Citado em Sérgio Ferro, *Arquitetura e trabalho livre*. São Paulo: Cosac Naify, 2006, p. 136.

A produção industrial da arquitetura preconizada pelos modernos foi mais propagandeada do que realizada. Os edifícios não passaram a ser realizados como outros bens de consumo duráveis. Isso não quer dizer que transformações nos materiais, na modulação e padronização dos projetos, além de inovações em determinadas técnicas de produção não tenham ocorrido. O ponto cego no projeto de modernização da construção, contudo, era decorrente da incompreensão por parte dos arquitetos (e daí sua autoilusão) das condições sociais e econômicas que definiam o lugar da arquitetura na acumulação capitalista. Os arquitetos depositaram em seu desenho uma expectativa desmedida e lhe conferiram um papel central despropositado. Segundo o sociólogo inglês Michael Ball, "todos os demais agentes envolvidos no processo da construção eram idealizados em uma nebulosa plasticidade, preparados para qualquer coisa que fosse demandada pelos designers".[266] O que escondia o fato de que os agentes sociais ativos na produção do espaço (construtoras capitalistas, incorporadores imobiliários, capital financeiro, proprietários de terra e trabalhadores da construção) eram ignorados pelos arquitetos em seus interesses, posições e conflitos.

É assim que, quarenta anos após a visita às indústrias Ford, na construção do convento de La Tourette, concluída em 1960, Le Corbusier apresentava outra obra de estética industrial, mas sem uma correspondente evolução nas forças produtivas. Como demonstrou a equipe de pesquisa do Laboratório Dessin/Chantier — por meio do estudo em detalhe das plantas de execução, diários de obra, cartas, relatórios, entrevistas e de uma análise cuidadosa da forma construída —, ao contrário do que exibe a plástica de precisão mecânica, e que nos faz crer numa espécie de "montagem em grandes dimensões", nos deparamos com uma produção "bagunçadíssima", sem regularidade alguma, praticamente feita só de casos particulares e adaptações. A obra teria sido "uma confusão permanente, desenhos chegando após a execução ou não chegando nunca, atrasos, desentendimentos de equipes de trabalhos, disfuncionamentos, crises etc.".[267]

Le Corbusier, entretanto, soube impor a seus intérpretes a leitura de suas obras da maneira que lhe interessava, ou seja, de modo a fazê-la coincidir com os seus preceitos construtivos. Ele convence pelo poder da intensidade plástica, do arrebatamento estético, e de um certo tipo de discurso

---

[266] Michael Ball, *Rebuilding construction: economic change in the British construction industry*. Londres: Routledge, 1988, pp. 24-5.

[267] Sérgio Ferro, *op. cit.*, p. 217.

Canteiro um pra um

— uma "retórica do verossímil" —, que nos leva a ver a obra somente em sua aparência superficial. Mas, por trás da encenação, o canteiro, mesmo escamoteado, é ainda quem escreve o roteiro, afirma Sérgio Ferro, daí a possibilidade de se detectar significados do espaço construído a partir de uma história da sua produção.

Por mais que os arquitetos modernos insistissem, o canteiro de obras parecia um espaço de produção refratário ao fordismo e mesmo ao controle taylorista de tempos. Daí que passou a ser denominado, em oposição aos setores de industrialização acelerada e alta composição orgânica de capital, de "retardatário" ou "atrasado".[268] Suas características produtivas, aparentemente caóticas e braçais, foram descritas como um estágio a vencer. Tratava-se de uma visão fetichizada da tecnologia, que correspondia a uma noção de progresso técnico linear.[269] Um estágio a ser superado, análogo à própria situação de "subdesenvolvimento" — mera etapa a ser percorrida no caminho do desenvolvimento capitalista, como afirmavam os defensores da industrialização periférica e de revoluções burguesas no terceiro mundo.[270] Comparação que, vista por um ângulo não etapista, é sem dúvida provocativa: tal como o subdesenvolvimento, a produção aparentemente arcaica no canteiro de obras parece sem superação possível, uma vez que ambas são formas coetâneas da acumulação capitalista e de seu desenvolvimento desigual e combinado, como explicou Celso Furtado a respeito da América Latina.[271]

Ao evitar a denominação dualista atraso/moderno e o etapismo para definir o canteiro de obras em oposição à indústria fordista, Sérgio Ferro, Michael Ball e Benjamin Coriat propuseram conceituações próprias, resultantes de interpretações que procuram evidenciar o que é singular nessa forma de produção. Em seu livro *O canteiro e o desenho*, de 1979, Sérgio Ferro explica a racionalidade produtiva do canteiro a partir da forma manufatureira de produção, tal como descrita por Marx, com a especificidade de que

---

[268] Não apenas era a posição dos arquitetos modernos como foi assim que a denominou grande parte dos autores que estudaram a construção civil nos anos 1970 e início dos 1980.

[269] Ver Jorge Oseki *et al.*, "Bibliografia sobre a indústria da construção: reflexão crítica", revista *Sinopses*. São Paulo: FAU-USP, n° 16, 1991, p. 41.

[270] Como, por exemplo, o PCB (Partido Comunista Brasileiro) e a CEPAL (Comissão Econômica para a América Latina e Caribe).

[271] Celso Furtado, "Subdesenvolvimento e dependência: conexões fundamentais", em *O mito do desenvolvimento*. Rio de Janeiro: Paz e Terra, 1974.

"na produção do espaço a manufatura é móvel e não seus produtos".[272] O fundamento da manufatura é a centralidade do trabalhador coletivo como força prevalente no processo de produção anterior à subsunção real às máquinas industriais. No capitalismo, esse trabalhador coletivo só existe enquanto tal porque sua separação, na divisão do trabalho, e sua posterior totalização, em um produto, são comandadas pelo capital e seus intermediários. Daí a existência de uma heteronomia do trabalhador não imposta pela máquina, mas pela violência e pelas formas de afastamento do que faz, como a geometria sábia do desenho do arquiteto e as superfícies polidas que apagam o rastro do trabalho dos demais construtores.

A interpretação de Sérgio Ferro evita o etapismo ao considerar que a forma manufatureira da construção não é um estágio a ser superado, mas uma "condição sobredeterminada" pelo conjunto da economia política, um campo de produção extraordinária de mais-valia, de modo a contrabalançar a tendência geral de queda da taxa de lucro. O resultado é tanto sua configuração como espaço de luta de classes e de sucessivas derrotas dos trabalhadores, como a rejeição de que exista alguma "natureza" ou "especificidade" intrínsecas ao ato de construir e que lhe impusesse tal forma. Como arquiteto da periferia do capitalismo, Sérgio vai então reconhecer no canteiro de obras aspectos próprios ao subdesenvolvimento — e procurar, assim, descrever a economia política da construção como alegoria do subdesenvolvimento.

Em seu livro *Rebuilding construction*, de 1988, Michael Ball rechaça igualmente a consideração do setor como retardatário para a construção civil. Seu alvo principal, além da ideologia dos arquitetos modernos, é a sociologia estruturalista francesa (em especial Ascher, Lacoste, Topalov, Preteceille e Lipietz)[273], que atribui o atraso da produção no canteiro e sua baixa composição orgânica a um fator que lhe é exterior: o poder determinante da renda absoluta da terra sobre a mais-valia da construção. O proprietário da terra agiria feito um espoliador do setor produtivo, como num processo de acumulação primitiva de capital. O garrote rentista de agentes improdutivos é o que impediria o desenvolvimento das forças produtivas no setor, sem que estas tivessem qualquer dinâmica endógena. De um lado, a renda fundiária e as operações com terra e incorporação seriam mais vanta-

---

[272] Sérgio Ferro, *op. cit.*, p. 113.

[273] Seus principais argumentos são reproduzidos na tese de Ermínia Maricato, *Indústria da construção e política habitacional*. FAU-USP, 1984.

josas do que a imobilização do capital em novas técnicas e métodos produtivos; de outro, o monopólio da renda pelo proprietário fundiário garantiria o aumento dos preços no mercado, independente das condições de produção. Assim, os problemas da racionalização da construção passam a ser secundários frente aos ganhos associados a rendas e ao comportamento das variáveis financeiras. Para Michael Ball, essas interpretações dão centralidade exagerada ao proprietário fundiário, confundem problemas da produção com os da distribuição da mais-valia, são teoricamente simplistas e empiricamente pouco comprováveis.[274] Isso não significa que fatores associados à propriedade fundiária não sejam relevantes na definição das bases produtivas da arquitetura, mas eles precisam ser analisados caso a caso, em função de outras variáveis, não podendo assim ser absolutizados como determinação unívoca.

O professor Jorge Oseki, por exemplo, ao comentar a situação fundiária de países ou regiões em que há escassez de terras urbanizáveis (como Hong Kong, Holanda e Japão), o que resulta em preços elevados e fortes ganhos com a renda absoluta, afirmava que ali a construção não se atrasou de maneira patente, ao contrário.[275] Já a construção civil no Leste Europeu, mesmo com a propriedade estatal durante as décadas de socialismo de caserna, não se modernizou aceleradamente em relação ao restante da Europa. Após afirmar que a renda da terra é causa "duvidosa e insuficiente" para explicar as bases materiais e relações de produção na arquitetura,[276] Sérgio Ferro explica que a posição dos sociólogos franceses é decorrente de determinações programáticas do Partido Comunista Francês, que, nos anos 1970, dirigia suas críticas aos setores "improdutivos" e "especulativos", poupando a produção, com o argumento da defesa do emprego. Mais uma vez, um paralelo poderia ser traçado com a estratégia de superação do subdesenvolvimento por meio do combate ao imperialismo (que ocuparia papel parasitário similar ao da renda fundiária), em aliança com as burguesias nacionais, como defenderam os partidos comunistas latino-americanos alinhados com Moscou.

Ao rejeitar a denominação de setor retardatário e a determinante da renda fundiária, Michael Ball propõe que a construção seja analisada a par-

---

[274] Michael Ball, *op. cit.*, p. 27.

[275] Jorge Oseki, *Arquitetura em construção*. Dissertação de Mestrado, FAU-USP, 1983, p. 119.

[276] Sérgio Ferro, *op. cit.*, p. 139.

tir dela mesma, o que não significa uma análise apenas imanente, pois no interior da forma encontram-se suas relações com o restante do sistema. Para evitar os equívocos anteriores, sua análise será eminentemente empírica e repleta de dados, gráficos e tabulações a respeito das diferenças internas ao setor, suas formas de organização produtiva e de contratações, suas técnicas de racionalização da produção e elevação de lucros, as particularidades do seu mercado de trabalho, sua reestruturação recente e articulação com os demais setores industriais etc. Ele parte da convicção de que "tudo o que podemos dizer é que a construção é diferente das outras atividades produtivas e utiliza uma quantidade considerável de força de trabalho". E brinca com as metáforas de Lewis Carroll, sem nenhum darwinismo deslocado, para comparar a situação da construção com a da indústria automobilística: "Pode-se afirmar que um elefante é tecnicamente retardatário em relação a um cavalo de corrida?".[277]

No início dos anos 1980, um grupo de pesquisadores franceses ligado aos institutos de pesquisa e não alinhado ao dogmatismo do PCF irá abrir novos caminhos para a interpretação da construção. O sociólogo Benjamin Coriat sintetiza algumas das posições desse grupo em seu texto de 1983, "O processo de trabalho de tipo 'canteiro' e sua racionalização". Como sociólogo do trabalho, Coriat reconhece que, apesar do papel chave da construção na acumulação capitalista, "o canteiro permanece uma das formas de produção menos conhecidas e talvez menos compreendidas".[278] O atraso, assim, não estaria na construção, mas na pesquisa na área. Ao invés de defini-lo como um setor "insuficientemente taylorizado" ou inadaptável ao fordismo, é preciso reconhecê-lo em sua diferença, por meio de uma "análise que se origine e progrida a partir do 'canteiro'".[279] A denominação que propõe Coriat é simplesmente "forma-canteiro", em contraste com a "forma-fábrica" — com isso, evita a polaridade manufatura/grande indústria que pode dar a impressão equivocada de estágios progressivos.

As principais características da forma-canteiro são: não repetitividade das tarefas e extrema variabilidade dos tipos de obras, o que torna altamen-

---

[277] Michael Ball, *op. cit.*, p. 32.

[278] Benjamin Coriat, "Le procès de travail de type 'chantier' et sa rationalisation: remarques sur quelques tendances de la recherche actuelle", em *Actes de Colloques: Le Travail en Chantiers. Plan Construction et Habitat*. Paris, 16-17/11/1983, traduzido por Jorge Hajime Oseki. São Paulo: mimeo., p. 1.

[279] *Idem*, p. 2.

Canteiro um pra um

te improvável o estabelecimento de séries estáveis de postos de trabalho taylorizados; caráter parcial e na maioria dos casos marginal da padronização dos elementos utilizados no produto final, em contraste com os setores fordistas; irregularidade das tarefas no tempo, com variações muito maiores do que na indústria; extrema dificuldade de programação do trabalho, o que solicita uma forma de gestão original e específica do setor para responder à imprevisibilidade; produtos implantados no solo, de tal modo que é o próprio processo de trabalho, em todo o seu conjunto, que circula e deve sempre se adaptar a um suporte diferente.

A noção de "variável" ou de "regime de variabilidade" é central para definir a forma-canteiro. Ela foi desdobrada por uma das novas pesquisadoras francesas do assunto, Myriam Campinos-Dubernet, em modalidades externas, associadas à natureza heterogênea dos produtos e dos tamanhos das operações, e internas, decorrentes da diferença de quantidade de trabalho requerida em cada uma das etapas de produção em uma obra. A elas, Coriat acrescenta a distinção entre variabilidades espaciais e temporais, sendo essas útimas o estudo da cadência das operações sucessivas e/ou simultâneas requeridas no ato de construir, que o diferenciam, por sua vez, dos ritmos produtivos do taylorismo/fordismo. A variabilidade também é responsável pela manutenção, mesmo com modificações, de um amplo campo de atividades qualificadas, o que impede que o trabalho se torne tão abstrato quanto na forma-fábrica.

A variabilidade da forma-canteiro irá solicitar formas flexíveis de gestão e organização da produção (polivalência, equipes, grupos autônomos, "blocos de tempo" etc.), como afirma Coriat, para dar conta do que lhe é específico. Interferências no seu processo produtivo devem reconhecer e tomar partido das condicionantes que perpetuam as situações de variabilidade e aleatoriedade, ao invés de procurar suprimi-las. São formas de racionalização e organização da produção que contrariam o paradigma taylorista/fordista, sem deixar de serem estratégias do capital para seguir no comando da acumulação. Daí que o movimento contrário, de colonização da forma-canteiro pela racionalidade fabril clássica, encontrou entraves e foi, em geral, um fracasso.[280]

---

[280] *Idem*, p. 7. O engenheiro Nilton Vargas estudou os motivos da incompatibilidade — e seus "entraves" — entre taylorismo/fordismo e a produção em canteiro na sua dissertação de mestrado *Organização do trabalho e capital: um estudo da construção habitacional*, COPPE-UFRJ, 1979.

A hipótese final lançada por Coriat, e que será avaliada ao longo deste capítulo, é a de que, "talvez mais do que outros setores, a forma-canteiro reúne condições internas favoráveis para a passagem às *formas flexíveis de produção*". E não apenas isso: dada sua atualidade, a construção deve deixar de ser analisada como um setor "atrasado", "insuficientemente taylorizado", e passar a ser apreendida sob categorias novas que indiquem talvez o seu "valor 'exemplar'" para o novo regime de acumulação, no qual "o canteiro se constitui em um laboratório privilegiado de experimentação".[281]

A respeito dessa inusitada atualidade, Helen Rainbird e Gerd Syben sugerem o mesmo: "os métodos de organização do processo de produção [no canteiro] sempre tiveram aqueles elementos hoje considerados 'novos' nas indústrias, na medida em que estas procuram se tornar mais flexíveis". De modo que a chamada reestruturação da construção civil irá significar mais a "extensão e desenvolvimento dos métodos e processos já existentes, do que a adoção de novos".[282] O paradoxo talvez pudesse ser assim resumido: a produção de uma mercadoria imóvel, sob a forma manufatureira, mostrava-se inesperadamente flexível (móvel), enquanto a produção da mercadoria móvel, na era industrial fordista, havia se tornado padronizada e invariável (imóvel).

As similaridades entre a forma-canteiro e o paradigma da "acumulação flexível"[283] são inúmeras, a começar pelo fato de que a arquitetura quase sempre procurou a forma única (a padronização foi marginal e restrita a determinados nichos) e organizou suas forças produtivas e relações de produção para gerar produtos individualizados. Além das similaridades já mencionadas por Coriat em seu regime de variabilidade, a produção da arquitetura antecipou, quase involuntariamente, algumas das principais novidades gerenciais. No caso da gestão de estoque, por exemplo, como os canteiros de obra são em geral espaços exíguos, a armazenagem sempre foi reduzida

---

[281] *Idem*, pp. 11-2.

[282] Helen Rainbird e Gerd Syben (orgs.), *Restructuring a traditional industry: construction employment and skills in Europe*. Nova York: Berg, 1991, p. 8.

[283] O termo "acumulação flexível" é de David Harvey, que a define como "confronto direto com a rigidez do fordismo. Ela se apoia na flexibilidade dos processos de trabalho, dos mercados de trabalho, dos produtos e padrões de consumo. Caracteriza-se pelo surgimento de setores de produção inteiramente novos, novas maneiras de fornecimento de serviços financeiros, novos mercados e, sobretudo, taxas altamente intensificadas de inovação comercial, tecnológica e organizacional". Em *A condição pós-moderna*. São Paulo: Loyola, 1994, p. 140.

Canteiro um pra um

ao mínimo, a ferramentas e materiais a serem imediatamente utilizados. Aço e concreto chegam, a bem dizer, no momento da sua utilização. Com isso, a coordenação das equipes de trabalho e dos estoques já antecipava, mesmo que de forma rudimentar, o sistema de produção enxuta e fornecimento *just-in-time* de componentes e equipes de trabalho por tarefa.[284]

Por esse motivo, a gestão do canteiro é eminentemente uma coordenação de fluxos de materiais, equipes e tarefas, e sua produtividade depende da capacidade não apenas de prevê-los e articulá-los como de realizar essa coordenação num ambiente de alta imprevisibilidade, dada sua variabilidade, complexidade, extensão no tempo e influência de fatores não plenamente antecipáveis (como condições de subsolo, clima, riscos de acidentes e até mesmo a situação legal e fundiária). Ao que se acrescenta a instabilidade decorrente da forma de dominação do trabalho pelo capital na manufatura, sem a possibilidade da subsunção real do trabalhador coletivo à objetividade da máquina. Desse modo, diferentemente das certezas e previsibilidades da gerência científica fordista/taylorista, a gestão da forma-canteiro se depara com a aleatoriedade e adversidade de diversos elementos e com a necessidade de compreendê-los e dispô-los de forma a "encontrar ordem no caos".[285] Daí certa precedência da forma-canteiro quando é preciso lidar com situações aparentemente adversas ao capital e adotar formas flexíveis de organização e gestão de riscos e incertezas.

O trabalho por tarefa e equipes relativamente autônomas, remunerado de acordo com a produtividade e o resultado — o que é chamado no vocabulário gerencial de "especialização flexível" — forneceu muito cedo as bases para a adoção de camadas de subcontratação ou subempreitadas, antes mesmo da disseminação das terceirizações e bonificações no restante do setor produtivo.[286] Foi favorável para isso a estrutura de capitais no setor da construção, altamente fragmentada em pequenas empresas regionais e de origem familiar, sendo poucas de maior porte — o que tornou possível às

---

[284] Gerd Syben, "Strategies of growth of productivity in the absence of technological change", em Helen Rainbird e Gerd Syben (orgs.), *op. cit.*, p. 103.

[285] A leitura *mainstream* do tema propõe a adoção da teoria do caos para a gestão em canteiro, conforme material de autoajuda empresarial da Neolabor, consultoria coordenada por Nilton Vargas e que presta serviços às grandes construtoras brasileiras.

[286] O livro *Under construction: work and alienation in the building trades* (Nova York: New York Press, 1986), de Marc Silver, estuda os efeitos das subcontratações tanto na alienação do trabalho quanto no sindicalismo e nos direitos trabalhistas.

empresas menores se especializarem em determinados serviços, subcontratados pelas maiores, que mantêm um corpo de engenheiros e técnicos cada vez mais enxuto, como gerenciadoras de operações de terceiros. Na medida em que se descentraliza a produção, aumenta o seu comando. As subcontratações, quase sempre informais, forneceram a melhor resposta organizacional tanto para o regime de variabilidade descrito por Coriat e Campinos-Dubernet, quanto para transferir riscos — exacerbados na construção civil por sua instabilidade crônica —, a uma ampla gama de agentes: transferência que "implica a piora das condições de trabalho dentro de estratégias socialmente regressivas".[287]

O aumento da produtividade no setor se deu, em grande medida, por meio do aumento da exploração e da precarização do trabalho subcontratado por tarefa, antecipando algumas das formas de "desfiliação"[288] do capitalismo pós-fordista — e não pela introdução da automação e das novas tecnologias, que seguem com sua aplicação restrita a poucas operações.[289] As pequenas empresas subcontratadas tornaram-se peças centrais e não mais apêndices marginais do sistema produtivo, ao mesmo tempo em que colaboram para uma relação cada vez mais desfavorável para os trabalhadores e seus sindicatos. A subcontratação não é apenas uma forma de gestão de riscos, mas de ampliação do controle do trabalho e redução de seus custos.[290] Como veremos em um tópico específico, os trabalhadores subcontratados provêm em geral de regiões pobres (internas a cada país ou do estrangeiro), são pior remunerados e submetidos a condições mais precárias de segurança e saúde no trabalho. Eles têm baixíssima participação em organizações sindicais, são intermitentes, com horários e salários variáveis, tem alta rotativi-

---

[287] Elisabeth Campagnac, "Computerisation strategies in large French firms and their effect on working conditions", em Helen Rainbird e Gerd Syben (orgs.), *op. cit.*, p. 147.

[288] Na expressão de Robert Castel, *Metamorfoses da questão social*. Rio de Janeiro: Vozes, 1998.

[289] Gerd Syben, *op. cit.*, p. 91. "O foco em mudanças de organização do trabalho", segundo Syben, "demonstrou uma surpreendente modernidade" para a construção civil no novo regime de acumulação.

[290] O livro *Building chaos: an international comparison of deregulation in the construction industry* (Londres: Routledge, 2003), editado por Gerhard Bosch e Peter Philips, fornece um quadro comparativo da desregulação na indústria da construção em diversos países e dos sistemas de subcontratação e precarização do trabalho.

Canteiro um pra um

dade e, muitas vezes, não estão cobertos pelos direitos do trabalho e da proteção social — o que irá redundar em uma crise de competência operária nos canteiros, ao mesmo tempo que é solicitado o seu engajamento nas mudanças e no cumprimento das novas metas de qualidade.[291]

Mas, sobretudo, as subcontratações permitem a negociação individual e a substituição da "relação salarial pela relação comercial", o que significa, segundo André Gorz, um passo para a abolição regressiva do assalariamento.[292] Na sociedade pós-salarial, antecipada nos canteiros de obra, "as empresas liberam-se para recolher, numa abundante reserva de prestadores de serviços de todo tipo, aqueles que oferecem o melhor serviço ao menor preço", sem os limites que o movimento operário conseguira impor à exploração, depois de dois séculos de lutas. Com isso, desaparece aquilo que representava a "função emancipadora" cumprida pelo assalariamento, que é a qualificação do trabalhador como "indivíduo social em geral", um estatuto superior ao da sujeição que prevalecia na sociedade tradicional.[293] Como afirma Gorz, as prestações de trabalho agora se apresentam como um "serviço" (servicium, obsequium) que se deve ao mestre; ou seja, o mesmo que acontecia na forma-canteiro, onde trabalho sempre foi chamado de serviço prestado a um mestre (seja o de obras, o engenheiro/arquiteto ou o proprietário).

Parênteses: esse aumento da exploração e da taxa de mais-valia (absoluta e relativa), no limite da explosão do assalariamento, é parte da atual dominância da lógica das finanças sobre o conjunto da economia — quando a lei do sistema passa a ser a do capital a juros e não mais a do valor-trabalho, como previra Marx ao final d'O Capital. Na medida em que o juro é internalizado em todas as operações como um fator de produção, ele se antecipa à produção do valor de forma "ditatorial" e exige dela igual rentabilidade. A dominância das finanças irá solicitar patamares cada vez maiores de produtividade e de exploração do trabalho. O tempo passa a ser comandado e acelerado por uma força externa à esfera da produção. Por isso, são concomitantes os processos de mundialização financeira e expansão das

---

[291] O termo é de Marta Farah no livro *Processo de trabalho na construção habitacional: tradição e mudança*. São Paulo: Annablume, 1996, p. 263.

[292] André Gorz, *Misérias do presente, riqueza do possível*. São Paulo: Annablume, 2004, p. 63.

[293] *Idem*, p. 64.

empresas-rede, como explicou François Chesnais, em busca de localizações que combinem baixos salários, alta produtividade, desregulação e impostos reduzidos.[294]

Se a forma-canteiro antecipa a seu modo o sistema de rede de empresas especializadas, coordenadas por um centro nevrálgico cada vez mais informatizado, enxuto e sofisticado, como o setor de projetos e suas consultorias, que vimos no capítulo anterior, ela apresenta uma diferença central. Segundo David Harvey, uma das novidades da acumulação flexível é a "crescente convergência entre sistemas de trabalho 'terceiro-mundistas' e capitalistas avançados, com a ascensão de novas formas de organização industrial e o retorno de formas mais antigas".[295] Mas trata-se de uma articulação em rede que, no caso da arquitetura, dada sua fixidez sobre a base fundiária, não pode ser exportada para empresas situadas no hemisfério sul, onde em geral se concentra a terceirização do chamado "trabalho redundante", como é o caso do processo de costura das confecções de marca.[296] Assim, na construção civil, o processo produtivo não pode escapar dos países centrais e, a despeito dos tapumes que o cercam, fica à vista de todos os transeuntes. Ao invés de exportar a produção, os trabalhadores é que são importados. Trata-se de um espaço da produção dura que deveria estar no terceiro mundo, mas que continua no interior do capitalismo avançado, sinalizando a permanência do velho mundo do trabalho. O canteiro está à mostra, com trabalhadores negros, árabes, latino-americanos e asiáticos subindo em andaimes, aparafusando e soldando peças, concretando lajes — é a periferia no centro, "uma ilha de subdesenvolvimento numa sociedade que se pretende, em certos aspectos, pós-industrial", como afirmou Riboulet.[297]

Esse deslocamento do canteiro, que parece um (sub)mundo do trabalho "fora do lugar", permite, ao mesmo tempo, que as estratégias de subcontratação e precarização ali adotadas em seu nível mais extremo possam ser re-

---

[294] François Chesnais, *A mundialização do capital*. São Paulo: Xamã, 1996, e *A mundialização financeira*. São Paulo: Xamã, 1998.

[295] David Harvey, *op. cit.*, p. 145.

[296] Marcos Dantas, "Capitalismo na era das redes: trabalho, informação e valor no ciclo da comunicação produtiva", em Helena Lastres e Sarita Albagli (orgs.), *Informação e globalização na era do conhecimento*. Rio de Janeiro: Campus, 1999, p. 243.

[297] Pierre Riboulet, "Éléments pour une critique de l'architecture", revista *Espaces et Sociétés*, nº 1, nov. 1970.

plicadas noutros setores. É assim que a atualidade da forma-canteiro se mostra perversa, a despeito do discurso dos apologetas. Pois embora ela tenha se tornado repentinamente uma das "vanguardas" da nova gestão da produção, é igualmente uma "vanguarda da desintegração" do mundo do trabalho.

O sociólogo alemão Ulrich Beck descreveu as transformações regressivas do novo mundo do trabalho e do *welfare* em ruínas a partir das precárias e espoliadoras formas de trabalho tradicionais do Brasil, que denominou de *brazilianization*.[298] A posição de Beck não é nada ambígua, pois descreve o Brasil enquanto "paradigma positivo" do "admirável mundo novo do trabalho", "como um laboratório único, no qual nossas certezas se desfazem". A dualização brasileira do mercado de trabalho, que remonta à escravidão e à nossa formação eternamente inconclusa,[299] nos alçaria novamente à condição de "país do futuro". Como afirma Paulo Arantes, "somos o real protótipo da 'sociedade de risco' a caminho" e, "queimando novamente etapas, nos vemos na vanguarda, quer dizer, na vanguarda da 'superação' do regime de plena ocupação do trabalho do Ocidente".[300] De forma análoga, seria possível afirmar que assistimos igualmente a uma "canteirização" do mundo do trabalho, mantida a dualidade entre os que comandam e produzem a informação e os que executam o trabalho subalterno e redundante, organizados em camadas de subcontratação, antecipando as fraturas do regime de assalariamento.

Mas a analogia deve ser vista com o devido cuidado, pois não se trata de afirmar que o supostamente retardatário tornou-se moderno numa virada da história. O canteiro de obras, evidentemente, não serviu de modelo para as práticas organizacionais japonesas pós-fordistas, que nasceram, sobretudo, de transformações internas à indústria automobilística e da sua relação com aspectos da cultura oriental.[301] A permanência da produção manufatureira no canteiro, a fixidez do produto e o longo tempo de rotação

---

[298] Ulrich Beck, *The brave new world of work*. Oxford: Polity Press, 2000. Ver o comentário de Paulo Arantes em "A fratura brasileira do mundo", *Zero à esquerda*. São Paulo: Conrad, 2004.

[299] Ver Celso Furtado, *O mito do desenvolvimento*. Rio de Janeiro: Paz e Terra, 1974. E, do mesmo autor, *A construção interrompida*. Rio de Janeiro: Paz e Terra, 1992.

[300] Paulo Arantes, *op. cit.*, p. 64.

[301] Helena Hirata (org.), *Sobre o "modelo" japonês*. São Paulo: Edusp, 1993.

do capital[302] são limites para que a forma-canteiro se torne um exemplo, mesmo no paradigma flexível, para setores cada vez mais automatizados e acelerados (acompanhando e fomentando a redução do tempo de giro no consumo), cujos processos industriais são muito diferentes.

Existem, contudo, similaridades e convergências significativas entre a forma-canteiro e a forma-fábrica na acumulação flexível, ao contrário do que ocorreu no paradigma fordista. Talvez o mais preciso seja afirmar a existência de "afinidades eletivas", ao invés de qualquer relação causal ou de exemplaridade. Tais afinidades permitem acelerar transformações nas forças produtivas da arquitetura, uma vez que as práticas de gestão industrial atuais são mais compatíveis com a forma-canteiro. A convergência permite que o tema da industrialização da construção volte à cena, mas com novos pressupostos: não mais condicionado à seriação e padronização, e sim aberto à pré-fabricação, sob medida, de peças únicas — o que é favorecido pelo novo "fluxo contínuo" de informações digitais entre modelos multidimensionais de projeto, máquinas e robôs que podem executar formas complexas com alta variabilidade. A introdução dessas novidades, como veremos a seguir, é muitas vezes surpreendente, e por isso mesmo, cumpre igualmente uma função ideológica, ao colaborar para encobrir, com uma cortina *high-tech*, a manutenção e mesmo o aprofundamento de algumas das tradicionais formas de produção/dominação no canteiro, que seguem na base.

O robô-pedreiro

O trabalho de assentar tijolos é milenar e quase não foi modificado ao longo da história. A pré-fabricação fordista de elementos de vedação nunca teve como automatizar a execução da alvenaria tradicional, e procurou substituí-la por diversos tipos de painéis leves ou pesados, modulados e padronizados. A automação flexível permite a execução do movimento do pedreiro por meio da robótica. O robô enquanto "objeto nobre e objeto-cha-

---

[302] São inúmeras as tentativas de aceleração do processo produtivo envolvendo a otimização na coordenação de fluxos e equipes, a pré-fabricação e também a execução sobreposta de projeto e obra, chamada de "*fast-track*". Sobre isso, ver David Gann, "New management strategies and the fast-track phenomenon", em Helen Rainbird e Gerd Syben (orgs.), *op. cit.*

ve" da Terceira Revolução Industrial, na expressão de Coriat, é passível de "aprender" ações motrizes complexas, com a "capacidade de apanhar materiais, peças, ferramentas ou aparelhos especializados para submetê-los a ações programadas", o que lhe permite a execução das longas e complexas sequências de movimentos de um operário ou de um pedreiro.[303]

No exemplo extremo que abordaremos aqui, verificaremos o limite atual da automação substitutiva do trabalho humano qualificado, semelhante ao que havíamos identificado no caso da automação das formas no projeto, ao analisar a metodologia e o discurso de Peter Eisenman. Mas agora, o "ataque ao sujeito" ocorre no canteiro, e sem que o pedreiro seja o protagonista da sua dissolução, como no caso do arquiteto que mobiliza o computador para automatizar parcialmente a morfogênese de seus projetos. As consequências práticas e políticas divergentes das duas automações serão retomadas ao final deste tópico.

Antes de conhecermos R-O-B e vermos como e por que ele substitui pedreiros, é preciso rever os gestos e a "coreografia" da atividade milenar de assentar tijolos. Pois até então esta era uma prerrogativa da habilidade motriz humana que não tinha sido "roubada" pelo capital e transformada em trabalho morto, a não ser quando da sua supressão por meio de componentes substitutivos. Iremos percorrer quatro breves descrições do ato de assentar tijolos. A primeira, do arquiteto egípcio Hassan Fathy, trata das técnicas ancestrais dos pedreiros núbios para construir abóbadas com tijolos; a segunda, de Sérgio Ferro, é uma descrição materialista e psicanalítica da alienação do pedreiro "Rô"; a terceira é um relato de Frederick Taylor a partir do estudo de tempos de gestos de um pedreiro realizado por seu auxiliar Frank Gilbreth; por fim, a quarta descrição será feita por mim, a partir do depoimento de Valdeci da Silva Matos, o "Lelê", o melhor pedreiro com quem já trabalhei.

Assim descreve Hassan Fathy: "Os pedreiros apoiaram algumas tábuas sobre as paredes laterais, perto da parede posterior, subiram em cima delas, encheram a mão de adobe e, de forma rudimentar, delinearam um arco na parede posterior. Eles não utilizavam nenhuma medida nem instrumento e traçavam a olho uma parábola perfeita com as extremidades sobre as paredes laterais. Então, com a enxó, acertavam a massa de adobe para lhe conferir um contorno mais apurado. Em seguida, um de cada lado, começaram

---

[303] Benjamin Coriat citado em Antonio Cattani, *Trabalho e tecnologia: dicionário crítico*. Rio de Janeiro: Vozes, 1997, pp. 209-10.

a assentar os tijolos. O primeiro tijolo ficava de pé, encostado na parede lateral, com a face sulcada chapada e bem fincada na massa de adobe da parede posterior. Então, o pedreiro pegou um pouco de adobe e colocou, contra o pé desse tijolo, uma camada em forma de cunha, a fim de que a fiada seguinte se inclinasse ligeiramente em direção à parede posterior, ao invés de ficar de pé na vertical. Para não haver coincidência de juntas entre os tijolos, a segunda fiada começava por um meio tijolo, na extremidade do qual era colocado um tijolo inteiro. O pedreiro coloca então mais uma camada de adobe sobre essa segunda fiada, para que a terceira se incline mais ainda com relação à vertical. Dessa maneira os dois pedreiros foram gradualmente formando as fiadas inclinadas até as duas linhas curvas se encontrarem no topo [...] Assim, a abóbada toda podia ser construída independentemente, sem necessidade de nenhum apoio ou cimbre, sem se utilizar nenhum instrumento, sem se fazer nenhum projeto; havia apenas dois pedreiros de pé numa tábua e um menino embaixo, jogando os tijolos, que os pedreiros pegavam no ar com destreza e, então, com a maior naturalidade colocavam sobre o adobe. Tudo era incrivelmente simples. Trabalhavam com rapidez, despreocupadamente, sem nunca pensarem que o que estavam fazendo constitui um trabalho de engenharia notável, pois estavam trabalhando segundo as leis da estática e da resistência dos materiais, com uma compreensão intuitiva extraordinária. Os tijolos de terra não podem sofrer flexão nem torção; assim, a abóbada é feita com a forma de uma parábola, ajustando-se è configuração do diagrama do momento fletor, consequentemente eliminando toda a flexão e permitindo ao material trabalhar apenas sob compressão".[304]

Na descrição de Sérgio Ferro: "Cedo no canteiro — antes do horário contabilizado —, a distribuição de tarefas. A um qualquer cabe, suponhamos, a execução de um muro: dimensões, posições, técnica predeterminados. Reunidas as condições de trabalho — argamassa, tijolos, fios, prumo, pá, colher, desempenadeira etc. —, começa a operação. Esquemas motores elementares: preensão, rotação, levantar, espalhar, recolher etc. Nos gestos, a sabedoria de um caminho já muito trilhado. A monotonia rapidamente não exige mais que a atenção senoide. Na mão, a viscosidade da argamassa, a resistência quebradiça do tijolo, o arranhar dos grãos de areia; no ouvido, os sons ambíguos ásperos-molhados, as batidas para o ajustamento; no

---

[304] Hassan Fathy, *Construindo com o povo: arquitetura para os pobres*. São Paulo: Edusp, 1980, p. 24.

corpo, os movimentos repetidos, quase rítmicos, as variações de peso, a gesticulação conhecida. Pouco a pouco, algum prazer transferido, uma 'perversão' escapa furtiva, calor de reencontro. A distância das representações deixa adormecida a censura, pensa em outra coisa. Pelo braço entram vibrações mudas: nenhuma palavra tenta ainda dar conta de uma perda que instala nomeando. Logo há transbordamento, excesso, como que luxúria descabida. De tempo em tempo, o recuo para a apreciação, a correção; a cabeça se inclina olhando, em aconchego de repouso grato pelo acerto: o objeto de prazer tem alguma coisa de corpo próprio. Por baixo da casca lúdica, de longe, sobem cantigas de infância ou uma frase associada. No fim do dia, o mestre faz ponto azedo e balanço: se apropria sem mais (obrigado, Rô). Alguma coisa se foi, vai saber o quê. No dia seguinte, tanto melhor se os cantos forem de guerra, comentando o gosto da perda: as pulsões agressivas podem ser mais produtivas. Se ao assobio ensolarado suceder a cara amarrada, talvez o muro avance mais depressa. O mestre grunhe. No corpo mal alimentado, o cansaço, a mão queimada pelo cimento, o pulmão ressecado em anúncio de silicose ganham consideração quase terna: são os sinais presentes únicos do perdido. Mas, mesmo assim, nalgum ponto do dia, o atrito da pá contra uma junta, ou um tijolo bem aninhado, ou o jeito desavergonhado da argamassa se intumescer sob as batidas nalgum ponto do dia, é seguro, alguma outra coisa fez sinal. Talvez volte amanhã".[305]

Assim narra Taylor os estudos de Gilbreth para a racionalização de tempos e movimentos do trabalho do pedreiro: Gilbreth "realizou experiências com cada fator que, de algum modo, afeta a rapidez e fadiga o pedreiro. Fixou a posição exata que deve ocupar cada pé do pedreiro, em relação com o balde de argamassa, com a pilha de tijolos, para evitar um passo ou dois desnecessários da ida até a pilha e os correspondentes de volta todas as vezes que assenta um tijolo; por fim, planejou um andaime, sobre o qual devia ser posto o material todo, de modo que os tijolos, o balde, o operário e a parede conservassem posições relativamente cômodas [...] Notem-se os esforços desperdiçados durante esses anos pelos pedreiros, abaixando 60 centímetros seu corpo, cujo peso, digamos de 75 quilos, e levantando-o todas as vezes que assenta um tijolo, de cerca de 2,5 quilos. E este movimento era feito mais ou menos mil vezes por dia. Como resultado de estudos complementares, todos os tijolos, antes de entregues aos pedreiros, eram cuidadosamente escolhidos por um trabalhador e colocados em sua melhor face para cima,

---

[305] Sérgio Ferro, *op. cit.*, p. 148.

numa armação simples de madeira, construída de tal modo que tornava mais fácil, para o pedreiro, pegar os tijolos mais rapidamente e em posição mais vantajosa [...] Acostumamo-nos a ver os pedreiros baterem levemente, e por várias vezes, com a extremidade do cabo da trolha no tijolo para, depois de assentado no leito de argamassa, lhe regularem a justaposição. Gilbreth verificou que, combinando convenientemente os diversos componentes da argamassa, os tijolos podem ser facilmente colocados na posição exata somente com o peso da mão de quem os assenta. E ele insistiu em que especial cuidado deve ser observado na preparação da argamassa, o que abrevia o tempo para ajeitar o tijolo. Com estudos minuciosos dos movimentos desta operação, em condições padronizadas, Gilbreth reduziu os movimentos para a colocação de cada tijolo, de dezoito a cinco, e, em um caso, apenas a dois movimentos".[306]

Lelê é um senhor de uns cinquenta anos, olhos azuis, bigode branco e está sempre de boné, não aceita usar capacete. Trabalha na alvenaria de obras de mutirões dos movimentos populares há quase vinte anos. Diz que gosta de "trabalhar sem patrão". Seguro da qualidade do seu ofício, não aceita a subordinação a quem lhe desmerece o trabalho nem a intermediação de empreiteiros que ganhem com ele. Às vezes, assume trabalhar em obras convencionais empreitadas, mas acaba insatisfeito e volta para os mutirões, onde é contratado, em geral, por valor menor que o do mercado. Lelê trabalha quase sempre com seu irmão, Nenê, formando uma das duplas mais queridas em obra. Eles sabem ler plantas e são exímios marcadores de primeira fiada, inclusive liberando esse trabalho para outros pedreiros menos habilidosos. Gostam de trabalhar com blocos estruturais cerâmicos, que ficam aparentes nas obras dos mutirões. Consideram-no bonito e seu tamanho (em geral de 39x19 centímetros) bom para "render o serviço", ao contrário dos tijolinhos maciços. Daí que acabou por desenvolver uma técnica particular para esse tipo de bloco. Depois da primeira fiada, as paredes vão crescendo pelas "cabeças", pelos blocos de ponta, nos quais se encaixa, como um pequeno gabarito, um U feito de madeira com dois pregos para prender a linha de nível, que, esticada, orienta o posicionamento dos demais blocos intermediários. Para cada bloco de cabeça é sempre conferido o prumo com o auxílio de um instrumento específico que consiste em uma corda com um peso de metal pendurado e um espaçador de madeira na outra ponta para

---

[306] Frederick Taylor, *Princípio de administração científica*. São Paulo: Atlas, 1995, pp. 89-91.

fazer as faces se alinharem. O nível das cabeças também é conferido, com especial cuidado na primeira fiada e depois em estágios intermediários, por meio da mangueirinha transparente preenchida com água. A argamassa foi feita por um ajudante mas é sempre verificada, mexida com a colher até adquirir o ponto e consistência de "boa pega" e "maciez". Ele não gosta de massa áspera demais, então mistura areias finas e médias. Para passar argamassa no topo dos blocos, e como estes são furados, ele utiliza o que chama de "paleta", duas ripas pregadas, na largura do caixote de massa, que preenche na medida exata, com desenvoltura, para depositar na borda dos blocos, sem que a argamassa caia dentro dos furos. Ele recobre então as bordas de todos os blocos já assentados na fiada inferior para poder assentar os novos blocos. É o momento de pegar cada bloco na mão, e com a colher de pedreiro passar em sua lateral a argamassa de rejunte. O bloco é posicionado primeiro com a mão e depois por meio das batidinhas do cabo da colher, o que ele considera indispensável para seu alinhamento preciso. E assim com os blocos seguintes. Quando a altura da alvenaria pede andaime, ele e o irmão, com o apoio do ajudante, montam as tábuas do andaime defronte à alvenaria e em toda a sua extensão, pois as cabeças devem continuar acessíveis na marcação do trabalho e o pedreiro precisa ir de lado a lado. As madeiras e cavaletes são conferidos para garantir a segurança. O caixote de massa e alguns blocos são posicionados sobre as tábuas do andaime e o ajudante segue abastencendo-o conforme a necessidade. A argamassa que escorre para fora dos blocos deve ser limpa de tempos em tempos com uma esponja de espuma seca. O bloco à vista pede ainda que a argamassa seja frisada, para que ele fique em destaque e a massa levemente rebaixada. Nesse sentido, ele passa uma régua empurrando suavemente a argamassa para dentro e retirando-lhe o excesso. As alvenarias feitas por Lelê e Nenê são as mais elogiadas nos canteiros. Eles também ensinam os mutirantes e novos pedreiros como assentar esses tipos de blocos, mas o ofício não se aprende tão rápido como se pode imaginar. A coordenação rítmica, ao mesmo tempo precisa e ágil, só é adquirida com muita prática.

Vamos agora para a Suíça, onde se encontra o R-O-B. Como lembrou o professor Ruy Gama, foi nesse país que Mary Shelley escreveu a história do doutor Frankenstein e seu monstro constituído por pedaços de cadáveres aos quais se imprimiu vida. E acrescentou: "a Suíça não está presente na história apenas como paisagem — há mais coisas suíças no monstro. Máquina montada com peças de diversas origens — o que o aproxima dos mecanismos da relojoaria dos autômatos — é também um ser artificial, o que lembra as ideias de outro suíço, como Frankenstein, Paracelso (1493-1541), segundo o qual seria possível criar um 'homúnculo' sem mãe, oriundo apenas do esperma".[307]

Quem entra no Departamento de Arquitetura do Instituto de Tecnologia de Zurique encontra, no meio de um galpão de tipo industrial, uma pequena sala envidraçada, climatizada e iluminada, cuja fachada anuncia: d--fab-arch (*architecture and digital fabrication*). É ali que habita R-O-B, o robô-pedreiro. Ele está preso sobre um trilho de aproximadamente 10 metros de comprimento, no qual pode deslizar para frente e para trás quando constrói suas paredes. Como veremos, ele também viaja em um contêiner, e irá passear por ruas de Nova York levantando paredes. Seus adestradores são os professores Tobias Bonwetsch, Fabio Gramazio e Matthias Kohler, os dois últimos autores do livro *Digital materiality in architecture*.

R-O-B é um robô industrial de seis eixos, amplamente utilizado na indústria automobilística e cuja "mão" pode alcançar qualquer ponto paramétrico em uma área de 3x3x8 metros. Ele pode ser equipado com diferentes mãos-ferramentas para realizar diversas ações sobre os materiais escolhidos. Sua programação é transferida diretamente dos softwares de modelagem tridimensional utilizados pelos alunos, em um fluxo contínuo de informações. Gramazio, Kohler e seus alunos trabalham desde 2006 com o robô, inicialmente manuseando tijolos cerâmicos e depois madeira, gesso, concreto e placas de poliestireno. A primeira e mais significativa experiência foi a construção de "paredes programadas" (*the informed wall*), um exercício no qual os alunos eram estimulados a imaginar como assentar tijolos em uma parede cuja disposição e amarrações tornariam a empreitada a bem dizer impossível de ser executada por um ser humano. O objetivo não era repetir as modalidades construtivas existentes, mas obter um resultado técnico e estético possível somente por meio da fabricação digital. E não por acaso foi escolhido para o exercício o mais antigo e difundido elemento arquitetônico: o tijolo. Os alunos iniciavam a atividade manipulando os tijolos convencionais em busca de diferentes possibilidades de amarração, verificando seu grau de estabilidade e dificuldade construtiva. A seguir, projetavam uma parede de 3x2 metros com uma aparelhagem ornamental, regrada geometricamente, com o auxílio de um programa de desenho digital. As informações eram então comunicadas por algoritmos ao robô, que era posto a executar.[308]

---

[307] Ruy Gama, *A tecnologia e o trabalho na história*. São Paulo: Studio Nobel, 1986, p. 4.

[308] Fabio Gramazio, Mattias Kohler e Tobias Bonwetsch, "The informed wall: ap-

R-O-B desliza no trilho à procura da melhor posição para executar a parede em cima de uma base de madeira. Ele mexe seu braço e apanha com sua garra mecânica o tijolo, que é então girado para cima. De um tubo preso em seu braço é projetada uma linha de cola. O robô faz movimentos com a mão para que a cola de secagem rápida seja despejada apenas no trecho do tijolo que fará contato com o outro tijolo ao qual deve aderir. A mão rotaciona novamente o tijolo com a cola para baixo. Ele desliza até o ponto ótimo para o assentamento do tijolo e ali o posiciona de acordo com as coordenadas que recebeu. A precisão é milimétrica; prumo, nível e alinhamento, automáticos. Não há queda de argamassa ou cola, o que dispensa frisos e limpezas. O robô consegue posicionar cada bloco em qualquer coordenada espacial sem o esforço adicional que seria requerido de um pedreiro. Cada bloco é assentado em 20 segundos. Um bom pedreiro, para fazer uma parede convencional, com o auxílio de um ajudante, levaria o dobro do tempo. A parede executada é então retirada da sala em que se encontra o robô com a ajuda de uma empilhadeira.

O primeiro uso comercial do R-O-B foi na construção de painéis de tijolos cerâmicos para fechamento de um edifício que abrigaria um salão de fermentação e uma área de degustação em uma vinícola suíça. Os arquitetos Valentin Bearth e Andrea Deplazes[309] contrataram a equipe da 'd-fab-arch' para desenvolver uma fachada ornamental de tijolos que permitisse, por suas frestas, ao mesmo tempo a ventilação e a iluminação do interior do salão de fermentação. Os painéis deveriam ser inseridos em uma grelha estrutural de pilares e vigas de concreto. A partir disso, Gramazio e Kohler tiveram a ideia (um tanto literal) de despejar bolas virtuais dentro desse engradado estrutural, como se fossem uvas em uma cesta. As bolas de diversos diâmetros foram lançadas em um programa de modelagem tridimensional simulando a sua queda pela gravidade, até serem "empacotadas" em sua cesta virtual. Elas foram então projetadas nas fachadas, procurando-se obter o efeito visual por meio da rotação do posicionamento dos tijolos. O resultado é igualmente tridimensional, uma vez que o painel comporta a distribuição ondular dos blocos sobre uma base de concreto mais larga do que o tijolo. Os painéis

---

plying additive digital fabrication techniques on architecture", em *Synthetic landscapes* — anais da 25º Annual Conference of the Association for Computer-Aided Design in Architecture. Louisvile, pp. 489-95.

[309] Ironicamente assisti à palestra de Andrea Deplazes no sótão da Casa da Música, no Porto, que, como veremos, é um meteorito de feição *high-tech*, mas cujo canteiro foi completamente artesanal.

foram executados pelo robô sobre uma base de concreto e transportados em caminhão até o canteiro, onde eram içados por guincho, posicionados e aderidos à estrutura manualmente.

Cada pequeno deslocamento no posicionamento das peças produz efeitos sobre a reflexão da luz do sol, resultando, em seu conjunto, num painel com luminosidades diferenciadas, que se modificam ao longo do dia e com o movimento do observador. Formas suaves e arredondadas foram assim obtidas a partir de um componente duro e retangular como o tijolo. O efeito de textura de luz e sombra, evidentemente, não é novo, mas a precisão em que pode ser projetado e executado é que lhe fornecem o caráter de ineditismo. O resultado final é desconcertante, pois o uso do tijolo e sua disposição em formas orgânicas que significaram a liberdade motriz do trabalhador em canteiro passam a representar precisão mecânica, prodígio técnico — pois não há vestígio de trabalho humano na exatidão com que as peças foram regularmente dispostas. Ocorre, assim, uma inversão semiótica entre significante e significado. Com a robótica, os movimentos do trabalho artesanal mais ancestral, como assentar tijolos, podem não apenas ser reproduzidos, mas levados a um limite que ultrapassa a capacidade motriz humana.

O R-O-B foi apresentado mundialmente em 2008 na Bienal de Arquitetura de Veneza. Ali, ele realizou cem metros de paredes sinuosas e oscilantes, com amarrações complexas, impossíveis para a mão humana, como um "Gaudí cibernético". O robô tornou-se a maior atração da principal Bienal de arquitetura do mundo. Ele "rouba a cena logo na entrada do pavilhão suíço e, imóvel, parece dar as boas-vindas a quem chega para ver de perto sua obra prima".[310] Ele se "humaniza" ao passo que executa uma obra cuja realização não poderia ser levada a cabo pela mão humana.[311] No ano seguinte, o robô viajou a Nova York. Ele embarcou em seu contêiner e foi estacionado sobre um reboque de caminhão na Pike Street, em Manhattan.[312] O próprio contêiner que o transporta serve de abrigo para o robô trabalhar ao ar livre na rua pública, pois duas de suas faces são móveis e, por meio de braços pneumáticos, erguem-se formando uma proteção contra a intempérie.

---

[310] Guilherme Aquino, "Pedreiro cibernético rouba a cena na Bienal de Arquitetura", em www.swissinfo.ch, 18/9/2008.

[311] Tal como os androides em *Blade Runner*. Nesse filme, além do mais, o único "humano" é um trabalhador projetado para executar trabalhos escravos em colônias espaciais.

[312] "Robô pedreiro constrói muro artístico em Nova Iorque", em www.inovacaotecnologica.com.br, 4/11/2008.

Nos dias posteriores, R-O-B, acompanhado de perto por uma pequena multidão, construiu uma parede de 22 metros de comprimento com vários *loops* em espiral, que poderiam ser infinitos, como fractais. A iniciativa é o primeiro teste da ação do robô fora do contexto protegido de galpões, indicando sua aplicação em canteiro.

Segundo a equipe *d-fab-arch*, o R-O-B se diferencia dos outros robôs-pedreiros desenvolvidos anteriormente[313] porque ele "não foi planejado para mimetizar os processos de construção existentes, mas para servir de estímulo à inovação — em eficiência e custos tanto quanto em componentes construtivos, no que diz respeito ao desempenho e à aparência estética".[314] O custo de robôs como esse — em torno de 200 a 250 mil euros —, torna proibitiva sua utilização para execuções convencionais. Sua viabilidade encontra-se justamente na produção de elementos não padronizados e complexos, o que é uma demanda restrita da arquitetura de grife e sua perseguição da renda da forma. Como afirmam os suíços, "o maior valor adicionado pela fabricação digital é, sobretudo, de natureza estética".[315]

O tijolo aparente sempre foi um dos principais índices, ou refúgios, da habilidade motriz do trabalhador da construção. Suas aparelhagens diversas e à vista exigem trabalho qualificado, por isso sua presença é sinal tanto da existência de um saber fazer quanto de um poder operário que lhe correspondem. O desaparecimento do significado desse trabalho qualificado ou sua substituição pelo robô-pedreiro não pode ser comemorado como mero progresso das forças produtivas sem que se perceba aí um novo episódio da luta de classes no canteiro, mesmo que os arquitetos suíços que estejam à sua frente não o saibam — não sabem porém fazem.

O pedreiro foi, na virada do século XIX para o XX, uma das categorias mais importantes do sindicalismo revolucionário. Saber e poder operários estavam associados, e não casualmente, pois a arquitetura desse período — de tijolos aparentes — era comandada, em grande medida, de dentro do canteiro. Como afirma Sérgio Ferro, "a alvenaria de tijolos de barro denota a eficácia da prática e as competências reunidas no saber fazer operário", daí

---

[313] As tentativas anteriores que mais avançaram foram as dos projetos ROCCO (de 1994) e BRONCO (de 1996), mas a indústria não as incorporou.

[314] Fabio Gramazio e Matthias Kohler, "Digitally fabricating non-standardised brick walls", em *ManuBuild — 1st International Conference*. Rotterdam, 2007.

[315] *Idem.*

O R-O-B (Robotic Operating Buddy) instalado no ETH Zurich (no alto). Dentro de um contêiner especial, ele pode ser transportado por caminhão e realizar tarefas em canteiro.

a disposição do capital em destruí-las.[316] Em seu texto "O concreto como arma", ele percebe como esse é um "material que deve, em parte, sua existência e seu sucesso ao fato de que arruína indiretamente a força (política) do saber fazer dos pedreiros e dos carpinteiros do fim do século XIX".[317]

O trabalho do pedreiro também contém em si uma metáfora poderosa da transformação social, pois ele é o melhor símbolo do construtor, da cidade, de si e da revolução, como mostrou Vinícius de Moraes em seu poema "O operário em construção". Ao construir o espaço, o pedreiro já teria, literalmente em suas mãos, a habilidade necessária para construir uma nova sociedade. Como diz o poeta, se ele aprender a dizer "não", rechaçar a exploração a que é submetido, poderá então "construir a si mesmo" como sujeito da transformação social.

O robô-pedreiro não é, assim, apenas um *gadget*. Dependendo da sua aplicação futura ele pode ter consequências diversas na organização do trabalho e na automação em arquitetura. É improvável, contudo, dado seu custo elevado, que ele comece a ser reproduzido em canteiros de obra de forma disseminada enquanto substituto da subcontratação de pedreiros. Parece mais plausível que ele fique restrito a aplicações pedagógicas e à pré-fabricação de peças especiais para a arquitetura de grife. Mas, mesmo nesse caso, as consequências políticas e simbólicas podem ser relevantes.

Nos laboratórios universitários, ele poderia se tornar o "melhor amigo do arquiteto", executando seus desejos de forma perfeita e imediata, sem erros ou reclamações — o que um operário não faria. O robô favorece o aumento do comando do desenho sobre o canteiro, pois suprime a dificuldade de execução e a resistência que é dada pelas condições de trabalho dos operários. É o mundo dos sonhos do arquiteto, onde não há impedimento para a realização dos projetos mais mirabolantes. A invisibilidade pedagógica do trabalhador do canteiro, quase sempre a regra na formação do arquiteto, agora ocorre pela presença fetichizada do robô. A "alteridade digital", como quer Kosta Terzidis,[318] substitui a alteridade real. O arquiteto, como intermediário do capital, não tem mais que se defrontar com o seu outro, o trabalhador manual, o operário da construção; ele pode comandar toda a construção sem obstáculos, sem resistências, sem greves.

---

[316] Sérgio Ferro, *op. cit.*, p. 349.

[317] *Idem*, p. 402.

[318] Kostas Terzidis, "The intricacy of the otherness", em *op. cit.*

Há, assim, uma diferença essencial entre a automação das formas no projeto de arquitetura e a automação do trabalho qualificado do pedreiro. No primeiro caso, mesmo que sob um discurso "metafísico", o arquiteto comanda as operações e as escolhas formais que obtém a partir de manipulações mais ou menos aleatórias em computador. A máquina está a serviço e não substitui o arquiteto, a não ser de forma controlada, em tarefas específicas, cuja última palavra é dada pelo projetista. Como afirma Marcos Dantas, "dificilmente algum dia, por maior que venha a ser a evolução da 'inteligência artificial', as atividades criativas deixarão de ser essencialmente exercidas por trabalho vivo, ao contrário das demais atividades, que tendem a ser delegadas cada vez mais ao trabalho morto".[319] Do lado do pedreiro que executa suas aparelhagens ou que faz abóbadas em tijolo, o robô cinde-o em duas metades, que não mais lhe pertencerão. A capacidade de invenção é mais uma vez transferida ao trabalho intelectual fora do canteiro, ao arquiteto que projeta sem a experiência de manuseio da matéria e sua memória motriz (evocadora de saberes e prazeres, como vimos no "bailado" dos pedreiros núbios, de Rô ou Lelê), mas com o apoio de ferramentas digitais que potenciam uma criatividade abstrata baseada em jogos geométricos e combinações aleatórias. Além disso, a sequência de movimentos complexos, agora descarnada daquela memória motriz e de sua criatividade própria, pode ser decodificada por algoritmos para que o robô a execute.

Não se trata aqui, como no caso das ferramentas digitais de projeto, de negar o avanço tecnológico, suas potencialidades eventualmente libertadoras e passíveis de resolver tecnicamente o problema da escassez. Não é o caso de atacar o robô-pedreiro a tamancadas, como numa sabotagem luddista, pois o reconhecimento do saber milenar do ofício dos pedreiros e de como ele foi combatido não significa adotar uma posição tecnofóbica. Como afirma Sérgio Ferro, "a evolução provável do projetista e do executante separados passa pela sua negação, negação que será gênese de uma nova manifestação do construtor em unidade superior (e não em regressão à figura mítica do artesão, unidade ainda abstrata do fazer e do pensar). Impossível sua apreensão antecipada: só no formar-se proporá o que será".[320]

---

[319] Marcos Dantas, "Capitalismo na era das redes: trabalho, informação e valor no ciclo da comunicação produtiva", em Helena Lastres e Sarita Albagli (orgs.), *Informação e globalização na era do conhecimento*. Rio de Janeiro: Campus, 1999, p. 253.

[320] Sérgio Ferro, *op. cit.*, p. 176.

O que está em jogo é a compreensão do sentido e da forma de inovação tecnológica no capitalismo e como ela poderia vir a ser alterada, num contexto diverso, para uma prática emancipadora de todos os envolvidos no ato de construir. Se não há como desenvolver uma tecnologia socialista fora do socialismo, existem iniciativas aproximativas do interesse da maioria e que estão sendo testadas no momento presente. Um exemplo são as fábricas públicas de hospitais e escolas no Brasil, coordenadas pelo arquiteto João Filgueiras Lima, o Lelé.[321] Nelas, a inovação tecnológica é desenvolvida numa ação conjunta entre projetistas e executantes, em um mesmo coletivo de construtores, o que indica possibilidades diversas para o desenvolvimento tecnológico na produção da arquitetura. Os fins já são outros: escolas, hospitais, creches, peças de infraestrutura urbana (placas para contenção de encostas e canalização de córregos, paradas e terminais de ônibus, passarelas de pedestres etc.). Os meios também: fábricas públicas, algumas delas geridas como cooperativas. Os resultados alcançados não são apenas de grande qualidade como expressam também outras relações de trabalho e de apropriação das forças produtivas.

À maneira de um conto brechtiano, a história do R-O-B consiste justamente em desarmar a "naturalidade" com que costumamos encarar o progresso tecnológico, ao mesmo tempo em que apresenta o desafio de imaginar como a alta tecnologia pode penetrar na construção civil, não enquanto nova forma de dominação do trabalho intelectual sobre o manual, mas como meio de fortalecer as práticas do coletivo de trabalhadores. Para tanto é preciso superar a tentação de um progressismo tecnológico, que avaliza todo e qualquer desenvolvimento das forças produtivas como intrinsecamente positivo, seja pela ideologia sistêmica, seja pelo marxismo ortodoxo. Trata-se de uma tarefa eminentemente política identificar os sujeitos sociais contra-hegemônicos, capazes de "incorporar um conteúdo de classe ao processo de reprojetamento (*redesigning*)" da tecnologia, "com valores e interesses distintos aos do capital".[322]

---

[321] O CTRS — Centro de Tecnologia da Rede Sarah — é uma fábrica do Ministério da Saúde, em Salvador, coordenada por João Filgueiras Lima. O CEDEC — Centro de Desenvolvimento de Equipamentos Comunitários e Urbanos — existiu durante o governo de Luiza Erundina em São Paulo (PT, 1989-1992) e foi coordenado por Mayumi Souza Lima, também com o apoio de Lelé.

[322] Renato Dagnino, em *Dicionário internacional da outra economia*. Coimbra: Almedina, 2009, p. 320.

Fluxo contínuo

A experiência do R-O-B é relevante, assim como a de Eisenman, por evidenciar as fronteiras e limites extremos contidos nas metamorfoses da prática de construir na era digital. Mas, voltemos agora ao nosso personagem principal, o escritório de Frank Gehry, que não é apenas um agente da inovação no campo do projeto informatizado, como um dos grupos que mais têm colaborado com a introdução de automação digital nos canteiros, cujas aplicações têm sido mais amplamente difundidas em obras complexas, que exploram a renda da forma. Foram as transformações das forças produtivas tanto no escritório de arquitetura como na pré-fabricação e no canteiro que tornaram exequíveis as estruturas informes da alta arquitetura.

A construção do Guggenheim de Bilbao foi igualmente um ponto de inflexão no processo produtivo, além das inovações de projeto. Trata-se da primeira grande experiência de construção pré-fabricada no paradigma flexível, com milhares de peças únicas produzidas sob medida para serem montadas em canteiro. Nenhuma exigência de seriação e padronização restringiu a industrialização de grande parte dos componentes. O arquiteto Javier Cantalejo, um dos responsáveis pela construção da obra, afirma que "foram inovadores 80% dos sistemas construtivos empregados e boa parte dos materiais", o que obrigou sua equipe a "reinventar os manuais de arquitetura".[323] A obra também se beneficiou do seu contexto industrial — o País Basco é o centro espanhol das indústrias naval e aeronáutica —, que, ao fornecer tecnologia, equipamentos e trabalhadores, tornou possível parte dessas iniciativas heterodoxas.[324]

A inovação neste e nos demais projetos que mencionaremos ocorre sem grandes investimentos em capital fixo, pois as máquinas programáveis utilizadas na produção flexível permitem executar uma ampla variedade de ações sobre as matérias-primas, dispensando investimentos em moldes, facas e peças industriais. Além disso, possibilitam que cada nova ação seja diferente da anterior, sendo apenas reprogramada, sem custo adicional. Desse modo, exigências de padronização e seriação para obter ganhos de escala não são mais determinantes no processo produtivo. Os componentes pré-fabricados não constituem, como no fordismo, um catálogo a priori de peças às quais

---

[323] Idom, *História de un sueño: Guggenheim Bilbao museoa*. Madri, 1997, p. 22.

[324] Annette LeCuyer, "Building Bilbao", em *Architectural Review: Museums*, nº 1.210, 1997, p. 45.

Canteiro um pra um

os projetistas devem se subordinar, seja modulando seu projeto em função disso, seja assumindo uma estética uniformizada pelo componente da série. O arquiteto retoma, assim, o comando e sua precedência: é o seu projeto que instrui a nova produção industrial não padronizada, não o contrário.

A programação dos modelos de projeto digital, do tipo CATIA ou BIM, como vimos no capítulo anterior, além de preparar a informação para que seja transferida diretamente a máquinas de pré-fabricação, compõe a instrução de montagem em canteiro, dispensando em grande medida a representação convencional em papel (corte, planta, elevação). Essa transmissão de informações reduz as intermediações na transferência de dados, diminuindo a possibilidade de equívocos diversos e acelerando a passagem do projeto à produção. A comunicação direta das instruções do computador de projeto para máquinas e operadores de execução na grande indústria é fato corriqueiro e ocorre há décadas. No caso da arquitetura, contudo, a saída de dados do projeto, de um escritório de arquitetura para fabricantes ou para canteiro, sempre se deu na forma de pranchas e caixas de papéis impressos. A ideia de um "fluxo contínuo" entre projeto e produção na arquitetura, ou de um *continuum digital*, na expressão de Kolarevic, é um fenômeno recente, datado do início dos anos 1990.

Por sua vez, as formas complexas geradas no projeto digital e qualificadas nos BIMs encontram enormes dificuldades para serem transportadas a representações bidimensionais convencionais. Apesar disso, muitas vezes é o que ocorre, como afirma Dennis Shelden, do escritório Frank Gehry, pois empresas fabricantes de peças, projetistas externos e construtoras nem sempre estão atualizados tecnologicamente para receber um fluxo contínuo de informações paramétricas tridimensionais. Nesses casos, o BIM é revertido para descrições simplificadas em CAD convencional, que exigem um trabalho de redesenho parcial, prancha por prancha, passando a ser atualizado separadamente e em paralelo ao modelo multidimensional. São esses desenhos que nas obras continuam instruindo diversos serviços e que são plotados em escala 1:1 quando é preciso fazer *mockups* em tamanho real ou a execução artesanal de peças especiais.

A primeira etapa do fluxo contínuo ocorre entre projetistas e fabricantes de componentes, antes mesmo de chegar ao canteiro. A procura pelo ineditismo que move a renda da forma, como vimos, estimula a elaboração de projetos não apenas distintos entre si, mas onde cada peça apresenta grande variabilidade. O projeto digital e a produção flexível permitem tanto projetos únicos como peças únicas. Para cada desenho, uma peça diferente, um para um, o que só foi possível recentemente — com a execução, por máquinas programáveis, de várias operações distintas visando a produção de peças únicas. São elas as máquinas CNC (controladas numericamente por computador), um equipamento especializado de alta precisão, cuja novidade é, além de mecânica, o fato de aplicar meios numéricos de programação de seus movimentos.[325] Seu sistema de corte pode ser a laser ou com pressão de jato de água.

Na produção de componentes para arquitetura, essas máquinas têm sido utilizadas em três modalidades principais: cortar peças com quaisquer formatos em chapas planas de diferentes materiais; arquear peças tubulares ou planas em um sentido com grande variedade de raios sequenciais; ou ainda realizar moldes para peças complexas de dupla curvatura escavando em materiais como o poliestireno, onde depois é despejado material líquido, como o concreto ou o acrílico. As máquinas programáveis também permitem que protótipos de um trecho do sistema construtivo adotado sejam verificados com facilidade, não com o objetivo de serem replicados em série, mas para análise de detalhes construtivos, acabamentos, testes de fixação e provas de resistência.

O escritório de Gehry experimentou essas três modalidades de uso da pré-fabricação não padronizada em vários projetos. Uma máquina de CNC para corte de pedras em diversos formatos foi instalada no canteiro de obras do Guggenheim Bilbao. Seu principal feito foi o corte das peças para a torre escultural que marca a entrada da cidade pela ponte de La Salve, e cuja volumetria complexa e encurvada exigiu dos montadores o máximo esforço no encaixe de peças pesadas e planas dispostas para obter o efeito de curvatura suave.[326] Todas as peles das superfícies irregulares dos edifícios de Gehry são cortadas em CNC — por vezes, longe do canteiro, como no caso das placas de titânio de Bilbao, feitas na Itália, a partir de chapas importadas dos EUA e fabricadas com minério extraído na Austrália. Isso permitiu, por exemplo, com que no projeto do edifício cultural Experiência da Música, em Seattle, a superfície fosse composta por 21 mil placas diferentes umas das outras,[327] de modo a favorecer um efeito visual mais suave e contínuo graças à melhor adaptação de cada peça à sua curvatura (como indicara no projeto a análise gauseana dos pontos críticos no desenvolvimento da superfície). Para que uma peça bidimensional cortada pela máquina possa ser moldada à curva-

---

[325] Antonio Cattani, *op. cit.*, p. 171.

[326] Como conta Fernando Fraile em Idom, *op. cit.*, pp. 18-9.

[327] Branko Kolarevic (org.), *op. cit.*, p. 45.

tura desejada em sua montagem, não apenas o material deve permitir a flexibilidade exigida, como o corte deve ser feito a partir do desdobramento do projeto tridimensional em coordenadas bidimensionais. Apenas assim uma chapa plana pode adquirir a forma curvada no momento da montagem e o encaixe preciso com as peças circundantes. Essa transformação do tridimensional em bidimensional para depois retornar ao estado tridimensional é dificílima de ser feita manualmente, sem a ajuda do computador na representação e na instrução do corte. Na montagem, exige operários especializados, diversos deles vindos da indústria naval.

As costelas estruturais curvas, similares às de cascos de navio ou à carenagem de um avião, que suportam as peles de cobertura, também são feitas com corte por controle numérico. As almas das vigas curvas são cortadas uma a uma a partir de uma chapa de aço, com notável desperdício de material. As chapas contínuas e estreitas das mesas superiores e inferiores que compõem a viga são primeiro encurvadas por outra máquina, calandradas, para adquirir o formato da borda da alma à qual será soldada. Esta técnica foi usada pela primeira vez no projeto de Seattle, cuja cobertura é complexíssima e não permitiria a solução mais convencional adotada nos projetos de Bilbao e do Disney Hall, o que conduziu a equipe de Gehry a assumir (e modificar) a técnica de projeto da construção naval.

Na cobertura envidraçada do DG Bank, em Berlim, como na cobertura toroidal desenhada por Foster para o British Museum, as máquinas CNC foram imprescindíveis. O engenheiro Jörg Schlaich, que havia sido convidado por Gehry para calcular a cobertura do banco alemão, procurou regrar o desenvolvimento da curvatura para que ela fosse composta por triângulos iguais, de modo que todos os vidros e conectores fossem padronizados. Mas a equipe de Gehry quis manter a forma livre de tal condicionante, o que só pôde ser viabilizado porque a máquina de CNC permitiu que todos os nós de conexão fossem cortados um a um com angulações diferentes, bem como os 1,5 mil vidros. O mesmo fez Foster ao deformar o toroide do British Museum, achatando-o levemente, o que resultou em 1,5 mil conectores, 4,8 mil barras metálicas e 3,3 mil vidros diferentes entre si, a serem montados em canteiro.[328]

Por fim, a última variante de utilização do CNC pela equipe de Gehry foi a execução de paredes de concreto com formas complexas, por vezes com curvatura dupla, no projeto das ondulantes *Zollhof Towers*, em Dusseldorf.

---

[328] *Idem, ibidem.*

Construção do Museu Guggenheim Bilbao, projeto de Frank Gehry.

A carenagem de um avião (no alto) e a montagem
da superfície externa do Experience Music Project,
em Seattle, projeto de Frank Gehry.

A estrutura e o interior do Experience Music Project, em Seattle.

No CATIA, o computador faz uma imagem em negativo de cada peça para instruir com coordenadas paramétricas cada molde individual. A partir de um bloco maciço de poliestireno (*styrofoam*), a máquina de CNC corta as cavidades dos moldes, um a um. O poliestireno é então retirado da área de corte e levado para a de concretagem, onde recebe a tela de armadura em aço e é entornado o concreto líquido. O acabamento final é feito manualmente, com o uso de desempenadeiras. Depois de desenformada, a placa de concreto curada é transportada para a obra e o poliestireno pode ser reciclado para novo uso.

Além do concreto, os moldes também foram utilizados para vidros curvos. Um ponto crítico de execução na obra em Bilbao foi a instalação de vidros planos sobre as estruturas irregulares do enorme átrio central. Nas fachadas, problemas de montagem e de estanqueidade exigiram soluções trabalhosas.[329] Em um projeto posterior, para o café Condé Nast em Nova York, a equipe de Gehry experimentou utilizar vidros laminados com dupla curvatura, executados um a um.

Em determinado momento, todas essas milhares de peças únicas feitas em fábrica chegam ao canteiro para serem montadas, como um enorme quebra-cabeças. Fazer isso a partir de desenhos e instruções escritas é inoperável. De modo que outros aparelhos digitais são utilizados em canteiro, onde são coordenados com guindastes e gruas para o posicionamento das peças. O sistema BIM favorece o planejamento do fluxo de abastecimento da obra, de acordo com o planejamento da 4ª dimensão, temporal, que foi feito no modelo. Os tempos de execução e de transporte de peças para o canteiro são informados ao modelo, que estabelece um cronograma dinâmico de encomendas de peças e seu recebimento no momento exato, otimizando o sistema *just-in-time*, que já é comum no gerenciamento de estoques na construção. Esse planejamento pode ser combinado aos tradicionais sistemas de gestão de tempo, herdeiros do fordismo, como os do tipo PERT.[330]

Cada componente chega marcado à obra por um código de barras que é lido por um scanner de mão. No código de barras são fornecidas as coordenadas exatas de posicionamento da peça e suas intersecções com as adjacentes. A informação assim obtida alimenta os computadores da obra e os

---

[329] Idom, *op. cit.*

[330] O *Program Evaluation and Review Technique* (PERT) é um sistema de gerenciamento de projetos inventado nos anos 1950. O PERT é um sistema probabilístico que calcula a média ponderada de três cenários possíveis de uma atividade (otimista, realista e pessimista).

DG Bank, em Berlim, projeto de Frank Gehry, 1998-2000.

Pré-fabricação de painéis e montagem em canteiro, edifícios Neuer Zollhoft, em Dusseldorf, projeto de Frank Gehry, 1998-1999.

sistemas de locação e posicionamento a laser das peças através de máquinas de rastreamento do tipo "estação total", que são utilizadas por topógrafos, ou estações CATIA, da indústria aeronáutica.[331] A peça é, em geral, içada por grua, e os montadores, em andaimes ou em plataformas móveis erguidas por guindaste, recebem a orientação de encaixe, posicionam e logo fixam a peça. Com isso, obras complexas como o museu de Bilbao puderam ser executadas sem a necessidade de nenhuma fita métrica ou instrumentos tradicionais de medição de prumo, nível e alinhamento.[332]

O sistema de pré-fabricação flexível não é apenas adotado pelo escritório de Frank Gehry, mas, cada vez mais, pelo conjunto da alta arquitetura, que procura associar à precisão mecânica a possibilidade da execução de formas únicas. Gehry e sua equipe estão aqui, novamente, no grupo dos pioneiros e principais agentes da inovação dessa transição. O tipo de pré-fabricação em curso parece ser o mais favorável ao regime de variabilidade da construção civil — o que permite uma convergência entre acumulação flexível e produção da arquitetura —, além de fornecer a base material para os ganhos esperados na modalidade de renda da forma. Assim, mais do que noutros setores, a lógica do flexível e o aumento do comando são levados ao paroxismo. Uma (ir)racionalidade que é própria à economia do luxo, da alta costura à joalheria, problema ao qual retomaremos no final deste capítulo.

O *DIGITAL MASTER-BUILDER*

O fluxo contínuo de informações do projeto arquitetônico para fábricas e canteiros e a correspondente reconfiguração das relações entre concepção e produção são acompanhados de uma ideologia própria. Branko Kolarevic, arquiteto formado em Harvard e um dos principais ideólogos da arquitetura na era digital, cunhou o termo *information master-builder* para designar a possível nova condição de comando total do arquiteto sobre o processo construtivo.[333] Segundo ele, os arquitetos estavam progressivamente perden-

---

[331] Branko Kolarevic (org.), *op. cit.*, p. 38 e Annette LeCuyer, *op. cit.* A obra do Guggenheim chegou a ter dezoito estações CATIA de locação de peças sendo utilizadas simultaneamente, todas alugadas de indústrias aeronáuticas próximas a Bilbao, segundo LeCuyer.

[332] Annette LeCuyer, *op. cit.*, p. 44.

[333] Ver "Information master-building", em Branko Kolarevic (org.), *op. cit.*

do o poder sobre as decisões da construção para outros agentes, como engenheiros, construtores, incorporadores e fabricantes de materiais e, com isso, tornando-se quase irrelevantes, na condição de mestres apenas na produção de "efeitos especiais".

Nos EUA, por exemplo, os arquitetos são atualmente proibidos de assumir a responsabilidade legal em canteiros de obras de acordo com os códigos que regulam sua prática profissional. Segundo declaração da AIA "o arquiteto não deverá ter controle ou ser responsável pelos meios de construção, seus métodos, técnicas, sequências e procedimentos".[334] Sua saída completa do canteiro, que poderia significar maior autonomia para dedicar-se à concepção dos projetos, acabou, por outro lado, resultando em desatualização técnica, perda de prestígio profissional e progressiva marginalização.

Michael Ball afirma que uma das razões para essa crescente perda de importância do arquiteto, que ele verifica desde os anos 1960 — uma vez que "no pós-guerra os arquitetos tiveram um poder sem precedentes" na reconstrução e no *boom* imobiliário que se seguiu —, decorre provavelmente da sua fragmentação em muitas e pequenas firmas semiartesanais, que se mostraram ineficientes, do ponto de vista dos interesses de seus clientes, para coordenar projeto e construção, também para planejar de forma realista e competente custos, prazos e resultados. O mesmo ocorreu no setor público, com os fracassos sucessivos no planejamento urbano e na provisão habitacional. Com isso, e um divulgado "catálogo de desastres edificados", a profissão "caía em desgraça miseravelmente".[335] Nos anos 1980, os arquitetos passaram a ser vistos como "desorientados ou grandiosos amadores, incapazes de gerir as complexidades do processo construtivo". O mundo da construção mudava naqueles anos e o arquiteto perdia seu status de "coordenador supremo" — confiar-lhe o exercício de tal função já era considerado uma temeridade —, e passava a ser visto como um profissional arcaico, solicitado apenas para resolver problemas de gosto. Com a construção tornando-se mais complexa e a subcontratação mais difundida — o que ampliou a fragmentação e a imprevisibilidade na construção —, os "arquitetos não tinham mais meios e nem vontade de impor uma disciplina organizacional para essas questões".[336]

---

[334] Citado em *idem*, p. 58.

[335] Michael Ball, *Rebuilding construction: economic change in the British construction industry*. Londres: Routledge, 1988, pp. 205-6.

[336] *Idem*, p. 206.

Canteiro um pra um

A solução para esse impasse já era discutida no *Royal Institut of British Architecture*. Em artigo no *journal* do RIBA, Esher e Davies afirmavam que, se os arquitetos não desenvolvessem novas habilidades integradas de *management* da construção, iriam "cada vez mais se encontrar, antes do previsto, na periferia das tomadas de decisão mais que em seu centro, atuando como estilistas para produtos de outros agentes".[337]

A "revolução digital" na construção civil, que possibilitou a concentração de informações em um único modelo unificado de dados capaz de gerenciar e coordenar a quase totalidade dos processos de projeto e obra, aparece para os arquitetos como a chance de retomar seu posto. Quem controlar a gestão das informações, comandará todo o processo, como já o sabia *Hal 9000*, o computador da segunda Odisseia — agora, no espaço. Segundo Kolarevic, a era digital abre uma "oportunidade sem precedentes para que os arquitetos reconquistem a autoridade que um dia tiveram sobre a produção de edificações, não apenas no seu design, mas também na sua construção".[338]

O fluxo contínuo entre modelo, fabricação e montagem, sob comando do desenho, favorecido pelas novas tecnologias digitais, permitiria redefinir a relação entre arquitetos, engenheiros, fabricantes e empreiteiros, encabeçada pelos primeiros. Segundo Kolarevic e demais apologetas, apenas o arquiteto poderia promover a unidade de todos, na figura de um novo *master-builder* — o construtor com domínio pleno sobre a totalidade de decisões do processo construtivo, cujo apogeu se deu no Renascimento. O arquiteto demiurgo da era digital deve associar o conhecimento do artesanato da fabricação às novas técnicas apuradas de desenho digital e, sobretudo, assumir a capacidade de *manager*, habilitado para inovar em uma das áreas mais importantes do *business*, que é a construção civil e o circuito imobiliário de reprodução do capital. Se essa combinação for atingida, afirma Chris Luebkeman, diretor da Ove Arup — a megaempresa de engenharia que também comanda parte das inovações na arquitetura —, estaremos "cada vez mais próximos de achar o 'santo graal' de um novo tipo de *mastering*".[339]

O modelo digital unificado de projeto, como foi pioneiramente desenvolvido pela equipe de Gehry até assumir a forma comercial denominada

---

[337] Citado em Michael Ball. *Idem, ibidem.*

[338] Branko Kolarevic (org.), *op. cit.*, p. 57.

[339] Chris Luebkeman, "Performance-based design", em Branko Kolarevic (org.), *op. cit.*, p. 285. Luebkeman é doutor em arquitetura pelo ETH Zurich.

BIM, permitiu que sua equipe retomasse o papel de principal produtora e coordenadora de informações entre os vários participantes do processo de desenho e fabricação. A liderança assumida por Gehry e seus colaboradores mais próximos, em todas as etapas de projeto e obra, permitiria designá-los como um "tipo-ideal" do novo *digital master-builder*.[340] A formação de Gehry como artesão-arquiteto, que não manipula a matéria fisicamente apenas em suas maquetes e esculturas, mas também em canteiro — como nas diversas reconstruções experimentais da sua casa em Santa Mônica —, lhe fornece uma afinidade com o processo construtivo que transborda a criação digital, da qual, aliás, ele é mais um espectador do trabalho de seus colaboradores. Por essa formação ampla e por sua trajetória pré-digital, a sua comparação com a velha imagem do arquiteto, a do *master-builder*, não resulta inverossímil.

"Nada de imagens sedutoras", sugere Jim Glymph, sócio de Gehry. O escritório procura a modelagem digital que permite conectar o projetista diretamente com o fabricante que está construindo os edifícios. "É a velha figura do arquiteto como *master-builder*", que faz com que "o controle volte a quem lhe é de direito, o arquiteto, do início ao fim do processo", afirma.[341] A equipe de Gehry está tentando constituir um novo tipo de coordenação do processo produtivo que dispensaria as grandes empresas construtoras — "se elas entram no negócio, caímos fora" — para lidar diretamente com fabricantes e subcontratados. "Fizemos isso em Bilbao e Praga", afirma.[342]

Segundo Michael Ball, os arquitetos ingleses tentaram o mesmo nos anos 1980 por meio do que denominaram de *Alternative Method of Management* (AMM).[343] Por esse método, a construtora principal era posta de lado e os arquitetos assumiam o comando de gestão dos demais subcontratados. Isso era possível na medida em que as construtoras encarregadas estavam se tornando cada vez mais gerenciadoras de outras empresas subcontratadas do que efetivamente empregadoras de operários. Contudo, a posição debilitada em que se encontravam os arquitetos, diante do poder das construtoras, impediu que seus planos de tomada do poder vingassem. Naquele

---

[340] Ver Bruce Lindsey, *Digital Gehry: material resistance, digital construction*. Basileia: Birkhäuser, 2001.

[341] Jim Glymph, em *Gehry talks: architecture and process*. Nova York: Universe Architecture Series, 2002, p. 17.

[342] *Idem, ibidem.*

[343] Michael Ball, *op. cit.*, pp. 208-9.

momento, os arquitetos ingleses "fracassaram em se colocar no topo da pirâmide da gestão da construção".[344] Mas a chance foi renovada nos anos 1990, graças ao fortalecimento do projeto por meio das novas ferramentas digitais. Como indicavam Gehry e sua equipe, os escritórios de arquitetura que estivessem preparados para tanto, poderiam tentar substituir as construtoras, na medida em que são os programadores dos modelos digitais que acumulam todas as informações de fabricação, incluindo planejamento e custos. Assim, o arquiteto deveria se preparar para gerir diretamente, como *manager*, a cadeia de subcontratações de fabricantes e montadores, retirando uma parcela das camadas de intermediação que afastam o projetar do construir.

Comunicar diretamente o que se quer construir aos construtores, como afirma Jim Glymph e propuseram os ingleses em seu AMM, é também o meio para se obter maior eficiência, economia e acelerar o ritmo de inovações em um setor que se mostra historicamente conservador. David Gann resume esse conservadorismo a uma decorrência da fragmentação do processo de produção, da separação entre projeto e produção e de sua racionalidade econômica própria, o que faz com que construtores estejam mais interessados em aperfeiçoar processos de gestão, como forma de ampliar seus ganhos, do que em introduzir inovações tecnológicas. Quando uma inovação ocorre, sua difusão é sempre lenta. Colaboram para esse "sistema travado", segundo Gann, a especialização crescente, os códigos que regem a prática, os procedimentos padronizados e normatizações da construção, além da defesa das práticas tradicionais — a defesa do emprego pelos sindicatos, por exemplo.[345] Como já afirmara Sérgio Ferro, há um inusitado "interesse comum" entre capitalistas e operários, sobretudo os semiqualificados, em manter os patamares conservadores como forma de preservação da sua própria reprodução social. Contudo, "os interesses que se somam têm pesos diferentes pela própria posição no processo de produção — o interesse do operário é, praticamente, não determinante".[346]

Nessas condições, a retomada do poder pelo arquiteto favorece a aceleração das inovações, como vimos na trajetória de nosso personagem principal, o escritório Frank Gehry. Para David Gann, o papel de "catalisadores

---

[344] *Idem*, p. 209.

[345] David Gann, "New management strategies and the fast-track phenomenon", em Helen Rainbird e Gerd Syben (orgs.), *op. cit.*, pp. 120-1.

[346] Sérgio Ferro, *op. cit.*, p. 93.

da mudança" assumido pelos arquitetos é central para romper o "sistema travado" e refratário a inovações técnicas. Sua iniciativa deve, contudo, transcender as experimentações exclusivamente formais, para delas derivar, por meio do auxílio das novas ferramentas digitais, a reordenação de todo o processo produtivo. O fluxo contínuo entre projeto e produção permitiria uma "aliança" estratégica entre arquitetos renovados, indústria informática e fábricas equipadas com máquinas programáveis e robôs, relegando aos construtores o papel de simples montadores de peças milimetricamente programadas e pré-executadas.

Essa possível reaproximação entre concepção e execução favorece a ilusão de que estaria sendo restituída a "unidade perdida" entre desenho e canteiro, como quer Branko Kolarevic. Para ele, o *master-builder* é o construtor das catedrais góticas, que trabalhava em canteiro como integrante de corporações de ofício. Contudo, não apenas esse é um equívoco histórico como não corresponde ao arquiteto fortalecido pelo controle total de informações por meio de seus poderosos modelos digitais de projeto. O apogeu do *master-builder* ocorreu no Renascimento, quando os arquitetos lideravam todo o processo de construção, de dentro e de fora, por meio de transformações em vários níveis: na representação e codificação do desenho, na organização dos processos de produção, na invenção de novas ferramentas e mecanismos, no aprimoramento de materiais e sua utilização, e, graças a tudo isso e ao combate a greves, a direção plena sobre todos os operários do canteiro.[347] Os arquitetos podem imaginar encontrar inspiração para sua reconquista de poder na figura desse *master-builder*, e não no artesão medieval. É o que sonham, por exemplo, Stephen Kieran e James Timberlake, dois arquitetos premiados com a medalha de ouro da AIA, ao proporem a retomada dessa ideologia inspirada no exemplo de Brunelleschi.[348]

Os modelos digitais poderiam significar unidade entre projeto e produção apenas se um mesmo grupo projetasse, construísse e se apropriasse coletivamente dos resultados do seu trabalho. Nesse caso, a programação do modelo digital deveria estar dirigida, sobretudo, para o desenvolvimento de mecanismos de colaboração horizontal, em que projetistas-construtores dialogassem democraticamente, de forma integrada e coordenada, mas não

---

[347] *Idem*, p. 193.

[348] Stephen Kieran e James Timberlake, *Refabricating architecture: how manufacturing methodologies are poised to transform building construction*. Nova York: McGraw-Hill, 2004, pp. 26-31.

centralizada. Não existe unidade entre desenho e canteiro se não houver reaproximação entre trabalho intelectual e manual, dentro de um mesmo grupo e, de preferência, em cada um de seus integrantes. Desse modo, a autogestão entre desenho e canteiro nunca poderia ser apenas digital, pois envolve a construção — seu momento concreto, complementar e inseparável.

O paradigma do *digital master-builder*, ao contrário, concentra poderes e saberes no trabalho intelectual, ao invés de distribuí-los. É por esse motivo que o arquiteto pode imaginar-se subindo novamente ao topo da pirâmide de trabalhadores que pretende comandar. Como ironiza Sérgio Ferro, "sempre que há 'mestre' — em Hegel, na universidade ou no canteiro — há 'escravo'".[349]

Há, na verdade, um alargamento da distância entre os polos do desenho e do canteiro. O desenho concentra cada vez mais saberes e poderes, e não apenas isso. Seja em Gehry projetando como escultor da matéria física ou em Eisenman, da matéria virtual (ou metafísica), o processo de criação está cada vez mais próximo da lógica imaginativa, "livre", da arte. As formas por eles criadas são transcritas para a construção por meio de softwares da indústria de alta precisão e parte de suas peças é fabricada por máquinas, chegando ao canteiro para uma montagem com exatidão absoluta. Como veremos a seguir, essa operação — uma espécie de *download* no real — é muito mais difícil do que a descrita no tópico anterior. A precisão milimétrica de peças complexas produz um jogo de montagem "demencial", "um pesadelo", contam os construtores — trata-se de uma exatidão irracional para a arquitetura, que não dá espaço para as adaptações e pequenas correções necessárias em obra. O saber e a habilidade do trabalhador da construção, bases de seu poder, são mais uma vez depreciados (e ofícios suprimidos)[350] pela inovação tecnológica capitalista. Se, num extremo, o arquiteto-estrela pesquisa novos limites da criação livre — ou da autonomia —, o trabalhador no canteiro é reduzido a um autômato — heteronomia máxima. Mas não é um exército de R-O-Bs e sim um exército de trabalhadores migrantes e precarizados que está sendo convocado a serrar fileiras.

---

[349] Sérgio Ferro, *op. cit.*, p. 116.

[350] Como outros tantos que já desapareceram: o entalhador, o estucador, o aplicador de papéis de parede, o marmorizador, o latoeiro, o fachadista, o telhadeiro etc.

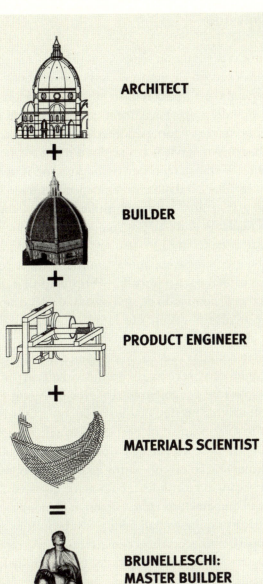

A retomada do *master-builder*:
"arquiteto + construtor + engenheiro de produto + cientista de materiais = Brunelleschi: *master-builder*"
(esquema reproduzido no livro de Stephen Kieran e James Timberlake, *Refabricating architecture*, 2004).

CANTEIRO HÍBRIDO

As construtoras diminuíram seu pessoal diretamente empregado e passaram a gerir um exército de empresas subcontratadas — no projeto de Bilbao eram cinquenta —[351] para reduzir custos. Aumentos de produtividade são obtidos aliando o aperfeiçoamento de técnicas de coordenação de fluxo entre equipes em obra e fornecedores de materiais e componentes, com pagamento exclusivo por serviços realizados e não mais por tempo de trabalho, como forma de transferência de riscos para todos os agentes envolvidos. "Os subcontratados e trabalhadores independentes são sempre forçados a produzir mais por menos" e sua multiplicação em canteiro "promove quebras de continuidades entre tarefas, o que é a causa mais importante de atrasos e desperdício de tempo".[352] Isso tem representado a piora das condições de trabalho e remuneração, pois a "transferência de riscos" ocorre em sentido único: do capital para o trabalho. O resultado é o que Michael Ball e outros autores têm denominado de *skill crisis* (ou "crise de competências") na construção, e a correspondente queda da velocidade e da qualidade do trabalho.[353]

O aprofundamento das cadeias de subcontratação promove, ao dilapidar o trabalho, uma crise reversa de produtividade. Assim, as novidades gerenciais veem-se diante de um paradoxo. Nos EUA, por exemplo, afirma Jim Glymph, "enquanto a produtividade da economia cresceu com o impacto da tecnologia e novas práticas de negócios, ela caiu em 15% na indústria da construção".[354] A situação parece parcialmente sem saída, pois é justamente a baixa remuneração dos operários da construção, associada às "camadas de precarização" da força de trabalho, que desestimula o investimento em máquinas e equipamentos com o objetivo de poupar trabalho. O desequilíbrio na relação capital-trabalho inibe a substituição de trabalho vivo por trabalho morto como ocorre nas demais indústrias, retardando e minimizando os impactos da transformação digital na construção civil, como pretendem os agentes da inovação.

---

[351] Idom, *op. cit.*, p. 20.

[352] Ralph Morton e David Jaggar, *Design and the economics of building*. Londres: Spon Press, 1995, pp. 102-3.

[353] Michael Ball, *op. cit.*, p. 215.

[354] Em Branko Kolarevic (org.), *op. cit.*, p. 69.

As novidades do *digital continuum* aqui descritas muitas vezes não passam de cascas superficiais, mesmo nas obras de Gehry, e sequer ocorrem nas obras da maioria dos demais arquitetos-estrela, inclusive naquelas executadas na Europa, como veremos. Dennis Shelden, da equipe de Gehry, reconhece que máquinas CNC só são postas em movimento se o método artesanal não for mais barato — afinal, mesmo nesse escritório, "a força mais determinante na tomada de decisões durante o desenvolvimento do projeto é o controle orçamentário [*project budget control*]".[355] Segundo ele, apenas algumas soluções são mais econômicas por meio da pré-fabricação, enquanto outras — envolvendo combinações de materiais, tamanhos e formas — solicitam a contratação de trabalhadores qualificados para executá-las. Cada vez mais escassos na construção civil, esses trabalhadores podem ser recrutados em outras indústrias, como a naval e metalúrgica. Até alpinistas são mobilizados para a montagem de estruturas em altura elevada.

Por não estar amplamente difundida na construção, a modelagem informacional implica em custos adicionais que por vezes comprometem seus ganhos de produtividade. É preciso somar aos gastos com softwares o custo dos programadores — altamente qualificados e bem remunerados — dessas estações de trabalho. A quantidade de informações para programar máquinas CNC é muito maior e de cara execução do que na fabricação convencional. Além disso, como poucas empresas fornecedoras de componentes de construção estão equipadas com a última tecnologia e com máquinas programáveis, cobra-se mais, gerando um lucro adicional em relação às empresas convencionais.

O resultado é que, nas condições atuais, a execução de projeto e construção por meio de fluxo contínuo e fabricação em CNC é quase sempre mais dispendiosa do que por métodos tradicionais. Apenas projetos especiais, que prometem ganhos adicionais mediante a renda da forma, podem mobilizar em maior escala a nova tecnologia, na medida em que ela permite encontrar combinações inéditas entre formas e materiais, como vimos igualmente em R-O-B. Mesmo nesses casos, as peças pré-fabricadas com formas complexas e não padronizadas podem ser adotadas apenas na superfície dos edifícios, na produção do efeito visual, enquanto o restante é executado de modo convencional.

---

[355] Dennis Shelden, *Digital surface representation and the constructibility of Gehry's architecture*. Tese de Doutorado, Cambridge, 2002, p. 33.

Essa aplicação superficial da camada de inovação tecnológica sobre uma estrutura convencional é exemplar no projeto recente de Gehry em Nova York: a *Beekman Tower*. O arranha-céu de 76 andares próximo à ponte do Brooklyn foi cortado pela metade com a crise dos anos 2008-2009 e teve uma das suas fachadas onduladas cancelada, como forma de redução de custos. A estrutura de concreto e o processo produtivo foram absolutamente tradicionais, e a pré-fabricação em CNC concentrou-se apenas nos elementos da fachada principal, procurando manter uma parcela do efeito visual que lhe garantisse o "fator uau" das obras de Gehry.

A utilização em maior escala da produção realizada por máquinas programáveis, mesmo dentro do paradigma da produção flexível, encontra limites na arquitetura. Máquinas CNC e robôs são utilizados noutros setores industriais não apenas como meio de supressão do trabalho altamente qualificado, mas para obter componentes de alta precisão necessários ao desempenho mecânico dos seus produtos. É assim que as peças cortadas por controle numérico ou soldadas por robôs permitem um ganho de desempenho e segurança em aviões, navios e automóveis. Na construção, essa precisão máxima, milimétrica ou micrométrica, não é necessária para o bom desempenho de um edifício. Sua utilização implica, evidentemente, em custos adicionais.

Executar um edifício como se fosse um navio ou avião representa um descompasso entre técnica aplicada e função resultante. Trata-se de uma transferência tecnológica cercada de paradoxos e incongruências. Navios e aviões, no limite, possuem formas arquetípicas modeladas por determinações dinâmicas da física. Nesse sentido, tendem à padronização, com variações pequenas entre modelos. Na arquitetura que analisamos, essa tecnologia é utilizada para variações máximas entre obras, exigindo igual variabilidade de peças e processos. Além disso, como o edifício é uma obra única, um protótipo tornado produto final, mesmo componentes pré-fabricados podem não garantir o bom desempenho, pois estão sendo testados pela primeira vez. Ocorre igualmente uma mescla de tecnologias, materiais e processos produtivos que favorece o desajuste entre componentes — veja-se, por exemplo, o descompasso entre base e superestrutura (em sentido literal) na arquitetura: a diferença entre os trabalhos com terra e fundações, relativamente imprecisos, e o desejo de implantação, sobre essa base, de uma superestrutura de altíssima precisão, projetada e cortada à maneira de peças de avião.

Projetos como o *Stata Center*, concebido por Gehry para o MIT, redundaram em diversos problemas desse tipo. O arquiteto e o instituto tecnológico de Boston estão em litígio na Suprema Corte devido a falhas no projeto.

A Beekman Tower, em Nova York, projeto de Frank Gehry, 2006-2011.
O edifício, com estrutura de concreto armado convencional
revestida de elementos pré-fabricados em máquinas CNC,
acabou sofrendo redução de custos (e de altura)
em função da crise econômica de 2008.

O edifício, um palácio planejado para abrigar algumas das mentes mais "brilhantes" do planeta, tornou-se um "reduto de vazamentos". Segundo ò MIT, que gastou 1,5 milhão de dólares em reparações, "a drenagem inadequada provocou rachaduras no anfiteatro, neve e gelo caíram dos ângulos irregulares das paredes e bloquearam as saídas de emergência, o mofo brotou dos tijolos externos etc.".[356]

As condições do mercado de trabalho e o piso de remuneração na construção civil em cada país também são elementos que determinam o avanço da pré-fabricação. Em um de seus mais interessantes projetos, apelidado de "Dancing Building" — um prédio de escritórios cuidadosamente inserido em uma esquina defronte ao rio Vltava, em Praga —, a pré-fabricação foi mínima. Um plebiscito realizado na cidade sancionou a construção do edifício, com 58% dos votos, o que Gehry considerou uma vitória da democracia no país que integrara o antigo bloco comunista. Toda a modelagem eletrônica do prédio foi preparada, como nos demais projetos, para comunicar-se diretamente com máquinas CNC. A ideia era executar em indústrias toda a estrutura metálica, o corte de vidros e as placas de concreto curvas, como foi o caso de Dusseldorf. Mas, segundo Jim Glymph, que participou do projeto, "o custo do trabalho na República Tcheca era tão baixo que os desenhos foram repassados diretamente a artesãos, que construíram as fôrmas de madeira para a concretagem".[357] Como é possível deduzir da obra executada, as fôrmas eram complexas, com curvaturas suaves e variadas, desníveis ondulantes na fachada e aberturas para janelas em alturas desparelhas.

Em casos como esse, nos quais máquinas CNC são substituídas pelo trabalho altamente qualificado, os projetos chegam às mãos dos artesãos à maneira medieval, em escala 1:1.[358] A fabricação manual de elementos com formas complexas exige um molde em escala real, como no corte para confecção de roupas, de modo que as curvaturas irregulares sejam executadas com precisão. Nos canteiros, essas peças ainda são submetidas a pequenos ajustes, como numa alfaiataria. Em projeto para uma casa *high-tech* na Suíça, a Chesa Futura ("Casa do Futuro") — mais um toroide de Foster —, toda a estrutura de madeira laminada e colada foi recoberta por taubilhas de madeira (*timber shingles*). As taubilhas foram cortadas com um machado,

---

[356] Suzanne Goldenberg, "MIT processa Frank Gehry por 'falha' em projeto", *O Estado de S. Paulo*, 10/11/2007.

[357] Jim Glymph em Branko Kolarevic (org.), *op. cit.*, p. 108.

[358] Dennis Shelden, *op. cit.*, p. 47.

A Chesa Futura, em St. Moritz, na Suíça, projeto de
Norman Foster, 2000-2004. O revestimento externo
de madeira foi executado de forma artesanal.

uma a uma, por um artesão de oitenta anos de idade e pregadas na estrutura manualmente pelo restante da sua família.[359]

O trabalho artesanal é também solicitado em montagens de canteiro. As superfícies metálicas de Gehry exigiram em diversos projetos o emprego de trabalhadores especializados provenientes da indústria naval: em Bilbao, no DG Bank e no Experiência da Música, por exemplo. Esses trabalhadores são responsáveis pela aplicação tridimensional sobre as estruturas das placas que chegam planas ao canteiro. As ondulações, juntas, acabamentos, pequenas adaptações exigem operários treinados na produção de superfícies como cascos de navio. Na obra do Guggenheim, todas as placas de titânio nas confluências entre planos, as chamadas "peças de arremate", foram cortadas e aplicadas manualmente, uma a uma.[360]

Nas obras que analisamos, o apelo recorrente à pré-fabricação de última geração e ao trabalho de artesãos, algumas vezes de forma simultânea, é sinal de um alargamento do processo produtivo, se comparado à arquitetura moderna, em direção a ambos os extremos: o da automação e o do artesanato. De um lado a maquinofatura, a automação com máquinas de controle numérico e robôs que permitem a fabricação customizada 1:1; de outro, o velho artesão com seus instrumentos, fabricando peças complexas a partir de moldes em 1:1. Tal canteiro pode ser considerado mais híbrido tecnologicamente do que o canteiro em sua fase anterior, daí, inclusive, a sua flexibilidade ser decorrente desse alargamento de possibilidades produtivas e formais.

No meio desses extremos está o operário-montador, aquele que mais se aproxima do trabalho abstrato no canteiro. Ao contrário do que pretende a formulação discursiva dominante, ou seja, que o canteiro automatizado operaria como uma fábrica de aviões, esses trabalhadores são colocados à prova nas mais difíceis situações de montagem. A complexidade e o ineditismo das formas construídas e do emprego de determinados materiais, associados às situações imprevistas próprias ao trabalho em canteiro, tornam a tarefa particularmente árdua. Em Bilbao, foram inúmeras as "zonas difíceis de resolver" pelos montadores, pois as estruturas secundárias curvas sobre as quais são aplicadas as peças de fechamento "produzem complicados problemas geométricos de relação e encontro entre as peças que agravam ainda

---

[359] Segundo Hugh Whitehead, diretor do grupo de modelagem do escritório Foster and Partners, "Laws of form", em Branko Kolarevic (org.), *op. cit.*, p. 98.

[360] Idom, *op. cit.*, pp. 16-9.

mais o controle das juntas para conseguir a estanqueidade do edifício", comenta o arquiteto responsável pelos fechamentos exteriores.[361] A montagem da estrutura metálica principal foi outro desafio para os montadores. Apesar da pré-fabricação avançada ter reduzido o problema com peças isoladas, a estrutura, ao ser erguida, não era estável em si mesma, tornando custoso o trabalho de montagem. O arquiteto encarregado dessa tarefa comenta que "tudo é perfeito quando a obra está acabada, mas até então nada tinha estabilidade".[362] Segundo ele, outros elementos de "extrema dificuldade" a serem realizados foram a torre escultural ao lado da ponte de La Salve e a cobertura sobre a varanda do átrio central do museu, defronte ao espelho d'água. Essa cobertura é uma marquise elevada, em forma de aba de boné, apoiada em um único pilar. Gehry parece reconhecer o esforço dos construtores: "Eu amo meus clientes, e eu amo projetar edifícios com eles, mas minha parte favorita é o processo de construção e os artesãos, como você e sua equipe, que chegam e fazem tudo acontecer".[363]

A megaobra de Eisenman em Santiago de Compostela é um festival de dificuldades de montagem de peças sob medida. Em reportagem sobre a construção da obra, um jornalista argentino acompanhou diversas frentes de trabalho e pôde constatar as complicações.[364] As peças pré-fabricadas tiveram que ser todas içadas e posicionadas em altura, mas as condições climáticas locais eram críticas, com chuvas e ventos fortes diários. Algumas peças se partiam ao serem transportadas ou chegavam fora de medida; com isso o quebra-cabeça de montagem ficava incompleto, algumas vezes paralisando toda uma frente de trabalho. Quando a peça com problemas retornava, após dias de espera, a frente de trabalho deveria voltar à sua posição para uma instalação específica, acarretando nova perda de tempo. A projeção de concreto atingiu inclinações de até 60% e precisou ser feita e refeita várias vezes até se chegar a uma solução em canteiro (pois não fora prevista pelo arquiteto), "mais tempo perdido e mais dinheiro desperdiçado". O jornalista, boquiaberto, afirma que "nunca se fez edifícios com essas qualidades e agora estão construindo seis ao mesmo tempo!". Os operários da obra não

---

[361] *Idem, ibidem.*

[362] *Idem*, p. 14.

[363] Sarah Taylor, "Local craftsmen met Gehry's challenge", em www.neogehry.org, 17/10/2002.

[364] Discovery Channel, *Build it bigger: mountain of steel* (2007).

Canteiro um pra um

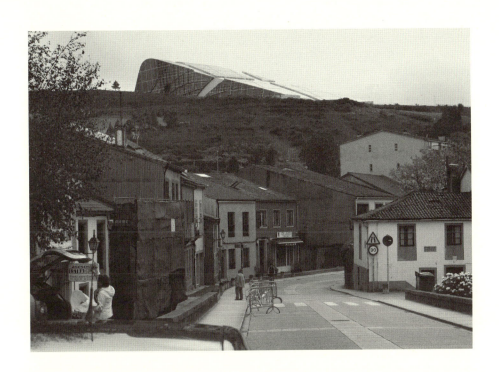

A Cidade da Cultura da Galícia, em Santiago de Compostela,
projeto de Peter Eisenman, 1999-2011.

entendem a lógica que orienta o projeto — "o que o arquiteto quis com isso?", — "um louco ou um gênio?", é a pergunta que se repete, comenta o jornalista. O ponto mais "demencial" da obra, afirma ele, são as coberturas em pedra das grandes superfícies onduladas que simulam montanhas. As placas de pedra de quartzito são pesadas e precisam ser cuidadosamente alinhadas no teto. O repórter descreve a sensação de estar deitado dentro da estrutura metálica que suporta as pedras: "é um trabalho terrivelmente incômodo por suas posições estranhas". Em apenas uma das montanhas de Eisenman são consumidos 30 mil painéis de pedra, o que produz a necessidade de ajuste manual de 120 mil pontos de parafuso com rosca. A função é puramente visual, pois a drenagem é feita sob as pedras e estas não serão percorridas a pé pelos futuros frequentadores.

Canteiros convencionais, sem qualquer pré-fabricação, estão igualmente presentes nas obras estelares. A Casa da Música, no Porto, projeto de Koolhaas que analisamos no primeiro capítulo, é um exemplo disso. Segundo o texto da Ordem dos Arquitetos[365] e o depoimento do arquiteto Jorge Carvalho, coordenador do escritório local que desenvolveu o projeto em conjunto com o OMA,[366] a execução do edifício foi "completamente artesanal" e abarcou uma série de desafios. Como vimos, na execução das paredes, dada a inclinação das cortinas de concreto que ameaçavam tombar, foi necessário um sistema caro e trabalhoso de escoramento, além dos riscos adicionais na armação e no lançamento a que foram submetidos os operários. Não houve qualquer preocupação com pré-fabricação, nem mesmo dos elevadores, que foram feitos sob medida, com pé-direito maior e revestidos em cobre. Os materiais de origem industrial, como pisos metálicos e chapas perfuradas encobrindo instalações e iluminação, também foram cortados individualmente. No caso das chapas perfuradas, cada pano era medido e subdivido em seções iguais, e as chapas cortadas uma a uma, sem que a largura padronizada do componente fosse aproveitada. Quase todos os elementos foram cortados e executados em canteiro ou por artesãos em oficinas, e as medidas eram cuidadosamente tiradas no local como faz um alfaiate com seu cliente. A visualidade do edifício, com elementos de aparência *high--tech*, tal como em La Tourette, não correspondente às forças produtivas que

---

[365] "Reunião de obra", apresentação na Ordem dos Arquitetos, seção regional sul, em 6/10/2005.

[366] Depoimento ao autor.

Construção da Casa da Música no Porto, Portugal, projeto de Rem Koolhaas, 1999-2005.

lhe deram origem. Mas, por trás, o trabalho, mesmo sufocado, ainda se deixa ver.

MIGRAÇÕES E VIOLAÇÕES

Quando os arquitetos projetam obras com formas complexas e desenvolvem inovações técnicas, nenhuma atenção é dada às condições de trabalho em canteiro.[367] Nas simulações dos sofisticados modelos multidimensionais de projeto digital não há estudo a respeito do grau de dificuldade de execução, da ergonomia do trabalhador, dos riscos de acidente ou intoxicação. Quando são planejadas as fases da obra, apenas a organização física do canteiro é estudada, como o acesso, o estoque de materiais, o posicionamento de edificações de apoio, localização de gruas, paginação de fôrmas etc. As inovações técnicas e formais, para os arquitetos, estão dissociadas de quaisquer inovações para reduzir o sofrimento e a dificuldade do trabalho na obra. Como afirma o premiado Jacques Herzog, "nós não temos nada o que fazer a respeito da organização do canteiro de obras, nem na China nem em qualquer outra parte do mundo".[368]

A montagem de peças em canteiro, como já mencionamos, é um trabalho que envolve diversas dificuldades. O auxílio da máquina de rastreamento a laser, ao contrário do que pode parecer, provoca complicações adicionais, dada a sua exigência de precisão milimétrica. O artigo "How to make a Frank Gehry building", baseado em depoimentos de operários que trabalham em suas obras, descreve algumas delas: "os trabalhadores não podem confiar na sua experiência e intuição para acertarem, pois devem obedecer apenas ao comando da máquina. Cada peça encaixa em um espaço reticulado imaginário, ditado pelas coordenadas do software. Nem um único erro é permitido, sob pena das demais peças não encaixarem ao final". Dada a precisão dos cortes em CNC, a menor imperfeição pode comprometer todo o conjunto. Em uma estrutura convencional, um erro de alguns centímetros pode ser corrigido pela equipe que executará a alvenaria, e ninguém notará a diferença. Nos edifícios de Gehry, com curvas em espiral no espaço, esses centíme-

---

[367] Nenhum dos vários relatos de processos de criação dos arquitetos-estrela que pesquisei para esta tese fez referência a essa preocupação.

[368] Em entrevista a Ulrike Knöfel e Susanne Beyer, "Only an idiot would have said no", em *Der Spiegel Online*, 30/7/2008.

tros num determinado ponto podem se transformar em metros num outro ponto. Como afirma um engenheiro de obra, "o velho ditado, você mede duas vezes e executa uma", não vale para uma obra como essa, pois "você tem que medir cada ponto uma dúzia de vezes". A consequência é que o tempo despendido e o custo se elevam. O metro quadrado dos edifícios universitários projetados por Gehry custa o dobro do de um edifício convencional. Um jovem operário encarregado da montagem afirma: "É um pesadelo! Dois milímetros fora numa primeira junta e você terá 20 milímetros fora na outra ponta. Um pesadelo!".[369]

A complexidade das formas e sua irregularidade deixam os operários reféns de instrumentos de precisão técnica, e portanto incapazes de utilizar seu saber para tomar decisões durante a obra. Ao mesmo tempo, são colocados em condições de trabalho absolutamente ingratas: pendurados em guindastes ou equilibrando-se nos andaimes em altura, eles têm que encaixar peças milimetricamente sob vento, chuva ou sol escaldante. As estruturas do megaedifício de Rem Koolhaas para a central de televisão chinesa, a CCTV, tiveram que ser conectadas em sessões de trabalho noturno, pois a incidência do sol provocava nelas, ao longo do dia, dilatações diferenciadas que interferiam no ajuste milimétrico dos encaixes.[370] O estádio midiático de Munique da dupla Herzog & de Meuron demandou o trabalho de alpinistas para a montagem da cobertura metálica sobre o campo,[371] e o Ninho em Pequim, um trabalho complicadíssimo no momento de içar milhares de peças únicas, pesadíssimas e irregulares, para seu encaixe preciso, com o tempo correndo contra o relógio. A obra de Eisenman na Galícia exigiu que dezenas de milhares de parafusos fossem ajustados milimetricamente em sua cobertura com os trabalhadores rastejando de costas em meio ao exíguo espaço da estrutura de apoio.[372] Renzo Piano obrigou os trabalhadores da obra do IRCAM (Institut de Recherche et Coordination Acoustique/Musique) em Paris a lixarem os tijolos um por um para obter a precisão milimétrica desejada pelo projeto.[373] Os operários que montaram as armaduras da Casa da Música no Porto trabalhavam em posições vertiginosas, equilibrando-se com as botas

---

[369] "How to make a Frank Gehry building", em *New York Times*, 8/4/2001.

[370] Segundo Thomas Campanella, "Mejoras capitales", revista *Arquitectura Viva*, nº 118-119, 2008, p. 42.

[371] Discovery Channel, *Construindo o superestádio* (2005).

[372] Discovery Channel, *Build it bigger: mountain of steel* (2007).

[373] Sérgio Ferro, *op. cit.*, p. 424.

enfiadas nos pequenos vãos entre vergalhões.[374] A quantidade de exemplos de desrespeito ao trabalho seria infindável, mas estas são histórias que, em geral, não se contam em textos e revistas.

A submissão do corpo do trabalhador às exigências mais extravagantes e insalubres é acompanhada pela composição cada vez mais estrangeira da força de trabalho na construção civil. Todas essas obras são executadas por contingentes significativos de trabalhadores migrantes que, submetidos a condições precárias de sobrevivência, insegurança jurídica e poucas garantias trabalhistas, como veremos, colaboram para reduzir o custo de reprodução social do trabalho na construção civil e para a baixa salarial nesse setor como um todo. O setor imobiliário reconhece que "migrantes ilegais cumprem um papel importante no mercado de trabalho", pois, sem eles, "edifícios não seriam construídos no prazo e no custo previstos". Michael Fink, do Lee-wood Real Estate Group, explica que, "se esses trabalhadores (ilegais) fossem removidos do conjunto da força de trabalho da construção, nosso negócio iria sofrer tremendamente".[375]

Como afirmamos no início deste capítulo, o canteiro de obras é um espaço da produção *hard* da economia que não tem como ser exportado para o terceiro mundo e, desse modo, é o terceiro mundo, na condição de berço de trabalhadores migrantes, muitas vezes ilegais, que é importado para os canteiros dos países centrais. Eles são mobilizados na ponta das cadeias de subcontratação da construção civil por empresas de menor porte e mais difíceis de fiscalizar, ou ainda contratados como autônomos, sem vínculo empregatício.

Não foram encontrados dados específicos de migrantes nas obras que estamos analisando. Em um dos poucos livros dedicados a apresentar o canteiro de uma obra estelar, o do Musée do Quai Branly, de Jean Nouvel, a fisionomia dos trabalhadores fotografados é reveladora.[376] Na lista de operários que cederam sua imagem, ao fim do livro, é possível notar que a imensa maioria dos cerca de cem nomes listados é árabe (uma dezena de Mohameds e ainda Hassan, Arbib, Irfan, Ali...), africanos (N'zembo, N'Songo, Mamadou, Miloud, Niakaté...), portugueses ou brasileiros (Gonçalves

---

[374] Como é possível verificar em fotos da obra.

[375] Lew Sichelman, "Homebuilders say immigrant's work is vital", em *The Chronical*, 28/5/2006.

[376] Ianna Andréadis. *Chantier ouvert au public: récit de la construction du Musée Quai Branly*. Paris: Éditions du Panama, 2006.

Trabalhadores da construção do Museu do Quai Branly, em Paris, projeto de Jean Nouvel, 1999-2006. Imagens do livro *Chantier ouvert au public*, de Ianna Andréadis.

Silva, Dos Santos, Barroso, vários Joaquins e Antonios). Operários de vinte países diferentes participaram da construção do Allianz Arena, em Munique, a maioria proveniente do Leste Europeu.[377] Na Casa da Música, como na construção civil portuguesa, encontram-se migrantes romenos, ucranianos, brasileiros e africanos. Jaques Herzog, mais uma vez, afirma que arquitetos como ele "não têm responsabilidade e nem qualquer poder para mudar as condições de trabalho dos operários migrantes".[378]

Nos EUA, um terço dos trabalhadores da construção não é nativo e estima-se que 40% deles sejam ilegais.[379] Para a Europa, os dados são similares, situação que está sendo aprofundada com o mercado comum europeu de trabalho.[380] Os ganhos para os empregadores são evidentes. De acordo com informação prestada pelos sindicatos da construção, em Nova York, por exemplo, um trabalhador qualificado, como um carpinteiro, recebe 40 dólares por hora mais um pacote de benefícios. Um jovem migrante irlandês no mesmo trabalho receberia entre 20 a 25 dólares por hora, já um brasileiro, entre 15 a 20 dólares, sem benefícios (no Brasil, por sua vez, a mesma hora vale cerca de 5 dólares). Esses trabalhadores são pressionados a não se sindicalizarem e, com medo de perderem o emprego ou serem ameaçados por máfias, acabam isolados.[381] Temor semelhante, contudo, é compartilhado por todos os trabalhadores, não apenas os migrantes. O resultado é que hoje, nos EUA, apenas 16% dos operários da construção estão sindicalizados e greves nesse setor são raríssimas.[382]

Os números de acidentes e mortes na construção civil continuam altos. Nos EUA, uma em cada cinco mortes no ambiente de trabalho acontece no setor, média três vezes superior a dos demais setores produtivos. Em 2005,

---

[377] Discovery Channel, *Construindo o superestádio* (2005).

[378] Entrevista a Ulrike Knöfel e Susanne Beyer, *op. cit.*

[379] Kathy Kiely, "Need for immigrant workers in dispute", em *USA Today*, 24/6/2007.

[380] Na Inglaterra, por exemplo, um estudo encomendado pela Institution of Civil Engineers (ICE) concluiu que dos 500 mil trabalhadores migrantes no país, 174 mil estão na construção civil, o que representa aproximadamente 20% do total de trabalhadores nesse setor. Citado em "Immigrant workers lack experience in building", em *Contract Journal*, 5/9/2007.

[381] Tom Robbins, "Labor war in Chelsea", em www.villagevoice.com.

[382] Dana Hedgpeth, "Builders groups decry Obama's order on projects", em *Washington Post*, 12/2/2009.

morreram nos EUA 1.186 trabalhadores da construção civil,[383] quantidade de óbitos duas vezes superior à média anual de baixas do exército americano na ocupação do Iraque.[384] O Departamento de Fiscalização da Construção não consegue responder ao problema, segundo afirmam os sindicatos norte--americanos. Não há fiscais suficientes e a sua remuneração anual, de 35 mil dólares, é baixa para estimular o recrutamento de pessoas preparadas e dispostas a fazer inspeções em situações de alto risco. Com a ausência de inspeções adequadas e de penalidades para os infratores, as construtoras cortam investimentos em segurança e prevenção de acidentes e procuram contratar trabalhadores pelos valores mais baixos.[385]

A reforma do setor de saúde nos EUA, por exemplo, proposta pelo governo Obama e aprovada parcialmente em 2009, sofreu grande oposição da indústria da construção. Em documento solicitando o voto contrário a parlamentares, a AGC (Associação Geral de Construtoras da América) afirma que a obrigatoriedade do seguro saúde para seus empregados irá onerar demasiadamente o setor, pois o seguro para trabalhadores em condições de risco será elevado. As construtoras também criticam a nova legislação por eliminar as vantagens para pequenas empresas, como se estas não fossem parte das cadeias de subcontratação das construtoras de maior porte. Em nome da garantia de empregos e da superação da recessão americana, as construtoras pedem que a reforma da saúde não seja aprovada.[386] Vale lembrar que o setor da construção tinha se beneficiado nos anos anteriores com a bolha imobiliária especulativa norte-americana, ponto nevrálgico da crise mundial de 2008.

Na Europa, como nos Estados Unidos, o trabalho de migrantes na construção civil não é propriamente uma novidade, mas no velho continente ele encontra-se em um novo ciclo, com características específicas. Até os anos 1980, os trabalhadores migrantes da construção eram originários das ex-colônias (sobretudo da África e do Oriente Médio), ou de países periféricos na Europa, como Portugal, Grécia e Turquia. Esse contingente de traba-

---

[383] Michael Kuchta, "USA: construction workers endure high rates of death, injury", em *Lakes and plains carpinters*, 18/2/2007.

[384] Em 7 anos de ocupação houve 4.374 baixas, ou seja, 610 por ano. Dados do Ministério da Defesa divulgados em www.antiwar.com.

[385] Natalia Siniavskaia, *Immigrant workers in construction*. Washington: National Association of Home Builders, 2005.

[386] Carta da AGC para o senador Mitch McConnell, datada de 23/12/2009.

lhadores era, em geral, pouco qualificado e sua maioria provinha de contextos rurais. A partir do início dos anos 1990 configura-se um novo ciclo de migrantes da construção civil, originários, sobretudo dos países do antigo bloco socialista: processo acelerado na medida em que parte desses países passou a integrar o mercado comum europeu.

Um artigo de 2002 do jornal *Le Monde Diplomatique* comenta as características desses novos migrantes que ocupam a construção civil à espera de melhores postos de trabalho. Eles são caracterizados como "disciplinados" e "altamente qualificados", muitos têm formação universitária ("são doutores, engenheiros, técnicos") herdada da política comunista de ampliação do acesso ao ensino. Em busca de melhores condições de vida, eles conseguem acessar o mercado de trabalho nos outros países europeus pela porta da construção civil.[387]

Em pesquisa sobre o trabalho migrante na Inglaterra, verificou-se que essa disparidade de formação promove uma estigmatização às avessas. "A diferença no nível de educação de muitos migrantes evidencia que estão realizando trabalhos inferiores ao que sua educação e habilidade permitiriam, o que faz com que tenham pouco em comum com os outros que executam o mesmo trabalho. 'Como podemos esperar integrar alguém que tem diploma de astrofísica com um pedreiro?' Um filósofo polonês reclamou da falta de intelectualismo dos trabalhadores ingleses da construção. Outros, contudo, percebem que o problema pode ser decorrente da atitude dos ingleses diante do trabalhador migrante, como afirma um búlgaro: 'nós somos uma categoria diferente de pessoas. Os ingleses não têm respeito por nós. Nós somos apenas força de trabalho suplementar que será dispensada assim que o mercado se contrair novamente'".[388]

Uma agência inglesa de recrutamento de trabalhadores do Leste Europeu para a construção civil faz a seguinte propaganda: "Sua empresa está procurando por trabalhadores experientes? Precisa de carpinteiros, pedreiros, pintores, gesseiros? Não acha trabalhadores locais? Por que não tirar vantagem do novo mercado europeu de trabalho? Trabalhadores do Leste Europeu são conhecidos por seu trabalho duro, dedicação ao empregador e excelência na execução. Nós oferecemos trabalhadores altamente capacita-

---

[387] Hervé Dieux, "Eastern European immigrants exploited", em *Le Monde Diplomatique*, ago. 2002.

[388] Sarah Spencer *et al.*, *Migrant's lives beyond the workplace: the experiences of Central and East Europeans in the UK*, 29/5/2007, p. 60.

dos para várias profissões da construção. Nós podemos lhe prover trabalhadores qualificados da Lituânia, Letônia, Polônia, Eslovênia e Hungria. Contate-nos para acessar nosso banco de dados de trabalhadores temporários ou permanentes. Trabalhadores da construção do Leste Europeu são uma real oportunidade para sua empresa alcançar alta produtividade a um baixo custo!".[389]

A adoção do trabalho migrante em geral (e, particularmente, o ciclo de migração qualificada e a baixo custo do Leste Europeu) é uma estratégia para ampliar a taxa de mais-valia. Os países da Europa ocidental se beneficiam da qualificação profissional e da disciplina da educação fornecida pelo antigo bloco socialista, apropriando-se gratuitamente do "trabalho passado" que essa força de trabalho contém. Por sua vez, ao contrário do que se poderia esperar do custo de reprodução de trabalhadores qualificados, nas novas condições do país de destino, ele é baixo, pois os migrantes se submetem a situações precárias de alojamento e alimentação. O resultado é trabalho qualificado a baixo custo; para o capital, melhor situação não há.

Cortiços, similares aos descritos por Engels no século XIX, tornaram-se novamente atividades rentáveis para *landlords* que alugam cômodos a inquilinos estrangeiros. "Muitas vezes há dez ou mais pessoas em um apartamento com apenas um banheiro", relata um operário búlgaro da construção civil.[390] A sublocação torna-se uma alternativa para que os trabalhadores migrantes maximizem seus ingressos e aceitem salários não compatíveis com os custos de reprodução social de um trabalhador inglês. Assim, os migrantes, além de promoverem ganhos para seus empregadores, favorecem os negócios rentistas de locadores de vagas em cortiços e agências de recrutamento.

O grau de fragilidade do trabalho migrante, associado à sua baixa sindicalização, representa um desequilíbrio enorme na relação capital-trabalho, o que é favorável à acumulação predatória. No entanto, ele não é o único a ser penalizado com isso. Em graus diferentes, essa situação se estende a todos os trabalhadores da construção. O desrespeito pelas condições de segurança do trabalho, a baixa fiscalização e o número elevado de mortes e acidentes, além da frequente extensão da jornada de trabalho, são exemplos de como a construção civil é um dos espaços mais violentos de exploração e depredação da força de trabalho. É por isso que ela se constitui numa das mais im-

---

[389] Em http://recruitment.globalchoices.co.uk/?id=37.

[390] Sarah Spencer *et al.*, *op. cit.*, p. 40.

portantes "reservas de mais-valia", explorada intensamente pelo capital, e cujos ganhos são transferidos para os demais setores da economia, como explicou Sérgio Ferro.

As obras da alta arquitetura fora dos países centrais também tomam partido das condições precárias de trabalho, em situações ainda mais críticas. Os novos paraísos da arquitetura-estelar e seus canteiros são analisados em três recentes relatórios da ONG Human Rights Watch (HRW), um sobre condições de trabalho nos canteiros de Pequim, incluindo as obras olímpicas, e dois sobre os trabalhadores migrantes da construção civil nos Emirados Árabes (Dubai e Abu Dhabi). Algumas das recomendações dos relatórios são direcionadas para as obras dos renomados arquitetos, no sentido de alertar (em vão?) para o tipo de condições de trabalho em canteiros de obra que estão promovendo.

Os migrantes que atuam nas obras em Pequim são chineses, vindos do interior rural para tentar a sorte nas grandes cidades. Fenômeno de migração interna ao espaço nacional, como ocorreu no Brasil nas décadas de cresci-mento acelerado. Estima-se que o "exército invisível" de trabalhadores nos canteiros de Pequim seja composto por dois milhões de pessoas.[391] Eles so-frem com diversos tipos de exploração além de restrições para organizarem--se. A situação mais comum verificada no relatório é de atrasos e calotes salariais, más condições de alojamento e alimentação, ausência de aplicação de medidas de segurança e prevenção de acidentes no trabalho, ameaças para evitar organização sindical e greves. Os migrantes são submetidos a precari-zações extras, como não ter acesso a serviços públicos e à assistência médica gratuita, mesmo em caso de acidentes. Isso porque na legislação chinesa só os trabalhadores locais, no caso, com registro domiciliar em Pequim, têm direitos a esses serviços e garantias.[392]

Como informa a mesma HRW, a legislação local proíbe a existência de sindicatos independentes e negociações salariais fora da All China Free Tra-de Union. O sindicato oficial não recebe migrantes, o que impede sua repre-sentação, mesmo nesta instância. As reclamações trabalhistas são paralisadas na burocracia. Protestos e greves são reprimidos pela polícia e seus manifes-tantes presos ou ameaçados por capangas dos empreiteiros; a exploração é sistêmica e o amálgama entre empresários, partido comunista e sindicato oficial impede que os trabalhadores possam defender seus direitos e necessi-

---

[391] Human Rights Watch, *One year of my blood*, vol. 20, nº 3, 2008.

[392] *Idem.*

dades mais elementares. Contudo, os *mingongs*, como são chamados os trabalhadores migrantes, ainda são nacionalistas e se dizem orgulhosos do trabalho[393] — talvez como nossos candangos, que se sentiam participando da construção de um novo país que, contudo, não lhes previu lugar, nem na cidade, nem na política.

Os pesquisadores da ONG norte-americana tentaram investigar os canteiros das obras olímpicas, "mas seu acesso era estritamente controlado, impedindo qualquer pesquisa de campo". Segundo eles, não há porque acreditar que a situação nesses canteiros seja diferente daquela identificada em Pequim. O objetivo do relatório, evidentemente, não é conseguir influenciar o governo chinês a tomar medidas que favoreçam os trabalhadores, mas denunciar internacionalmente as condições com que o "milagre chinês" ocorre e a maneia como seus novos e brilhantes *skylines* são produzidos. Assim é que "os espectadores dos Jogos Olímpicos de Pequim de 2008 devem ser alertados do fato de que os estádios em que eles estão assistindo aos jogos provavelmente foram construídos por trabalhadores que foram maltratados, nunca pagos ou pagos com atraso por seus serviços, enfrentaram condições perigosas e insalubres, com trágicas consequências para alguns. Espectadores devem igualmente saber que o Comitê Olímpico Internacional não fez qualquer esforço sério para garantir tratamento mais humano para esses trabalhadores".[394] Nem os arquitetos, como já disse Herzog.

Pressionado em uma entrevista para justificar sua "parceria" com o governo chinês na construção de um de seus edifícios mais emblemáticos, a CCTV, companhia estatal de televisão, Koolhaas afirma que "é errado condenar a China como uma ditadura, pois, num curto espaço de tempo, um completo sistema econômico subdesenvolvido foi reformado e, juntamente com isso, muitos direitos se desenvolveram, por exemplo, o direito de ser proprietário".[395] Resposta sintomática, afinal esse é o único direito que realmente interessa ao capital e que garante a continuidade dos investimentos (materiais e simbólicos) do Ocidente na China.

A situação nos Emirados Árabes Unidos, a mais vistosa vitrine da arquitetura contemporânea, enclave paradigmático da nova economia rentista,

---

[393] Segundo Ruth Aquino, em "A arquitetura da nova China", revista *Época*, 7/7/2008.

[394] Human Rights Watch, *op. cit.*, p. 13.

[395] Entrevista a Hanno Rauterberg, *op. cit.*, p. 105.

Trabalhadores na construção do Ninho de Pássaro, projeto de Herzog & de Meuron, 2003-2008 (página à esquerda), e da CCTV Tower, projeto de Rem Koolhaas, 2003-2012 (página à direita), ambos em Pequim.

como bem descreveu Mike Davis,[396] é ainda pior. Os estrangeiros compõem 95% da força de trabalho dos Emirados, com 2,7 milhões de imigrantes.[397] A construção civil é um dos seus principais destinos, com imigrantes vindos, sobretudo, de áreas pobres e rurais da Índia, Bangladesh, Paquistão e Sri Lanka. Sua remuneração média mensal é de 175 dólares (não há salário mínimo nos Emirados), em um país cuja renda per capita é de 2,1 mil dólares por mês. Esses trabalhadores são recrutados em seus países de origem por empresas de tráfico de trabalhadores, que cobram entre 2 a 4 mil dólares para tranferi-los a um canteiro de obras nos Emirados. Essa dívida é paga rifando-se todas as economias pessoais do trabalhador em seu país, ou ao longo de anos, já nos canteiros de obra, sob juros extorsivos. Com o visto e o contrato de trabalho, o migrante tem seu passaporte retido ilegalmente pela construtora que o recebe nos Emirados. Segundo a HRW, a remuneração assinada em contrato é sempre inferior ao que havia sido prometido no país de origem, muitas vezes 50% menor. As jornadas de trabalho são de 10 a 12 horas, em um sol escaldante, com média de 38 graus nos horários de pico do trabalho, o que ocasiona desidratação, insolação, entre outras doenças. Não há dados confiáveis sobre mortes e acidentes na construção. Enquanto o governo declara que 34 trabalhadores morreram em canteiro no ano de 2004, um levantamento independente indicou 264, afirma a HRW.[398]

Os trabalhadores migrantes são alojados em 1.033 "campos de trabalho", ou campos de concentração de trabalhadores, cercados e vigiados, compostos por alojamentos pré-fabricados em que os únicos móveis são beliches. Os banheiros são precários e é comum a falta d'água. Não há assistência médica gratuita e seguro contra acidentes — dessa forma, os trabalhadores devem desembolsar da própria remuneração qualquer gasto com saúde. Não há como fazer reclamações trabalhistas, não há advogados independentes que defendam os interesses dos trabalhadores e o governo não reconhece nenhuma organização de direitos humanos. Há apenas 48 fiscais do trabalho, nunca vistos em canteiro, segundo os operários entrevistados. A sindicalização é desencorajada e o direito à greve é proibido por lei. O

---

[396] Ver Mike Davis, "Sand, fear and money in Dubai", em *Evil Paradises*. Nova York: The New Press, 2007.

[397] Estes dados e os apresentados a seguir foram tirados dos seguintes relatórios da Human Rights Watch: *Building towers, cheating workers: exploitation of migrant construction workers in the United Arab Emirates* (2006); e *The island of happiness: exploitation of migrant workers on Saadiyat Island, Abu Dhabi* (2009).

[398] *Idem.*

trabalhador não tem sequer o direito de mudar de emprego e empresa, sendo penalizado com a deportação. O resultado disso é que, quando ocorrem greves e protestos, eles são violentos e selvagens, com destruição de escritórios administrativos, queima de automóveis e depredação de máquinas e veículos de obra.[399] A repressão é dura, com dezenas de milhares de trabalhadores presos, segundo o relatório da HRW, no caminho para a deportação.

"Há uma sistemática violação de direitos", o que caracteriza um sistema de "trabalho forçado", afirma o relatório. Como já explicara Marx, sem limites legais e morais que o refreiem, o capital tem como impulso natural "a sucção desmesurada da força de trabalho", até o limite da sua "exaustão prematura e aniquilamento".[400] Os Emirados Árabes são o caso limite dessa "avidez por mais-valia" que estamos descrevendo ao longo deste tópico. E todos os casos extremos sempre nos ensinam algo sobre o que está latente nos demais casos, pois nele tudo é explícito.

Os Emirados Árabes, como descreveu Mike Davis, são comandados por um *sheik* que é ao mesmo tempo emir e CEO dos grandes empreendimentos, incluindo os petroleiros e imobiliários — num sistema de transfusão de rendas e mais-valias, que envolve fundos de investimentos e milionários internacionais. Com isso, unificaram-se poder político e econômico sob um só comando, numa "verdadeira apoteose dos valores neoliberais do capitalismo contemporâneo: uma sociedade que poderia ter sido desenhada por economistas da universidade de Chicago". Alcançou-se o que para os conservadores americanos era apenas um sonho: "um oásis de livre iniciativa sem impostos de renda, sindicatos e partidos de oposição (não há eleições)", abastecido pelo fluxo da renda petroleira — à época em alta. É por isso que Davis denomina esse local como um "paraíso", obviamente, um "paraíso do mal".[401]

---

[399] BBC, "Strike halts work at Dubai tower", 23/3/2006.

[400] Karl Marx, *O Capital*. São Paulo: Abril Cultural, vol. 1, livro I, 1988, p. 184 e p. 203. No caso, aniquilamento em sentido estrito: segundo Javier Montes, só em 2004, Paquistão, Índia e Bangladesh repatriaram 880 cadáveres de trabalhadores da construção civil, em *Arquitectura Viva*, n º 111, 2006, p. 36.

[401] Uma comissão de empresários brasileiros da construção civil esteve nos Emirados Árabes em busca de novidades para a organização de seus canteiros, e encontrou lá um verdadeiro "paraíso" da exploração do trabalho. Carlos Leal, do Sinduscon, voltando da viagem afirmou que lá "não existe paternalismo, o que torna a relação empregador empregado mais transparente e correta". A euforia dos empresários foi descrita em "Dubai e os megaprojetos", em *Construção Mercado*, nº 60, jul. 2006.

É essa mesma máquina de moer trabalhadores que está produzindo ilha artificial de Saadiyat, chamada "Ilha da Felicidade", em Abu Dhabi, na qual serão construídos projetos de Frank Gehry (filial do Guggenheim), Jean Nouvel (filial do Louvre), Norman Foster (Museu Sheikh Zayed, ligado ao British Museum), Zaha Hadid (Centro de Artes Performáticas), Tadao Ando (Museu Marítimo), Rafael Viñoly (filial da New York University), além de hotéis, campos de golfe e residências de alto luxo. A equipe da Human Rights Watch comunicou a todas essas instituições e escritórios de arquitetura as condições de trabalhos desumanas que seriam adotadas em suas obras, com o objetivo de que tomassem medidas para evitá-las. O compromisso solicitado é "assegurar ao público local e internacional que seu projeto não adotará as práticas prevalentes de abuso do trabalho migrante". Das instituições envolvidas, apenas a agência francesa de museus tomou alguma iniciativa, após diversas reuniões com a HRW, no sentido de pressionar seus parceiros locais a obedecer às convenções internacionais do trabalho. Contudo, segundo o relatório da ONG, ainda não há formalização dessa disposição nos contratos com as construtoras, bem como penalidades no caso de descumprimento. Gehry e Nouvel foram os únicos arquitetos a responder a HRW, mas de forma protocolar.

Koolhaas também tem obras em Dubai: "estamos projetando algo sério e adulto lá, um bairro que será tão urbano quanto possível. Em Dubai todos andam de carro, mas onde estamos construindo você poderá caminhar, haverá um metrô, estamos misturando residências e escritórios". E continua: "esse trabalho é realmente muito abstrato, porque nós não sabemos como a sociedade lá vai se desenvolver, quem vai morar e trabalhar lá, ou que necessidades a área precisa satisfazer".[402] Afinal, não é mesmo uma cidade, trata-se da produção especulativa (igualmente abstrata) de imóveis ainda sem compradores, uma cidade fantasma aguardando que os fluxos de capital lhe garantam os ganhos rentistas. Enquanto isso, os mesmos trabalhadores migrantes e semiescravizados, noutra forma de "trabalho abstrato" produtora de valor, erguerão a nova cidade. O arquiteto preocupa-se em não saber quem serão os moradores (que não existem), mas finge ignorar as condições dos operários, que existem e construirão sua cidade. São seres do subterrâneo (social) que não se quer ver.

A leveza das novas formas arquitetônicas, assim, está longe de pairar no ar. Com a crise do *welfare*, a partir dos anos 1970, a nova riqueza pôde

---

[402] Entrevista a Hanno Rauterberg, *op. cit.*, pp. 100-3.

Trabalhadores da construção civil em Dubai, maior cidade dos Emirados Árabes Unidos, na costa sul do Golfo Pérsico.

livremente se assentar na velha máquina de extração sem peias de mais-valia absoluta, funcionando incansavelmente para ampliar a acumulação e contrabalançar a tendência de queda da taxa de lucros nos setores que dispensam trabalho vivo. E, quanto mais as diversas formas de rentismo levam a uma redistribuição perversa do lucro social, apropriando-se de fatias consideráveis dele sem levar em conta as reais proporções da produção, mais se exige dos setores produtivos que ampliem a exploração — e a construção civil é uma de suas fronteiras mais prósperas.

O VALOR DA FORMA DIFÍCIL

As obras da alta arquitetura que estamos analisando nesta tese são mercadorias especiais e precisam ser avaliadas dessa forma quando investigamos sua produção do valor. São edifícios que representam simbolicamente um poder, seja ele administrativo, cívico, religioso ou corporativo, feitos sob a encomenda de governos ou empresas. Ou seja, não são exatamente produtos do mercado imobiliário, não estão diretamente "à venda", apesar de muitas vezes fazerem parte de estratégias das próprias "cidades à venda"[403] ou da valorização das marcas. Seu valor de uso é de representação e distinção, como um "capital simbólico", na expressão de Pierre Bourdieu.

Ao contrário das demais mercadorias, as obras que analisamos são quase sempre construídas para serem postas fora da circulação imobiliária. As encomendas privadas de obras estelares estão associadas ao fortalecimento de marcas corporativas mais que ao mercado imobiliário. A forma espetacular e única do edifício é adquirida a preços elevados para fundir-se com os valores da marca que promove — seja ela uma grife de roupas, como a Prada, de automóveis, como a BMW, bancos, como o DG Bank, casas de vinhos, como a Marqués de Riscal. Nesses casos, a identidade entre edifício e marca é intransferível, ou seja, não pode ser vendida para terceiros, sob pena de fragilizar simbólica e financeiramente seus valores corporativos. Ou seja, não são ganhos imobiliários convencionais, derivados da compra e venda de imóveis, mas advindos das estratégias de fortalecimento de governos e corporações e dos valores "transcendentais" de suas marcas.

Neste tópico, contudo, o objetivo é compreender como ocorre a produção do valor nessas edificações, por isso deixaremos a questão da renda

---

[403] Otília Arantes, "Vendo cidades", revista *Veredas*, nº 38, 1998, pp. 21-3.

provisoriamente em segundo plano. Afirmar que a remuneração do capital investido nessas obras ocorre, sobretudo, por meio da renda e não do valor de troca não significa afirmar a ausência de valor-trabalho. Como vimos nesse capítulo, a quantidade de trabalho depositada nelas é muito superior a de outros edifícios banais que cumpririam a mesma função.

As construtoras que executam obras e são remuneradas por isso valorizam seu capital segundo a lei do valor — são, assim, mercadorias *stricto sensu*. Mas há uma particularidade na produção do valor-trabalho em obras de difícil execução e de formas únicas. Ela não ocorre, por exemplo, como na encomenda pública convencional — de escolas, hospitais e habitação social —, em que as edificações são, em geral, razoavelmente padronizadas, bem como seu custo por metro quadrado. A relativa homogeneidade dessas obras permite que sejam facilmente mensuráveis. O tempo de trabalho médio socialmente necessário para se realizar cada serviço é calculado mediante tabelas públicas e de mercado que detalham tempos e valores de mão de obra e composição de materiais por serviços. É possível ter um valor médio para cada tipo de metro quadrado construído (salas de aula, quadras esportivas, banheiros, refeitórios, ambulatórios, centros cirúrgicos etc.).

Além disso, as obras que analisamos, mesmo que apareçam como parte dos serviços públicos, são, em geral, investimentos de parcerias público-privadas, com o objetivo de obter ganhos simbólicos e econômicos combinados. Como vimos no primeiro capítulo, esses investimentos são realizados num contexto de competição entre cidades em que as ações públicas passam a ser pautadas pelo cálculo de retorno financeiro, tal como na lógica dos negócios. Certas obras são executadas porque favorecem o aquecimento da economia local, a atração de investidores e turistas e o aumento da arrecadação, num ciclo virtuoso de mercado, como quer o Banco Mundial.[404]

É precisamente para atrair a atenção do mundo todo que tais obras têm que ser extravagantes e até mesmo suntuosas. Esta será a oportunidade para os ganhos adicionais por parte das construtoras. Os lucros extraordinários do capital da construção nesses projetos residem justamente na dificuldade de executar edificações com formas complexas e inéditas, em que cada canteiro configura uma novidade: sistemas construtivos utilizados de forma heterodoxa, profusão de peças únicas, novos materiais ou materiais tradicionais aplicados de modo inusual, dificuldades de pré-fabricação e monta-

---

[404] Ver Pedro Arantes, *O ajuste urbano: as políticas do Banco Mundial e do BID para as cidades latino-americanas*. Dissertação de Mestrado, FAU-USP, 2004.

Canteiro um pra um

gem, necessidade de trabalhadores qualificados para serviços artesanais, escoramentos complexos etc.

O resultado, por outro lado, não é apenas o ganho extraordinário, mas a dificuldade em calcular e medir o trabalho necessário. Em um contexto de alta variabilidade no que concerne às inovações técnicas e formais, além dos riscos por vezes imponderáveis da construção civil, há uma "insuficiência dos mecanismos de quantificação do 'trabalho socialmente necessário'"[405] — que já se mostram na própria dificuldade em lidar com as "temporalidades heterogêneas e incomensuráveis" dos processos de criação das formas na nova economia; no nosso caso, das formas concebidas nos escritórios de arquitetura.

Obras como as que analisamos sofrem recorrentemente uma "desmedida" em todos os níveis, incluindo a "desmedida do valor".[406] O tempo de trabalho deixa de ser a medida de todas as coisas, como previra Marx nos *Grundrisse*: "tão logo o tempo de trabalho em forma imediata cessa de ser a grande fonte da riqueza, o tempo de trabalho cessa e deve cessar de ser sua medida".[407] A desmedida é um sinal que antecipa a crise no capitalismo, é "a crise enquanto potência", como explica Jorge Grespan, pois a "perda de referência em si mesma da autovalorização leva à 'superprodução', isto é, à produção em excesso".[408]

As formas de desmedida que presenciamos estão associadas ao predomínio da valorização financeira e rentista sobre a lógica da produção — é a "pretensão do capital em tornar-se 'sujeito' da valorização e da mensuração".[409] As forças produtivas são orientadas para responder a solicitações que não são internas à produção, mas lhe são externas, da ordem da renda e do juro. No caso da alta arquitetura, é a procura sem limites da ampliação da renda da forma, por meio de extravagâncias de todos os tipos, que exacerba essa desmedida.

---

[405] Ruy Sardinha, *Informação, conhecimento e valor*. São Paulo: Radical Livros, 2008, p. 176.

[406] No sentido de uma "perda de referência do processo de valorização no valor produzido segundo condições capitalistas", como explica Jorge Grespan, em *O negativo do capital: o conceito de crise na crítica de Marx à economia política*. São Paulo: Hucitec, 1998, p. 138.

[407] Citado em *idem*, p. 144.

[408] *Idem*, p. 145.

[409] *Idem, ibidem*.

As empresas de construção tiram vantagens dessa situação. São recorrentes os desequilíbrios financeiros de obras como as analisadas. A multiplicação dos valores do orçamento inicial é notória. A Casa da Música, no Porto, foi orçada em menos da metade do que custou.[410] A Cidade da Cultura, em Santiago de Compostela, já custa mais de cinco vezes o orçado e deu origem a uma Comissão Parlamentar de Inquérito para apuração dos fatos.[411] O mesmo ocorreu com a obra da Cidade da Música no Rio de Janeiro.[412] Os exemplos seriam inúmeros, com raras exceções, como parece ter sido o caso do Guggenheim de Bilbao.[413]

O aumento dos custos é justificado pelas construtoras como decorrente das dificuldades de execução e dos procedimentos não previstos em contrato. Os arquitetos não detalham suficientemente as etapas de obra e não simulam todas as dificuldades envolvidas na sua execução, de modo que erram com frequência nos orçamentos. Para os governos, por sua vez, obras suborçadas podem ser mais facilmente aprovadas pelo legislativo, caso contrário, nem sequer poderiam ser incluídas no orçamento, quanto mais executadas.

O caso da obra da Cidade da Cultura da Galícia, projeto de Peter Eisenman, é exemplar. Ela foi orçada por seu escritório em 108 milhões de euros, e os valores atuais — a obra ainda está em andamento — atingem 475 milhões. Dado o desequilíbrio financeiro, foi instalada uma auditoria e uma CPI.[414] Um relatório detalhado apresenta doze pontos problemáticos na gestão da obra, entre eles: deficiência nos contratos (que não seguem o direito público); contratação de empresas cujos donos ou sócios estão em altos cargos da Junta da Galícia; valor da obra cinco vezes maior que o previsto; custo de manutenção elevado, que deve ser arcado pelo governo, na ordem de 50 milhões de euros por ano. O presidente da Espanha na época, o socialista Zapatero, paralisou as obras temporariamente e suspeita-se do enrique-

---

[410] Segundo informações do arquiteto Jorge Carvalho, integrante do escritório local que acompanhou a obra.

[411] "PSdeG y BNG piden un informe sobre las incompatibilidades de Péres Varela", em *El País*, 11/12/2007.

[412] Talita Figueiredo, "Câmara do Rio decide instaurar CPI da Cidade da Música", em *O Estado de S. Paulo*, 7/5/2009.

[413] Idem, *op. cit.*

[414] "Una ponencia en Ciudad de la Cultura denuncia la 'voluntad premeditada'", em www.soitu.es, 10/12/2007.

cimento ilícito do Secretário de Cultura da Galícia.[415] O próprio Eisenman é acusado de erros de orçamento e de beneficiar-se com isso. Recebeu 14 milhões de euros pelo projeto e sua remuneração é uma porcentagem (13%) vinculada ao custo final da obra, ou seja, irá se multiplicar. As pedras de quartzito da cobertura que, como comentamos, exigiram um trabalho insano ao serem montadas, foram um dos principais alvos da CPI. Os 60 mil m² encomendados esgotaram as pedreiras de quartzito da região. No cálculo da equipe de Eisenman não foi corretamente avaliado o potencial das jazidas e a obra pode ficar com parte dos seus edifícios sem pedra de igual qualidade e tonalidade. A licitação para fornecimento das pedras foi vencida por uma empresa cujo dono é um prefeito local e político do PP (Partido Popular), com um contrato de 6 milhões de euros. Mas ao visitarem a empresa, os deputados descobriram que ela não passa de um recinto de 10x20 metros com apenas duas máquinas de corte manual (ou seja, totalmente despreparada para fornecer aquela quantidade). Além disso, a jazida de onde se extraía a pedra não tinha licença para exploração. O empresário/prefeito subcontratou então outras empresas, que invadiram com máquinas zonas de proteção ambiental. Em 2007, a extração foi paralisada por ação judicial e parte da obra segue sem a cobertura em pedras.

A promessa de Eisenman, contudo, era a de uma obra econômica: "construímos nossas obras com orçamentos muito baixos e mantemos a qualidade. Não empregamos materiais caros", e completa ironizando Gehry: "O único titânio que utilizo é o que o dentista me pôs na boca. O contribuinte não tem que custear os materiais caros".[416] Zelo que não se mostrou verdadeiro. Na mesma palestra, Eisenman, contudo, reconhece que obras midiáticas fazem parte de uma política arriscada: "os políticos conservadores estão dispostos a assumir mais riscos do que os de esquerda, que, querendo manter intactas as cidades, impedem o progresso. Todos os meus clientes são políticos conservadores que querem assumir riscos". Nesse caso, riscos compartilhados com todos os cidadãos. Com uma CPI e uma ameaça de paralisação, esta é hoje a obra mais cara em andamento na Europa, bancada pela província mais pobre da Espanha.

Pode ser que casos de superfaturamento e corrupção como esse ocorram em outras obras públicas convencionais, mas o elemento decisivo é que a

---

[415] "Despilfarros em la Xunta de Fraga", em *El País*, 15/8/2007.

[416] Rafael Sierra, "Eisenman dice que la revolución de Bilbao con el Guggenheim es el modelo a seguir", em *El Mundo*, 14/4/1999.

batalha jurídica passa a ser travada em torno das complicações construtivas e dificuldades impostas pela própria obra. Por esse motivo, os arquitetos são chamados para o banco dos réus: Eisenman, nesse caso, e Christian de Portzamparc, na obra do Rio.[417]

No setor privado, tais desequilíbrios são inadmissíveis, pois oneram diretamente os empreendedores. O escritório de Frank Gehry é um dos que mais desenvolveu o sistema de orçamentos, pois trabalha para muitos clientes privados, incluindo o mercado imobiliário, que não aceitaria o que ocorre em obras públicas. Seu projeto atual, a *Beekman Tower*, que teve 40 andares suprimidos em decorrência da crise, é um exemplo disso. Sua equipe está sendo pressionada para que o orçamento fique dentro do previsto, pois "o desenho ornamental de Gehry poderá inviabilizar o empreendimento se os custos dispararem".[418] Para a equipe de Gehry essa é igualmente uma oportunidade de demonstrar ao setor imobiliário a eficiência do software de sua empresa, promovendo-o.

Os lucros das construtoras nos projetos da alta arquitetura não podem, evidentemente, sustentar-se apenas com superfaturamentos e falcatruas. Há um lucro adicional decorrente da forma difícil que não pode ser minimizado ou encoberto pelos escândalos de mau uso do recurso público. Edificações de formas complexas e heterodoxas, difíceis de executar, interessam às construtoras porque proporcionam uma generosa massa de valor. Há muito trabalho depositado nas estruturas complexas e muitas vezes aleatórias dessa arquitetura.

Na fase da construção, a lei do valor, mesmo amalucada pela desmedida, ainda comanda a operação. Nesse momento, o construtor quer aproveitar a oportunidade para burlar a lei do valor e obter ganhos adicionais decorrentes da forma difícil. O empreendedor, por sua vez, não pode admitir a desmedida, e pressiona arquitetos e construtores para que encontrem novamente meios de medir esse valor, utilizando softwares avançados e voltando a controlar os "tempos" de produção. Ele está empenhado no controle porque compra do construtor a obra como mercadoria e não quer pagar um sobrepreço. Por sua vez, o mesmo empreendedor, seja ele público, privado ou em "parceria", quer monopolizar os ganhos decorrentes da cons-

---

[417] Andressa Fernandes, "CPI investiga irregularidades na Cidade da Música", revista *aU — Arquitetura e Urbanismo*. São Paulo: PINI, nº 171, jun. 2008.

[418] Alec Appelbaum, "Frank Gehry's software keeps buildings on budget", em *The New York Times*, 10/2/2009.

trução daquela obra singular. É uma operação especulativa: investe-se na construção de um artefato vistoso, que renderá como uma "marca", esperando abocanhar uma fatia maior de mais-valia do que a justificada pelo investimento.

Trata-se de um descolamento entre preço e valor, que ocorre nas obras raras, como obras de arte e produtos de luxo. É esse descolamento que produz o ganho adicional do empreendedor, sob a forma de uma renda de monopólio, o que Harvey denominou de "renda da arte" e "arte da renda", como vimos no primeiro capítulo.[419] A raridade da "forma-tesouro" faz com que o preço não tenha mais relação direta com a quantidade de trabalho necessária, mas com o desejo do comprador.[420] Essa raridade não é apenas a dos bens naturais escassos, ela pode ser voluntariamente produzida: nas artes plásticas, por exemplo, da ideologia do gênio à manipulação do mercado.

No caso das grandes obras de arquitetura que estamos estudando, o efeito tesouro é resultado da sua forma única, mas igualmente da concentração em si de uma enorme massa de trabalho (diferentemente da pintura, por exemplo). É uma forma-tesouro não dissociada do volume de trabalho nela incorporado, nesse sentido, reaproxima-se do valor. Nela combinam-se a raridade da forma única e a desmesurada quantidade de trabalho para executá-la — no limite da técnica, da matéria e das habilidades humanas.

O que Sérgio Ferro explica sobre a "mansão burguesa" vale, em grande medida, para nossos "edifícios-tesouro": "o aspecto ostentatório colabora com a função tesouro, porque a ostentação é basicamente a exposição de trabalho inutilizado, mas concentrado. O tesouro em qualquer de suas formas tem valor determinado pelas horas de trabalho médio social posto nele. O objeto suntuário é denso e farto em trabalho coagulado [...]. Daí, inclusive, o horror a qualquer objeto produzido em série, que indica, quase sempre, baixo custo unitário, comparado com o artesanalmente produzido. As formas ousadas ou rebuscadas, revestimentos difíceis, caixilhos especiais etc., são

---

[419] David Harvey, "A arte da renda", em *A produção capitalista do espaço*. São Paulo: Annablume, 2005.

[420] O termo "forma-tesouro" é de Sérgio Ferro, *Arquitetura e trabalho livre*. São Paulo: Cosac Naify, 2006, pp. 67-75 e pp. 127-9. Na sua definição, Ferro combina a noção de "entesouramento", de Marx (ver cap. 3, item 3a do vol. 1 d'*O Capital*) com a de "escassez", de David Ricardo (ver cap. 1 de *Princípios de economia política e tributação*. Lisboa: Calouste Gulbenkian, 2002).

prova de produção artesanal, com alto dispêndio de força de trabalho e, portanto, valiosas".[421]

O tesouro em exibição, na forma de edifícios, obras de arte ou objetos de luxo adquire a função de capital neste ato de exibicionismo. Ele pode render como espetáculo, favorecer o turismo, atrair investimentos. O empreendedor apresenta ao público o seu capital adormecido na forma-tesouro. Como nas pirâmides do Egito, visita-se o ouro, a montanha de trabalho acumulado. Essa visitação gera a renda da forma, uma peregrinação paga para observar os milagres da técnica, da estética e da acumulação de trabalho humano. Ao mesmo tempo, em seu interior, o edifício abriga novos tesouros: obras de arte, orquestras, bibliotecas, desfiles de moda, astros *pop*, alta gastronomia, equipes esportivas multimilionárias ou suítes de luxo.

A prevalência da forma-tesouro pode ser vista como o oposto do que pretendeu o projeto moderno para a arquitetura, ao mesmo tempo em que é o arquétipo das formas mais rentáveis da economia atual: o mercado das artes e a produção do luxo. Rem Koolhaas, justificando seus projetos de butiques para a grife Prada, faz a apologia do luxo nos seguintes termos: "luxo é desperdício de espaço", é o espaço "vazio", é também a forma única, é "o fascínio pela raridade".[422] Ou seja, todo o oposto da vontade de produção massificada e da forma justa e funcional que prevaleceu no período heróico da arquitetura moderna.

A ideologia do luxo recusa a padronização e a seriação, o espaço mínimo e funcional, assumindo valores "aristocráticos", no sentido de aparecer como "não mercantil" e "anticomercial". Daí tais espaços de luxo se contraporem aos dos shopping centers — a expressão mais acabada, segundo Koolhaas, do tipo de sociedade de consumo que se concentra nas "cidades genéricas" contemporâneas — e "se assemelharem aos espaços dos museus, que, por sua vez, paradoxalmente, são cada vez mais destinados ao consumo".[423]

Se, no entanto, o luxo parece repor o valor "aurático" próprio à obra de arte, ele está igualmente inserido na sociedade de consumo. Os valores que transporta, para além do imaginário por assim dizer aristocrático, realizam-se como lucros e rendas do capital. Não se pode esquecer que o "luxo

---

[421] Sérgio Ferro, *op. cit.*, p. 72.

[422] Em Rem Koolhaas, *Projects for Prada — Part 1*. Milão: Fondazione Prada Edizioni, 2001, sem paginação.

[423] Otília Arantes, "Delírios de Rem Koolhaas", mimeo.

é uma indústria", como afirma Gilles Lipovetsky, e é cada vez mais um nicho altamente rentável de negócios comandado pelo marketing.[424] Não por acaso, Koolhaas é dos arquitetos que melhor faz o uso do marketing (de sua própria firma).

Assim, se estiver associada às formas da renda da economia simbólica, a cristalização de trabalho na forma-tesouro não é arcaica,. As "casas-tesouro" da alta arquitetura, museus ou lojas de grife, são obras de joalheria em grande escala, e o valor ali concentrado é sinônimo do "poder social" de seus proprietários. É a quantidade desproporcional de trabalho ali depositada, no limite da sua própria desmedida, que confere valor de tesouro a esses edifícios. Desproporcional se considerarmos que os mesmos usos abrigados em cada construção poderiam ser resolvidos com um dispêndio muito inferior de trabalho.

A arquitetura da forma difícil é, assim, uma imensa dissipação de trabalho figurada como concentração simbólica e material de poder e riqueza. Seu resultado é, por isso, simultaneamente admirável e degradante, surpreendente e infame. Numa sociedade mais igualitária, essa dissipação-concentração não faria sentido enquanto as necessidades mais elementares ainda não tivessem sido adequadamente resolvidas e atendidas. Mas, como afirma Lipovetsky, por enquanto "é inútil querer moralizar o luxo", pois ele "é uma necessidade absoluta de representação decorrente da ordem social desigual".[425]

Não é mera coincidência o fato da proliferação de "edifícios-tesouro", que concentram e dissipam trabalho nos malabarismos da forma difícil, ter ocorrido nas décadas neoliberais. Foi um sinal simultâneo da derrota dos trabalhadores e de um enorme excedente de capitais — uma abundância em grande parte fictícia, como mostrou a crise mundial de 2008 (e o consecutivo cancelamento ou adiamento de dezenas de obras suntuosas dos arquitetos-estrela). Voltaremos a isso na conclusão.

---

[424] Gilles Lipovetsky e Elyette Roux, *O luxo eterno: da idade do sagrado ao tempo das marcas*. São Paulo: Companhia das Letras, 2005, pp. 43-50.

[425] *Idem*, p. 20 e p. 34.

4.
EM CIRCULAÇÃO

Neste capítulo, sairemos da esfera da produção, do desenho e do canteiro, para investigarmos como ocorrem a circulação, o consumo e a distribuição da riqueza da alta arquitetura. O primeiro paradoxo, como vimos no último tópico do capítulo 3, é que a arquitetura enquanto forma-tesouro não é feita para ser posta em circulação no mercado imobiliário *stricto sensu*, mas guardada como reserva de valor simbólico e material. Contudo, essa arquitetura circula sob outras formas, e faz circular diversos agentes em torno dela. Num primeiro momento, ela circula virtualmente, numa espiral de imagens, revistas, prêmios e exposições, como forma de crescimento de seus ganhos rentistas. Porque as obras que promovem identidade de marca não são postas diretamente à venda, sua forma-tesouro exibicionista só se realiza econômica e simbolicamente se puder ser vista e memorizada por um número muito superior de pessoas do que as que a visitam efetivamente. É a divulgação mundial da sua imagem de sucesso, como estratégia de marketing, que promove seus proprietários e atrai investidores e turistas.

Nossa tarefa será analisar como a arquitetura de marca reitera seu poder social, tanto ao reforçar seu domínio interno ao campo arquitetônico (num sistema autorreferente de valorização dos mesmos arquitetos e instituições), quanto ao promover ganhos extraordinários para uma cadeia de agentes que estão se beneficiando dos ganhos rentistas: arquitetos, construtoras, governos, empreendedores, proprietários de imóveis, empresas de informática, editoras, universidades, hotéis, agências de turismo, companhias aéreas etc. Para tanto, analisaremos como ocorre o consumo, virtual e real, dessa arquitetura, de suas imagens reproduzidas indefinidamente, ou dela própria — objeto de peregrinações em busca do original. Essas modalidades de consumo geram um sistema complexo que denominamos de "distribuição da renda" promovida pela arquitetura estelar — não confundir com democratização da renda, pois é um mecanismo de concentração, em determinados agentes e espaços, da mais-valia socialmente produzida.

O sistema se fecha pela sua unidade de dominação simbólica e econômica, em que os arquitetos mais bem-sucedidos na geração da renda da forma são premiados, agraciados e louvados pelos seus mais brilhantes dotes criativos. O sistema que referendam e do qual são beneficiários lhes agradece os serviços prestados, na forma de "distribuição de medalhas".

A IMAGEM DA ARQUITETURA
E A ARQUITETURA COMO IMAGEM[426]

Nelson Kon, o principal fotógrafo de arquitetura no Brasil há pelo menos duas décadas, montou seu tripé diante do recém-inaugurado Museu Iberê Camargo, em Porto Alegre, e levou um susto. Ele encontrou ali, clicando ao mesmo tempo, outros três representantes do *star system* da fotografia mundial: o japonês Yoshio Futagawa, da revista GA, o italiano Duccio Malagamba e o português Fernando Guerra, autodenominado fotógrafo número um de Siza. "Foi um choque", conta Nelson,[427] quatro fotógrafos de importância internacional disparando ao mesmo tempo para abastecer a mídia com imagens espetaculares da obra de Siza mais esperada dos últimos tempos, premiada, ainda enquanto maquete, com o Leão de Ouro da Bienal de Veneza de 2002 — e cujos méritos são inegáveis, como vimos.

Os *paparazzi* da nova top model da arquitetura, como num desfile de alta costura, estavam em busca do melhor ângulo, da melhor luz, do melhor corte para uma foto digna do narcisismo daquele corpo-objeto, que atraísse os olhares de editores e leitores ávidos por novidades e excitação visual. A imagem da obra imaculada — sem as marcas do uso e do tempo — é a que será eternizada, como se o edifício também desejasse sua juventude eterna. Nessa imagem congelada na objetiva do fotógrafo, a obra aparece celebrizada como um fetiche de si mesma, com a superfície intocada e limpa, ainda não desgastada pela passagem do tempo e das pessoas. Ela substitui, assim, com vantagens, o objeto em si.

Aqueles quatro fotógrafos produziram em poucos dias centenas de imagens de altíssima qualidade que passaram a circular mundialmente, em revistas, em livros e no meio digital. A responsabilidade deles, como já explicara o célebre fotógrafo Julius Shulman, é construir por meio da sua fo-

---

[426] Agradeço o comentário de Gal Oppido no seminário "Fetichismos visuais", no SESC-Paulista, do qual participei, sobre como uma visão crítica da arquitetura contemporânea não poderia desconsiderar o papel desempenhado hoje pela fotografia.

[427] Entrevista ao autor. As demais afirmações de Nelson Kon, quando não citadas em nota, são da mesma entrevista.

262   Arquitetura na era digital-financeira

tografia "a imagem do edifício que ocupará a mente do público".[428] Esse fotógrafo que introduziu a imagem da arquitetura no mundo midiático comercial, notara, nos anos 1960, que a fotografia, mais do que a obra, tornou-se "o maior elo entre o arquiteto e o seu público".[429]

Nelson fora contratado pela revista *Projeto* para aquelas fotos, para nosso modesto mercado doméstico, e talvez pudesse enviá-las para revistas estrangeiras, uma vez que se tornara o principal fornecedor internacional de imagens da arquitetura no Brasil. Contudo, a concorrência inesperada lhe dificultava a ampliação das vendas. "Eu só podia ficar dois dias", lembra Nelson, "enquanto os fotógrafos estrangeiros estavam preparados para uma semana de fotos, podiam esperar a melhor luz". A persistência é decisiva para encontrar a foto memorável de uma obra, aquela que irá ser lembrada na mente do público, como explica Shulman.

Mais rápido do que os quatro, foi o fotógrafo brasileiro em ascensão, Leonardo Finotti. Ele conseguiu obter da equipe de Siza a informação da data exata da desenforma do concreto, antes mesmo da obra estar inaugurada.[430] Com isso, rumou para Porto Alegre sabendo que iria conseguir um furo de mídia. Suas fotos, da estrutura de concreto nua, com o prédio ainda em obras, foram um estouro de vendas — Leonardo conseguiu emplacá-las em cerca de quarenta revistas no mundo, do Chile à China. Com uma postura mais agressiva e globalizada, Leonardo ganhou grande parte do mercado de Nelson Kon, e vem circulando mundo afora atrás de obras recém-inauguradas para clicar, a serviço de diversas revistas internacionais que já o conhecem.

Leonardo conta que a vida de fotógrafo global da arquitetura-estrela é similar a de um homem de negócios. A rotina de viagens para fotografar é acompanhada da manutenção de contatos sociais com arquitetos e editores para garantir o acesso a informações em primeira mão e vendas antecipadas de imagens inéditas — "o circuito midiático da arquitetura é muito baseado em marketing e relações pessoais", afirma. Por outro lado, há o trabalho pesado na difícil tarefa de capturar a imagem primorosa: "me sinto como um operário da fotografia", conta Leonardo, "pois nos dois ou três dias que

---

[428] Julius Shulman, *Photography, architecture and interiors*. Nova York: Whitney Library of Design, 1962, p. 2.

[429] *Idem*, p. 5.

[430] Entrevista ao autor. As demais afirmações de Leonardo Finotti neste tópico são da mesma entrevista.

Em circulação

dedico a uma obra, enquanto não estou em campo, fico no hotel analisando e tratando as fotos digitais na procura da perfeição, não há tempo para passear ou descansar, é exaustivo".

O desafio do fotógrafo profissional é, em meio à "saturação de informação que narcotiza as retinas: conseguir atravessar a confusão visual com uma só imagem memorável" — o que já é, por si só, "uma proeza da comunicação".[431] Nesse dilúvio de imagens, "louvam-se determinadas arquiteturas só porque são mais fotogênicas do que outras".[432] As qualidades da arquitetura passam a ser avaliadas de acordo com o impacto do seu efeito visual, o que reforça a importância da aparência das superfícies dessa arquitetura, agora como nova superficialidade fotogênica.

Nessa luta pela imagem memorável, os fotógrafos deixaram de ser profissionais locais, associados a arquitetos também locais, para se tornarem "caçadores globais de imagens espetaculares", explica Nelson Kon. Eles prospectam novidades que possam interessar às editoras e passam a ser os principais informantes do que está ocorrendo na produção arquitetônica sofisticada. Leonardo Finotti afirma, por exemplo, que ele e outros fotógrafos globais conhecem mais obras do que qualquer arquiteto ou mesmo crítico de arquitetura, "nós somos a principal fonte do mercado editorial".

Com a rarefação crítica em todos os níveis, os fotógrafos passaram a substituir o papel dos críticos de arquitetura, não apenas em função da prevalência das imagens em relação aos textos, como também pela capacidade que têm de indicar os critérios de julgamento da arquitetura, propor temas e farejar jovens promessas. Mas, ao contrário do crítico, que se supõe independente (apesar da multiplicação de Muschamps), o fotógrafo é parte interessada no negócio. Não apenas comercializa as suas cópias como muitas vezes representa, junto às revistas, arquitetos que querem galgar a rampa de acesso ao panteão internacional, com suas obras publicadas. Quando o arquiteto contrata o fotógrafo, "ele está fazendo um investimento em mídia, 98% do que faço é para sair na mídia, ninguém faz para arquivar", afirma Kon.

Nessas condições, não há fotografia crítica, ela é sempre positiva em relação ao que retrata. Como o arquiteto e o editor, o fotógrafo tem interes-

---

[431] Luis Fernández-Galiano, "Papel fotográfico: imagens que constroem a arquitetura", revista *Projeto*, jul. 1994, p. 81.

[432] Fernando Freitas Fuão, "Papel do papel: as folhas da arquitetura e a arquitetura mesma", revista *Projeto*, jul. 1994, p. 84.

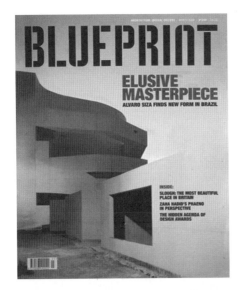   

Fotografias de Leonardo Finotti retratando o Museu Iberê Camargo nas capas das revistas *Blueprint* (Reino Unido, março de 2006), *Arq./A* (Portugal, julho/agosto de 2006), *Summa+* (Argentina, novembro de 2006) e *aU* (Brasil, junho de 2008).

se em obter belas imagens. Se a foto evidencia problemas da obra, isso aparece como um problema de composição da fotografia, explica Nelson — "uma foto crítica é como se o fotógrafo fosse ruim, a imagem mal feita". Os editores querem imagens fotogênicas da "obra pura", sem pessoas, contexto, canteiro, história, querem, numa palavra, o que imaginam ser uma obra de arte. A imagem deve capturar a aura desse objeto e, se possível, aprimorá-la. A função do fotógrafo é, assim, "embelezar, maquiar, folhar a ouro o edifício".[433]

O mestre da fotografia de arquitetura para mídia, Julius Shulman, utiliza todas as técnicas e artimanhas da fotografia para obter a melhor imagem de um edifício. Ele encena situações, dispõe objetos e pessoas como um diretor, simula primeiros planos, localiza focos de luz em pontos estratégicos, tudo para obter o melhor efeito. Diante de um edifício em um contexto árido, Shulman não hesita em dispor vasos com flores e mesmo um galho cortado de árvore, preso em um suporte, para obter um efeito de ambiência no primeiro plano capturado por sua grande angular. Nelson confirma que "era muito claro como ele estava comprometido com a construção de uma imagem positiva para a arquitetura que registrava".[434]

Shulman foi quem melhor desenvolveu a técnica de fotografia no lusco-fusco, que se tornou posteriormente o tipo de imagem mais desejada por editores. Ele fotografava logo após o pôr do sol, quando a luminosidade entre interior e exterior era mais homogênea, o que evitava o contraste e as sombras marcadas da luz diurna. O interior da edificação e seus jardins são iluminados, enquanto a paisagem ao fundo e o céu no poente apresentam uma expressividade própria a esse momento do dia. O resultado é tanto uma imagem espetacular, cheia de matizes de cores e luzes (*kitsch* diriam alguns), como o acúmulo do máximo de informações (interior e exterior) numa única imagem.

A revolução da cor na fotografia profissional de arquitetura é coetânea à emergência da arquitetura pós-moderna, na virada dos anos 1970 para os 1980. A arquitetura moderna foi acompanhada por um discurso fotográfico em preto e branco que realçava seus jogos volumétricos de luz e sombra, o rigor de composição, a textura dos materiais (do concreto áspero ao vidro liso), em obras nas quais a cor quase nunca foi um elemento importante

---

[433] *Idem.*

[434] Entrevista a Eduardo Costa e Sonia Gouveia, "Nelson Kon, uma fotografia de arquitetura brasileira", *Revista da Pós*, n° 24, dez. 2008, p. 16.

(prevaleciam o branco, os tons de cinza do concreto e o preto do ferro ou do aço). A arquitetura comercial e a vernacular, que irão estabelecer as bases para a emergência de uma estética pós-moderna, ao contrário, são policromáticas, decoradas, iluminadas por neons. Ocorre assim uma confluência das formas e cores da nova arquitetura com a transição das revistas especializadas para a impressão colorida. Uma confluência, explica Robert Elwall, que foi favorecida igualmente pela aproximação da arquitetura com os mundos do marketing e da moda, que já haviam reconhecido há tempos "os méritos da fotografia colorida e seus benefícios comerciais".[435] Há razões econômicas para a profusão das cores nos edifícios e nas fotografias, juntamente com a pressão exercida pelo próprio mercado editorial.

Mudanças na arquitetura, na técnica fotográfica e a introdução progressiva da fotografia digital deram origem a uma nova geração de jovens fotógrafos globais, quase todos na faixa dos quarenta anos de idade: Roland Halbe, Hélène Binet, Fernando Guerra, Duccio Malagamba, Cristobal Palma, Iwan Baan, Andreas Gursky, Richard Bryant, Alan Weintraub, Peter Aaron e Jeff Goldberg. Todos, como Finotti e Kon, têm sites e blogs cuidadosamente elaborados para exibir seu material e vendê-lo em alta resolução. É por esse meio digital que os fotógrafos são contratados e as revistas prospectam as novidades que possam interessar-lhes editorialmente.

Os fotógrafos são também importantes consumidores de equipamentos digitais, computadores e softwares de edição de imagens. Segundo Nelson Kon, apesar da economia em filme e papel, o gasto com capital fixo do fotógrafo na era digital quintuplicou.[436] A obsolescência programada dos equipamentos e os avanços na tecnologia de captação digital da imagem fazem com que o equipamento profissional de 30 mil dólares tenha que ser trocado a cada dois ou três anos. Antes isso não ocorria, uma máquina mecânica de primeira linha poderia durar décadas. "Só que os fabricantes não ganhavam dinheiro, eles perceberam isso e o digital foi o 'pulo do gato' da indústria", afirma Nelson.[437] Além disso, o tratamento digital da imagem em busca da sua perfeição ainda aumenta o tempo de trabalho do fotógrafo e seus assistentes: Kon avalia que trabalha duas ou três vezes mais do que antes e não ganha mais por isso.

---

[435] Em Robert Elwall, *Building with light: the international history of architectural photography*. Londres: Merrell, 2004, p. 195.

[436] Entrevista a Eduardo Costa e Sonia Gouveia, *op. cit.*, p. 20.

[437] *Idem*, p. 19.

Ao mesmo tempo em que alimentam revistas e editoras, os fotógrafos se encontram, em geral, em condição subordinada no que diz respeito aos orçamentos, contratos, escolhas da editoria de arte e mesmo ao direito autoral. Leonardo Finotti comenta que os contratos com as revistas já vêm prontos, dificilmente o fotógrafo consegue alterar alguma coisa — dos valores de remuneração ao *copyright*, cada revista é diferente. Enquanto *freelancers* internacionais, os fotógrafos de arquitetura não têm organização que os represente como categoria profissional para apresentar suas demandas coletivas às editoras. Para variar, a competição entre eles é feroz e, algumas vezes, desleal. Quando as fotos são entregues para a editoria de arte, o fotógrafo mais uma vez perde o controle. É o editor quem escolhe as fotos, corta, amplia, reduz e manipula digitalmente as imagens para reforçar os efeitos desejados. "O editor prefere as mais espetaculares", comenta Nelson Kon, e tem uma "predileção pelo lusco-fusco", com seu efeito de informação dentro-fora e de teatralização cênica pela iluminação. Em certa medida, são eles que acabam pautando o tipo de linguagem dominante que os fotógrafos devem seguir, com suas pequenas variantes autorais.

Deixemos um pouco os fotógrafos e voltemos às imagens. Na série de abstrações e separações que acompanhamos na esfera da produção da arquitetura, a captura da obra acabada pela lente da fotografia instaura mais uma separação, a da imagem que se autonomiza do objeto. A arquitetura retorna a uma representação bidimensional de si mesma, mas para obter outros resultados. Agora a representação bidimensional não é mais a codificação para a sua execução, mas a imagem acabada capaz de apreender a maior dramaticidade plástica que essa arquitetura pode proporcionar. Com esse retorno ao plano e ao visual, o filtro fotográfico achata a experiência social da arquitetura, em uma transposição muitas vezes naturalizada pelo observador.

Essa redução promovida pela fotografia tem implicações em vários níveis, inclusive políticos. As diversas dimensões da prática social da arquitetura são minimizadas ou suprimidas na imagem fotográfica em favor da hipertrofia da *venustas* (a voluptosidade formal arbitrária), o retrato do edifício belo e isolado. A imagem fotogênica não deixa ver — ou mesmo esconde — se o edifício responde adequadamente à função prevista e às necessidades de seus usuários (*utilitas*), se as soluções técnicas e estruturais são as mais corretas (*soliditas*, para seguirmos com a tríade vitruviana), ou ainda como se deu sua construção, quem são os empreendedores, as fontes de recursos e limitações de custos, a inserção na cidade etc. A apreensão da arquitetura deixa de ocorrer por meio da *promenade*, da experiência vivida, em favor de uma representação estática e óptica hiper-realçada. A arquitetura é, assim, abstraída do seu contexto e da sua estrutura de relações complexas para se tornar uma forma plástica autônoma, sedutora, que passará a circular como um conceito. A fotografia extrai da arquitetura uma imagem sintética e excitante capaz de transportar em si os atributos que estimulam a renda da forma.

Não se pode exigir da fotografia, evidentemente, que ela cumpra atribuições que não são dela, e sim da arquitetura. Suas naturezas são distintas e mesmo opostas, mas podem ser complementares. A fotografia da arquitetura já exerceu diversas funções: documental, interpretativa, artística, e mesmo ensinou a ver a arquitetura moderna, por meio de seus grandes fotógrafos.[438] Mas o que estamos presenciando nas últimas décadas é a dominância da representação, ou melhor, o inchaço do visual a ponto da arquitetura tornar-se parte da indústria cultural, como uma mídia. Nesse contexto, a fotografia não cumpre mais qualquer papel civilizatório na apresentação da arquitetura, ela é parte do negócio de marketing e de gestão de carreiras em que esta se transformou.

Como agentes de mídia, os fotógrafos são personagens importantes na re-produção dos significados dessa arquitetura e na eleição do que deve ser exibido. Eles filtram, de grandes e desajeitados objetos concretos e imóveis, imagens que podem transitar instantaneamente pela hiper-realidade. Por meio deles, os edifícios, seus autores e patronos, tornam-se mundialmente conhecidos por milhões de pessoas. A nova versão do sistema operacional da Microsoft (o Windows 7), por exemplo, tem em sua configuração padrão imagens para "papel de parede" das peles metálicas do projeto Experiência da Música, obra de Gehry em Seattle. A escolha não é casual. Como vimos no primeiro capítulo, o edifício foi patrocinado pelo sócio de Bill Gates, Paul Allen, para abrigar sua coleção de objetos vinculados ao rock and roll e *gadgets* de ficção científica. Imagens do Guggenheim Bilbao serviram de pano de fundo para propagandas de carros (Audi), moda (Paco Rabanne), perfumes (Cerruti), videoclipes musicais (Smashing Pumpkins, Simple Minds) e até de cenário para um filme de James Bond (*Tomorrow Never Dies*).[439] A

---

[438] Ver Robert Elwall, *op. cit.*

[439] Como lembra Beatriz Plaza, em "The Guggenheim-Bilbao Museum Effect", *International Journal of Urban and Regional Research*, nº 23, 1999, e Anna Klingmann, em *Brandscapes: architecture in the experience economy*. Cambridge: MIT Press, 2007, p. 243.

Volkswagen fez o mesmo com a Biblioteca de Koolhaas, em Seattle, e a Audi com a Swiss Re de Foster, que já foi até cenário de filme do Woody Allen.

Esse efeito de disseminação é fundamental para propagar os múltiplos resultados simbólicos e econômicos que cada empreendimento pretende obter. "Os edifícios pós-modernos parecem ter sido projetados para serem fotografados" ou para virarem imagem de si mesmos, afirma Fredric Jameson.[440] Nas revistas de arquitetura são consumidas imagens em tal quantidade que começamos a acreditar que elas são a coisa em si. O resultado é que se forma um circuito autorreferente da visualidade e do formalismo. A arquitetura passa a ser concebida desde o início em função das imagens que pode gerar quando acabada. Os arquitetos se inspiram nessas formas descarnadas e desabitadas para conceber um novo projeto. Nos principais escritórios de arquitetura, fotógrafos são consultados ainda na fase de projeto, em nome da forma fotogênica, e grupos especializados em visualização estudam os possíveis efeitos ópticos da obra desde o princípio, gerando imagens em computador que servirão de divulgação antecipada para clientes e a mídia.[441]

Nessas imagens são produzidos efeitos irreais que reforçam o aspecto mágico da experiência que o edifício irá proporcionar. O arquiteto Martin Corullon trabalhou no escritório Norman Foster e comenta que as imagens renderizadas procuram "construir atmosfera, ambientação, climas, virtudes que nem as fotos da obra acabada conseguirão atingir. São realizados efeitos com luz, névoa, brilhos, espelhos d'água que só a realidade virtual permite. No computador, o que é sólido pode ficar transparente, é possível obter luz de lugares que não a emitem de fato, cores e brilhos que não são os dos materiais reais", tudo para gerar imagens poderosas e sedutoras.[442] Tais imagens, explica Martin, "têm uma função e são 'sujeitos' no processo, fazem, por exemplo, com que o projeto seja financiado ou obtenha a aprovação pública. Eu vi casos em que as imagens, essas atmosferas virtuais, foram feitas antes mesmo do projeto. E depois do projeto pronto elas ainda existem".

---

[440] Fredric Jameson, *Pós-modernismo: a lógica cultural do capitalismo tardio*. São Paulo: Ática, 1996, p. 121.

[441] No escritório de Norman Foster existe um "grupo de visualização" pelo qual passam todos os projetos para obter um aprimoramento dos efeitos gráficos e de ambientação, segundo Martin Corullon.

[442] Entrevista ao autor.

O uso da arquitetura na moda e na publicidade: Frank Gehry e Tiffany & Co., Rem Koolhaas e Volkswagen.

O escritório parisiense Artefactory, por exemplo, é especializado na construção de efeitos especiais para obras do *star system*. Eles produzem imagens fantásticas "manipulando-as de forma ficcional e introduzindo metáforas",[443] como na computação gráfica das animações de cinema. O objetivo é "criar o desejo insaciável de ver mais e mergulhar na experiência". Suas apresentações são decisivas para o show que os arquitetos fazem durante a exibição dos projetos para clientes ou júris. São visões dramáticas, com efeitos de luz e cor que alteram o próprio status do objeto arquitetônico.

A inflação das imagens está, assim, no início e no fim do ciclo de projeto e obra. O achatamento da arquitetura em pura visualidade não é um feito do fotógrafo, mas resultado da busca incessante pelo ineditismo e pela renda da forma. A arquitetura-mônada, cuja complexidade é apenas formal e construtiva, já vimos, é o melhor objeto para ser esvaziado e transformado novamente em uma imagem, pois nasceu para ser signo de si mesmo. A imagem da arquitetura transformada em arquitetura como imagem encerra, por isso, um paradoxo. Como afirma Éric Alliez, trata-se de "uma imagem que de tal modo domina a coisa representada que a virtualidade domina a atualidade, revirando a própria noção de realidade, que sai dos eixos, com o que Virilio chamou de 'desnorteio da representação'".[444]

Esse descolamento entre objeto e imagem, correspondente à dissociação entre valor e preço, é o estágio avançado da produção de mercadorias — cujas figurações são encontradas na produção arquitetônica que estamos analisando. A imagem que se dobra sobre si mesma, que está no início e no fim do processo, condiciona a esfera da produção a seguir os seus ditames. Não é mais a produção que determina o seu próprio desenvolvimento, é a circulação que condiciona, como força exterior, a orientação das forças produtivas.[445] O novo ciclo é centrado nas exigências da circulação, os malabarismos construtivos que analisamos não são intrínsecos à sua lógica

---

[443] Em "La petite fabrique d'effets spéciaux: Artefactory au générique", revista *L'Architecture d'Aujourd'hui*, nº 354, 2004, pp. 72-5.

[444] Posfácio a André Parente (org.), *Imagem-máquina: a era das tecnologias do virtual*. São Paulo: Editora 34, 1993, p. 267.

[445] Esse fenômeno não é novo e ocorreu noutros momentos e contextos históricos. O historiador Fernando Novais, por exemplo, explica o regime colonial da América portuguesa como uma dominância da circulação sobre a produção, pois o tráfico de escravos era o elemento determinante das definições econômicas, inclusive na esfera da produção.

produtiva — como bem se viu —, mas derivados do poder da imagem em gerar rendas adicionais.

Como descreveu Guy Debord, esse estágio avançado é "o capital em tal grau de acumulação que se torna imagem"[446] — ou ainda, que se torna capital fictício. A separação entre o vivido e o representado é consumada na forma de imagens autonomizadas que se apresentam como sendo a própria sociedade. Mas a sociedade do espetáculo não é apenas um conjunto de imagens, é "uma relação social mediada por imagens" que se sobrepõe e substitui a realidade anterior. À cisão entre realidade e imagem é instituída uma unidade nova, sob o comando do capital na sua forma-espetáculo.

O monopólio da aparência estabelece uma relação tautológica cuja enorme positividade não diz nada além de "o que aparece é bom, o que é bom aparece" — bordão conhecido pelos arquitetos. Essa tautologia comanda todo o circuito de produção da arquitetura, no projeto, na fotografia, nas publicações e exposições. O resultado é uma prevalência da imagem, e de seu valor de troca como renda da forma, enquanto ocorre um esvaziamento dos conteúdos da arquitetura. É o que Debord denominou de "baixa tendencial do valor de uso", que corresponde à ascensão do espetáculo.[447] A hipertrofia da representação sobre o vivido produz essa submissão da experiência real como nova forma de privação e esvaziamento.

Essa proliferação fantasmagórica de imagens separadas, mas reintegradas pelo capital em sua forma avançada, promove um "movimento autônomo do não vivo".[448] Fenômeno que é correlato ao movimento aparentemente autônomo do capital sob a dominância das finanças. Nessa forma última, a valorização parece prescindir do trabalho, como explicou Marx. O fetiche do capital é o dinheiro se reproduzindo autonomamente sem a necessidade do trabalho vivo. A arquitetura que se multiplica e se dissolve na forma--imagem parece igualmente prescindir do trabalho. E é assim que ela chega às mãos dos estudantes nas revistas, intensamente folheadas nas bibliotecas, por exemplo.

---

[446] Guy Debord, *A sociedade do espetáculo*. Rio de Janeiro: Contraponto, 1997, p. 25.

[447] *Idem*, p. 33.

[448] *Idem*, p. 13.

Arquitetura em revista

As revistas de arquitetura são veículos fundamentais na difusão dos valores da profissão, das novas tendências e das práticas dominantes. Constituíram, historicamente, os principais espaços de debate e crítica. Assim, por exemplo, a apresentação e consolidação do ideário da arquitetura moderna devem muito a revistas como a francesa *L'Architecture d'Aujourd'hui*. No pós-guerra, a contenda entre as revistas italianas *Architettura*, de Bruno Zevi, e *Casabella*, dirigida pelo arquiteto milanês, Ernest Rogers, depois associada ao grupo de Veneza (Vittorio Gregotti, Massimo Cacciari, Manfredo Tafuri), foi um exemplo de debate público sobre a nova orientação da disciplina. Conflitos entre racionalismo e organicismo, arquitetura e técnica, a questão da tradição, o problema da tipologia e a emergência do pós-modernismo eram alguns dos temas do debate entre editores e colaboradores das revistas. Nos anos 1970-80, Peter Eisenman e Kenneth Frampton dirigiram em Nova York, por mais de uma década, a revista *Oppositions*, que se tornou um marco do novo pensamento ensaístico na crítica de arquitetura. A revista inglesa *Architectural Design*, que data dos anos 1960, coordenada por Andreas Papadakis e Charles Jencks, foi a principal porta-voz do ideário pós--moderno, do desconstrucionismo e da arquitetura informatizada e high--tech. No mesmo período, *L'Architecture d'Aujourd'hui* se renovava sob a direção de Bernard Huet, mas com uma perspectiva mais heterodoxa em relação às suas origens, visto que Huet era um defensor de uma arquitetura modesta e contextualista.

A partir dos anos 1990 ocorre uma crise ou até mesmo o fechamento de muitas dessas revistas. A rarefação do debate leva ao desaparecimento de revistas de tendência e mais provocativas.

As publicações que prevalecem a partir de então não são mais progra-máticas — foi-se o tempo em que a arquitetura era uma causa. Elas procuram mostrar, de maneira supostamente plural e neutra, a produção contemporâ-nea, destacando as novas obras de profissionais consagrados e eventualmen-te apresentando as jovens promessas em ascensão. As revistas tornam-se, acima de tudo, vitrines de obras e autores, sem qualquer pretensão de pro-vocar um debate público, e vendem esse espaço para arquitetos, anunciantes e leitores. Nesse contexto, assumir posições pode ser algo comercialmente impróprio.

Não por acaso, Vittorio Gregotti, ex-diretor da *Casabella*, lembra que "por muitas décadas e até recentemente, as revistas de arquitetura eram os foros de discussões passionais e partidárias; quase sempre elas mantiveram uma forte e precisa posição sobre a disciplina arquitetônica",[449] mas atualmente "as publicações de arquitetura estão cada vez mais parecidas com revista de moda".[450] Como afirma outro editor, Dietmar Steiner, "existe hoje no mundo algo como mil revistas de arquitetura, todas confeccionadas de maneira esplêndida, mas funcionando como um aquário habitado por um grande número de peixes exóticos e maravilhosamente coloridos. Fora do aquário está o público, que observa estupefato o peixe exótico e seu estranho movimento ritualístico".[451]

À inflação de imagens, que comentamos no tópico anterior, corresponde uma retração do espaço para a crítica ensaística. Os textos que acompanham os projetos são, em geral, promocionais e, quando muito, meramente informativos. Não apenas as fotografias são positivadoras como a apresentação dos projetos passa a ser feita, muitas vezes, diretamente pelos escritórios. Na economia editorial atual, é comum que escritórios enviem um pacote fechado, completo, com texto e fotos, sem custos (o que se chama *by out*).[452] Para tanto, contam com suas assessorias de imprensa, que atuam na procura de espaços para a divulgação das novas obras. Apenas nos casos em que a pauta editorial exige uma postura mais ativa das revistas é que ocorre a compra de imagens e a produção de material próprio — por exemplo, quando se trata de obra premiada ou de arquiteto consagrado que não se preocupa mais em abastecer gratuitamente a mídia.

A presença no circuito editorial de exibição de obras e autores é essencial para a valorização das grifes da arquitetura. Nas páginas das revistas, como ironiza Gregotti, "cada um parece lutar cegamente pelo seu próprio sucesso, em vez de buscar a solidariedade e a discussão".[453] Ter uma obra publicada na revista x ou y eleva o capital simbólico de cada profissional, pois, supostamente, houve uma escolha editorial em destacar aquele arquiteto. Como todos os projetos são apresentados na vitrine de forma positiva e promocional, o papel da revista é justamente o de cortar, decidir entre quem

---

[449] Citado em Hugo Segawa, Adriana Crema e Maristela Gava, "Revistas de arquitetura, urbanismo, paisagismo e design: a divergência de perspectivas" em revista *Ciência da Informação*, Brasília, 2003, vol. 32, nº 3, pp. 120-7.

[450] Citado em Sylvio Podestá, "Por que publicar? Como publicar? O que publicar", em www.podesta.arq.br, s.d.

[451] *Idem.*

[452] Segundo Nelson Kon e Leonardo Finotti. Entrevista ao autor.

[453] Citado em Sylvio Podestá, *op. cit.*

Em circulação

entra ou não em exibição e, secundariamente, operar a edição do material recebido. Sua escolha do que apresentar ao leitor é, assim, a única atribuição de juízo sobre a arquitetura — afinal, tudo que é apresentado é bom. Como afirma Guy Debord, não é demais repetir, a sociedade do espetáculo gira em torno de uma tautologia: "o que aparece é bom, o que é bom aparece".[454] Ou seja, quem mais aparece tem chance de ampliar seu poder de influência na definição dos valores dominantes da disciplina.

Diante da profusão de imagens e informações, o leitor precisa de um guia que lhe diga o que tem valor, o que merece ser acatado, o que é novo, o que é a última moda. Luis Fernández-Galiano, diretor da revista *Arquitectura Viva*, uma das mais prestigiadas da atualidade — e que ainda mantém espaço para alguns bons ensaios críticos — afirma que os leitores compram as revistas "não porque precisam se inteirar do que acontece, porque eles podem fazer isso por outros meios, principalmente pela internet. Mas principalmente porque desejam essa visão ordenada do mundo que as revistas lhes proporcionam".[455] Como editor, evidentemente, ele defende o seu papel de propor critérios de discernimento para seus leitores.

Contudo, a maioria das revistas especializadas não tem linha editorial e tornou-se um balcão de promoções de carreiras e negócios, pouco se distinguindo das revistas comerciais para o público leigo. O prestígio editorial não se obtém mais com a capacidade de polemizar e defender ideias a respeito dos rumos da profissão. Kenneth Frampton, por exemplo, considera que o deserto editorial atual é decorrente "tanto de um consenso populista que procura satisfazer a todas as pessoas todo o tempo, quanto de uma relutância concomitante em apoiar qualquer posição particular dentro da cultura arquitetural".[456]

É com esse discurso que o arquiteto Jean Nouvel, embalado pelo prêmio Pritzker de 2008, assume a retomada da revista *AA* (*L'Architecture d'Aujourd'hui*). Diz ele em carta pública a possíveis novos assinantes da revista: "concordei em participar do comitê editorial com a estrita condição de que não irei promover uma linha única de pensamento, mas ao contrário, ser o garantidor da abertura ao novo e da memória do passado [...] aberto a to-

---

[454] Guy Debord, *op. cit.*, p. 16.

[455] Em entrevista à revista *aU — Arquitetura e Urbanismo*, São Paulo: PINI, n° 181, abr. 2009.

[456] Entrevista em William Saunders (org.), *Judging architectural value*. Minneapolis: University of Minnesota Press, 2007, p. 121.

das as pessoas e a todos os tipos de invenções e ideias sobre arquitetura".[457] Jean Nouvel percebe que o reerguimento da principal revista francesa de arquitetura, que após anos em decadência corria o risco de fechar, não era apenas uma questão desinteressada de salvação da cultura nacional. Ter uma revista de prestígio e renome internacional editada na França[458] é necessário para que a arquitetura desse país tenha uma vitrine própria para sua exibição global, reforçando seu capital simbólico. Para auxiliá-lo na tarefa, Nouvel conta com François Fontès como editor, arquiteto de Montpellier e seu amigo pessoal, e com Alexandre Allard como investidor e estrategista, um empresário com "profunda fascinação pela arquitetura contemporânea".[459] Allard é um jovem multimilionário francês, cuja fortuna na nova economia se fez por meio de empresas como a ConsoData, um gigantesco banco de dados sobre o comportamento de consumidores. Ele também é o investidor que encabeça um megaempreendimento imobiliário francês em Pequim, no bairro de Qianmen, onde serão construídas quatrocentas butiques de luxo e uma filial do Centro Georges Pompidou, com projeto entregue a Jean Nouvel. A aliança entre Nouvel e Allard está no campo do *business* e não das "fascinações".

O caso da *AA* apenas reforça o que já comentaram Greggotti e Frampton. Não é casual que as principais revistas se recusem a assumir posições editoriais provocativas e fomentar o debate público, pois seu objetivo primordial é valorizar suas marcas e seu estoque de arquitetos em exibição, evitando polêmicas ou partidarismos. A posição de vitrines, ou de aquários de obras exóticas, é própria de uma era de arquiteturas e arquitetos à venda, onde qualquer agenda programática parece deslocada, e de uma sociedade de mercado triunfante, na qual novas fronteiras devem ser exploradas, como a China ou o Oriente Médio. A declarada pluralidade das revistas, como se verá, não é sinal de democracia, mas exigência do mercado e de uma disciplina fragmentada em carreiras que busca o sucesso midiático e o reconhecimento, em especial de seus pares. Desprovida de vida crítica, as revistas oscilam entre a reprodução sistêmica dos valores dominantes e dos profissionais já consagrados, e a capacidade de perceber o novo e antecipar quais os jovens arquitetos em ascensão (ou velhos esquecidos do terceiro mundo).

---

[457] Carta pública em que declara a retomada da *AA*, em jun. 2009.

[458] Como afirma, a *AA* foi a "única revista francesa que alcançou respeito e audiência dos amantes da arquitetura e profissionais em todo o mundo". *Idem*.

[459] *Idem*.

Em circulação

Mas não se trata de um novo com caráter programático, que nasce questionando o antigo, e sim de uma novidade sem ruptura, própria a uma economia de mercado sem antagonismos: trata-se apenas de um novo investimento a se fazer, de uma nova carreira que desponta, de uma nova marca na qual apostar.

É por isso que consideramos necessário mapear minimamente o pregão das revistas de arquitetura para ver quem ocupa os holofotes. Nesse sentido, foram esquadrinhadas edições de três revistas nos últimos cinco anos (2005-2009): *Arquitectura Viva, Architectural Record* e *GA*. Como critério de representatividade de uma arquitetura globalizada, foram escolhidas revistas nos três eixos do capitalismo avançado: Europa, Estados Unidos e Japão.

Como explica Hugo Segawa, existem diversos tipos de publicações que apresentam a produção arquitetônica: revistas especializadas, publicações não especializadas e de circulação ampla, revistas dirigidas ao público leigo, anais de congressos e encontros profissionais, periódicos de centros de pesquisa e pós-graduação e portais na internet. O que nos interessa aqui é o tipo de publicação que domina a produção dos valores simbólicos e materiais da disciplina, as revistas especializadas que, segundo ele, são "reconhecidas no meio como veículos de práticas, ideias, proposições, inovações e reflexão continuadas, caracterizando-se como fontes de consulta ou atualização do estado-da-arte da produção recente".[460]

Foram analisados 36 exemplares, doze de cada revista, página a página, para efeito estatístico. O objetivo era tabular quais arquitetos, fotógrafos e ensaístas mais aparecem, quais os tipos de obra e sua localização por país. Além disso, foram avaliadas algumas características editoriais, os financiadores, o tipo e quantidade de anúncios comerciais.

A revista espanhola *Arquitectura Viva* é considerada uma das mais importantes da Europa atualmente.[461] Fundada em 1988, é dirigida desde então por Luis Fernández-Galiano, um influente crítico contemporâneo,[462] professor de projeto na Escola Politécnica de Madri e jurado de premiações como o Mies van der Rohe e o Leão de Ouro da Bienal de Veneza. A revista

---

[460] Hugo Segawa *et al., op. cit.*

[461] Como comprova igualmente a pesquisa realizada com trinta arquitetos europeus e americanos apresentada no próximo tópico.

[462] Na mesma pesquisa ele foi indicado como o segundo crítico de arquitetura mais influente do mundo, atrás apenas de Kenneth Frampton.

participa da Associação de Revistas Culturais da Espanha e recebe apoio do Ministério da Cultura, que realiza a compra de exemplares para todas as bibliotecas e centros culturais da Espanha, o que lhe garante parte da subsistência. Seu preço é de 18 euros (cerca de 50 reais) e a tiragem não é informada. A revista conta com cerca de 30 páginas de anúncios (20% do total) que são ocupadas, sobretudo, por empresas fornecedoras de componentes de fachadas (empresas de materiais de revestimento, vidros, estruturas metálicas, isolantes e caixilhos) e softwares de projeto. Isso demonstra que a prevalência da superfície e das peles na arquitetura atual tem sua dimensão econômica e se faz presente nos anúncios pagos. Os números são sempre temáticos, representando uma unidade entre capa, editorial, ensaios e apresentação de projeto. Ao mesmo tempo, mantém uma seção de Breves onde são captadas e apresentadas novidades, além de outras seções que podem veicular textos, resenhas e projetos não subordinados ao tema. O editorial, de uma página, é apresentado por Galiano, que pouco opina. O editor prefere expressar sua opinião episodicamente em ensaios específicos associados ao tema de capa. A seção de ensaios temáticos convida pesquisadores e críticos que estudam cada assunto, resultando em uma variedade de autores e na ausência de ensaístas fixos — o que reforça a centralidade de Galiano. Os projetos são sempre apresentados pelos próprios escritórios, ou seja, há uma ausência de crítica independente. Apesar de cosmopolita, a revista dá destaque para a produção espanhola, muitas vezes com números especiais — isso faz com que dedique 36% das suas páginas à produção do país.[463] Parte do conteúdo é resumida para o inglês. A *Arquitectura Viva* conta ainda com duas publicações da mesma casa editorial, a *AV Monografias*, dedicada a obras de autores ou a tipologias de edifícios, e a *AV Projectos*, que se centra na apresentação exclusivamente gráfica de projetos variados.

A norte-americana *Architectural Record* é a principal revista especializada em arquitetura nos EUA. Ela tem estreitos vínculos com o AIA (Instituto de Arquitetos da América) e existe há mais de cem anos (já teve outros nomes, como *American Architect and Architecture*). A direção é de Robert Ivy, curador americano na Bienal de Veneza, *fellow* da AIA e com pouco destaque acadêmico (apesar dos prêmios conferidos pelo mercado editorial). Ele é apoiado por uma equipe profissional composta de jornalistas, designers gráficos, administradores de empresa e publicitários, o que define um perfil comercial da revista, se comparado ao das publicações europeias. 50% das

---

[463] Verificado na tabulação de conteúdos para essa pesquisa.

Em circulação

páginas da revista são ocupados por anúncios publicitários, com ênfase em empresas que fornecem materiais de acabamentos, fachadas, caixilharia e iluminação, além de softwares de projeto — mix similar ao da *AV*. O seu formato comercial permite que o preço da revista seja menor que o das demais, 9,95 dólares (em torno de 17 reais). A tiragem não é informada, mas é provável que seja muito superior à das revistas europeias — sua propaganda afirma que é "a revista de arquitetura mais lida em todo o mundo". Ela é publicada por uma das mais importantes corporações da economia da informação, a McGraw-Hill, uma empresa de capital aberto que atua nas áreas da educação (é proprietária de uma cadeia de escolas primárias, secundárias e universidades em todo o mundo), serviços financeiros (*Standard & Poor's*), mídia (*Time-Life Broadcasting*), além de editar publicações diversas e realizar a gestão de informações para setores estratégicos como finanças, aviação, telecomunicações, energia e construção civil. A *Architectural Record* não é uma revista temática, como a maioria das publicações especializadas de arquitetura, o que permite uma variedade aleatória de projetos a cada número, com destaque para a matéria de capa. Os projetos são apresentados por colaboradores da revista, quase sempre integrantes da AIA, e correspondentes internacionais, com estilo de redação mais jornalístico. A *AR* é bastante centrada na produção norte-americana, que ocupa 62% das páginas dedicadas à apresentação de projetos,[464] e combina arquitetura autoral (ou de marca) com a mais comercial — o escritório mais mencionado nas suas páginas é o SOM (Skidmore, Owings & Merrill), cuja arquitetura corporativa não merece qualquer menção na *GA* ou na *AV*. Sua seção dedicada à crítica ensaísta é pouco expressiva e nunca ocupada pelos principais críticos de arquitetura norte-americanos. A revista sofreu uma mudança de padrão a partir da crise econômica de 2008, com o corte de aproximadamente 40% do número de páginas e anúncios.

A japonesa *GA* (*Global Architecture*), junto com a *A+U*, é das mais tradicionais e importantes revistas japonesas. Dirigida desde os anos 1970 pelos fotógrafos de arquitetura, Yukio Futagawa e Yoshio, seu filho, tornou-se um marco na apresentação documental de projetos de arquitetura. Pai e filho percorrem o mundo produzindo as imagens da revista, com apoio muito pontual de outros fotógrafos. Segundo Nelson Kon, "a *GA* era nossa bíblia, apresentava um novo jeito de fotografar. Ela fazia uma leitura linear, para entender a obra, documental. O Futagawa foi meu guru, eu tentava

---

[464] *Idem.*

fazer igual".[465] A revista é sóbria na apresentação fotográfica até hoje, evitando lusco-fusco e imagens espetaculares, que ficam por conta dos desenhos e modelos eletrônicos enviados pelos escritórios. Os projetos são apresentados pelos próprios arquitetos, com sua retórica promocional, e não há espaço para ensaios críticos e mesmo para editorial; o conteúdo é veiculado em inglês e japonês. Ela não possui anunciantes e seu preço de capa é de 2.848 ienes (aproximadamente 60 reais). A *GA* tem uma família diversificada de revistas: a *GA Japan* (dedicada à produção nacional), a *GA Architect* (monográfica), a *GA Houses* (dedicada à decoração e interiores), a *GA Modern Architecture* (que revisa grandes obras modernistas) e a *GA Document*, analisada nessa pesquisa, que apresenta "o melhor da arquitetura contemporânea mundial". Ela é editada pela A.D.A. Edita Tokyo, uma editora local de arquitetura e design. Não foram encontradas referências de vínculo com institutos de arquitetos ou subsídios governamentais.

O resultado do mapeamento das três revistas, tomando-as como representativas das publicações especializadas da arquitetura nos países centrais, é bastante revelador e comprova nossa hipótese da dominância de obras e autores associados à produção espetacular da arquitetura e à renda da forma. Essas revistas são difusoras da produção dominante ao mesmo tempo em que influenciam a própria produção. Nesse sentido, são veículos que reforçam um determinado tipo de prática, mesmo que se digam pluralistas, como veremos.

Comecemos pelos tipos de obras apresentadas, os fins a que se destinam. Elas foram divididas em vinte categorias e reagrupadas em quatro grupos maiores: 1) edifícios associados à reprodução social da força de trabalho (habitação multifamiliar, habitação de interesse social, escolas, hospitais, parques e praças públicas); 2) infraestruturas e capital fixo produtivo (terminais de transportes, infraestruturas urbanas, edifícios industriais e temas de desenvolvimento tecnológico da construção civil); 3) edifícios nos quais prevalece a busca da forma única, muitas vezes monumental, como expressão do seu capital simbólico (edifícios culturais, universidades, prédios corporativos e comerciais, edifícios de governo, edifícios religiosos, residências unifamiliares para alta renda, hotéis e *resorts*, complexos esportivos e para grandes eventos); 4) outros tipos de projetos que não os anteriores e edificações multiuso, não classificáveis. O grupo 3 é o que investigamos nesta tese: edifícios em que a forma arquitetural icônica se combina com manifestações

---

[465] Entrevista ao autor.

Em circulação

de rendas monopolistas — rendas do conhecimento, da arte, do entretenimento, das finanças, das grifes, rendas imobiliárias ou ainda derivadas de outras rendas, como as do petróleo, de localizações únicas e até rendas do vinho, como vimos.

Tabela 1

Tipos de projetos publicados nas revistas

Arquitectura Viva, Architectural Record e *GA Document**

Tipo	Inserções	%	nº pg.	%
Importância do capital simbólico	713	76,5	2.533	84,2
edifícios culturais	293	31,4	1.165	38,7
edifícios corporativos e comerciais	135	14,5	423	14,1
habitação unifamiliar isolada	81	8,7	157	5,2
edifícios de educação superior	48	5,2	227	7,6
estádios e edifícios esportivos	47	5,0	126	4,2
edifícios de administração estatal	45	4,8	215	7,2
hotéis e complexos turísticos	31	3,3	119	3,9
edifícios efêmeros e exposições	17	1,8	66	2,2
edifícios religiosos	16	1,7	35	1,2
Infraestruturas e capital fixo produtivo	99	10,6	250	8,3
infraestrutura urbana	58	6,2	166	5,5
reurbanizações	29	3,1	61	2,0
desenvolvimento tecnológico	10	1,1	19	0,6
edifícios industriais	2	0,2	4	0,1
Reprodução social da força de trabalho	99	10,6	203	6,8
edifícios escolares (ensino básico)	16	1,7	57	1,9
habitação multifamiliar	41	4,4	68	2,3
parques e praças	23	2,5	29	1,0
edifícios de saúde	12	1,3	32	1,1
habitação de interesse social	7	0,8	17	0,6
Outros	20	2,1	23	0,8
múltiplos usos	14	1,5	9	0,3
não identificável	6	0,6	14	0,5

* Doze edições de cada revista, entre 2005 e 2009, totalizando 36 edições.

O resultado, apresentado na Tabela 1, revela que os edifícios associados a esse grupo ocupam 84,2% das páginas de projetos nas três revistas somadas, enquanto as infraestruturas urbanas, 8,3%, e as edificações habitacionais, de saúde, educação e praças públicas, apenas 6,8%. A desproporção é ainda maior quando comparamos exclusivamente os edifícios culturais (quase todos os investimentos públicos), que ocupam 38,7% das páginas, com os de habitação de interesse social, que contam com apenas 0,6% do espaço.

Trata-se, evidentemente, de uma inversão em relação às necessidades sociais e à produção geral do ambiente construído, no qual os edifícios monumentais, que se pretendem "fatos primários", na expressão de Aldo Rossi, são a minoria absoluta, enquanto as infraestruturas e as edificações habitacionais compõem a maior parte do tecido urbano. A inflação cultural substitutiva das políticas de bem-estar social, já discutida no primeiro capítulo, encontra exposta nas páginas das principais revistas especializadas uma correspondência objetiva.[466]

São os edifícios que simbolizam formas monopolizáveis de poder e riqueza os que melhor expressam as habilidades criativas e o refinamento do gosto do arquiteto (em oposição aos outros construtores, como os engenheiros) — afinal "os arquitetos são as únicas pessoas que projetam edifícios de grande importância, edifícios do poder, edifícios do Estado, edifícios de reverência, edifícios para se respeitar e impressionar".[467] Esses edifícios, nascidos para tornarem-se ícones (de uma cidade, de uma corporação ou de um milionário) contam, de partida, com maiores recursos financeiros, e aos arquitetos é solicitado que levem a sua prática ao limite das possibilidades inventivas.

As revistas retratam, assim, o recuo evidente da parcela dominante dos arquitetos em relação aos temas urbanísticos e sociais. Há um retorno ao fundamento mais elitista da profissão: "o campo arquitetônico como responsável pela produção daquelas partes do meio ambiente construído que as classes dominantes usam para justificar seu domínio da ordem social", como afirma Garry Stevens. Nesses termos, segundo esse crítico de arquitetura e discípulo de Pierre Bourdieu, a cultura é utilizada como um campo de luta camuflado (a natureza da batalha fica escondida no terreno simbólico), pois os investimentos em cultura aparecem como atos desinteressados que bene-

---

[466] Seria necessário fazer uma análise ao longo de décadas para avaliar no tempo a evolução dos tipos de obra que receberam maior atenção para poder afirmar que ocorre uma ascensão progressiva dessa produção arquitetônica — o que não é o objetivo dessa pesquisa, para a qual é suficiente, na comprovação de sua hipótese, uma análise sincrônica, digamos, de um período recente.

[467] Garry Stevens, *O círculo privilegiado: fundamentos sociais da distinção arquitetônica*. Brasília: UnB, 2003, p. 104.

Em circulação

ficiam a sociedade como um todo, quando, na verdade, existe um regime cultural dominante que valoriza certos bens culturais e persuade a sociedade a aceitá-los como tais.[468]

O próximo levantamento realizado nas três revistas foi o das obras por país e por região. Como as três revistas se pretendem globais e capazes de retratar o estado da disciplina em todo o mundo, resolveu-se verificar em que medida os países que não constituem o núcleo do capitalismo central — e que concentram 90% da população mundial — eram apresentados nas revistas. O resultado, exibido na Tabela 2, mostra que 84,4% das páginas foram dedicados à produção arquitetônica nos países do capitalismo avançado (Europa Ocidental, EUA, Japão, Canadá e Austrália). China e Emirados Árabes, as duas vitrines da arquitetura mundial, receberam menos atenção do que o esperado: 6,1% e 0,8%, respectivamente. É exíguo o número de páginas dedicado à América Latina, 2,8%, Leste Europeu, 1,7%, e África, 0,4%. Mesmo ganhando o Pritkzer em 2006, o brasileiro Paulo Mendes da Rocha teve pouco destaque nessas revistas, somando menos de sete páginas.

Tabela 2
Localização das obras e projetos publicados nas três revistas

Região	Inserções	%	nº pg.	%
Europa Ocidental	549	50,7	1.584	48,7
EUA e Canadá	328	30,3	1.001	30,8
China	47	4,3	199	6,1
Japão	33	3,0	157	4,8
Ásia (sem China e Japão)	30	2,8	92	2,8
América Latina	30	2,8	91	2,8
Oriente Médio	27	2,5	57	1,7
Leste Europeu	23	2,1	54	1,7
África	14	1,3	14	0,4
Oceania	2	0,2	4	0,1

Esses dados revelam que o polo difusor das práticas dominantes e das novidades continua concentrado sobretudo nos EUA e em meia dúzia de

---

[468] *Idem*, p. 85.

países europeus. Como as revistas desses países são adquiridas em quase todas as universidades do globo e o inverso raramente ocorre — isto é, revistas de países periféricos têm pouca presença no centro —, é evidente que se trata de um movimento unilateral de difusão da produção. No caso das universidades do hemisfério sul, mesmo reconhecendo a importância de manter a atualização em relação à produção estrangeira, o resultado pode ser o reforço de práticas e discursos deslocados em relação aos problemas locais, postos no lugar apenas como mais um meio das classes dominantes nacionais justificarem seu domínio da ordem social.

Foram mapeados também os arquitetos e fotógrafos em maior evidência, apresentados nas Tabelas 3 e 4.[469] Dos fotógrafos com maior número de inserções, destacam-se, nas revistas *AV* e *AR*: Roland Halbe (Alemanha), Duccio Malagamba (Itália/Espanha), Christian Richters (Alemanha), Iwan Baan (Holanda) e Fernando Guerra (Portugal). Estes foram exatamente os cinco fotógrafos de arquitetura citados por Leonardo Finotti como os mais importantes da atualidade[470] — ao menos são aqueles com maior presença na mídia especializada. Todos os cinco, como a maioria dos fotógrafos dessa área, são formados em arquitetura, design ou artes. São profissionais versáteis, capazes de captar as potencialidades visuais de cada obra que retratam; produzem imagens com cores intensas ou em preto e branco, mais abstratas ou mais descritivas, experimentam todas as condições de luz (do lusco-fusco ao sol rasante na fachada), utilizam campos mais abertos ou fechados, criam primeiro plano ou não, adotam enquadramentos mais livres ou geometricamente rigorosos, mostram usuários ou a obra intocada — uma variabilidade que torna difícil verificar traços autorais marcantes em cada um. Dentre eles, Iwan Baan talvez seja o mais heterodoxo. Suas fotografias destacam com maior força a presença dos usuários (inclusive em grande número), o contexto da obra (muitas vezes com fotos aéreas), além de ter executado uma importante documentação dos canteiros e operários nas obras de Koolhaas, Herzog & de Meuron, Foster e Steven Holl em Pequim. Na revista *GA* as fotografias são quase exclusivamente de Yukio e Yoshio Futagawa, que não fotografam para outras publicações. Eles são mais convencionais e sóbrios, procurando decupar o edifício em planos lineares, cortes,

---

[469] Realizou-se também o levantamento dos críticos, mas o resultado foi insuficiente, dada a própria ausência de crítica. No caso da *AR*, nenhum crítico norte-americano relevante escreve na revista, na *GA* não há ensaios críticos, e na *AV*, Galiano convida colaboradores avulsos, conforme o número temático.

[470] Entrevista ao autor.

Em circulação

elevações, detalhes, como uma forma de leitura analítica e racional do construído. Segundo Nelson Kon, "o Futagawa se defasou, é 'caretão' para os dias de hoje, muito documental".[471]

Tabela 3
Fotógrafos com maior número de inserções nas revistas *Arquitectura Viva* e *Architectural Record*

Fotógrafo	Inserções	n° pg.
Roland Halbe	49	179
Duccio Malagamba	30	89
Christian Richters	23	104
Iwan Baan	22	140
Fernando Guerra	14	55
Hisao Suzuki	11	26
Miguel de Guzmán	11	25
Pedro Pegenaute	9	39
Tim Griffith	8	72
Nigel Young	8	61

Dos dez arquitetos com maior destaque e maior número de inserções nas três revistas somadas, oito têm ao menos dois grandes prêmios internacionais na carreira (Pritzker, Mies van der Rohe ou medalhas de ouro do AIA ou do RIBA): Foster, Hadid, Piano, Koolhaas, Herzog & de Meuron, Nouvel, Rogers e Gehry. As exceções são o norte-americano Steven Holl e o escritório japonês SANAA que, por isso mesmo, estão cotados para serem os próximos premiados — apesar do último já ter recebido o Leão de Ouro da Bienal de Veneza.[472] O arquiteto com maior número de projetos apresentados pelas revistas, com 32 inserções e 108 páginas, é o único que ganhou as quatro maiores condecorações da arquitetura, *Sir* Norman Foster — nosso arquiteto que virou marca e cujo escritório foi parcialmente assumido por um fundo de investimentos, como vimos no primeiro capítulo. Quem obteve o maior número de páginas, 158, foi o midiático Rem Koolhaas que, além do exercício da arquitetura de marca, tem presença constante como polemista no mercado editorial, com diversos livros publicados.

---

[471] *Idem.*

[472] O SANAA acabou por vencer o Pritzker em 2010.

Tabela 4
Arquitetos com o maior número de inserções
nas três revistas

Arquiteto	País	Prêmios*	Inserções	nº pg.
Norman Foster	Inglaterra	4	32	108
Zaha Hadid	Inglaterra	2	25	119
Rem Koolhaas/OMA	Holanda	3	23	158
Renzo Piano	Itália	3	23	142
Herzog & de Meuron	Suíça	2	19	101
Steven Holl	EUA	0	17	124
SANAA	Japão	1	17	65
Jean Nouvel	França	2	17	58
Richard Rogers	Inglaterra	2	14	77
Frank Gehry	EUA	3	14	54

* Pritzker, Mies van der Rohe, RIBA Gold Medal e AIA Gold Medal.

Dentre os projetos desses escritórios que foram apresentados nas três revistas entre 2005 e 2009, nenhum era de habitação de interesse social, educação básica ou saúde. A produção de edifícios multifamiliares ocupou apenas 0,9% do espaço a eles destinados, com destaque para o edifício *Linked Hybrid*, de Steven Holl — um condomínio fechado em Pequim, vertical, que se pretende autosustentável e combina apartamentos de alto padrão, hotel, lojas, lazer e serviços. Evidentemente que o destaque fica por conta das obras em que o valor simbólico é determinante e contribui para o crescimento da renda da marca de cada arquiteto-celebridade: museus, salas de concerto, universidades, prédios de governo, estádios, hotéis, mansões, edifícios corporativos e comerciais. Elas representam 81,3% do espaço dedicado à produção destes arquitetos e, se somarmos os projetos de novos aeroportos espetaculares (que são uma modalidade especial de infraestrutura urbana), atingem 86,8%. Os projetos de infraestrutura urbana (incluindo os aeroportos) representam 10% do seu espaço. Nele figuram: o metrô de Hague, na Holanda, do escritório OMA, por exemplo; a estação central de Dresden, de Foster; um terminal marítimo no Marrocos, de Nouvel; o projeto de Foster para a cidade carbono-zero de Masdar, nos Emirados Árabes; e o sistema de tratamento de água e esgoto em Connecticut, de Steven Holl — estes dois últimos, exemplos de projetos sustentáveis que Holl e Foster têm pretendido adicionar aos atributos de suas marcas.

Em circulação

Em cinco anos, os 36 números analisados das três revistas apresentaram 446 arquitetos ou escritórios, com uma média de sete páginas para cada um. Os dez arquitetos com maior número de inserções ocuparam, em média, cem páginas cada um, ou 33% do total de páginas. Dezoito arquitetos que já receberam algum dos quatro grandes prêmios, ou seja, 3,5% do total de 446 arquitetos, ocuparam 38% do espaço. Existe uma evidente desproporcionalidade entre a produção da arquitetura como um todo e o destaque que é dado a poucas celebridades, que personificam a ideia de sucesso profissional e os valores dominantes em nosso campo.

PRESTÍGIO E PODER NO CAMPO ARQUITETÔNICO

A outra pesquisa que realizamos baseou-se em entrevistas com trinta arquitetos europeus e norte-americanos com o objetivo de mapear as forças e instituições dominantes no "campo cultural" da arquitetura — como "conjunto de instituições sociais, indivíduos e discursos que se suportam mutuamente".[473] Como alerta Garry Stevens, a crítica da arquitetura muitas vezes se concentra exclusivamente num objeto cuja autonomia é sempre relativa a um campo de forças sistêmico mais amplo, constituído por arquitetos, críticos, professores, construtores, clientes, parcela do Estado, instituições financeiras, o discurso arquitetônico e as exigências legais quanto a edificações etc. Não se deve, assim, "separar o estudo dos arquitetos do seu meio social e dos sistemas nos quais estão inseridos", da forma como exercem poder e dominação e como tentam acumular "capital simbólico".

A maneira como Garry Stevens utiliza a teoria de Bourdieu para interpretar a arquitetura, ao mesmo tempo em que colabora com parte de nossas interpretações, deve ser vista com as devidas ressalvas. Stevens reduz a história da arquitetura à busca por prestígio e interesses pessoais, sem compreender esse fenômeno como historicamente datado e circunscrito a um contexto específico, como estamos fazendo. Não é casual que as explicações sejam sempre externas e Stevens não faça análises de obra, dispensando o crítico de sua tarefa específica, ou seja, de procurar no interior delas a expressão das contradições de uma época. O objeto passa a não ter sentido nele próprio, é esvaziado de seu significado intrínseco, na medida em que Stevens não percebe que as relações de poder se cristalizam na própria obra e não se

---

[473] Garry Stevens, *op. cit.*, p. 90.

dão apenas em um campo de forças que lhe é exterior. Essa ausência reveladora denuncia uma interpretação paradoxalmente descarnada da arquitetura enquanto mero reflexo espelhado, no caso, do arrivismo social de indivíduos autocentrados em disputa pela hegemonia no "campo".

Por sua vez, ao invés de compreender suas articulações recíprocas, Stevens reforça a separação entre capital cultural e econômico, como evidenciam suas divisões analíticas (acompanhadas de gráficos). Por exemplo, separa o campo arquitetônico — importando a duvidosa divisão de Bourdieu para a literatura — em dois subcampos estanques: o da produção restrita (dominada pelo simbólico) e do da produção de massa (dominada pelo econômico), como se não houvesse um poderoso intercâmbio entre eles. Para comprovar essa conexão basta voltar à análise que fizemos de Gehry, Koolhaas, Foster, Eisenman etc. Stevens reforça igualmente uma interpretação dualista da alta cultura e da cultura de massa, quando elas já foram parcialmente integradas sob o domínio da indústria cultural e da sociedade do espetáculo.

No entanto, tal interpretação da arquitetura como parte da economia dos bens simbólicos, colocada em posição auxiliar e não substitutiva à necessária teoria crítica de todo o processo, sem dúvida lança uma luz original sobre uma dimensão negligenciada da luta de classes no plano da cultura. A lógica do "campo cultural", como explica Bourdieu, é "criar, legitimar e reproduzir a estrutura de classes em um sistema de desigualdades".[474] No limite, uma extensão do *modus operandi* do próprio capital. A contribuição de Stevens para a crítica da arquitetura consiste em pelo menos sugerir a necessidade de uma sociologia da arquitetura que interprete não apenas arquitetos e suas obras, mas todos os demais componentes, avaliando seu poder de influência na estruturação de um sistema cultural baseado no reforço das desigualdades.

Nesse tópico, nosso objetivo é verificar como foi ordenada a mente dos arquitetos entrevistados pelas informações que recebem. Ou seja, saímos da análise do emissor para investigar o que ocorre com o receptor — como ele ordena e classifica as informações que chegam até ele. O questionário realizado com trinta arquitetos europeus e norte-americanos pretendeu mapear as instituições e as pessoas consideradas com mais poder e ascendência sobre a disciplina. Perguntamos quais os mais importantes e influentes críticos, concursos, prêmios, universidades, exposições, editoras, revistas, fotógrafos e, também, arquitetos e obras recentes. Os resultados foram obtidos

---

[474] Pierre Bourdieu citado em Garry Stevens, *op. cit.*, pp. 74-5.

Em circulação

a partir da aplicação de um questionário a arquitetos e professores de arquitetura da Europa (20 entrevistados) e dos Estados Unidos (10), composto de 10 perguntas, com direito a três respostas cada uma. Para sua aplicação contei com a colaboração de intermediadores, um nos EUA e quatro na Europa (Portugal, Espanha, Inglaterra e França). É claro que a amostra obtida não tem tecnicamente valor estatístico,[475] mas seu resultado é aqui apresentado como um termômetro da rede de influências e do sistema de forças no campo arquitetônico.

Esse sistema começa a ser demarcado quando os entrevistados respondem quais as obras e os arquitetos mais relevantes dos últimos anos. Em primeiro lugar, citado por 30% dos entrevistados, está o Guggenheim de Bilbao, não casualmente a obra que consideramos neste livro como principal paradigma da produção arquitetônica nas duas últimas décadas. Seguem-se a ele, o Estádio Olímpico de Pequim, a Casa da Música no Porto e o Terminal Marítimo de Yokohama. Nenhuma das obras citadas pertence a arquitetos da periferia do capitalismo, com exceção de uma menção genérica a edifícios de Niemeyer em Brasília, não por acaso, monumentais e de um formalismo icônico que já antecipava procedimentos projetuais da arquitetura do espetáculo. Mesmo com o Pritzker, nenhuma obra de Paulo Mendes da Rocha foi lembrada — o que evidencia uma focalização geográfica da ideia de importância no campo restrita aos países centrais. Graças a Siza, Porto Alegre recebeu duas menções, com seu Museu Iberê Camargo.

Tabela 5
Obras mais relevantes dos últimos anos

Guggenheim de Bilbao (Gehry)	30%
Estádio Olímpico de Pequim (H&dM)	20%
Casa da Música do Porto (Koolhaas)	17%
Terminal de Yokohama (FOA)	17%
Termas de Vals (Zumthor)	13%
Biblioteca Central de Seattle (Koolhaas)	13%

---

[475] Minha intenção foi suprir minimamente a ausência de pesquisas do gênero com valor estatístico. O tamanho reduzido da amostra obtida, evidentemente, não tem proporcionalidade estatística em relação ao universo total de arquitetos desses países. Além disso, não tive como aplicar uma metodologia de sorteio aleatório para garantir a impessoalidade e a representatividade das respostas, uma vez que dependi de intermediários locais para distribuir os formulários.

Essa irrelevância da arquitetura contemporânea dos países que não compõem o núcleo capitalista central pode, no entanto, ter também motivos objetivos: ser resultado, em parte, das décadas neoliberais que se seguiram à crise das dívidas externas e da fragilização de seus governos e economias — até então promotores de obras arrojadas e reconhecidas mundialmente. No pós-guerra e com o crescimento econômico acelerado, a arquitetura moderna de países como México, Brasil, Índia e Egito influenciava o imaginário dos arquitetos europeus e norte-americanos. O que vemos pelas respostas do formulário, reforçando o que havíamos descrito a respeito das revistas, é que a produção desses países, não por acaso, saiu do imaginário dos arquitetos centrais e não conta mais na definição de valores da disciplina.[476]

Tabela 6
Autores das obras mais relevantes

Rem Koolhaas/OMA	50%
Herzog & de Meuron	43%
Frank Gehry	33%
Álvaro Siza	20%
Peter Zumthor	20%
Renzo Piano	20%

Passando das obras aos arquitetos tidos como "mais relevantes", o destaque vai, em primeiro lugar, para Rem Koolhaas, seguido, pela ordem, por Herzog & de Meuron, Gehry, Siza, Zumthor e Piano, todos eles premiados com o Pritzker, além de outras medalhas de ouro (AIA, RIBA e Mies). Ao variarmos um pouco a pergunta para "Qual arquiteto contemporâneo mais lhe inspira?" (o que significa uma influência direta sobre o entrevistado), o resultado difere somente na ordem classificatória, sendo mantidos os nomes premiados. Em primeiro, Herzog & de Meuron e depois seguem: Koolhaas, Zumthor, Siza e Piano. Vê-se a ausência de Gehry: embora tendo sua obra

---

[476] Pude sentir isso quando dei duas palestras em Portugal, em 2008. Por mais que se interessassem pelos problemas de habitação no Brasil, e ainda identificassem semelhanças com a política implementada com a Revolução dos Cravos (o SAAL), os portugueses (antiga periferia da Europa, mas agora sentindo-se plenamente cidadãos europeus) afirmavam que eu estava falando de outro "universo", que não era o da arquitetura como a entendiam. Ou seja, mesmo sendo arquiteto, eu estava fora do "campo" e sequer poderia ser encaixado em alguma de suas gavetas classificatórias.

Em circulação

indicada como a mais relevante dos últimos tempos, não foi mencionado como uma das fontes de inspiração por nenhum dos arquitetos entrevistados (incluindo os dez norte-americanos). Fenômeno que talvez se explique por motivo de sua marca excessivamente singular e, a bem dizer, intransferível. O resultado como um todo dessas duas perguntas revela que há uma clara coincidência entre a indicação de obras relevantes, arquitetos mais influentes, países centrais e condecorações oficiais.

Tabela 7

Arquitetos contemporâneos que mais inspiram

Herzog & de Meuron	33%
Rem Koolhaas/OMA	27%
Peter Zumthor	23%
Álvaro Siza	20%
Renzo Piano	13%

Na eleição dos fotógrafos mais importantes, a escolha foi menos concentrada do que a anterior, sendo vencedor o velho Julius Shulman, já falecido, ainda lembrado provavelmente devido à sua importância na definição de um padrão midiático para a fotografia de arquitetura. Shulman obteve 23% das respostas. A ele seguem os já mencionados: Iwan Baan, Hisao Suzuki, Hélène Binet, Duccio Malagamba além de Gabriele Basilico. Essa foi justamente a pergunta com menos polarização e mais abstenções (foram preenchidos apenas 60% dos campos possíveis), o que evidencia que o nome dos fotógrafos mais destacados não é familiar a muitos arquitetos. Fenômeno que talvez possa ser explicado pelo fato da fotografia da arquitetura ser entendida como algo que não sofre a mediação de um olhar construído por um profissional que mereça igualmente ser lembrado.

Tabela 8

Fotógrafos mais importantes

Julius Schulman	23%
Iwan Baan	17%
Hisao Suzuki	13%
Hélène Binet	13%
Duccio Malagamba	10%
Gabriele Basilico	10%

A pergunta seguinte foi a respeito dos críticos contemporâneos mais ouvidos, os intermediários culturais, que colaboram para definir o que é bom ou não para a profissão. Como afirma Stevens, produzir rótulos, demarcar diferenças, separar o novo do velho, nomear, constituem um dos maiores poderes no campo. Nessa pergunta, a resposta convergiu para três nomes, dois deles sediados em Nova York, com destaque para o primeiro, Kenneth Frampton, com 40% de menções. Formado pela AA (Architectural Association) de Londres, Frampton é professor da Columbia University e participou da revista *Oppositions*, com Peter Eisenman e o grupo de Nova York. A ele se seguem Luis Fernández-Galiano, o já referido editor da revista *Arquitectura Viva*; Mark Wigley, ex-professor em Princeton e atual diretor do curso de arquitetura da Columbia University; e Charles Jencks, formado em Harvard e ex-professor da AA e da UCLA — os dois últimos, teóricos simpatizantes do pós-modernismo e do desconstrutivismo. Os outros 26 críticos mencionados obtiveram um ou dois votos apenas. Nosso conhecido Muschamp, apesar de ocupar espaço no *New York Times*, obteve apenas um voto, o que indica que sua influência deve se dar mais sobre o público leigo do que sobre o círculo arquitetônico.

Tabela 9
Críticos contemporâneos
mais influentes

Kenneth Frampton	40%
Luis Fernández-Galiano	20%
Mark Wigley	13%
Charles Jencks	10%

Não deixa de surpreender essa dominância inconteste de Frampton na esfera da crítica. Frampton é um autor conhecido tanto pela reputação de seus livros e textos de *scholar* da história da arquitetura quanto por participar ativamente nas demais iniciativas da profissão, seja na defesa de uma arquitetura de resistência, seja na apresentação entusiasta dos grandes nomes da disciplina. Frampton é ao mesmo tempo um historiador, que preserva certo distanciamento crítico em relação a seus objetos, e um ensaísta concorrido, solicitado por revistas e editoras para apresentar obras e arquitetos da ativa. Essa troca de posições entre o *scholar* rigoroso e os textos de apresentação monográfica favorece seu trânsito e respeito no meio. Nas apresenta-

Em circulação   293

ções monográficas, certa reverência pelo objeto é parte da encomenda, o que se traduz em ensaios positivos e mesmo laudatórios.

A categoria central da crítica de Frampton é a noção de tectônica, enquanto manifestação da habilidade construtiva de cada tempo, lugar e cultura, que se revela na escolha da implantação correta sobre o sítio ao mesmo tempo que no uso íntegro e poético dos materiais e no controle dos esforços estruturais.[477] A tectônica, em oposição à arquitetura cenográfica, é assim uma engenharia e uma poética da construção (a seu ver, um "labor", no sentido conferido por Hannah Arendt), que revela a inteligência do material na sua manipulação correta pelo construtor — por isso, o crítico interpreta com especial atenção as soluções dadas aos vínculos estruturais de cada obra arquitetônica. Dentro do meio, Frampton mantém uma posição programática ao defender o regionalismo crítico, em oposição ao historicismo comercial de certa arquitetura frívola pós-moderna. No regionalismo crítico, Frampton valoriza arquitetos que souberam conciliar algumas das conquistas do racionalismo moderno e o respeito a culturas tradicionais com uma certa abertura para a gratuidade poética, buscando sempre a síntese entre os valores locais, universais e autorais. Outra de suas bandeiras é a defesa do espaço público diante da proliferação de enclaves fortificados e privatistas. Sua formulação da noção de esfera pública é muito inspirada, mais uma vez, em Hannah Arendt, tingida por certa nostalgia das formações emblemáticas da *polis* grega.

Enfim, Frampton parece dessa forma ter conseguido obter uma forte unanimidade. Ao mesmo tempo em que estimula e provoca os arquitetos, o faz sempre num tom relativamente otimista, favorável a consensos, sem qualquer traço suspeito de crítica radical que pudesse torna-lo figura ingrata e rechaçada pelo meio — como foi o caso, por exemplo, de Manfredo Tafuri e, nas nossas bandas, de Sérgio Ferro. Em 1991, ganhou a medalha topázio, principal prêmio do AIA para críticos e professores de arquitetura. Participa do comitê honorário do RIBA e da escolha dos vencedores da medalha de ouro da instituição, além de conceber *essays* de apresentação de premiados do Pritkzer.

Das sete revistas citadas como as mais influentes, três são espanholas, incluindo as duas primeiras: *El Croquis* e *Arquitectura Viva*. A *El Croquis*, custa em torno de 70 euros (170 reais). Por ser uma publicação quase sempre

---

[477] Ver Kenneth Frampton, *Studies in tectonic culture*. Cambridge: MIT Press, 2001, e também *Labour, work and architecture*. Londres: Phaidon, 2002.

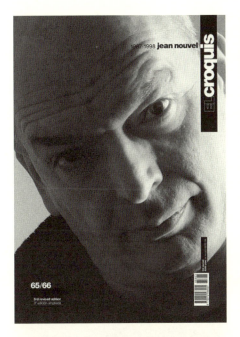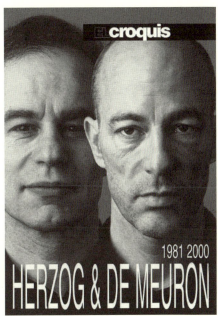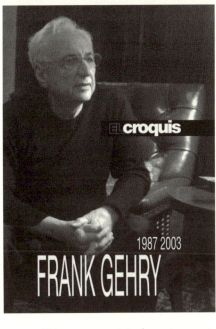

Números especiais da revista espanhola *El Croquis* dedicados aos arquitetos Jean Nouvel, Herzog & de Meuron, Frank Gehry e Zaha Hadid.

monográfica, sua influência está, sobretudo, na divulgação dos nomes já consagrados que recebem números especiais, mais do que na capacidade de intervir no debate público. Aliás, sinal de um esvaziamento crítico a que já nos referimos. Por vezes com capa dura e sempre com edições cuidadas, boas apresentações gráficas das obras e fotografias reproduzidas com alta qualidade — o que permite estudar, de fato, os projetos — a *El Croquis* é um "objeto de desejo" de estudantes e arquitetos.

Tabela 10
Revistas mais influentes

El Croquis (Espanha)	40%
Arquitectura Viva (Espanha)	27%
Architectural Review (Inglaterra)	27%
DOMUS (Itália)	13%
A+U (Japão)	13%
Architecture d'Aujourd'hui (França)	13%
2G (Espanha)	13%

Dentro da hegemonia europeia das revistas mais influentes (a primeira norte-americana, *Architectural Record*, ficou apenas em sétimo lugar) existe uma ascendente dominância dos espanhóis. Diante da decadência das tradicionais revistas francesas (*Architecture d'Aujourd'hui*), inglesas (*Architectural Design*) e italianas (*Casabella*), os espanhóis conseguiram assumir uma posição de destaque no debate arquitetônico europeu. Com edições cuidadas graficamente, ao mesmo tempo cosmopolitas e dando atenção a uma importante produção local, eles começaram a dominar o mercado editorial. Frampton, comentando a força espanhola atual, considera que não se trata apenas de um fenômeno no âmbito do discurso. Segundo ele, a Espanha mantém um "alto nível de produção arquitetônica [...] em grande medida graças ao seu sistema de *collegio*, com organizações profissionais locais que têm poder de controle sobre as permissões de construção e um sistema de taxas padronizadas, ao mesmo tempo em que cultiva um discurso crítico na área".[478]

---

[478] Entrevista a William Saunders e Nancy Levinson, em William Saunders (org.), *Judging architectural value*. Minneapolis: University of Minnesota Press, 2007, p. 117.

A principal editora europeia de livros de arquitetura apontada pela pesquisa também é espanhola, a Gustavo Gili. A GG tem um amplo catálogo na área, de livros técnicos, monográficos, a ensaios críticos, e ainda edita a revista *2G*. Além dos títulos em espanhol, a editora publica livros bilíngues, em inglês e português, e obtém ganhos de escala com sua participação no mercado latino-americano, oferecendo traduções atualizadas que competem com a chegada dos títulos em inglês. A editora do MIT, apontada como a mais importante, é uma das maiores do mundo, com destaque na área de ciência e tecnologia, mas tem a arquitetura como uma de suas *key-areas* de publicação, com 958 títulos e 2 *journals*.

Tabela 11
Editoras mais importantes

MIT Press (EUA)	37%
Gustavo Gili (Espanha)	23%
Birkhäuser (Alemanha)	20%
Phaidon (Inglaterra)	17%
Taschen (Alemanha)	13%
Electa (Itália)	13%
Princeton Press (EUA)	13%
Actar (Espanha)	13%

A exposição de arquitetura considerada como a mais importante é, sem dúvida, a Bienal de Veneza, seguida das exposições temporárias no MoMA de Nova York. Logo atrás estão a cambaleante Bienal de Arquitetura de São Paulo, que se beneficia do prestígio da Bienal de Artes, e as exposições no Centro Georges Pompidou, em Paris. A Bienal de Veneza — como se sabe, datada de fins do século XIX — foi aos poucos abarcando as diversas artes e, a partir da criação de um novo estatuto, em 1973, que instituía um conselho curador plural (nomeado em março de 1974), de modo a contornar os conflitos internos, passou a ter como diretor do setor de Artes Visuais e Arquitetura Vittorio Gregotti — apoiado pelo Instituto de Arquitetura de Veneza, à época uma das escolas mais influentes. No ano de 1980 nasce finalmente o setor de Arquitetura, dirigido pelo pós-moderno Paolo Portoghesi, que apresenta a famosa instalação chamada *Strada Novissima*, na Cordoaria do Arsenal, e o Teatro do Mundo de Aldo Rossi — iniciativas que representaram um verdadeiro *turning point* na arquitetura e no debate sobre

Em circulação

297

ela, em plano internacional.[479] A partir de 1983, até 1992, cabe ao mesmo Portoghesi dirigir a tradicional mostra internacional, enquanto Francesco Dal Co assumia a direção do setor de Arquitetura (1988-92). Já na segunda metade dos anos 1990, a Bienal torna-se menos programática e influenciada pela Escola de Veneza, quando passa a ser dirigida por não italianos (como Hans Hollein, Massimiliano Fuksas, Deyan Sudjic, Kurt Forster etc.), e começa a distribuir prêmios, os Leões de Ouro. Esse esvaziamento programático e a necessidade de produzir condecorações foram modificando a proposta original da Bienal, a ponto de se tornar mais um hall da fama de profissionais do *star system*.

Tabela 12
Exposições mais importantes

Bienal de Arquitetura de Veneza	60%
Exposições no MoMA	33%
Bienal de Arquitetura de São Paulo	17%
Exposições no Beaubourg	17%

Outra mostra destacada: as exposições do MoMA, que, desde 1932, constituíram-se num dos espaços mais importantes de divulgação da arquitetura moderna e de suas leituras locais, como foi o caso da exposição *Brazil Builds*, de 1943, que tornou mundialmente conhecida a arquitetura moderna brasileira. O MoMA também cumpriu seu papel na apresentação da arquitetura pós-moderna nas décadas de 1970 e 1980. Em 1988, Philip Johnson, curador vitalício do MoMA, realizou a famosa exposição *Deconstructivist Architecture*, lançando os nomes naquele momento menos conhecidos, como Eisenman, Gehry, Tschumi, Libeskind, Hadid e os grupos Coop Himmelb(l)au e Morphosis. Hoje, as exposições no MoMA alternam retrospectivas históricas, projetos atuais (de Koolhaas ou Herzog & de Meuron, por exemplo) e um programa de seleção de jovens talentos. Seus dois últimos curadores, Barry Bergdoll e Terence Riley são ligados à Columbia University.

---

[479] Sobre esta mostra ver Otília Arantes, "Uma rua-manifesto", em *O lugar da arquiteura depois dos modernos*. São Paulo: Edusp, 1993, pp. 29-47.

Tabela 13
Faculdades mais prestigiadas

Architectural Association (Inglaterra)	57%
Harvard GSD (EUA)	53%
ETH Zurich (Suíça)	20%
Columbia (EUA)	20%
The Bartlett School (Inglaterra)	17%

As duas faculdades mais influentes foram apontadas sem dificuldade: a AA (Architectural Association), de Londres, e a GSD (Graduate School of Design), de Harvard. Seguidas por ETH de Zurique, de Herzog & de Meuron e residência do nosso R-O-B, e Columbia, em Nova York, de Frampton e Eisenman. Das 19 faculdades indicadas, nenhuma fica em país da periferia ou mesmo no Oriente, e nove estão nos EUA e no Reino Unido. Harvard e AA, apesar de seus perfis distintos, são ambas "fábricas de estrelas" da profissão.

A Architectural Association é uma faculdade autônoma, sem o peso institucional e a burocracia de uma grande universidade, o que lhe permite maior flexibilidade tanto administrativa quanto pedagógica. Ela pode, por exemplo, inovar práticas pedagógicas, favorecer o pluralismo de seus professores estáveis, ou mesmo substituir professores com rapidez, muitos deles jovens profissionais antenados com o que há de mais atual. É, também, uma faculdade mais cosmopolita e internacional, tanto no quadro de alunos quanto de professores — procedentes de 60 países diferentes. Como esclarece Jorge Fiori, coordenador da pós-graduação da AA, o foco da faculdade não está na pesquisa acadêmica convencional, apesar do crescimento recente de sua pós-graduação, mas nos trabalhos em ateliês e na pesquisa aplicada.[480] Foram formados na fábrica de estrelas da AA: Richard Rogers, Peter Cook, Daniel Libeskind, Rem Koolhaas, Zaha Hadid, Kenneth Frampton, Steven Holl, David Chipperfield, Will Alsop etc. A AA exporta ex-alunos e professores para diversas faculdades do mundo, inclusive ocupando cargos de direção.

A Escola de Graduação em Design, que abriga o Departamento de Arquitetura em Harvard, tem renome e prestígio não apenas por méritos do

---

[480] Entrevista ao autor.

Em circulação

seu currículo, mas devido ao peso acadêmico e político da instituição à qual pertece. Sua formação é mais convencional do que a AA, baseada no rigor do ensino, na pesquisa acadêmica, no uso intensivo da tecnologia, segundo a tradição das melhores universidades americanas. Nesse sentido, é uma faculdade mais estável em seus valores e métodos pedagógicos. No entanto, como forma de provar-se *up-to-date*, a faculdade procura atrair como *visiting professors* estrelas polêmicas como Hadid e Koolhaas (que, a partir de 1996, chegou a coordenar por alguns anos um importante grupo de pesquisa, o *Project in the city*), ou mais *low-profiles*, como Herzog e Moneo. Todos, no entanto, premiados com o Pritzker.

Com a difusão do modelo norte-americano de professores temporários, há uma corrida das faculdades para integrar estrelas a seus quadros docentes, explica Fiori. Elas pagam bons salários para *visitings* e não exigem exclusividade nem vínculo permanente. O objetivo é associar o nome da Escola ao dos profissionais mais bem cotados, sejam eles arquitetos da prática, críticos ou diretores. O mercado de diretores-estrela, ou profissionais, verdadeiros CEOs das instituições, é igualmente disputado. Eles não precisam mais vir dos quadros acadêmicos das faculdades e são muitas vezes importados, como *managers* competentes e personagens influentes na definição de valores do campo. O iraniano Mohsen Mostafavi, por exemplo, já dirigiu faculdades como AA, Harvard e Cornell, é jurado de prêmios como a medalha de ouro do RIBA, Aga Khan e Holcim, e presta consultoria internacional para grandes projetos.

Arquitetos e diretores de sucesso fortalecem seus nomes de marca nos bancos das faculdades mais prestigiadas ao mesmo tempo em que não querem ser vistos associados a uma única faculdade. Como os craques de futebol, eles circulam entre as principais instituições (ou times) como se estivessem acima delas, mas se beneficiam igualmente do seu prestígio acadêmico e intelectual, responsável pela densidade necessária para sua posição no mundo da prática profissional. Essa circulação dos mesmos profissionais nas diferentes instituições, como numa dança das cadeiras às avessas, favorece uma unidade hegemônica em torno de determinadas ideias e valores a respeito do sucesso profissional. Os alunos assistem ao desfile das estrelas por essas universidades e são assim estimulados a também ambicionarem o céu como limite. O "círculo privilegiado" se renova para manter a estrutura restrita dos controladores do campo. Como afirma uma placa na entrada da AA: "os mais famosos arquitetos estiveram aqui (cedo ou tarde)".

Tabela 14
Principais prêmios

Pritzker	97%
Mies van der Rohe	47%
RIBA Gold Medal	37%
AIA Gold Medal	27%
RIBA Stirling	17%

Os prêmios são mais uma forma de renovação e reafirmação dos critérios de prestígio da profissão. São as medalhas que anunciam quem é ou não bom arquiteto, quais são os valores profissionais dominantes e os heróis da profissão nos quais os jovens devem se espelhar. Os mais importantes, de acordo com a pesquisa, são quatro, com destaque para o Pritkzer, mencionado por 97% dos entrevistados. Essa unanimidade em torno do prêmio foi cuidadosamente construída: ao combinar jurados e laureados dos EUA, Europa e Japão e realizar a cerimônia itinerante pelo mundo, tornou-se mais representativo que os demais. Os próprios organizadores esforçaram-se por compará-lo ao Prêmio Nobel, numa bem-sucedida estratégia de marketing.[481] As demais condecorações relevantes citadas foram: o prêmio Mies van der Rohe, organizado pelo governo da Cataluña, a medalha de ouro do RIBA (Royal Institute of British Architects) e a medalha de ouro do AIA (American Institute of Architects).

O prêmio Pritzker existe desde 1979 e é patrocinado pela Fundação Hyatt, sediada em Chicago e dirigida pela família Pritzker. Ele paga aos vencedores de cada ano 100 mil dólares, a maior quantia entre as condecorações concorrentes. Seu júri é composto por curadores (como Arthur Drexler, do MoMA, e Carter Brown, da National Gallery de Washington), arquitetos renomados (em geral, já premiados no próprio Pritzker e/ou no RIBA), empresários (como Giovanni Agnelli, da Fiat, no júri por 10 anos) e lordes ingleses como Palumbo (também curador da Serpentine Gallery) e Rothschild (da milionária família de banqueiros, investidor no mercado de artes e jurado do RIBA). A crítica de arquitetura mais identificada com o

---

[481] Segundo John Carter Brown, *chairman* do Pritzker por 24 anos, "o prêmio se tornou verdadeiramente o Nobel da arquitetura. Ele exerce uma enorme influência e, espera-se, motivação, para o mundo da arquitetura e de seus patronos". Discurso no ato de condecoração de Álvaro Siza, em 1992.

Em circulação

Pritzker e há mais tempo no júri, por 19 anos, é Ada Louise Huxtable, ex--colunista do *New York Times* e atualmente do *Wall Street Journal*. Huxtable tem uma visão convencional da arquitetura como grande arte.[482] Provavelmente devido à sombra projetada por seu prestígio e poder, nenhum outro crítico de renome participou do júri (críticos como Frampton, Gregotti, Dal Co e Kurt Forster fazem apenas ensaios de apresentação dos condecorados). É possível notar na composição do Pritzker uma importante influência da Universidade Harvard, onde foram formados ou são professores parte dos jurados (como Philip Johnson, Carter Brown, Gehry, Shigeru Ban, Alejandro Aravena) e diversos premiados (Johnson, Koolhaas, Siza, Fumihiko Maki, Pei, Gehry, Herzog, De Meuron, Moneo, Thom Mayne e Hadid). A estrutura de premiação exibe um círculo praticamente fechado de reforço mútuo entre personalidades e instituições, quase todos próximos entre si e integrantes do circuito dos negócios da alta cultura no eixo Londres-Nova York--Boston. Voltaremos aos arquitetos condecorados e a seus discursos de agradecimento ao final deste capítulo, e também a premiados *outsiders*, como Paulo Mendes da Rocha e mesmo Peter Zumthor.

Por fim, os entrevistados deveriam responder quais foram os concursos mais importantes dos últimos tempos. Tais concursos reafirmam os valores centrais da ideologia da profissão e são instituições duradouras no circuito cultural arquitetônico. Garry Stevens explica que "o concurso oferece um meio para aumentar o estoque de capital simbólico de um arquiteto" e mesmo de um "campo como um todo",[483] como veremos. Permite elevar aos céus a imaginação onipotente, pois nele o arquiteto tem total controle sobre a criação e não precisa ouvir clientes, considerações econômicas e estruturais. Os programas de uso são apenas parcialmente considerados sob as cascas de formas extremas, o suficiente para que o projeto não seja desclassificado. Como afirma um arquiteto que trabalhou no escritório Foster, "só se desenvolve o projeto necessário para cumprir uma estratégia de apresentação, que toma 90% do tempo, como megaimagens distorcidas, filmes, espetáculo puro".[484] Nessas condições, um projeto, mesmo não executado, possui virtualmente a mesma força simbólica, ou ainda maior, do que um edifício real. O exibicionismo do concurso e as premiações que o seguem

---

[482] Como é possível ver nos seus ensaios e opiniões divulgados nas cerimônias de premiação do Pritzker.

[483] Garry Stevens, *op. cit.*, p. 115.

[484] Martin Corullon, entrevista ao autor.

cumprem uma função social, como afirma Stevens: "os arquitetos aproveitam a ocasião para renovar o pacto, reconhecendo sua dependência material dos ricos e poderosos".[485]

Tabela 15
Concursos mais importantes dos últimos anos

Ground Zero (WTC)	40%
Olimpíadas	17%
Biblioteca Nacional da França	10%
Tate Gallery	10%
Ópera de Oslo	10%

O concurso para a reconstrução do Marco Zero (*Ground Zero*) em Nova York após os ataques de 11 de setembro de 2001 foi o mais destacado pelos entrevistados, com 40% de menções, muito acima dos demais: estádios e instalações olímpicas, bibliotecas, museus, casas de ópera ou concerto, edifícios de governo — sem nenhuma referência a concursos para escolas, hospitais, parques ou habitação de interesse social. Não é casual que o concurso do Marco Zero tenha sido indicado como o mais importante dos últimos tempos, e talvez, de todos os tempos. Ele forneceu a oportunidade para que os arquitetos assumissem uma posição relevante na reconstrução simbólica e material da autoestima e do poder norte-americanos. O projeto vencedor, de Daniel Libeskind, autor do Museu Judaico, em Berlim, foi o que melhor soube mobilizar tal emaranhado de implicações, em textos e imagens.

A resposta dos arquitetos deveria estar à altura da reconstituição do ícone posto abaixo pelo atentado, símbolo arrogante do poder americano e do papel de Nova York no comando dos mercados financeiros globais.[486] Do ponto de vista local, o WTC era a melhor representação do casamento entre finanças globais e mercado imobiliário nova-iorquino, com a benção do setor público.[487] Os ataques às torres gêmeas, por isso mesmo, voltaram

---

[485] Garry Stevens, *op. cit.*, p. 116.

[486] Sharon Zukin, relembrando a propósito o comentário de Henry James a respeito da perturbação provocada já no início do século por Manhattan em uma de suas viagens aos Estados Unidos e retratada em *The American Scene* (1907). "Our World Trade Center", em *After the World Trade Center*. Nova York: Routledge, 2002, p. 15.

[487] *Idem*, p. 17.

Em circulação

a imagem espetacular do poder americano contra ele próprio. Essa primeira investida bem-sucedida contra o maior poder bélico do século XX atingiu-o duplamente. Embora pontual e sem maiores consequências estratégicas, não deixa de ser uma derrota militar e, sobretudo, um golpe letal desferido no âmago do que mais importava à mitologia norte-americana da invulnerabilidade. Daí a fúria retaliatória que se seguiu, nela incluída o fervor patriótico na restauração da imagem encarnada pelas torres arrasadas. O atentado midiático procurou, e conseguiu, atingir o coração da sociedade do espetáculo.[488]

Quatrocentos escritórios de arquitetura enviaram seus projetos para o concurso do Marco Zero. Destes, foram pré-selecionados sete: Foster, Richard Meier, SOM, Libeskind, Think Team, United Architects e Peterson Littenberg. Todos propunham novos arranha-céus e, em quatro propostas, os mais altos do mundo. Peter Marcuse ironiza ao dizer: "parece que não aprendemos nada a respeito dos ataques".[489] Mas o objetivo era justamente esse, restituir na sua integridade a imagem do poder desmoralizado pelos jihadistas, como se nada houvesse acontecido. O projeto de Libeskind destaca-se não pelas formas dos seus edifícios, mas pela maneira como é apresentado e justificado. Ao contrário dos demais, que evocam razões materiais para suas soluções (reconectar vias, ampliar áreas de escritórios, adotar determinadas geometrias construtivas, produzir um verdadeiro *Global Center* etc.), Libeskind faz um projeto emocional e no limite do imaterial. Evoca no memorial descritivo sua própria experiência de imigrante chegando a Manhattan por navio, impressionado com o *skyline* e a Estátua da Liberdade. Seu texto faz menção aos valores americanos, de liberdade, democracia, e direitos individuais. A torre mais alta — 1.776 pés — faz referência à data nacional da independência. Ao mesmo tempo, organiza o projeto em torno do simbolismo de um monumento dedicado à memória dos mortos. Suas torres são chanfradas em sinal de reverência às vítimas, na medida em que permitem aos raios de sol iluminá-las, como uma tocha de milhares de velas. O parque onde remanescem as fendas dos prédios originais recebe uma passarela cir-

---

[488] Era de se esperar que um mega-atentado transmitido ao vivo para todo o planeta logo se tornasse também uma unanimidade quanto à sua dimensão midiática minuciosamente planejada. Para uma análise mais abrangente e fiel do argumento político original de Guy Debord, ver de T. J. Clark, Iain Boal, Joseph Mathews e Michael Watts, *Afflicted powers: capital and spectacle in a new age of war*. Londres: Verso, 2005.

[489] Peter Marcuse, "The Ground Zero architectural competition", em *Progressive planning reader 2004*. Ithaca: Planners Network, 2004.

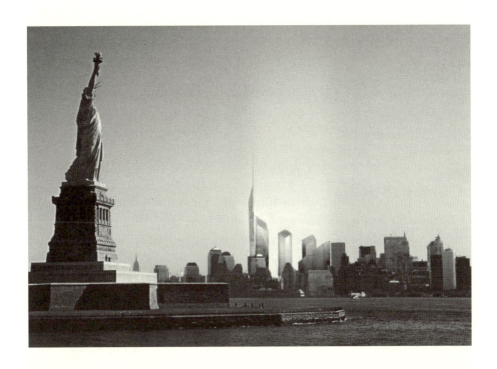

Propostas de Daniel Libeskind (no alto) e Richard Meier
para o Ground Zero, em Nova York, 2007.

cular elevada para um passeio em homenagem à vida. No dia e horário dos atentados, a cada ano, toda a praça ficará iluminada sem uma única sombra, "em um perpétuo tributo ao altruísmo e à coragem".[490] Assim encerra sua justificativa: "O céu novamente será o lar de uma torre com um pináculo de 1.776 pés de altura, os Jardins do Mundo. Por que jardins? Porque jardins são uma constante afirmação da vida. O arranha-céu eleva-se sobre seus predecessores, reafirmando a preeminência da liberdade e da beleza, restaurando o pico espiritual da cidade, criando um ícone que fala sobre nossa vitalidade diante do perigo e de nosso otimismo após as ruínas da tragédia. A vida é vitoriosa!".[491] É dessa forma que Libeskind saiu vitorioso, pois soube prestar homenagem ao país vitimado (com a habilidade que já demonstrara no Museu de Berlim) e reafirmar o poder norte-americano num ato ao mesmo tempo simbólico, discursivo e projetual.

A resposta norte-americana aos atentados não pode se dar apenas no plano militar, com a violência da guerra, mas igualmente na política dos signos, e nesse caso, a arquitetura é chamada a oferecer o que pode produzir de melhor. Como o Guggenheim de Bilbao que, nas palavras de Gehry, foi uma "bomba americana contra o ETA",[492] agora uma nova obra-prima deve mostrar ao mundo quem está no comando. A melhor arma contra a repetição da catástrofe poderia ser a elaboração da imagem mais elevada que uma civilização é capaz de produzir sobre si mesma. Mas o que se tem visto, não custa repetir, não são as luzes de um novo tempo (apesar dos raios de Libeskind), mas a reafirmação bárbara dos signos do poder imperial sem limites. Os arquitetos de todo o mundo que convergiram para o concurso, em busca da fama instantânea, reafirmaram os valores do sistema, sem qualquer espaço para a dúvida e a inquietação moral. Não tiveram receio em desenhar novas e reluzentes torres, cada vez mais altas e arrogantes, novos e premonitórios alvos de erupções do subsolo social.

Enquanto esmeravam-se para atender aos interesses imateriais e materiais da reconstrução, os arquitetos, evidentemente, não questionaram os objetivos do concurso, seu processo antidemocrático e seu programa de usos privatista. O concurso foi comandado por autoridades do sul de Manhattan em que a tomada de decisão está a cargo de dezesseis membros co-

---

[490] Memorial de apresentação do projeto.

[491] *Idem.*

[492] Em palestra na Faculdade de Arquitetura do Porto, segundo relato de Nuno Portas.

nectados com o mercado imobiliário e a comunidade financeira. Peter Marcuse, em ensaio crítico às condicionantes do concurso, considerou que o programa de usos solicitado foi equivocado, prematuro e enganoso.[493] Manhattan não precisaria de outras centenas de milhares de metros quadrados de escritórios (já que existem milhões vazios), enquanto faltam moradias e mistura de usos nas áreas centrais. O projeto, isto é, a imagem fornecida pelo concurso, se antecipou ao planejamento urbano, que agora corre atrás para ver o que é possível fazer. Além disso, o processo foi antidemocrático, sem debate público e não envolveu os órgãos e instâncias de participação do planejamento urbano de Nova York. Uma parceria público-privada tomou a frente da operação com claros objetivos mercantis e de apropriação de fundos públicos que poderiam estar sendo direcionados para outras prioridades da população.

A obra até hoje não foi iniciada, e o projeto, sequer concluído. Libeskind teve que aceitar diversas interferências, sobretudo advindas dos empreendedores do projeto e seus interesses comerciais. Os políticos cobram ação, pois, como afirma o deputado democrata Sheldon Silver, que representa os interesses do sul de Manhattan, "se não reconstruirmos logo [edifícios] maiores e melhores (*bigger and better*), estaremos afirmando que os terroristas foram bem-sucedidos".[494]

O TURISMO DA AURA

Após constatarmos, no início deste capítulo, a desmaterialização da arquitetura, reduzida a imagem, e os diversos recursos de que lança mão para multiplicar suas reverberações simbólicas dentro do próprio campo, voltemos à questão da economia política pressuposta em todo esse processo: a geração efetiva da renda por meio da forma. O ciclo da arquitetura-imagem só se completa no retorno à sua materialidade concreta. A reprodutibilidade imaterial da arquitetura de marca regressa à sua condição física de objeto construído. A renda da forma beneficia-se de uma relação simbiótica entre a cópia e o original, entre a imagem que circula e o edifício enquanto tal, que atrai para si a riqueza socialmente produzida noutros territórios — de modo que uma estimula o ganho rentista do outro, e vice-versa.

---

[493] Ver Peter Marcuse, *op. cit.*

[494] "Why is Ground Zero rebuilding taking so long?", em *Daily News*, 4/8/2009.

Em circulação

Se a circulação das imagens potencializa a renda da forma e remunera diversos agentes intermediários, como vimos (de editoras e fotógrafos a todos os que se beneficiam do consumo da imagem em si), a sua realização econômica para os empreendedores e para a economia local só se efetiva por meio da atração de empresas e agentes solventes que possam investir ou despender recursos localmente. Parte significativa, embora não única, desses ganhos decorre da indústria do turismo. Como veremos, a sedução pela imagem espetacular e a compra e venda de experiências únicas pelo turismo estão estreitamente associadas.

A ampliação da circulação virtual de imagens e informações por meio das novas tecnologias digitais e de comunicação, ao contrário do que poderia dar a entender, não representou um retraimento da circulação física de bens e pessoas. Segundo Pierre Lévy, "a aceleração das comunicações é contemporânea de um enorme crescimento da mobilidade física — trata-se, na verdade, da mesma onda [...] Os dois crescimentos sempre foram paralelos [...] O turismo é hoje a primeira indústria mundial em volume de negócios".[495] No caso do turismo, as pessoas pagam por experiências reais que o mundo virtual não é capaz (ainda) de proporcionar com a mesma satisfação. Jeremy Rifkin, em *A era do acesso*, afirma que o "turismo é a transformação da experiência cultural em mercadoria". Tal como a indústria do entretenimento, ele é uma indústria da experiência, mas cuja particularidade é a venda de experiências autênticas e memoráveis — que são, contudo, cada vez mais artificialmente produzidas.[496]

A ideia de autenticidade está em relação direta com a das qualidades únicas de um lugar, sua personalidade — fontes, justamente, da exploração de sua renda de monopólio. Nesse caso, a paisagem ou a arquitetura é que fornecem a base física real para a venda de uma tal "experiência autêntica" e sua renda monopolista. E, no entanto, não podemos dizer que o destino da arquitetura é muito diferente daquele com o qual as demais artes se defrontam a partir do momento em que passam a ser reproduzidas tecnicamente. Ou seja, quando a relação produtor-receptor, mediada por objetos técnicos de um consumo cada vez mais massificado, retira-lhes o privilégio da distância aurática e elimina o recuo e a reverência que o seu valor de culto impõe àquele que a contempla em sua aparição única. Dissolução da aura que só pode ser revertida, por assim dizer, artificialmente, como explicou

---

[495] Pierre Lévy, *O que é o virtual?*. São Paulo: Editora 34, 2003, p. 23.

[496] Jeremy Rifkin, *A era do acesso*. Lisboa: Presença, 2001, pp. 118-24.

Walter Benjamin ao referir-se à aura bastarda dos atores de cinema — justamente o setor por excelência da então incipiente indústria cultural, em que se daria esse fenômeno de transformação na recepção estética. Alteração radical que se observa crescentemente em todos os domínios da arte, e que, no fundo, seria a expressão acabada de uma mutação histórica nas próprias estruturas perceptivas de toda uma era. Ora, no caso do cinema, uma arte produzida ela mesma tecnicamente, ou seja, produzida já para ser reproduzida, a questão do original e da relação de culto ao mesmo nem sequer se coloca. Mas, paradoxalmente, justo a arquitetura, a mais antiga das artes, fornece a Benjamin a matriz para essa relação tão pouco estética, no sentido tradicional. Ela teria sido a primeira das artes de massa, de uma massa distraída pela rotina do uso. Sua recepção, portanto, se dá, segundo Benjamin, muito mais no plano tátil, do hábito, do que no da atenção concentrada e reverencial — contemplativa ou óptica — própria à experiência da arte aurática, como diante de uma pintura em exposição, por exemplo. Se essa interpretação é apropriada para a "vivência" cotidiana, talvez não o seja para um outro tipo de recepção da arquitetura, eminentemente óptica, segundo o modelo do recolhimento, que é a do viajante embasbacado diante dos edifícios célebres — na caracterização do próprio Benjamin.[497]

Nesse sentido, seria possível falar na existência de uma aura própria aos edifícios monumentais? Não é isso o que se percebe quando se observa de perto obras como as de Brunelleschi e Michelangelo em Florença? É possível, portanto, imaginar que, apesar de tudo, a existência do original e de sua presença impeça a completa dissolução da aura na arquitetura. Mas, o reencontro com esses originais dificilmente acontece hoje em dia sem todas as mediações a que nos referíamos e que são próprias justamente de uma indústria cultural cada vez mais sofisticada e abrangente.

Ao mesmo tempo, se a potencialização da renda ocorre com a aceleração da circulação das imagens, a arquitetura nunca é pura reprodutibilidade. O original pode ser visitado, apreciado em sua concretude, em seu lugar de origem — o que permitiria o retorno da qualidade única (recalcada?), em suma, de algo que ao menos se assemelhasse aos atributos de uma obra de arte. Afinal, uma das especificidades incontornáveis da arquitetura é a da sua indissociabilidade do lugar. Por outro lado, podemos nos questionar a res-

---

[497] Walter Benjamin, "A obra de arte na era de sua reprodutibilidade técnica", em *Obras escolhidas I: magia e técnica, arte e política*. São Paulo: Brasiliense, 1985, pp. 192-4.

Em circulação

peito da autenticidade dessa aura, cada vez mais fabricada para obter os efeitos desejados, dentre os quais o econômico não é o menor — produzido por um *city marketing* agressivo e pela promoção das marcas corporativas. Trata-se, portanto, de uma aura que já nasce contaminada pelo cálculo mercantil, nesse sentido, não pode ser confundida com a aura da antiga obra de arte, que mantinha uma distância e uma diferença em relação ao mundo material — uma autonomia, mesmo que relativa. Mas, se a aura da arquitetura midiática é comercialmente fabricada, ela só aparece como tal por mimetizar algo da criação propriamente artística: a liberdade autoral que lhe confere o prestígio necessário no mercado das experiências culturais, por mais que seus protagonistas estejam condicionados a ser tão criativos como, digamos, um publicitário à caça de uma ideia, ou um estilista em busca do conceito etc. Trata-se, portanto, de uma liberdade esvaziada, sem o potencial crítico e libertador que se espera da grande obra de arte. Uma arquitetura, enfim, circunscrita ao cálculo econômico que, por sua vez, é o único a conferir-lhe sentido social.

A fabricação da aura não é apenas um ato externo do capital em relação à criação arquitetônica. Como vimos, os escritórios estão estudando o efeito visual e sua capacidade de atração desde os primeiros instantes do projeto. Os *paparazzi* já tiram suas primeiras fotos assim que o edifício começa a surgir do canteiro. A espiral de imagens vai num crescendo, das revistas especializadas até a mídia em geral, incluindo propagandas que adotam os edifícios como panos de fundo para seus produtos. Os potenciais viajantes são bombardeados por imagens fotogênicas que procuram atraí-los, como iscas em busca de dinheiro. As imagens de destinos turísticos, como a narrativa das experiências que eles oferecem, são cruciais no processo de tomada de decisão do turista contemporâneo. Como afirma Jan Specht, "para uma indústria que vende produtos que só podem ser consumidos em seu local e que não podem ser tocados ou testados antes de comprados, uma imagem confiável em mãos torna-se uma vantagem crucial na competição global".[498] Os turistas pagam para ver de perto, para ampliar a fascinação provocada por determinadas imagens de modo a mobilizar todos os seus sentidos. No caso das obras de arte e dos edifícios monumentais, eles pagam pelo acesso ao vestígio de aura que só um objeto único pode transmitir, embora já che-

---

[498] Jan Specht, "The role of architecture in the tourism destination development and branding", em Shaul Krakover e Natan Uriely, *Tourism destination and development branding*. Eilat: Ben-Gurion University of the Negev, 2009, p. 99.

guem a eles de tal modo condicionados pelo marketing, que a própria experiência que imaginam estar vivenciando é também totalmente predeterminada, como adverte Rifkin.

A construção de uma marca de destino turístico (*brand destination*) está associada a símbolos repetitivos memorizados coletivamente e que se tornam representativos de cada lugar e cultura: Londres torna-se o Big Ben ou os ônibus vermelhos; Paris, a Torre Eiffel; Sidney, a Opera House; Nova York, o *skyline* de Manhattan; Rio de Janeiro, o Pão de Açúcar, e assim por diante. Destinos "sem face perceptível e sem uma imagem clara", explica Jan Specht, "têm dificuldade de se posicionar na competição global".[499] Daí o desejo das cidades sem identidade de construir cartões postais que possam ser reconhecidos mundialmente. Para um consumidor mais sofisticado — o turista cultural —, como veremos, as principais cidades são percebidas através de um sistema mais complexo de imagens, lugares e experiências, para além dos ícones mais evidentes.

As imagens devem apresentar aos viajantes valores positivos como forças de atração, superiores às forças de repulsão que eventualmente o destino possa evocar (como as favelas e a violência urbana). Desse modo, as imagens são parciais, exibem apenas aquilo que desperta prazer. São narrativas de um mundo apaziguado, positivo e sem conflitos — como a fábula publicitária, interpretada por Jean Baudrillard.[500] O imperativo fotogênico é assim uma forma de reconstruir a história dos lugares a partir da perspectiva dos vencedores e seu mundo dos negócios. O resultado é que o produto se torna artificial e requer que determinadas partes do país e da cultura sejam transformadas em zonas de acesso restrito, como afirma Rifkin, "reservadas para aqueles que podem pagar pelo privilégio de conhecer outra cultura".[501]

A derrota que a indústria do turismo impõe aos perdedores ocorre em diversos níveis. Da subalternização de lugares, culturas e trabalhadores a sujeitos monetários com (muito) dinheiro, à emergência de uma nova cultura do ócio e sua classe correspondente (a nova *leisure class*), para a qual o trabalho é algo desprezível. O turismo é uma experiência social e econômica que encontra surpreendentes afinidades com o rentismo e não com a produção. Empresas e economias locais disputam o turista como forma de atrair

---

[499] *Idem*, p. 100.

[500] Jean Baudrillard, "A publicidade", em *O sistema de objetos* (1968). São Paulo: Perspectiva, 2000.

[501] Jeremy Rifkin, *op. cit.*, p. 122.

Em circulação

para si riquezas que foram produzidas noutras partes do planeta, o que evidencia que a apropriação de renda é dominante na indústria turística. Suas qualidades "são diferenciadas tanto espacialmente quanto conceitualmente do mundo do trabalho", explica Kevin Meethan.[502] Além disso, alerta Rifkin, "embora o turismo traga dinheiro e empregos às comunidades e países de todo o mundo, os estudos mostram que pouco do dinheiro que entra vai para o povo local. A maioria dos hotéis, linhas aéreas, clubes de férias, agências de turismo e redes de restaurantes faz parte de empresas internacionais, muitas das quais têm a sede em algumas cidades internacionais das nações do G-7 [...] O vazamento (de riquezas) que se verifica assim na maioria dos países do terceiro mundo fica geralmente em torno de 55%".[503]

O turismo cultural, de museus, concertos e grandes obras de arquitetura, por sua vez, é um trunfo dos países centrais para direcionar os fluxos de renda diretamente para si. Como vimos no primeiro capítulo, o "Efeito Beaubourg", que antecedeu ao de Bilbao, foi a iniciativa pioneira que favoreceu a "política de grandes museus" da Era Mitterrand, quando a cultura passou a ser gerida como se fosse "o petróleo da França".[504] Ao contrário do turismo exótico (de culturas e paisagens estranhas), que em geral se dirige para o terceiro mundo, os países do centro disputam turistas para reforçar sua centralidade na produção cultural dominante. Apenas cidades com instalações culturais e programações mais sofisticadas poderão atrair turistas que querem ampliar seu capital cultural, incluindo as elites das periferias emergentes.

A classe "criativa" ou "de analistas simbólicos", cuja importância é crescente na economia do conhecimento,[505] torna-se um público disputado pelos destinos turísticos culturais. Seu investimento em viagens é diferenciado, pois "as fronteiras entre recreação e trabalho são para eles borradas, utilizando as viagens para ampliar suas competências intelectuais e seu ban-

---

[502] Kevin Meethan, "Imaginando a cidade para o turismo", revista *NOZ*, nº 2, 2008, pp. 36-9.

[503] Jeremy Rifkin, *op. cit.*

[504] Jacques Lang, citado em Otília Arantes, "Os dois lados da arquitetura francesa pós-Beaubourg", em *O lugar da arquitetura depois dos modernos*. São Paulo: Edusp, 1993, p. 160.

[505] Representam, por exemplo, 30% ou mais da PEA (População Economicamente Ativa) da maioria dos centros urbanos norte-americanos, segundo a pesquisa *Cities and the creative class*, publicada em 2005.

co pessoal de conhecimentos".[506] Turistas da economia criativa ou, mais amplamente, turistas culturais são especialmente desejados pelos destinos turísticos porque "são mais motivados pelos benefícios culturais da viagem", "são mais educados", "gastam mais dinheiro" e escolhem seus alvos em busca da "excelência" e não de pechinchas.[507] Eles favorecem, assim, a construção de marcas e atributos dos destinos turísticos capazes de abocanhar fatias maiores da riqueza socialmente produzida.

É nesse contexto que países, cidades e instituições competem entre si no mercado turístico global, "tanto quanto no mercado global de investimentos", afirma Kevin Meethan. Nessa competição, "a arquitetura — dos monumentos históricos às obras mestras contemporâneas — desempenha um papel dominante", afirma Jan Specht.[508] O turismo estimulado por edifícios emblemáticos não é um fenômeno recente, o que é novo é sua massificação e sua gestão para obter retornos financeiros e simbólicos a curto prazo — agora as obras são construídas com o objetivo de atrair turistas. Os monumentos históricos não só não foram erguidos com esse fim como, cada qual a seu modo, sedimentavam em si uma experiência social e cultural de um tempo longo. As obras icônicas atuais têm que forjar identidades em alta velocidade, suas relações com o contexto local são frágeis e artificiais, construídas a golpes de marketing. O seu efeito magnético de atração depende do seu caráter único e distintivo em uma dimensão global e instantânea. Daí que o ineditismo e a complexidade formal não são apenas decorrentes das novas possibilidades técnicas e criativas, mas o próprio fundamento econômico desse tipo de operação.[509]

O terminal de chegada ao destino escolhido também está sempre sofrendo mudanças. Se nos anos 1980 Marc Augé apontava os aeroportos como exemplos de não lugares, tal como os shopping centers, espaços homogêneos do capitalismo global, desprovidos daqueles significados que dão

---

[506] Segundo relatório produzido pela cidade de Ontário, no Canadá, com o objetivo de se tornar um destino cultural de primeiro nível, *Ontario cultural and heritage tourism product research paper*. Ontario: Queen's Printer, 2009, p. 12.

[507] *Idem*, p. 10.

[508] Jan Specht, *op. cit.*, p. 99.

[509] Com as devidas adaptações, a história das catedrais góticas é bastante semelhante. As cidades emergentes contaram com as suas ousadias e escala, relíquias e contorções formais para sugar dinheiro dos peregrinos. No lugar dos softwares, funcionava o compasso. O período também se esgotou com a banalização do recurso e uma enorme crise.

Em circulação

sentido à experiência de lugar em cada contexto,[510] hoje em dia, no entanto, também eles, como as estações de trem ou de metrô, estão sendo assinados por arquitetos renomados, adquirindo, com isso, identidades próprias e obedecendo às exigências de espetacularidade. São desafios estruturais, formas alegóricas, iluminações e coloridos inusitados: um festival de tecnologia e exuberância formal. Vejam-se os aeroportos de Foster (Honk Kong, Pequim e Amman, na Jordânia), Calatrava (Bilbao e Lyon), Piano (Osaka), Rogers (Madri e Marselha), Helmut Jahn (Bangkok), Fuksas (Shenzhen, na China), Viñoly (Montevidéu) etc. — quase todos arquitetos denominados de *high-tech*, diferentemente dos artesãos do luxo, como Gehry, Nouvel, Portzamparc, Hadid e Koolhaas.

Os terminais de chegada, com seus designs sofisticados e coberturas cada vez mais leves e ousadas, passaram a ser, ao invés de meros *hubs* genéricos que mimetizam shoppings, a primeira afirmação do poder simbólico e magnético de cada cidade aos que nela aportam. Rogers afirma, por exemplo, que a encomenda para a ampliação do aeroporto de Xangai solicitava explicitamente em seu *briefing* "um design icônico, que refletisse a importância de Xangai na cena global como uma das principais cidades comerciais do mundo e o centro econômico em mais rápido desenvolvimento".[511] As infraestruturas de circulação, sobretudo as associadas ao fluxo de turistas, passaram a ser desenhadas com requisitos de ineditismo e exuberância formal similares aos dos edifícios culturais e esportivos que atraem os visitantes.

Seja no novíssimo terminal de alta arquitetura ou quando chega diante dos edifícios cobiçados nas imagens, o turista sofre inevitavelmente um efeito de choque com o objeto real. Mas o mais curioso no "fator uau!" programado é que, por ser excessivo, pode redundar no contrário, em frustração. Com imagens fotográficas tão primorosas e até aperfeiçoadas ou renderizadas, o original por vezes padece de inferioridade em relação à sua cópia. Como afirma Fernando Fuão, "com frequência costumamos ver nas fotografias edifícios que parecem fantásticos, quando na realidade se mostram bastante distintos e desinteressantes. Não são poucos os relatos de viajantes que se decepcionaram ao se depararem com edifícios anteriormente publicados

---

[510] Marc Augé define "não lugares" como espaços produzidos pela supermodernidade e que são não identitários, não relacionais e não históricos. São eles, em geral, "instalações necessárias à circulação acelerada de pessoas e bens", das infraestruturas de transporte aos grandes centros comerciais. Em *Não lugares: introdução a uma antropologia da supermodernidade*. São Paulo: Papirus, 2003, p. 36.

[511] Segundo apresentação do projeto no site do escritório.

nas revistas".[512] Decepção contrabalançada somente porque, mal ou bem, se está diante do edifício real, que pode ser percorrido, vivenciado, tocado, testado enfim pelo princípio de realidade.

O Guggenheim de Bilbao foi capaz de atrair um fluxo de aproximadamente um milhão de visitantes por ano, dez vezes mais do que o Guggenheim de Nova York. Teria sido responsável, em seu primeiro ano, por um acréscimo de aproximadamente 25% no fluxo de turistas, segundo dados oficiais.[513] Contudo, as avaliações do impacto econômico do museu são controversas. Não é possível medir com precisão qual a sua participação no aumento do turismo e do consumo em hotéis e restaurantes — logo, sua contribuição no aumento da arrecadação de impostos. Fatores como o cessar fogo do ETA não são avaliados, assim como, de outro lado, as consequências do 11 de setembro para o turismo mundial. A dificuldade de medir o impacto gerado não impede que tenha sido apresentado mundialmente como caso de sucesso. Gehry, já vimos, afirma que seu Guggenheim é uma "máquina de ganhar dinheiro".[514]

Foi justamente o seu sucesso e o de outras experiências secundárias que provocaram uma corrida mundial por prédios icônicos e magnetizados por dinheiro. Kurt Forster, crítico de arquitetura e jurado da megaobra da Cidade da Cultura, na Galícia, afirma que foi convencido pela proposta de Eisenman "imaginando as 'filas de ônibus' cuspindo turistas para visitar suas montanhas [...] multidões viajarão para a Cidade da Cultura e irão embora com a lembrança de ter visitado Roma ou Atenas — um verdadeiro imã de atração dos investimentos".[515]

Mas a avalanche de novos prédios que derivou do "Efeito Bilbao", graças à abundância de capital fictício circulante nos anos pré-crise de 2008, fez com que a renda de todos começasse a cair. Daí o pavor da cópia ou do efeito de multiplicação que foi induzido pelo próprio sucesso da experiência. A cobra parece morder o próprio rabo: quanto mais se repetem práticas

---

[512] Fernando Freitas Fuão, "Papel do papel: as folhas da arquitetura e a arquitetura mesma", revista *Projeto*, jul. 1994, p. 85.

[513] Reproduzidos em Gentzane López, "The Guggenheim effect: positive transformation for the city of Bilbao", em *Euroculture 2006*, 2006.

[514] Em entrevista a Miguel Mora, do *El País*, reproduzida na *Folha de S. Paulo*, 31/1/2010.

[515] "Forster asegura que la Ciudad de la Cultura es 'especial y única' y que el reto es atraer visitantes", em www.terra.es, 15/11/2007.

Em circulação

bem-sucedidas, menores seus efeitos de rentabilidade. A replicabilidade compromete sua própria lucratividade. A reprodução de obras espetaculares e museus em dezenas de cidades, por mais diferentes que sejam, tende a destruir as qualidades de escassez que essas obras pressupunham para atrair turistas. Esse é também o limite para a massificação das marcas de luxo, pois quanto maior a capacidade de ser duplicado, ou mesmo pirateado, menor a capacidade do bem em gerar renda monopolista.[516] A concorrência entre as cidades se dará com margens cada vez mais exíguas de remuneração de seus investimentos em megaprojetos, sendo que diversas já estão colhendo prejuízos.

O risco de redução dos ganhos de monopólio decorrentes do próprio sucesso do modelo Bilbao é notado pelos seus defensores, como Beatriz Plaza, que acredita na possibilidade de "Bilbao perder sua vantagem atual".[517] A pesquisadora María Gómez mostra que o governo basco já previu, em 1999, uma queda de 32% do valor adicionado pelo museu a partir dos anos subsequentes.[518] O cancelamento e atraso na construção do Guggenheim em Manhattan e em Abu Dhabi, projetos de Gehry similares e ainda mais ousados do que o de Bilbao, contudo, prolongaram os ganhos monopolistas da cidade.

O conhecido urbanista inglês Peter Hall, em texto recente, avalia que a corrida desenfreada por edifícios-ícone conduziu a uma soma-zero.[519] De fato, a renda do turismo obtida na circulação não produz um valor adicional, a não ser secundariamente na construção do próprio edifício ou na melhoria das condições de infraestrutura turística. O objetivo é, com o menor investimento (que não é pequeno, contudo),[520] obter o maior ganho na corrida

---

[516] Ver David Harvey, "A arte da renda", em *A produção capitalista do espaço*. São Paulo: Annablume, 2005.

[517] Beatriz Plaza, "Evaluating the influence of a large cultural artifact in the attraction of tourism: The Guggenheim Museum Bilbao Case", em *Urban Affairs Review*, vol. 36, n° 2, nov. 2000, pp. 264-74.

[518] Maria Gómez, "A Reply to Beatriz Plaza's 'The Guggenheim-Bilbao Museum Effect'", em *International Journal of Urban and Regional Research*, n° 25, 2001, pp. 888-900.

[519] Peter Hall, "Los íconos arquitectónicos nos llevan a una suma cero", *La Vanguardia*, 15/6/2009.

[520] O Guggenheim, por exemplo, absorveu 80% dos recursos da secretaria de cultura do País Basco. A Galícia está endividada para concluir o centro cultural de Peter Eisenman, que já chega a mais de 500 milhões de euros.

para sugar o valor produzido noutros locais por meio de seus canudos arquitetônicos de sucção de renda.

O resultado da saturação de obras espalhafatosas pode estar encontrando sua saída de mercado por meio de obras magnéticas minimalistas, como as Termas de Vals, de Zumthor. A sua condecoração com o Pritzker coincidiu com a crise de 2008-2009, e com o suposto "fim da era do desperdício", como vaticinou o próprio Gehry.[521] Segundo Jan Specht — não é demais repetir —, "o espetáculo não precisa necessariamente ser 'ruidoso', pode impressionar igualmente pelo seu silêncio reticente".[522] O turismo especializado, para estudantes, arquitetos e amantes da arquitetura já tem refletido essa corrida pelo discreto, como atestam as empresas *Architecttours* e *Pro Viaggi Architettura*. Mas é difícil que se repitam, por enquanto, as cifras astronômicas de Bilbao, assim como é improvável uma reviravolta na lógica rentista que comanda o turismo.

Distribuição de renda

Apesar da arquitetura da renda da forma procurar o ganho monopolista, ela não concentra em si todos os dividendos. Se, de um lado, ela atrai e se apropria de uma massa de mais-valia social que é produzida noutros setores e regiões, de outro, distribui uma onda de renda por uma ampla cadeia de agentes intermediários. Nesse sentido, monopoliza e distribui riqueza ao mesmo tempo.

Nessa distribuição, são muitos os que se beneficiam: indústria do turismo, dos transportes, proprietários de imóveis, empresários locais e internacionais, mídia, mercado editorial, universidades, empresas de arquitetura e engenharia, de informática, publicidade etc. Novos empregos são gerados, novas infraestruturas construídas e o capital simbólico de cidades e regiões inteiras é elevado graças aos seus novos marcos de distinção. É o que se denomina de efeito sinérgico da arquitetura de grife, uma verdadeira janela de oportunidades em que todos ganhariam e ninguém, aparentemente, perderia.

Os governos assumem o papel de investidores em obras como essas, com o objetivo de deflagrar o impulso financeiro que beneficiará uma parce-

---

[521] Em entrevista ao caderno "Mais!", *Folha de S. Paulo*, 31/1/2010, p. 10.

[522] Jean Specht, *op. cit.*, p. 102.

Em circulação

la da economia local. O Estado é o agente decisivo, pois concentra em si os riscos e os fundos da operação, o que empreendedores privados não assumiriam nas mesmas condições. Isso significa que é ele quem aplica recursos em grande monta, muitas vezes cancelando outros investimentos menos midiáticos e socialmente mais importantes, para realizar o papel de *player* na caçada rentista pela riqueza circulante. Se a operação resultar fracassada, são os fundos públicos, na maioria das vezes, que arcam com o prejuízo — como tem sido o caso de diversas cidades, mesmo antes da crise de 2008.

Os estudos de impacto econômico de obras planejadas para atrair dinheiro, como já dissemos, são controversos e têm sido questionados. As informações apresentadas pelo governo basco sobre o impacto do Guggenheim são, evidentemente, favoráveis — afinal trata-se do *case* de maior sucesso mundial. O custo do museu teria retornado aos cofres públicos por meio de impostos em quatro anos e acrescentado, no mesmo período (1997-2000), 485 milhões de euros ao PIB local. Uma taxa de retorno de mais de 20% se tomarmos apenas o custo da obra. Apesar de não ser economista, pude verificar que os cálculos e resultados são apresentados de maneira simplificada nos estudos disponíveis, o que dificulta considerá-los corretos. O valor do investimento muitas vezes é resumido ao custo da obra — de 97 milhões de euros —, e não computa o preço do terreno, os *royalties* pagos ao Guggenheim, a mobilização dos técnicos públicos, os juros sobre o capital imobilizado, as ampliações em infraestrutura que foram necessárias etc. Nos mesmos quatro anos, por exemplo, sem contar o investimento na construção do prédio, os custos diretos de manutenção do museu, ainda segundo estudos encomendados pelo governo, foram 28% maiores que o PIB local gerado[523] — isso significa que o museu proporciona menos riquezas localmente do que exporta (uma vez que paga *royalties* e contrata de empresas estrangeiras as exposições, seguros, equipes especializadas, transportes etc.). Dado que comprova a interpretação de Joseba Zulaika apresentada no primeiro capítulo: o museu-franquia existe para gerar renda, em primeira instância, ao dono da marca e a seus investidores, em Wall Street.[524] O receio desse tipo de investimento fez, como vimos, com que outras filias do Guggenheim no mundo fossem canceladas — a do Rio de Janeiro, por exemplo.

---

[523] Segundo estudo de impacto econômico apresentado em Gentzane López, *op. cit.*, p. 10.

[524] Ver Joseba Zulaika, *Guggenheim Bilbao: crónica de una seducción*. Madri: Nerea, 1997.

Para confirmar a hipótese de que o impacto econômico dessas obras — supostamente seu maior trunfo — é controverso e pode ser negativo, analisei outro estudo, dedicado ao impacto da nova Biblioteca Central de Seattle, projeto da equipe de Rem Koolhaas, inaugurada em 2004.[525] As informações são igualmente imprecisas e, por vezes, risíveis. A propagação de efeitos econômicos positivos para outros agentes é descrita a partir de respostas de gerentes de restaurantes e hotéis locais. As estimativas são de 40% de aumento nas vendas aos que não viram mudanças. O próprio estudo reconhece que os três anos de transtornos ocasionados pela obra e o deslocamento provisório do acervo da biblioteca afetaram o resultado da pesquisa. Contudo, a conclusão não poderia ser outra: "há um consenso de que a nova biblioteca trouxe benefícios econômicos para o distrito central de negócios".[526]

Se os efeitos tangíveis para a economia são dificilmente mensuráveis e os dados pouco confiáveis, os dividendos em capital intangível proporcionados pelos novos ativos culturais, igualmente não mensuráveis, são apresentados como certos. No caso da Biblioteca, afirma-se que os ganhos em imagem começaram "sem qualquer esforço de marketing". A cobertura de mídia foi "extraordinariamente alta", não por se tratar de mais uma biblioteca, mas graças "às características físicas do *design* do edifício, que foram de primeira importância". O resultado, segundo a diretora da associação *Downtown Seattle*, Kate Joncas, é que "o maior impacto de desenvolvimento econômico da nova Biblioteca Central é seu fator *cool*. Isso faz de Seattle uma cidade *cool* na cena internacional".[527] Atributo que contribui na atração não apenas de turistas, mas da "classe criativa", para morar e trabalhar em Seattle, favorecendo sua reputação de "lugar de pensamento, ensino, criatividade e inovação".[528]

Se os recursos públicos são consumidos com maior, menor ou mesmo sem retorno financeiro, isso não impede que o efeito multiplicador, de tipo keynesiano, ocorra para a ativação da economia, uma vez que diversos agentes estão sendo remunerados com o investimento público. Os turistas atraídos

---

[525] Berk & Associates, *Seattle Central Library economic benefits assessment* (2005), em www.spl.org.

[526] *Idem*, p. 28.

[527] *Idem*, p. 38.

[528] *Idem*, p. 43.

Em circulação

pela imagem sedutora dos novos edifícios comparecerão, em maior ou menor número, e irão beneficiar as atividades econômicas de outros tantos agentes. Mesmo que o edifício dê prejuízo aos cofres públicos (afinal, obras culturais não deveriam ser construídas como forma de governos lucrarem) ele favorece a captura de ganhos adicionais por dezenas de intermediários bem posicionados — a começar pelos arquitetos.

Afinal, quanto custa produzir um atributo *cool* para uma cidade ou a nova marca arquitetônica para a China moderna? O preço, evidentemente, não se calcula pelas horas trabalhadas das equipes de projeto. Não por acaso, os arquitetos são os primeiros a serem remunerados em função do acréscimo de capital simbólico do seu cliente e da renda que prometem fomentar. Seus contratos, na casa de dezenas de milhões de dólares não são remunerações pelo valor-trabalho, mas parte da repartição dos ganhos futuros. Muitos deles, sobretudo os mais profissionais, tornaram-se empresas altamente rentáveis e adquiridas por fundos de investimentos internacionais, como vimos no caso de Foster. De olho nessa formação do preço dissociada do valor, os demais agentes envolvidos na construção querem, sempre que podem, abocanhar uma fatia da renda futura — tirando vantagem da desmedida dessas obras milimetricamente projetadas, sempre propícias a desequilíbrios financeiros arcados pelos fundos públicos, como já discutimos.

No momento final da construção, em que a lei do valor se retira de cena, circula em voo rasante no entorno do edifício todo um circuito de agentes promocionais: mídia, fotógrafos, editoras, exposições, agências turísticas, relações públicas institucionais etc. Está sendo preparado o lançamento global de uma imagem magnética capaz de atrair riqueza de todos os cantos do planeta e remunerar todos os intermediários do processo. Por fim, quando o fluxo de investimentos e de turistas começa a aportar, redes hoteleiras, restaurantes, companhias de aviação, investidores imobiliários, além das empresas culturais que fazem o circo funcionar, começam a colher seus frutos.

Trata-se de um resultado muitas vezes imponderável, sem cálculo exato, de aferição controversa, que depende tanto de injunções locais como internacionais. O efeito novidade pode secar, perder a exclusividade ou, ainda, os investimentos podem ser afetados por grupos insatisfeitos locais ou ataques terroristas. De outro lado, o fluxo internacional de capitais e turistas altera-se subitamente de acordo com os ciclos econômicos e os movimentos de manada dos investidores. A instabilidade e a imprevisibilidade tornam-se regra. A arquitetura da renda é, assim, uma operação de risco, dado seu caráter especulativo.

Nos momentos de crescimento econômico, há um inchaço da renda próprio ao domínio das formas de capital fictício, com uma materialidade no território que se expressa através da arquitetura do espetáculo. Na crise, um balão de renda especulativa pode murchar, como ocorreu recentemente com Dubai. Em um ano, o preço das suas propriedades imobiliárias caiu 50%. Em novembro de 2009, a Dubai World, conglomerado de investimentos imobiliários e em infraestrutura e principal empresa do país, pediu moratória de sua dívida de 60 bilhões de dólares.[529] Hotéis e aeroportos vazios, investidores acumulando prejuízos, trabalhadores dispensados e repatriados — a crise produziu em Dubai um processo de reversão bumerangue dos ganhos rentistas.

Por fim, a distribuição de renda de que estamos falando parece ser o oposto das políticas sociais de distribuição da renda. No nosso caso, ela distribui concentrando, elegendo agentes que serão beneficiados e descartando outros, perdedores. Antes de abocanhar a renda, as obras arquitetônicas patrocinadas por governos abocanham fundos públicos, definem investimentos prioritários em detrimento de outros. Não é à toa que a guinada para as políticas de espetacularização das cidades por meio de obras icônicas especulativas foi coetânea da redução das políticas sociais e da reversão da distribuição da renda em favor dos trabalhadores.

Otília Arantes, referindo-se aos "Grandes Projetos" da era Mitterrand, associou a "vontade de monumentalizar" da arquitetura atual à crise do estado de bem-estar social e ao aumento das disparidades sociais decorrentes da financeirização da economia. Na hipótese da autora, que apresentamos no primeiro capítulo, "quanto maior o abismo entre o programa político de reformas e sua realização efetiva, maior o espaço para a diversão retórico--monumental".[530] O formalismo da arquitetura simulada não seria, assim, uma aberração passageira, mas o desenvolvimento de um processo de autonomização da imagem e da forma em relação aos conteúdos efetivos (as reformas sociais), que passam a ser escamoteados. Na ofensiva conservadora, não se constroem mais moradias sociais como *public welfare program*, por exemplo — programa invisível para o campo arquitetônico dominante atual, como vimos.

Nessa distribuição de renda às avessas, a captura da mais-valia social se dá a favor de determinados agentes bem posicionados. São grupos hote-

---

[529] "Moratória em Dubai assusta bolsas", O *Estado de S. Paulo*, 27/11/2009.

[530] Em "Os dois lados da arquitetura francesa pós-Beaubourg", *op. cit.*, p. 179.

Em circulação

leiros específicos,[531] empresas aéreas e de turismo, construtoras, empreendedores imobiliários, investidores especulativos, quase todos eles com o capital internacionalizado. De outro lado, parcelas da população que dependem de políticas públicas diversas, que não as dos investimentos pirotécnicos, podem ficar em condições fragilizadas, com menos recursos para sua atenção. Se forem moradoras das cercanias das obras podem ainda ser alvos de despejos e remoções, pela polícia ou pelo mercado, neste caso, em função da elevação do preço da terra e dos aluguéis.

A valorização imobiliária no entorno dessas obras é uma das consequências mais esperadas, mesmo que não plenamente mensuráveis e previsíveis (mais uma vez). Grandes obras culturais servem como âncoras para processos de renovação urbana e substituição de populações em bairros degradados, ao menos desde o início dos anos 1980.[532] Elas são iscas para atrair públicos de maior renda e investidores que se interessem em atuar no entorno. Nas cidades, essas grandes obras muitas vezes concentram-se numa mesma região, para favorecer a visualização do efeito de transformação urbana (icônica e imobiliária). Trata-se da estratégia de construir novas centralidades ou *clusters* de atrações próximas umas das outras. Em Bilbao, o antigo bairro industrial de Abondaibarra, nas margens do rio Nervión, tornou-se a nova centralidade, conectando edifícios culturais (estão próximos entre si o Guggenheim, o Museu de Belas Artes, a Casa de Ópera e a Universidade de Deusto), governamentais (o Palácio do Congresso) e novos centros de negócios e comércio.

Em São Paulo, por exemplo, a dupla Herzog & de Meuron foi contratada em 2008 para executar um edifício cultural que congrega salas de dança, ópera e escolas de música e bailado, complementando o *cluster* cultural da cidade na região da Luz (do qual já fazem parte a Sala São Paulo, a Pinacoteca do Estado, um centro cultural no antigo Dops e o Museu da Língua Portuguesa), para onde se pretende transferir a sede do governo do Estado e algumas de suas secretarias. O empreendimento é lindeiro à chamada "cracolândia", região que está sendo renovada sob o nome de marketing de "Nova Luz", com o objetivo de atrair empresas de Tecnologia da Informação

---

[531] Ainda no caso de Bilbao, o estudo de Beatriz Plaza ressalta que nos hotéis de alto padrão o índice de ocupação chegou a 85%, enquanto nos demais permaneceu em 46%. *Op. cit.*, p. 269.

[532] Ver Beatriz Kara-José, *Políticas culturais e negócios urbanos*. São Paulo: Annablume, 2007.

Modelos digitais do Complexo Cultural Teatro de Dança,
em São Paulo, projeto de Herzog & de Meuron, 2009.

e Universidades, por meio de incentivos fiscais.[533] Apesar do edifício de H&dM ser projetado como uma praça pública em níveis, entre os quais são dispostos os equipamentos culturais, seu térreo será controlado por catracas e o acesso principal aos espaços de espetáculo ocorrerá por uma rampa monumental, intimidadora, ou por dentro dos estacionamentos pagos, para quem chegar de carro. O resultado é, a despeito dos propósitos mais generosos dos arquitetos, uma arquitetura que segrega e escolhe o público que pretende atrair. Como afirmou o Secretário da Cultura, João Sayad, "estamos receosos em fazer um edifício aberto à cidade, *à la* europeia, estamos com medo dos 'drogaditos' da região tomarem aquele espaço lá, talvez seja melhor fazer um castelo".[534]

No projeto da Cidade da Música no Rio de Janeiro, citado no primeiro capítulo, o megainvestimento não esteve associado a um processo de renovação de áreas centrais, mas de valorização da área mais dinâmica do mercado imobiliário da cidade: a Barra da Tijuca. Abrigando condomínios fechados, shoppings e edifícios avarandados no melhor estilo Miami, e por ser uma região nova e produzida inteiramente pelo mercado, a Barra era desprovida de marcos urbanos, monumentos e edifícios históricos, se comparada ao restante da cidade. A intenção de marcá-la com um ícone arquitetônico diferencial e de prestígio internacional foi a maneira com que o prefeito e o arquiteto justificaram a escolha do local. Ana Paula Pontes, arquiteta da equipe de Portzamparc, comenta que a legitimação do investimento apoiava-se na afirmação de que: "cidades importantes como o Rio devem sempre emitir sinais de sua vitalidade, e projetos como este reafirmam mundialmente que o Rio continua vivo e cosmopolita".[535] No memorial do projeto, Portzamparc se esmera na retórica grandiloquente: "a Cidade da Música deve ter personalidade forte e grande visibilidade, deve ser magnética, atrativa. É preciso concebê-la como um símbolo urbano. Um equivalente ao Arco do Triunfo e à Torre Eiffel de Paris ou ao Portal de Brandenburgo de Berlim".[536] O fato é que a obra é uma enorme operação de concentração de renda em uma área já valorizada da cidade e na qual se

---

[533] Pedro Arantes, "Interesse público, poderes privados e práticas discursivas na política de renovação do centro de São Paulo", seminário *Políticas públicas para o centro: contexto atual e participação social*, São Paulo, mar. 2008.

[534] Entrevista ao autor.

[535] Entrevista ao autor.

[536] Memorial do projeto.

multiplicam novos negócios imobiliários. Iniciada em 2003, ainda não foi aberta ao público, e seu custo já é seis vezes maior do que o previsto — estimado em 700 milhões de reais, o equivalente a três Casas da Música do Porto. Como foi mencionado, em 2006 instaurou-se uma CPI na Câmara Municipal em que o escritório de Portzamparc é acusado de ter mal orçado o projeto, e as empreiteiras Andrade Gutierrez e Carioca de superfaturamento e corrupção.

Mais uma vez, a mesma sequência de agentes será remunerada; quase todos denominados "criativos", são eles que capturam a renda distribuída, enquanto a população, como um todo, segue penalizada pela fragilização das políticas de proteção social, de educação e saúde. Afinal, ela não faz parte do espetáculo, e ganhos de renda com turismo cultural prescindem desses sujeitos, a não ser na condição subalterna de prestadores de serviço (recepcionistas, garçons, arrumadeiras, seguranças, motoristas, faxineiros etc.) ou ainda no miserável trabalho de edificar essas obras monumentais.

Não apenas eles, mas cidades e regiões inteiras estão completamente fora desse tipo de negócio, apesar de contribuírem, por vezes, com trabalhadores migrantes da construção civil. São cidades do terceiro mundo não atraentes, sem zonas protegidas de acesso a experiências culturais turísticas, cidades que se caracterizam mais por um planeta de favelas, que não contam com recursos para edulcorar um mundo mágico à disposição dos turistas. Vista em escala global, essa distribuição-concentração de renda é ainda mais perversa. Apenas algumas cidades competem entre si, enquanto outras naufragam num mar de precariedades, em que questões básicas de saneamento e moradia estão longe de ser resolvidas.

Distribuição de medalhas

Quando Norman Foster aparece em seu escritório às margens do Tâmisa, com frequência cada vez menor, pois mora na Suíça, ele faz uma *promenade* para ver os projetos em andamento. São pendurados nos murais com imãs os desenhos mais representativos de cada projeto, mesas nas proximidades são limpas para expor as maquetes, uma pequena multidão fica atenta aos mínimos gestos e palavras do eminente arquiteto. Foster circula com um séquito anotando seus comentários a respeito dos projetos que lhe chamam atenção — para decepção de várias equipes, ele passa reto pela maior parte das pranchas afixadas. Suas opiniões são logo acatadas e podem redirecionar o trabalho que vinha sendo desenvolvido há semanas. As expressões

Em circulação

de contentamento ou insatisfação são imediatamente detectáveis na fisionomia do arquiteto. "Foster é uma celebridade em seu próprio escritório",
comenta Caio Faggin, a "maioria dos arquitetos que ali trabalha nunca falou
com ele".[537] Ao fim do percurso, ele senta em sua enorme mesa redonda
diante do Tâmisa cercado por seus principais sócios, dispostos à mesa como
"cavaleiros da távola redonda".[538]

Tabela 16

Arquitetos ganhadores das quatro principais condecorações
(por ano)

Arquiteto	País	Total	Pritzker	Mies	RIBA	AIA
Norman Foster	Inglaterra	4	1999	1990	1983	1994
Álvaro Siza	Portugal	3	1992	1988	2009	
Frank Gehry	EUA	3	1989		2000	1999
I. M. Pei	Japão	3	1983		2010	2003
Rafael Moneo	Espanha	3	1996	2001	2003	
Rem Koolhaas	Holanda	3	2000	2005	2004	
Renzo Piano	Italia	3	1998		1989	2008
Richard Meier	EUA	3	1984		1988	1997
Tadao Ando	Japão	3	1995		1997	2002
Glenn Murcutt	Austrália	2	2002			2009
Herzog & de Meuron	Suíça	2	2001		2007	
Jean Nouvel	França	2	2008		2001	
Oscar Niemeyer	Brasil	2	1988		1998	
Peter Zumthor	Suíça	2	2009	1998		
Richard Rogers	Inglaterra	2	2007		1985	
Zaha Hadid	Inglaterra	2	2004	2003		

A ironia da metáfora medieval não é casual. Em 1990, Foster foi condecorado pela Rainha como Cavaleiro (*Sir*) e, em 1999, com o título hono-
rífico de Barão (*Lord*), no mesmo ano em que recebeu o Pritzker. Em homenagem aos serviços prestados à glória internacional da arquitetura inglesa e,
numa referência à localização de seu escritório, às margens do rio londrino,
foi nomeado *Lord Foster of Thames Bank*. Além da investidura de nobreza,
Foster é o único entre os arquitetos renomados a ostentar as quatro grandes

---

[537] Entrevista ao autor.

[538] *Idem.*

medalhas (Pritzker, RIBA, AIA e Mies). Outros oito imortais não ultrapassam as três medalhas: Frank Gehry, Rem Koolhaas, Renzo Piano, Rafael Moneo, Tadao Ando, Álvaro Siza, Richard Meier e Ieoh Ming Pei.

Na premiação do Pritzker, o discurso do júri ressalta que Foster "nasceu numa família de classe trabalhadora do subúrbio de Manchester, em 1935, onde as chances de fazer uma carreira como arquiteto eram altamente improváveis [...] e em trinta e cinco anos de carreira ele recebeu a aclamação mundial e as mais altas honras da sua profissão". E prossegue: "em seu contínuo processo de descoberta, inspiração, invenção e inovação, *Sir* Norman se destaca por uma resoluta devoção aos princípios da arquitetura como uma forma de arte". Em seu agradecimento, Foster lembra que foi o período de formação em Yale que transformou a mentalidade do menino prodígio de Manchester: "a América me deu o senso de confiança, liberdade e autodescoberta".[539]

Aos 74 anos, Foster acumulou prestígio e fortuna, não apenas com obras e prêmios, mas vendendo 85% da sua participação no escritório a um grupo de investidores, como vimos no primeiro capítulo, por 300 milhões de libras (1 bilhão de reais). Para não pagar taxas e impostos na Inglaterra decorrentes da transação, Foster fixou residência em Saint Moritz, na Suíça, onde recebeu a quantia. Com parte dos dividendos comprou ainda um castelo nos Alpes (o Chateau de Vincy). O calote nos cofres públicos ingleses tornou-se um escândalo. O arquiteto está sendo pressionado a renunciar à Câmara dos Lordes, e agora, com a reforma constitucional — cujo objetivo é moralizar a Casa —, faz parte de uma lista de nobres que deverão ser despojados da investidura, acusados de sonegação.[540]

Em 2009, com a crise mundial, a empresa Foster and Partners demitiu quatrocentos empregados e fechou o ano com um prejuízo de 18 milhões de libras. O arquiteto, contudo, recebeu um salário de 500 mil libras (1,5 milhão de reais) por sua presença ocasional no escritório. O principal diretor da empresa recebeu de salários e bonificações um total de 1,7 milhões de libras (5 milhões de reais), valor 40% superior ao do ano anterior, mesmo com os efeitos da crise e os prejuízos contábeis.[541] O descolamento entre a remune-

---

[539] Discursos disponíveis no site do prêmio Pritzker.

[540] Informações em Will Hurst, "Foster set to be expelled from House of Lords", em www.bdonline.co.uk, 24/4/2008, e em "Foster under pressure to reveal tax status", em www.bdonline.co.uk, 2/2/2009.

[541] *Idem.*

Em circulação

ração do alto escalão e a situação geral de empresa parece similar ao que ocorreu com o escândalo dos bancos em meio à crise, em que executivos eram remunerados com bônus milionários enquanto as empresas e seus credores acumulavam prejuízos.

À parte os escândalos financeiros, o prestígio de Foster vem caindo desde o recebimento do Pritzker e do título de *Lord*. O volume de trabalho de seu escritório — o maior entre os arquitetos-estrela —, e a política agressiva de mídia que realiza, ainda lhe garantem o posto de um dos arquitetos mais publicados nas revistas. Contudo, sua pequena participação nos projetos diante da escala de produção resultou num efeito de descolamento entre autoria e o nome marca, como vimos no primeiro capítulo. Quase todos os projetos do escritório já não passam mais por sua concepção e Foster torna-se apenas um supervisor de uma parcela da produção. Ainda é ele quem faz as grandes apresentações para clientes e júris, como *showman* da empresa, e recebe para tanto *briefings* de projetos sobre os quais pouco opinou. Com a virada comercial e o crescimento do negócio, "a marca Foster perdeu prestígio no meio arquitetônico, apesar de mantê-lo com investidores em Dubai", afirma Martin Corullon.[542] Na pesquisa que realizamos com arquitetos europeus e norte-americanos, por exemplo, Foster foi mencionado como uma das três principais inspirações por apenas um entrevistado. Entre as obras mais importantes dos últimos tempos, recebeu igualmente apenas dois votos, pela torre da Swiss Re em Londres.

Outra estrela cadente parece ser Frank Gehry. Não apenas pelo crescimento do número de obras como também pela repetição de determinados procedimentos projetuais e esquemas formais que têm feito sua marca perder valor. Seu apogeu foi concomitante ao de Foster e seu esgotamento parece decorrente da saturação de suas superfícies metalizadas e irregulares. Nas páginas das revistas analisadas, seu nome ficou em décimo lugar, e não foi considerado como fonte de inspiração por nenhum dos entrevistados. Suas três medalhas máximas foram anteriores ao ano 2000. Quando ganhou o prêmio Pritzker, em 1989, Gehry havia recém-vencido o concurso para o Walt Disney Concert Hall. Na ocasião, foi condecorado por seu trabalho "altamente refinado, sofisticado e esteticamente aventuroso que valoriza a arte da arquitetura". Ada Huxtable, em seu *essay* de apresentação de Gehry, enfatiza que ele "procurou a união da arte e da arquitetura como o mais alto desafio", a ponto de finalmente "transformar a prática numa lírica e a ar-

---

[542] Entrevista ao autor.

quitetura em arte".[543] Gehry agradece na mesma chave, enaltecendo "o momento da verdade, da composição dos elementos, da seleção das formas, escala, materiais, cores, enfim, todos os mesmos assuntos com que se depara o pintor e o escultor. A arquitetura é, seguramente, uma arte, e aqueles que praticam a arte da arquitetura são seguramente arquitetos".[544]

Os discursos e justificativas do júri e dos agraciados sempre que possível reafirmam o estatuto artístico da arquitetura e, mais que isso, o entendimento da arquitetura como grande arte. Não é casual que o principal prêmio mundial de arquitetura, que reconhece as sumidades da profissão, tenha essa posição convencional e conservadora sobre a prática. É esse álibi que dispensa critérios mais objetivos, pois os júris fazem escolha do mérito segundo juízos de gosto. Quando o critério de julgamento restringe-se aos da arte, as demais dimensões da arquitetura são relegadas. Afinal, poderiam ser feitas perguntas tais como: a arquitetura premiada apresenta boas soluções para os problemas urbanos? Seus edifícios respondem adequadamente aos usuários? Seus canteiros de obra respeitam os trabalhadores? Suas técnicas enfrentam corretamente os problemas estruturais e as exigências dos materiais? Suas obras favorecem os espaços públicos e o uso democrático da cidade? Seus orçamentos são econômicos e equilibrados? Questões ambientais são incorporadas às decisões de projeto? Enfim, o interesse público e o bem-estar social são fortalecidos por essa arquitetura?

Mas é claro que essa é uma cobrança descabida de se fazer, pois justamente esse tipo de condecoração dos heróis da profissão mimetiza a ideologia do gênio artístico como forma de esvaziamento político e social da arquitetura. Sérgio Ferro lembra que "a afinidade das artes, desde Vasari pelo menos, é um postulado intocável da crítica. Autores provenientes de todos os horizontes unem-se em torno do que lhes parece uma evidência, a crença numa profunda continuidade entre os produtos artísticos contemporâneos".[545] A heterogeneidade dos processos produtivos e das finalidades entre arte e arquitetura não poderia ser ignorada. As premiações e o mecenato, no entanto, defendem a convergência, pois é o modo de reafirmar sua versão elitista e antissocial da disciplina.

A centralidade do juízo pretensamente de gosto é o melhor meio de encobrir o fato de que a produção social do espaço numa sociedade desigual

---

[543] Discursos disponíveis no site do prêmio Pritzker.

[544] *Idem.*

[545] Sérgio Ferro, *Arquitetura e trabalho livre*. São Paulo: Cosac Naify, 2006, p. 241.

Em circulação

ocorre num terreno de lutas sociais, e que a arquitetura é parte delas. Ao condecorar os escritórios privados de arquitetura que trabalham para os donos do poder e do dinheiro, referenda-se um regime econômico e cultural dominante. Arquitetos envolvidos com políticas públicas (e não apenas com obras governamentais de valor simbólico e monumental) nunca foram premiados com as medalhas máximas. Nenhum negro foi premiado. Zaha Hadid, que só passou a ter os seus projetos realizados e apreciados muito recentemente, foi a única mulher individualmente condecorada, entre as dezenas de agraciados pelos quatro principais prêmios. O privatismo, o racismo e o sexismo são claros e nem precisam ser disfarçados.

Não há dúvida de que a reafirmação enfática da arquitetura como Arte encobre interesses acintosos de classe. Mas ela tem a grande vantagem de expressar tais interesses no plano elevado da alta cultura, ao mesmo tempo em que consome fundos públicos com obras suntuosas. São premiados os arquitetos mais capazes de transformar uma dominação dura, material, em uma hegemonia *soft*. A grande arquitetura é a única capaz dessa alquimia, como afirma Herzog em seu discurso de premiação: transformar objetos pesados em valores imateriais.

O mundo das estrelas é assim: umas caem, outras ascendem, como o próprio Herzog. Com formas e técnicas diferentes, cumprem papel similar: desenhar os novos símbolos do poder e do dinheiro, e fazer a forma render tal qual um ativo financeiro. Como vimos no primeiro capítulo, Herzog é um dos especialistas nisso. Os clientes observam as premiações como curvas de uma bolsa de valores. Os mais informados procuram contratar as estrelas que estão em seu brilho máximo, antes que se apaguem. No concurso para o novo Teatro de Dança de São Paulo, restrito a quatro nomes internacionais premiados com o Pritzker, o Secretário da Cultura, João Sayad, relata que a escolha de Jacques Herzog e Pierre de Meuron se deu porque "nos entusiasmaram, eram os mais jovens e respeitam os clientes, seus projetos são sempre diferentes, eles estão hoje na crista da onda".[546]

Os *outsiders*, não midiáticos e globais, que aparecem de tempos em tempos nas premiações do Pritzker, como Sverre Fehn, Paulo Mendes da Rocha e Peter Zumthor, talvez sejam exceções que confirmem a regra. São profissionais sóbrios, discretos, com uma atuação em geral restrita aos seus locais de origem, em ateliês quase artesanais, diferentemente das máquinas globais de projetos espetaculares. Mesmo sendo profissionais do silêncio e

---

[546] Entrevista ao autor.

não do alarde, sua arquitetura é igualmente formalista, num registro minimalista e erudito. As obras de Zumthor, que vimos no primeiro capítulo, e Fehn, são leituras delicadas e sensoriais da experiência social em vilarejos de países ricos como a Suíça e a Noruega. Paulo Mendes, diferentemente, trabalhando num país continental e desigual como o Brasil, apresenta um discurso menos centrado na poética do edifício e mais voltado para a produção do território, da América como espaço de uma utopia civilizatória ainda por se construir — que é a pista duvidosa por onde corre desde sempre algo que se poderia chamar de "Ideologia Brasileira". Contudo, apesar dos planos urbanos, nunca aplicados, e do discurso humanista, seu trabalho é reconhecido pela produção de edifícios isolados com grande valor simbólico, como museus, lojas, prédios esportivos e casas burguesas, não por acaso quase todos construídos nas áreas ricas da cidade mais rica (e desigual) da América do Sul. Desse modo, se são exceções em relação aos profissionais mais midiáticos e globais, podem ser assimilados por premiações que louvam o formalismo de uma arquitetura que se quer eminentemente artística.

Mas as festas das condecorações não são apenas momentos de sonhos sem sombras. O mundo real parece querer aparecer, como um pesadelo, no discurso por vezes hesitante dos premiados — talvez constrangidos com medalhas de honra ao mérito em um planeta cada vez mais devastado e favelizado. Ao fim dos discursos não é incomum que se ouça a sugestão de que existem tarefas maiores que a arquitetura não está cumprindo. Foster comenta seu choque com a miséria e falta de saneamento dos subúrbios da Cidade do México, Jean Nouvel menciona as favelas do Rio e as ruínas industriais do Vale do Ruhr, Rogers fala das tragédias ambientais e dos conflitos que afetam, sobretudo, os pobres, Siza relembra que um dia a arquitetura pretendeu responder às necessidades das massas. Koolhaas, por sua vez, faz um discurso surpreendentemente seco e lúcido. Não derrama palavras melosas de reverência, orgulho e agradecimento, como fazem ritualmente os demais. Ele reconhece que, há cinquenta anos, a cena arquitetônica não era tão definida pelos valores do único, do individual, do gênio. No pós-guerra, afirma, houve um mundo arquitetônico, um movimento para pensar a cidade e temas mais amplos. Agora, apenas identidades singulares, assinaturas e as mais estapafúrdias encomendas de clientes "com grandes ambições e desejos caros, que são recebidas por nós calorosamente". Os arquitetos teriam abandonado qualquer preocupação "com a organização territorial, com os assentamentos urbanos e a coexistência humana. No máximo nosso trabalho explora brilhantemente uma série de condições únicas". É desse modo que o arquiteto contemporâneo preserva sua "inocência política num mundo

Em circulação

Alvaro Siza
1992 Laureate

Norman Foster
1999 Laureate

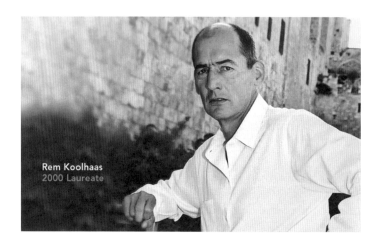

Rem Koolhaas
2000 Laureate

Alguns dos arquitetos laureados com o Pritzker Prize, instituído pela família proprietária da cadeia de hotéis Hyatt em 1979.

pós-ideológico" — assim chamado para melhor encarecer o domínio, sem rodeios fraseológicos, da riqueza abstrata. Koolhaas encerra o discurso afirmando que, "se não reconhecermos a arquitetura como um meio de pensar sobre diversos assuntos, dos mais políticos aos mais práticos, liberando a nós mesmos da 'eternidade' para avaliar novas questões abrangentes e imediatas, como a pobreza e o desaparecimento da natureza, a arquitetura pode não chegar ao ano 2050".[547]

Mas não se pode esperar que as medalhas produzam consciência crítica e prática transformadora, justamente nos que são premiados porque fizeram o que de melhor o sistema poderia esperar. Talvez as medalhas tragam algum desconforto, uma ou outra dúvida, como fala Nouvel, talvez a sensação desagradável de que alguma coisa vai mal. Mas elas reluzem para dizer o contrário, que tudo ainda vai bem. Condecora-se nossos imortais menos pelo que fizeram até aqui, mas, sobretudo, pelo que deixaram brilhantemente de fazer.

---

[547] Discurso de recebimento do prêmio Pritzker, no ano 2000.

Conclusão
A PRÓXIMA FRONTEIRA

A arquitetura de formas liquefeitas, de contorcionismos polimorfos e malabarismos cenográficos, que analisamos em suas diversas dimensões ao longo deste livro, é um dos sinais mais inequívocos do atual curso descontrolado do mundo. Sua deformidade e instabilidade visual evidenciam plástica e tecnicamente a desmedida própria à acumulação capitalista, agravada pela dominância financeira. Como vimos, formas complexas e difíceis de executar não apenas expressam visualmente o capital que se pretende sujeito de uma autovalorização, como também são, elas próprias, mercadorias não facilmente calculáveis do ponto de vista do trabalho socialmente necessário. São obras em que valor e preço se descolam e nas quais a dominância da circulação define o caráter rentista e especulativo. Nelas se manifesta a seu modo a dinâmica de valorização enlouquecida do capital no momento em que este procura desenfreadamente dissociar-se de seu fundamento, o valor-trabalho.

Não é casual que a procura pela renda máxima assuma o comando do processo, condenando forças produtivas à realização de objetos exclusivos, como peças únicas, ao invés da produção em massa. A profusão de obras que assume a forma-tesouro é tanto uma exigência da renda monopolista quanto reflexo do excedente absoluto de capital sobreacumulado que não encontra condições objetivas para sua valorização por meio do trabalho vivo. Esse capital se "desvia" para outras aplicações menos tradicionais e, na observação de Jorge Grespan, "o setor privilegiado desse redirecionamento foi o imobiliário", que assim "se convertia cada vez mais em lastro real para as operações de crédito".[548]

A arquitetura na era digital-financeira, que procura contraditoriamente negar seu peso e o peso do trabalho e ainda alcançar o mundo mágico da valorização imaterial, é a antecipação, na forma tectônica, da própria "crise

---

[548] Jorge Grespan, "A crise de sobreacumulação", revista *Crítica Marxista*, nº 29, 2009, pp. 11-7.

enquanto potência". Como observou Jameson, uma arquitetura inflada como um "balão", seja em sua plástica quanto em sua remuneração por meio da renda. Seguindo a lógica do capital financeiro, é possível perceber na procura compulsiva da autovalorização, característica dessa arquitetura autocentrada como uma mônada especulativa, o funcionamento de uma máquina de fazer dinheiro às custas das cidades em que pousou. Nela, a produção em excesso aparece como a própria produção do excesso.

Se o crescimento desproporcional do capital fictício em relação aos ativos reais era o prenúncio de uma crise de grandes proporções, a arquitetura das décadas neoliberais não deixou de ser igualmente um sintoma do excesso especulativo e da concentração de capitais. As cidades e corporações, ao investir em obras-chamariz, imaginavam sustentar parte de seu crescimento por meio dessa peculiar capacidade de atrair capitais excedentes de todo o planeta. Como vimos, tais investimentos não só sinalizavam a crise do *welfare*, como eram parte de um conflito distributivo da riqueza social, no qual os trabalhadores perdiam. No mesmo momento em que o pleno emprego ruía e os programas de assistência social eram desmontados e parcialmente privatizados, proliferavam políticas do espetáculo e de "animação cultural".

Com o enriquecimento exponencial da renda dos estratos sociais no topo da pirâmide, enquanto o salário médio permanecia drasticamente estagnado,[549] a concentração do poder e da riqueza generalizou-se, aprofundando ainda mais a polarização social. O crescimento vertiginoso do crédito e do padrão de endividamento de empresas e famílias foi brutal nesse período, especialmente nos EUA. Os empréstimos não eram apenas destinados a estimular o consumo de bens supérfluos, como explica Martine Bulard, mas eram despendidos em grande parte com os aumentos de gastos nas áreas de saúde, educação e habitação.[550] Ou seja, a formação do mercado *subprime* que esteve no epicentro da crise foi tanto resultado das políticas especulativas e agressivas de oferta de crédito quanto da falta de política habitacional, das debilidades dos sistemas de saúde e educação e do caráter privado da seguridade social. Os trabalhadores norte-americanos e também europeus, ainda

---

[549] Gabriel Palma, "The revenge of the market on the rentiers" (artigo não publicado), apresentado numa conferência na Escola de Economia da Fundação Getúlio Vargas, São Paulo, 2008.

[550] Martine Bulard, "Uma nova geografia dos capitais", em *Le Monde Diplomatique Brasil*, nov. 2008.

que em menor medida, foram empurrados para a "solução" do crédito como parte da decomposição das políticas de bem-estar.[551]

Assim, lastreando parte da expansão do crédito, não por acaso encontramos imóveis hipotecados dessas famílias de trabalhadores. Com a inadimplência decorrente das hipotecas predatórias e da instabilidade do novo mundo do trabalho, o patrimônio dessas famílias começou a ser tomado pelos credores, no mesmo momento em que seus preços caiam vertiginosamente. O resultado da crise e seu efeito de contaminação por meio dos títulos financeiros são conhecidos, mas pouco se fala do comprometimento do trabalho acumulado por gerações em seus imóveis que viraram fumaça. Esses trabalhadores não foram socorridos, como aconteceu com os bancos. Quando muito, serão mobilizados para novas "frentes de trabalho" anticíclicas que o governo Obama começa a realizar.

Com os recursos públicos sendo drenados para socorrer o sistema financeiro, as obras supérfluas ou especulativas também começaram a ser canceladas. Os investidores "realizam posições" e retiram suas fichas do setor imobiliário em queda. Para prefeituras e governos, multiplicar complexos edifícios em torno da cultura do excesso passa a ser algo considerado um tanto descabido (mesmo se do ponto de vista keynesiano represente um aumento da demanda agregada). Dezenas de grandes obras já contratadas pelos arquitetos-estrela foram canceladas desde o fim de 2008. Frank Gehry e Norman Foster, por exemplo, demitiram, respectivamente, 50% e 30% de seus funcionários. O paraíso rentista dos Emirados Árabes, uma ditadura patriarcal assentada em trabalho semiescravo e para onde os arquitetos-estrela acorrem em busca de encomendas faraônicas, após redução de 50% do valor de seus imóveis, pediu moratória, como foi amplamente noticiado. Mesmo assim, ali foi inaugurado em janeiro de 2010 o maior arranha-céu (vazio)[552] do mundo, construído pela euforia rentista da última década. O Burj Dubai, hoje renomeado de Burj Khalifa, é um emblema de uma era de abundância de capitais à procura de formas espetaculares que parece suspensa — ao menos por um tempo.

Como afirmou Frank Gehry em entrevista recente: "os tempos do excesso acabaram. Acabou o desperdício e é preciso enfrentar esse desafio. Não

---

[551] Mariana Fix. *Financeirização e transformações recentes no circuito imobiliário no Brasil*. Tese de Doutorado, Instituto de Economia da Unicamp, 2011.

[552] Esta é literalmente uma super *Empty Tower*, como previra o grupo Tablado de Arruar em sua peça "A rua é um rio" (2007), inspirada na pesquisa de Mariana Fix sobre as torres vacantes em São Paulo. Aliás, o fenômeno parece multiplicar-se mundo afora.

Conclusão: A próxima fronteira

sei se isso é bom ou ruim, mas é o que há. É preciso poupar energia e dinheiro".[553] Nicolai Ouroussoff, o crítico de arquitetura que substitui Muschamp, declara no *New York Times* que se trata do "fim melancólico de uma época". E vaticina: "o movimento de explosão de novos museus de arte, salas de concertos e centros de dramaturgia que, nas últimas décadas, transformaram as cidades de todo o país está oficialmente encerrado. O dinheiro acabou — e sabe-se lá quando estará de volta".[554] Do outro lado do Atlântico, o colunista do *The Guardian* faz a mesma indagação: "A era da ostentação chegou ao fim?". Jonathan Glancey afirma que "a década esteve repleta de especulação financeira e consumismo furioso; inevitavelmente, a arquitetura seguiu esse rumo", e cita Mies van der Rohe, quando este declarou que "a arquitetura é a vontade de uma época traduzida em pedras" (ou em aço e titânio...).[555]

A crise global de 2008, portanto, permite rever sob novo prisma histórico o conjunto de fenômenos que estamos analisando, uma vez que a derrocada financeira afeta essa arquitetura pelos dois lados: o do dinheiro e o do simbolismo que ela carrega. "Excesso" e "desperdício" não são as qualidades mais recomendadas para uma produção abalada pela nova onda de escassez. Sobriedade e moderação podem voltar a ser requisitadas, e mesmo premiadas, como já foi o caso de Zumthor, com o Pritzker em 2009.

Se a estética do delírio especulativo parece inadequada para os novos tempos, em que pelo menos o discurso da austeridade parece se impor, as novas tecnologias digitais de projeto podem ser adotadas no sentido de obter o máximo de precisão e economia no planejamento das obras, como vimos no desafio enfrentado por Gehry na Beekman Tower, que já teve quarenta andares cortados em função da crise. Seu programa de projeto digital está sendo testado pelo avesso, agora para evitar o desperdício e o excesso.

Novas agendas emergentes disputam a sucessão do ciclo que aparenta se encerrar ou, ao menos, ficar provisoriamente suspenso. Além da crítica meramente moralista e simplificadora às formas do excesso e ao consumo conspícuo, a agenda que parece avançar de maneira triunfal e ocupar cada vez mais espaço é a da chamada arquitetura sustentável ou verde. Isso porque, apesar da crise e do aumento do desemprego e das desigualdades, uma

---

[553] Entrevista a Miguel Mora, do *El País*, reproduzida na *Folha de S. Paulo*, 31/1/2010.

[554] Artigo reproduzido em *O Estado de S. Paulo*, 8/11/2009.

[555] Artigo reproduzido em *O Estado de S. Paulo*, 26/11/2009.

agenda social (ou socialista) parece não despertar o menor interesse de arquitetos do *jet set* que se declaram abertamente "pós-utópicos" e "contra qualquer ideologia", ainda que reformista. De outro lado, mesmo que políticas sociais de habitação possam retornar à ordem do dia — como é o caso, por exemplo, do programa de construção de um milhão de casas populares no Brasil —, os arquitetos parecem já não ter mais nada a dizer ou a fazer, enquanto os negócios imobiliários e da indústria da construção tomam conta do terreno.[556]

Com o impacto da crise, a agenda da arquitetura sustentável, que já despontou com força na década passada, parece agora ser capaz de tornar-se hegemônica, inclusive entre os arquitetos-estrela. Como afirma (ou lamenta) Gehry, na mesma entrevista, o caminho inevitável parece ser "fazer arquitetura verde, agora tudo precisa ser verde".[557] Essa arquitetura também pode ser mobilizada para favorecer a marca, a distinção e a inovação ostensiva que atraem esses profissionais da exceção.

Mas os arquitetos-estrela sabem que, diferentemente da produção de edifícios icônicos e de formas únicas, a arquitetura verde não é privilégio seu e, muitas vezes, sequer foi sua preocupação. Ao contrário, durante décadas, as ações em arquitetura sustentável, associada a territórios, climas e culturas locais, foram mantidas por construtores anônimos e "arquitetos de pés descalços".[558] Mais recentemente, a agenda do "planejamento ambiental" ou "planejamento ecológico da paisagem" começou a fazer parte de políticas públicas.[559] Já existem diversos profissionais envolvidos com essas práticas e o *star system* da arquitetura está chegando tarde ao assunto — em grande medida, empurrado pela crise —, procurando o seu "diferencial", como veremos.

Contrariamente à arquitetura da renda da forma, cuja tendência autorreferente é similar à da procura pela autovalorização desmedida do capital fictício, a agenda verde se depara com problemas realmente existentes, como

---

[556] Sobre esse programa, ver meu texto com Mariana Fix, "Como o governo Lula pretende resolver o problema da habitação", *Correio da Cidadania*, 2009.

[557] Entrevista a Miguel Mora, *op. cit.*

[558] A expressão é título do livro de Johan Van Lengen, *Manual do arquiteto descalço*. Rio de Janeiro: Empório do Livro, 2008.

[559] Ver um repertório dessas práticas em Jorge Oseki e Paulo Pellegrino, "Sociedade e ambiente", em Gilda Bruna *et al.* (orgs.), *Curso de gestão ambiental*. São Paulo: Manole, 2004.

Conclusão: A próxima fronteira

os fenômenos de desequilíbrio entre sociedades e meio ambiente que têm levado a catástrofes urbanas e ao aquecimento global. As pesquisas de alternativas nesse campo, por isso, são não apenas necessárias, como urgentes. Contudo, o modo de interpretar o problema, de formular propostas e implementar práticas é objeto de controvérsia e disputa entre cientistas, governos e ativistas, e também entre socialistas e liberais.[560]

Diversos autores progressistas têm se esforçado por unificar os temas ambientais com os da justiça social, formulando o problema ecológico em termos materialistas — a chamada aliança verde-vermelha, que deu origem ao movimento ecossocialista. Entre os principais formuladores dessa alternativa estão David Harvey, John Bellamy Foster, Jean-Marie Harribey e Michael Löwy. O diagnóstico comum a estes autores é o de que a valorização capitalista tem caráter predatório e suas forças produtivas avançam depredando igualmente a força de trabalho e a natureza, até o *turning point* catastrófico em que nos encontramos. Por isso, os marxistas deveriam rever suas posições em geral pouco críticas a respeito das consequências do progresso tecnológico, tanto quanto os ecologistas deveriam reconhecer que a real preservação do planeta só será possível em marcos anticapitalistas, com a implosão dessa terrível máquina de moer trabalho e natureza.

De outro lado, a ideologia dominante (novamente um mosaico de ideias das classes dominantes), com seu discurso-realejo do "desenvolvimento sustentável", promete a conciliação entre progresso capitalista e preservação ambiental. Algo como um "capitalismo verde". Nele, a natureza é valorada monetariamente (apesar de não ter valor econômico intrínseco) e precificada de forma mercantil, ou seja, adquirindo a forma-mercadoria.[561] A economia ambiental se tornou uma disciplina que tenta "reintroduzir no cálculo econômico tradicional os custos sociais engendrados pela degradação do meio ambiente", ao mesmo tempo em que a valorização dos bens ambientais se torna uma forma de valorização do capital.[562] É assim que a natureza, de externalidade negativa, torna-se um novo e cada vez mais promissor ramo de negócios (de créditos de carbono a novas energias). E trata-se não apenas

---

[560] Não cabe aqui um aprofundamento desse que era um dos temas de pesquisa do professor Jorge Oseki quando faleceu, em 2008.

[561] Ver sobre isso David Harvey, "Valuing nature", em *Justice, nature and the geography of difference*. Nova York: Wiley-Blackwell, 1996.

[562] Jean-Marie Harribey, "Marxisme écologique ou écologie politique marxienne", em Jacques Bidet e Eustache Kouvélakis (orgs.), *Dictionnaire Marx contemporain*. Paris: PUF, 2001.

de constituir um mercado da preservação, mas também um "mercado da contaminação", por meio da venda de licenças de poluir, como recomenda o Banco Mundial e propõe o Protocolo de Kyoto.[563] Não é difícil reconhecer que a ideia de sustentabilidade no capitalismo é um paradoxo, uma vez que se trata de um sistema baseado na produção constante de todo tipo de desigualdade, inclusive a distribuição desigual de entropia, disseminando pelo globo sociedades quentes e frias, e também não é difícil adivinhar qual destes polos termodinâmicos alimenta o outro.

Na área de arquitetura, esse novo ramo dos negócios tem crescido enormemente. Uma parcela significativa das forças produtivas começa a se direcionar para esse mercado que se abre, seja na produção de novos softwares avançados de desempenho, seja no desenvolvimento de novos (ou a retomada de velhos e esquecidos) materiais e técnicas de construção. Essas obras recebem atestados, como certificações verdes, que lhes garantem uma renda adicional, mas cujos princípios diferem daqueles da renda da forma. Talvez se possa considerar que essa arquitetura, menos calcada na forma inédita e apelativa e mais na demonstração da eficácia de seu desempenho (mesmo que ambas não sejam necessariamente excludentes), acabe por retomar alguns preceitos modernos, entre eles o da massificação de determinados produtos pré-fabricados (como painéis solares, tetos-verdes e sistemas de reuso de água). Assim, a replicação de soluções, ao invés da obsessão pelo ineditismo, pode passar a ser vista novamente como favorável aos negócios e a beneficiar agentes que se situem melhor para capturar novos dividendos — como produtores de materiais verdes, eco-profissionais, indústria de softwares, cursos universitários especializados, revistas e editoras ligadas ao tema etc. Nesse sentido, estaria ocorrendo uma reconfiguração do campo arquitetônico, da "renda da forma" para a "renda verde" — tema, certamente, para uma outra pesquisa.

A China, cujo crescimento vertiginoso tem reproduzido em grande medida o padrão de consumo e urbanização insustentável do mundo ocidental, agora também se programa para liderar a virada ecológica e os negócios a ela associados — apesar de suas cidades serem consideradas as mais poluídas do mundo. Como já comentamos, o arquiteto Steven Holl, uma das estrelas que está surfando na onda verde — mantendo ainda um desenho chamativo

---

[563] Esse "mercado de contaminar", explica Michael Löwy, permite que "os países mais ricos sigam contaminando o mundo, mas baseados na possibilidade de comprar dos países pobres o direito de contaminar que eles não utilizam". Em "Ecología y socialismo", *La Haine*, 25/1/2007.

Conclusão: A próxima fronteira

e exuberante —, realizou em Pequim um grande conjunto de uso misto, segundo alguns dos preceitos do urbanismo sustentável, em seu projeto Linked-Hybrid. A Exposição Universal que ocorreu em 2010 em Xangai é um exemplo da liderança na agenda verde que a China pretende assumir — a despeito do seu crescimento "sujo", depredando igualmente trabalho e natureza. Com o tema *Better city, better life*, o megaevento chinês atraiu os principais arquitetos e urbanistas do mundo e pretendeu mostrar em seus estandes as novas conquistas tecnológicas associadas ao desenvolvimento urbano sustentável. As iniciativas chinesas na área, que vão muito além da Expo, já estão motivando o que Thomas Friedman descreveu como uma corrida tecnológica similar à militar-espacial que EUA e URSS travaram durante décadas.[564]

Os arquitetos-estrela, a seu modo, vão se posicionando nesse novo território de projetos e negócios. Norman Foster, que já investe em atributos verdes há alguns anos, está projetando desde 2007 uma cidade modelo chamada Masdar. Trata-se da obra mais importante em andamento em seu escritório, à qual ele dedica especial atenção.[565] Mesmo que em escala urbana, essa obra talvez sintetize, mais do que um edifício (o chamado *green building*), em que termos pode se dar a guinada verde dos arquitetos-estrela. Conta Foster: "Em Abu Dhabi, neste momento, estamos construindo a primeira cidade livre de dióxido de carbono no mundo, para 90 mil habitantes. As pessoas encarregadas do projeto são incrivelmente espertas. Não estão esperando que o petróleo acabe, estão começando agora a planejar para um futuro sem petróleo. A cidade deve ficar pronta em 2018. É como se quiséssemos nos estabelecer na Lua dentro de dez anos".[566]

Masdar, no meio do deserto, de fato encontra-se em um cenário quase lunar, como uma estação espacial. Sua relação com o espaço natural é *sui generis*, uma vez que o deserto é quase a ausência de natureza, um ecossistema pobre e pouco complexo, muito diferente da situação em que se encontra a maioria das cidades, sobretudo as do dito terceiro mundo. Nesse sentido, a experiência é extremamente limitada do ponto de vista dos problemas relacionados ao planejamento ambiental em situações críticas e comple-

---

[564] "Revolução Verde", em *O Estado de S. Paulo*, 11/10/2009, citado por Otília Arantes, "Xangai 2010", em *Chai-na*. São Paulo: Edusp, 2011.

[565] Segundo Martin Corullon, entrevista ao autor.

[566] Entrevista a Hanno Rauterberg, em *Entrevistas com arquitetos*. São Paulo: Viana & Mosley, 2009, p. 53.

Projeto de Norman Foster para a cidade sustentável de Masdar,
em Abu Dhabi, capital dos Emirados Árabes Unidos,
em desenvolvimento desde 2007.

xas, associadas a assentamentos urbanos reais. A complexidade, mais uma vez, volta-se sobre si mesma, numa separação artificial em relação às verdadeiras estruturas complicadas e conflitivas da sociedade e da cidade realmente existentes.

Não por acaso, a cidade artificial[567] apresenta-se completamente murada, como uma mônada, de fato uma fortaleza — supostamente para proteger-se apenas do clima árido. A circunscrição física e simbólica da experiência não apenas revela seu caráter artificial como é parte fundamental do seu marketing e da sua visualidade midiática. Afinal, o *modus operandi* da arquitetura de marca continua dominante, pois a incorporação da agenda verde passa a ser vista como estratégia de "reposicionamento de marca".

O objetivo declarado da equipe de Foster é combinar alguns dos avanços da alta tecnologia verde com práticas construtivas locais e tradicionais, ancestralmente ecológicas, e que estavam sendo perdidas. Como afirma o arquiteto, "o mais importante nesse projeto é aprender o máximo possível da tradição local de construção".[568] A densidade da massa construída da cidade árabe, com a formação de pátios internos e ruas estreitas, além de soluções naturais de exaustão e ventilação, se mostram muito mais inteligentes do que as torres envidraçadas da nova Abu Dhabi e seus subúrbios espraiados simulando o padrão de urbanização norte-americano. A esses conhecimentos, Foster pretende acrescentar materiais de ponta, como novos vidros que façam as vezes de bateria solar e produzam energia, além de monotrilhos para circulação (os carros ficam do lado de fora, como em Veneza). A cidade pretende ser autossuficiente em água e energia, conseguir tratar e reciclar completamente seu lixo, e sobreviver sem energias fósseis.

Essa valorização dos saberes das populações locais sobre seus territórios, climas e materiais não deixa de ser um fenômeno paradoxal. Quando o arquiteto símbolo da alta tecnologia passa a vasculhar técnicas milenares por reconhecer nelas maior eficiência ambiental, trata-se de um sinal de que toda parafernália do progresso tecnológico ocidental não é suficiente para resolver por si só o problema. Uma razão instrumental desde sempre dirigida por exigências de dominação da natureza (tanto externa quanto interna), ao fazer violentamente abstração de qualidades e valores de uso, cedo ou

---

[567] Outras cidades ditas sustentáveis, como artificiais microcosmos sociais em menor escala, associadas a centros universitários, já foram implementadas noutros países, com destaque para o Japão, mas ainda não alcançaram índices de emissão zero e autonomia energética como proposto em Masdar.

[568] Entrevista Hanno Rauterberg, *op. cit.*, p. 53.

tarde se voltaria contra si mesma, convertendo a troca metabólica entre sociedade e natureza num círculo vicioso de destruição mútua. O gesto de Foster é, assim, um reconhecimento constrangido de que grande parte dos "avanços" na construção civil, com o uso intensivo de materiais como aço, cimento, vidro, alumínio, plásticos e produtos químicos derivados do petróleo, é insustentável ambientalmente.

Por outro lado, a utilização dos conhecimentos tradicionais reproduz, a seu modo, o uso comercial de saberes nativos sobre a biodiversidade de seus territórios por empresas transnacionais (o que é também chamado de "biopirataria").[569] A empresa de Foster, turbinada por fundos de investimento, é remunerada pela replicação de técnicas locais milenares. Além disso, a cidade não é feita para abrigar as populações que ainda guardam esse saber construtivo — e muito menos os trabalhadores migrantes e semiescravizados que deverão erguê-la —, pois a fortaleza Masdar destina-se à "classe criativa" de agentes globais da inovação verde. A cidade deve contar com uma universidade e com a sede da Abu Dhabi Energy Company, tornando-se um centro de produção de novas ideias na área bioenergética — ou um parque temático dos negócios verdes.

O valor inicial do investimento está orçado em 22 bilhões de dólares. Ironicamente, a cidade é patrocinada pela renda do petróleo, por um governo ditatorial[570] e fundos de investimento que foram justamente os responsáveis pela substituição das culturas construtivas locais por uma máquina imobiliária apoiada no modelo ocidental de arranha-céus e automóveis — no caso da nova Abu Dhabi, erguida por trabalho migrante semiescravo, como vimos. Somam-se a esses patronos o dinheiro do Credit Suisse e o interesse em inovações e marketing verde da Siemens.

Como os arquitetos que dominaram o "campo" até o momento vão reposicionar suas marcas em função dessa próxima fronteira a ser desbravada, o ciclo verde, ainda é uma incógnita. Nessa redefinição das agendas e dos valores dominantes, uma coisa é certa, eles farão de tudo para preservar suas posições de exceção, enquanto uma nova geração irá aproveitar o momento

---

[569] Ver Vandana Shiva, *Biopirataria: a pilhagem da natureza e do conhecimento*. Petrópolis: Vozes, 2001.

[570] Perguntado sobre o fato da cidade inovadora ser executada por um regime não democrático, Foster replica: "Por que não fazer? Possibilidades não sonhadas se abrem por lá, o pensamento é radical e também são as decisões. Decisões que levam dez anos aqui, lá são tomadas em, no máximo, dez meses". Entrevista a Hanno Rauterberg, *op. cit.*, p. 57.

Conclusão: A próxima fronteira

para tentar ascender aos céus. Tudo muda para que permaneça como está. Enquanto isso, a crise aumenta a pobreza e a precariedade de centenas de milhões de indivíduos atolados em catástrofes ambientais e sociais em seu "planeta de favela", como Mike Davis denominou a urbanização acelerada e sem salvação na periferia — e não só —, do capitalismo. Um planeta sombrio que nenhuma estrela pretende iluminar.

Mas talvez não seja de estrelas que esse planeta precisa, muito menos do marketing verde, mas de profissionais de outro tipo. No caso do arquiteto e urbanista, um profissional que entenda de "mosquito, de rato, de contenção de encostas, de reagenciamento de espaços, de enchentes e também de comunicação visual para uma população favelada", como definiu certa vez o professor Jorge Oseki.[571] Um profissional formado em universidades que deveriam ensinar um saber-atuar que integre os vários saberes parcelares, como meio para transformar o cotidiano vivido pelas maiorias. Mas não se trata de uma formação meramente prática, muito menos de um surto voluntarista da inteligência técnica, de resto indispensável, como acabamos de lembrar. Ainda se trata de um profissional formado segundo a melhor tradição crítica, capaz de atuar não apenas como agente reparador, mas também como sujeito mobilizador da vontade e da imaginação das populações que a "espoliação urbana" foi deixando pelo caminho. Para isso, como Jorge nunca deixava de nos lembrar, só uma teoria radical permitiria conceber a ação prática no sentido forte de práxis. Dimensão ultimamente negligenciada, mesmo nos círculos em princípio mais exigentes, sob pretexto de que, estando a via transformadora bloqueada, toda práxis estaria condenada a reproduzir o estado de coisas falso que justamente procura superar.

---

[571] Entrevista à revista *Caramelo*, nº 10, citada em João Marcos Lopes, Wagner Germano e Pedro Arantes, "Jorge, professor de todos nós", *Revista da Pós*, nº 25, 2009, pp. 10-2.

REFERÊNCIAS BIBLIOGRÁFICAS

LIVROS

ALT, Casey; LENOIR, Timothy. "Flow, process, fold: intersections in bioinformatics and contemporary architecture", em *Science, metaphor, and architecture*. Princeton: Princeton University Press, 2002.

ANDERSON, Perry. *The origins of postmodernity*. Londres: Verso, 1998.

ANDRÉADIS, Ianna. *Chantier ouvert au public: récit de la construction du Musée Quai Branly*. Paris: Éditions du Panama, 2006

ANTUNES, Ricardo; BRAGA, Ruy. *Infoproletários: degradação real do trabalho virtual*. São Paulo: Boitempo, 2009.

ARANTES, Otília. *O lugar da arquitetura depois dos modernos*. São Paulo: Edusp, 1993.

_____. *Urbanismo em fim de linha*. São Paulo: Edusp, 1999.

_____. "Cultura e transformação urbana", em PALLAMIN, Vera (org.). *Cidade e Cultura. Esfera pública e transformação urbana*. São Paulo: Estação Liberdade, 2002.

_____. *Chai-na*. São Paulo: Edusp, 2011.

_____. "Alta cultura", s.d., mimeo.

_____. "Delírios de Rem Koolhaas", s.d., mimeo.

ARANTES, Otília; MARICATO, Ermínia; VAINER, Carlos. *A cidade do pensamento único: desmanchando consensos*. Petrópolis: Vozes, 2000.

ARANTES, Paulo. *Zero à esquerda*. São Paulo: Conrad, 2004.

ARANTES, Pedro. *O ajuste urbano: as políticas do Banco Mundial e do BID para as cidades latino-americanas*. Dissertação de Mestrado, FAU-USP, 2004.

ARGAN, Giulio Carlo. *Projeto e destino*. São Paulo: Ática, 2001.

_____. *História da arte como história da cidade*. São Paulo: Companhia das Letras, 1992.

AUGÉ, Marc. *Não lugares: uma introdução a uma antropologia da supermodernidade*. São Paulo: Papirus, 2003.

BALL, Michael. *Rebuilding construction: economic change in the British construction industry*. Londres: Routledge, 1988.

BAUDRILLARD, Jean. *O sistema de objetos*. São Paulo: Perspectiva, 2000.

_____. *A sociedade de consumo*. Lisboa: Edições 70, 1975.

BAUMAN, Zygmunt. *Modernidade líquida*. Rio de Janeiro: Zahar, 2001.

BENEVOLO, Leonardo. *A arquitetura no novo milênio*. São Paulo: Estação Liberdade, 2007.

BENJAMIN, Andrew; COOKE, Catherine; PAPADAKIS, Andreas. *Deconstruction*. Londres: Academy Editions, 1989.

BENJAMIN, Walter. "A obra de arte na era de sua reprodutibilidade técnica", em *Obras escolhidas I: magia e técnica, arte e política*. São Paulo: Brasiliense, 1985, pp. 165-96.

BOAL, Iain; CLARK, T. J.; MATHEWS, Joseph; WATTS, Michael. *Afflicted powers: capital and spectacle in a new age of war*. Londres: Verso, 2005.

BOSCH, Gerhard; PHILIPS, Peter (orgs.). *Building chaos: an international comparison of deregulation in the construction industry*. Londres: Routledge, 2003.

BOURDIEU, Pierre. *Razões práticas: sobre a teoria da ação*. São Paulo: Papirus, 2008.

CANAL, José Luiz. "Projeto em construção", em *Fundação Iberê Camargo*. São Paulo: Cosac Naify, 2008.

CASTEL, Robert. *Metamorfoses da questão social*. Rio de Janeiro: Vozes, 1998.

CATTANI, Antonio. *Trabalho e tecnologia: dicionário crítico*. Rio de Janeiro: Vozes, 1997.

CHESNAIS, François. *A mundialização do capital*. São Paulo: Xamã, 1996.

_____. *A mundialização financeira*. São Paulo: Xamã, 1998.

CORIAT, Benjamin. "Le procès de travail de type 'chantier' et sa rationalisation: remarques sur quelques tendances de la recherche actuelle", em *Actes de Colloques: Le Travail en Chantiers. Plan Construction et Habitat*. Paris, 16-17 novembro de 1983, traduzido por Jorge Hajime Oseki. São Paulo: mimeo.

COUCHOT, Edmond. "Da representação à simulação: evolução das técnicas e das artes da figuração", em PARENTE, André (org.). *Imagem-máquina: a era das tecnologias do virtual*. Rio de Janeiro: Editora 34, 1993, pp. 37-48.

DAGNINO, Renato *et al*. *Dicionário internacional da outra economia*. Coimbra: Almedina, 2009.

DAL CO, Francesco; FORSTER, Kurt. *Frank O. Gehry: the complete works*. Nova York: Monacelli Press, 1998.

DANTAS, Marcos. "Capitalismo na era das redes: trabalho, informação e valor no ciclo da comunicação produtiva", em LASTRES, Helena; ALBAGLI, Sarita (orgs.). *Informação e globalização na era do conhecimento*. Rio de Janeiro: Campus, 1999.

DAVIS, Mike. *Cidade de quartzo*. São Paulo: Boitempo, 1993.

_____. *Planeta favela*. São Paulo: Boitempo, 2006.

_____. "Sand, fear and money in Dubai", em *Evil paradises*. Nova York: The New Press, 2007.

DEBORD, Guy. *A sociedade do espetáculo*. Rio de Janeiro: Contraponto, 1997.

DELEUZE, Gilles. *Conversações*. São Paulo: Editora 34, 2008.

ECO, Umberto. *Viagem na irrealidade cotidiana*. São Paulo: Nova Fronteira, 1984.

EISENMAN, Peter. *Written into the void: selected writings, 1990-2004*. New Haven: Yale Press, 2007.

ELWALL, Robert. *Building with light: the international history of architectural photography*. Londres: Merrell, 2004.

EVERGREEN. *Edifícios espetaculares*. Colônia: Evergreen, 2007.

FARAH, Marta. *Processo de trabalho na construção habitacional: tradição e mudança*. São Paulo: Annablume, 1996.

FATHY, Hassan. *Construindo com o povo: arquitetura para os pobres*. São Paulo: Edusp, 1980.

FERRO, Sérgio. *Arquitetura e trabalho livre*. São Paulo: Cosac Naify, 2006.

FIGUEIRA, Jorge. "Mundo Coral", em *Fundação Iberê Camargo*. São Paulo: Cosac Naify, 2008.

FLORIDA, Richard. *Cities and the creative class*. Nova Iorque: Routledge, 2004.

FLORIO, Wilson. *O uso de ferramentas de modelagem vetorial na concepção de uma arquitetura de formas complexas*. Tese de Doutorado, FAU-USP, 2005.

FOSTER, Hal. *Design and crime*. Londres: Verso, 2002.

FONTENELLE, Isleide. *O nome da marca*. São Paulo: Boitempo, 2004.

FRAMPTON, Kenneth. *Studies in tectonic culture*. Cambridge: MIT Press, 2001.

_____. *Labour, work and architecture*. Londres: Phaidon, 2002.

FRIEDMAN, Mildred. *Gehry talks: architecture and process*. Nova York: Universe Architecture Series, 2002.

FURTADO, Celso. *O mito do desenvolvimento*. Rio de Janeiro: Paz e Terra, 1974.

_____. *A construção interrompida*. Rio de Janeiro: Paz e Terra, 1992.

GALOFARO, Luca. *Digital Eisenman: an office of the electronic era*. Basileia: Birkhäuser, 1999.

GAMA, Ruy. *A tecnologia e o trabalho na história*. São Paulo: Studio Nobel, 1986.

GARCIA DOS SANTOS, Laymert. *Politizar as novas tecnologias: o impacto sócio-técnico da informação digital e genética*. São Paulo: Editora 34, 2003.

_____. "A informação após a virada cibernética", em *Revolução tecnológica, internet e socialismo*. São Paulo: Fundação Perseu Abramo, 2003.

GAZOLLA, Ana. *Espaço e imagem*. Rio de Janeiro: UFRJ, 1994.

GHIRARDO, Diane. *Arquitetura contemporânea: uma história concisa*. São Paulo: Martins Fontes, 2002.

GORZ, André. *Misérias do presente, riqueza do possível*. São Paulo: Annablume, 2004.

_____. *O imaterial: conhecimento, valor, capital*. São Paulo: Annablume, 2005.

GRAMAZIO, Fabio; KOHLER, Matthias. "Digitally fabricating non-standardised brick walls", em *ManuBuild — 1st International Conference*. Rotterdam, 2007, pp. 191-6.

GRESPAN, Jorge. *O negativo do capital: o conceito de crise na crítica de Marx à economia política*. São Paulo: Hucitec, 1998.

HADDAD, Fernando. *Em defesa do socialismo*. São Paulo: Vozes, 1998.

HARRIBEY, Jean-Marie. "Marxisme écologique ou écologie politique marxienne" em BIDET, Jacques; KOUVÉLAKIS, Eustache (orgs.). *Dictionnaire Marx contemporain*. Paris: PUF, 2001.

HARVEY, David. *A condição pós-moderna*. São Paulo: Loyola, 1994.

_____. *Justice, nature and the geography of difference*. Nova York: Wiley-Blackwell, 1996.

_____. *A produção capitalista do espaço*. São Paulo: Annablume, 2005.

HAUG, Wolfgang Fritz. *Crítica da estética da mercadoria*. São Paulo: Unesp, 1996.

HIRATA, Helena (org.). *Sobre o "modelo" japonês*. São Paulo: Edusp, 1993.

HOWELER, Eric. *Skyscraper: designs of the recent past and for the near future*. Londres: Thames & Hudson, 2003.

IDOM. *História de un sueño: Guggenheim Bilbao museoa*. Madri: Idom, 1997.

JAGGAR, David; MORTON, Ralph. *Design and the economics of building*. Londres: Spon Press, 1995.

JAMESON, Fredric. *Pós-modernismo: a lógica cultural do capitalismo tardio*. São Paulo: Ática, 1996.

_____. "O tijolo e o balão: arquitetura, idealismo e especulação imobiliária", em *A cultura do dinheiro: ensaios sobre a globalização*. Petrópolis: Vozes, 2001.

_____. "Os limites do pós-modernismo", em GAZOLLA, Ana. *Espaço e imagem*. Rio de Janeiro: UFRJ, 1994.

KARA-JOSÉ, Beatriz. *Políticas culturais e negócios urbanos*. São Paulo: Annablume, 2007.

KIERAN, Stephen; TIMBERLAKE, James. *Refabricating architecture: how manufacturing methodologies are poised to transform building construction*. Nova York: McGraw-Hill, 2004.

KLEIN, Naomi. *Sem logo: a tirania das marcas em um planeta vendido*. Rio de Janeiro: Record, 2004.

KLINGMANN, Anna. *Brandscapes: architecture in the experience economy*. Cambridge: MIT Press, 2007.

KOLAREVIC, Branko (org.). *Architecture in the digital age: design and manufacturing*. Nova York: Taylor & Francis, 2003.

KOOLHAAS, Rem. *Nova York delirante*. São Paulo: Cosac Naify, 2008.

_____. *S M L XL*. Nova York: Monacelli Press, 1995.

_____. *Projects for Prada — Part 1*. Milão: Fondazione Prada Edizioni, 2001.

_____. *Harvard design guide to shopping*. Colônia: Taschen, 2002.

KWINTER, Sanford. *Far from equilibrium: essays on technology and design culture*. Nova York: Actar, 2008.

LARREA, Andeka e GAMARRA, Garikoitz. *Bilbao y su doble: regeneración urbana o distruicción de la vida publica?*. Bilbao: Harian, 2007.

LÉVY, Pierre. *O que é virtual?*. São Paulo: Editora 34, 2003.

LINDSEY, Bruce. *Digital Gehry: material resistance, digital construction*. Basileia: Birkhäuser, 2001.

LIPOVETSKY, Gilles. *A era do vazio*. Barueri: Manole, 2005.

LIPOVETSKY, Gilles; ROUX, Elyette. *O luxo eterno: da idade do sagrado ao tempo das marcas*. São Paulo: Companhia das Letras, 2005.

LOPES, Ruy Sardinha. *Informação, conhecimento e valor*. São Paulo: Radical Livros, 2008.

LOOS, Adolf. "Ornamento e delitto", em *Parole nel vuoto*. Milão: Adelphi, 1972.

LYNN, Greg. *Folds, bodies & blobs*. Bruxelas: La Lettre Volée, 1998.

MARCUSE, Peter. "The Ground Zero architectural competition: designing without a plan", em *Progressive planning reader 2004*. Ithaca: Planners Network, 2004.

MARICATO, Ermínia. *Indústria da construção e política habitacional*. Tese de Doutorado, FAU-USP, 1984.

MARX, Karl. *Miséria da filosofia*. São Paulo: Martin Claret, 2007.

_____. *Grundrisse: foundations of the critique of political economy*. Londres: Penguin Classics, 1993.

_____. *O Capital*. São Paulo: Abril Cultural, 1988.

MCCULLOUGH, Malcom. *Abstracting craft: the practiced digital hand*. Cambridge: MIT Press, 1998.

MÉSZÁROS, István. *O poder da ideologia*. São Paulo: Boitempo, 2004.

MORIN, Edgar. *Introdução ao pensamento complexo*. Porto Alegre: Instituto Piaget, 2003.

NESBIT, Kate (org.). *Uma nova agenda para a arquitetura: antologia teórica, 1965-95*. São Paulo: Cosac Naify, 2007.

OLIVEIRA, Francisco de. *O ornitorrinco*. São Paulo: Boitempo, 2004.

OSEKI, Jorge Hajime. *Arquitetura em construção*. Dissertação de Mestrado, FAU-USP, 1983.

OSEKI, Jorge; PELLEGRINO, Paulo. "Sociedade e ambiente", em BRUNA, Gilda *et ali.* (orgs.). *Curso de gestão ambiental*. São Paulo: Manole, 2004.

PRADO, Eleutério da Silva. *Desmedida do valor: crítica da pós-grande indústria*. São Paulo: Xamã, 2005.

PREFEITURA DE ONTARIO. *Ontario cultural and heritage tourism product research paper*. Ontario: Queen's Printer, 2009.

RAINBIRD, Helen; SYBEN, Gerd (orgs.). *Restructuring a traditional industry: construction employment and skills in Europe*. Nova York: Berg, 1991.

RAUTERBERG, Hanno. *Entrevistas com arquitetos*. São Paulo: Viana & Mosley, 2009.

REICH, Robert. *O trabalho das nações*. Lisboa: Quetzal, 1993.

REISER + UMEMOTO. *Atlas of novel tectonics*. Nova York: Princeton Press, 2006.

RICARDO, David. *Princípios de economia política e tributação*. Lisboa: Calouste Gulbenkian, 2002.

RIFKIN, Jeremy. *A era do acesso*. Lisboa: Editorial Presença, 2001.

RITZER, George. *The McDonaldization of society: an investigation into the changing character of contemporary social life*. Thousand Oaks: Pine Forge Press, 1995.

SAUNDERS, William. *Judging architectural value*. Minneapolis: University of Minnesota Press, 2007.

SCHITTICH, Christian. *Building skins: concepts, layers, materials*. Basileia: Birkhäuser, 2001.

SCHUMACHER, Patrik. *Digital Hadid: landscapes in motion*. Basileia: Birkhäuser, 1994.

SEBESTYEN, Gyula. *Construction: craft to industry*. Londres: Taylor and Francis, 1998.

SENNETT, Richard. *O declínio do homem público: as tiranias da intimidade*. São Paulo: Companhia das Letras, 1988.

_____. *O artífice*. Rio de Janeiro: Record, 2009.

SHELDEN, Dennis. *Digital surface representation and the constructibility of Gehry's architecture*. Tese de Doutorado, Cambridge, 2002.

SHIVA, Vandana. *Biopirataria: a pilhagem da natureza e do conhecimento*. Petrópolis: Vozes, 2001.

SHULMAN, Julius. *Photographing architecture and interiors*. Nova York: Whitney Library of Design, 1962.

SILVER, Marc. *Under construction: work and alienation in the building trades*. Nova York: New York Press, 1986.

STEVENS, Garry. *O círculo privilegiado: fundamentos sociais da distinção arquitetônica*. Brasília: UnB, 2003.

TAFURI, Manfredo. *Teorias e história da arquitetura*. Lisboa: Presença, 1979.

_____. *Projecto e utopia*. Lisboa: Presença, 1985.

TAYLOR, Frederick. *Princípio de administração científica*. São Paulo: Atlas, 1995.

TERZIDIS, Kostas. *Algorithmic architecture*. Amsterdam, Boston: Architectural Press, 2006.

VARGAS, Nilton. *Organização do trabalho e capital: um estudo da construção habitacional*. Dissertação de Mestrado, COPPE-UFRJ, 1979.

VENTURI, IZENOUR e BROWN. *Aprendendo com Las Vegas*. São Paulo, Cosac Naify, 2003.

ZUKIN, Sharon. *Landscapes of power: from Detroit to Disney World*. Berkeley, California Press, 1993.

_____. *The cultures of cities*. Cambridge: Blackwell, 1995.

_____. "Our World Trade Center", em SORKIN, Michael; ZUKIN, Sharon. *After the World Trade Center: rethinking New York City*. Nova York: Routledge, 2002.

ZULAIKA, Joseba. *Guggenheim Bilbao: crónica de una seducción*. Madri: Nerea, 1997.

PERIÓDICOS

ADORNO, Theodor. "Funcionalismo hoje", revista *Gávea*, nº 15. Rio de Janeiro: Arara Azul Comunicação, jun. 1997.

ANTUNES, Bianca. "Luiz Fernández-Galiano. Entrevista", revista *aU — Arquitetura e Urbanismo*, nº 181. São Paulo: PINI Ltda, abr. 2009.

AQUINO, Ruth. "Arquitetura da nova China", revista *Época*, 7/7/2008.

ARANTES, Otília. "Vendo cidades", revista *Veredas*, nº 36, 1998.

_____. "A 'virada cultural' do sistema das artes", em *Margem Esquerda*, nº 6, 2005.

ARANTES, Pedro; FIX, Mariana. "Como o governo Lula pretende resolver o problema da habitação", em *Correio da Cidadania*, 2009.

ARANTES, Pedro; GERMANO, Wagner; LOPES, João Marcos. "Jorge, professor de todos nós" (entrevista com Jorge Oseki), *Revista da Pós*, nº 25, 2009.

"Architect Foster builds a winning business", *Sunday Times*, 8/2/2009.

BONWETSCH, Tobias; GRAMAZIO, Fabio; KOHLER, Matthias. "The informed wall: applying additive digital fabrication techniques on architecture", em *Synthetic Landscapes* — anais do 25º Annual Conference of the Association for Computer--Aided Design in Architecture.

BULARD, Martine. "Uma nova geografia dos capitais", *Le Monde Diplomatique Brasil*, nov. 2008.

CAICOYA, César. "Acuerdos formales: el museo Guggenheim, del proyecto a la construcción", revista *Arquitectura Viva*, nº 55. Madrid: Editorial Arquitectura Viva, jul. 1997.

CAMPANELLA, Thomas. "Mejoras capitales", revista *Arquitectura Viva*, nº 118-119, 2008.

CHESNAY, François. "A emergência de um regime de acumulação financeira", revista *Praga*, nº 3, 1997.

COELHO, Eliomar. "Por fora, bela viola...", *O Globo*, 24/7/2003.

COSTA, Eduardo; GOUVEIA, Sonia. "Nelson Kon, uma fotografia de arquitetura brasileira" (entrevista com Nelson Kon), *Revista da Pós*, nº 24, dez. 2008.

DAVIS, Paul. "Foster clinches gold after Olympic Triumph", *China-Fortune Capital*, 3/7/2008.

DIEUX, Hervé. "Eastern European immigrants exploited", *Le Monde Diplomatique*, ago. 2002.

DUNLAP, David. "Guggenheim drops plans for East River museum", *The New York Times*, 31/12/2002.

FIGUEIREDO, Talita. "Câmara do Rio decide instaurar CPI da Cidade da Música", *O Estado de S. Paulo*, 7/5/2009.

PERRELA, Stephen. "Folding in architecture" (entrevista com Mark Dippé), revista *Architectural Design*. Seattle: Academy Press, 1993.

FRACALANZA, Paulo Sérgio; RAIMUNDO, Lício da Costa. "Gestão da riqueza e transformações do mundo do trabalho: a crise do trabalho no regime de acumulação liderado pela finança", revista *Economia e Sociedade*, 2008.

FEIDEN, Douglas. "Why is Ground Zero rebuilding taking so long?", *Daily News*, 4/8/2009.

FONTENELLE, Isleide. "Os caçadores do *cool*", revista *Lua Nova*, n° 63, 2004.

FUÃO, Fernando Freitas. "Papel do papel: as folhas da arquitetura e a arquitetura mesma", revista *Projeto*, jul. 1994.

FERNÁNDEZ-GALIANO, Luis. "Papel fotográfico: imagens que constroem a arquitetura", revista *Projeto*, jul. 1994.

_____. "Diálogo y logo: Jacques Herzog piensa en voz alta", revista *Arquitectura Viva*, n° 91, 2003.

GLANCEY, Jonathan. "A era da ostentação chegou ao fim?", *O Estado de S. Paulo*, 26/12/2009.

GOLDENBERG, Suzanne. "MIT processa Frank Gehry por 'falha' em projeto", *O Estado de S. Paulo*, 10/11/2007.

GÓMEZ, María; GONZÁLEZ, Sara. "A reply to Beatriz Plaza's 'The Guggenheim-Bilbao Museum Effect'", *International Journal of Urban and Regional Research*, 2001, vol. 25, n° 4.

GRESPAN, Jorge. "A crise de sobreacumulação", revista *Crítica Marxista*, n° 29, 2009.

"Guggenheim irá a Guadalajara", *Folha de S. Paulo*, 18/10/2005.

HALL, Peter. "Los iconos arquitectónicos nos llevan a una suma cero", *La Vanguardia*, 15/6/2009.

HEINTZ, J; MULDER, M. "Offshore outsourcing: now available for architects", em RIDDER, H. A. J. de; WAMELINK, J. W. F. (orgs.). *World of Construction Project Management*. Delft: TU-Delft, 2007.

KEELEY, Graham. "Guggenheim architect Frank Gehry to create City of Wine complex for Marqués de Riscal", *Daily Mail*, 20/1/2010.

KIELY, Kathy. "Need for immigrant workers in dispute", *USA Today*, 24/6/2007.

LECUYER, Annette. "Building Bilbao", *Architectural Review: Museums*, n° 1.210, 1997.

LIBESKIND, Daniel. *Architect's statement for the proposed plans for the New York World Trade Center*. Nova York, 2001.

MAGESTE, Paula. "A defesa da cria", revista *Época*, 2003.

MARSHALL, Alex. "How to make a Frank Gehry building", *The New York Times*, 8/4/2001.

MCNEILL, Donald. "McGuggenisation? National identity and globalisation in the Basque Country", *Political Geography*, n° 19, 2000.

MEETHAN, Kevin. "Imaginando a cidade para o turismo", revista *NOZ*, n° 2, 2008.

"Moratória em Dubai assusta bolsas", *O Estado de S. Paulo*, 27/11/2009.

MORA, Miguel. "Entrevista a Miguel Mora" (entrevista com Frank Gehry), *Folha de S. Paulo*, 31/1/2010.

MORUEAU, Denis. "La petite fabrique d'effets speciaux: Artefactory au generique", revista *L'Architecture d'Aujourd'hui*, n° 354, 2004.

MOZAS, Javier. "'Collage' metropolitan: Bilbao, imperatives económicos y regeneración urbana", revista *Arquitectura Viva*, n° 55, jul. 1997.

NOGUEIRA, Ítalo. "Projeto espanhol dá início à revitalização do porto do Rio", *Folha de S. Paulo*, 26/2/2010.

OSEKI, Jorge *et al.* "Bibliografia sobre a indústria da construção: reflexão crítica", revista *Sinopses*. São Paulo: FAU-USP, n° 16, 1991.

OUROUSSOFF, Nicolai. "O fim melancólico de uma época", *O Estado de S. Paulo*, São Paulo, 8/11/2009.

PALMA, Gabriel. "The revenge of the market on the rentiers" (artigo não publicado). Conferência na Fundação Getúlio Vargas. São Paulo, 2008.

PIMENTA, Ângela. "A festa que pode levar um museu para o Rio de Janeiro", revista *Veja*, n° 1676, 22/11/2000.

PLAZA, Beatriz. "The Guggenheim-Bilbao Museum Effect. A reply to María V. Gómez's reflective images: the case of urban regeneration in Glasgow and Bilbao", *International Journal of Urban and Regional Research*, n° 23, 1999.

_____. "Evaluating the influence of a large cultural artifact in the attraction of tourism. The Guggenheim Museum Bilbao case", *Urban Affairs Review*, n° 36, nov. 2000, pp. 264-74.

PRECEDO, José; VIZOSO, Sonia. "Despilfarros en la Xunta de Fraga", *El País*, 15/8/2007.

RIBOULET, Pierre. "Éléments pour une critique de l'architecture", revista *Espaces et Sociétés*, n° 1, nov. 1970.

SARDINHA, Ruy; SPERLING, David. "Deslocamentos da experiência espacial: de *earthwork* à arquitetura líquida", em *Revista Universitária do Audiovisual — RUA*. UFSCar, n° 51, ago. 2012.

SHELDEN, Dennis. "Tectonics, economics and the reconfiguration of practice: the case for process change by digital means", revista *Architectural Design*. Londres: John Wiley & Sons, vol. 76, n° 4, 2006.

SICHELMAN, Lew. "Homebuilders say immigrants' work is vital — Houses wouldn't be built on time or on budget without the help of foreign-born workers, many of whom are here illegally", *The Chronicle*, 28/5/2006.

SIERRA, Rafael. "Eisenman dice que la revolución de Bilbao con el Guggenheim es el modelo a seguir", *El Mundo*, 14/4/1999.

SPECHT, Jan. "The role of architecture in the tourism destination development and branding", em KRAKOVER, Shaul; URIELY, Natan. *Tourism destination and development branding*. Eilat: Ben-Gurion University of the Negev, 2009.

STREHLKE, Kai. "El ornamento digital: aproximaciones a um novo decoro", revista *Arquitectura Viva*, nº 124, 2009.

WHEATLEY, Catherine. "Buyout track", *The Sunday Times*, 8/2/2009.

ELETRÔNICOS

_____. "Foster set to be expelled from House of Lords", em bdonline.co.uk, 2 de fevereiro de 2009. Disponível em <http://www.bdonline.co.uk/news/foster-set-to--be-expelled-from-house-of-lords/3132908.article>. Visitado em fevereiro de 2010.

AGC of America. *Carta a Mitch McConnell*, 23 de dezembro de 2009. Disponível em <http://newsmanager.commpartners.com/agcleg/downloads/091223%20Health%20Care%20-%20McConnell.pdf>. Visitado em janeiro de 2010.

APPELBAUM, Alec. "Frank Gehry's software keeps buildings on budget", *The New York Times*. 10 de fevereiro de 2009. Disponível em <http://www.nytimes.com/2009/02/11/business/11gehry.html?pagewanted=all>.

AQUINO, Guilherme. "Pedreiro cibernético rouba a cena na Bienal de Arquitetura", em *Swissinfo*, 18 de setembro de 2008. Disponível em <http://www.swissinfo.ch/por/Pedreiro_cibernetico_rouba_a_cena_na_Bienal_de_Arquitetura.html?cid=69 2269>. Visitado em fevereiro de 2010.

ARANTES, Pedro. "Interesse público, poderes privados e práticas discursivas na política de renovação do centro de São Paulo", 2007. Disponível em <http://www.centro-vivo.org/node/970>. Visitado em fevereiro de 2010.

BARBOSA, Antônio Agenor. "Entrevista de Alfredo Sirkis", em *Vitruvius*, 4 de janeiro 2003. Disponível em <http://www.vitruvius.com.br/entrevista/sirkis/sirkis.asp>. Visitado em fevereiro de 2010.

BAZJANAC, Vladimir. "Impact of the U.S. National Building Information Model Standard (NBIMS) on building energy performance simulation", 2008. Berkeley: Lawrence Berkeley National Laboratory. Disponível em <http://www.escholarship.org/uc/item/3v95d7xp>. Visitado em janeiro de 2010.

BBC. "Strike halts work at Dubai tower", em *BBC News*, 23 de março de 2006. Disponível em <http://news.bbc.co.uk/2/hi/business/4836632.stm>. Visitado em janeiro de 2010.

BERK & ASSOCIATES. *Seattle Central Library economic benefits assessment*, 2005. Disponível em <www.spl.org/pdfs/SPLCentral_Library_Economic_Impacts.pdf>. Visitado em fevereiro de 2010.

BEYER, Susanne; KNÖFEL, Ulrike. "Only an idiot would have said no" (entrevista de Jacques Herzog), em *Der Spiegel Online*, 30 de julho de 2008. Disponível em <http://www.spiegel.de/international/world/0,1518,569011,00.html>. Visitado em janeiro de 2010.

BOZDOC, Marian. *The history of CAD*, 2003. Disponível em <http://mbinfo.mbdesign. net/CAD-History.htm>. Visitado em janeiro de 2010.

BUTTERPAPER. "Architect's conditions and wages", em *Butterpaper*, 2005. Disponível em <http://www.butterpaper.com/vanilla/comments.php?DiscussionID=294&page =1>. Visitado em janeiro de 2010.

CONTRACT JOURNAL. "Immigrant workers lack experience in building", em *Contractjournal*, 5 de setembro de 2007. Disponível em <http://www.contractjournal. com/Articles/2007/09/05/56143/immigrant-workers-lack-experience-in-building. html>. Visitado em fevereiro de 2010.

CREMA, Adriana; GAVA, Maristela; SEGAWA, Hugo. *Revistas de arquitetura, urbanismo, paisagismo e design: a divergência de perspectivas. Ci. Inf.*, vol. 32, nº 3, 2003, pp. 120-127. Disponível em <http://www.scielo.br/scielo.php?pid=S0100-1965200 3000300014&script=sci_abstract&tlng=pt>. Visitado em fevereiro de 2010.

DOMEISEN, Oliver; FERGUSON, Francesca. *Press release: re-sampling ornament*, 2008. Disponível em <www.sam-basel.org/uploads/File/SAM_Ornament_Presstext_ e.pdf >. Visitado em fevereiro de 2010.

FERNANDES, Andressa. "CPI investiga irregularidades na Cidade da Música", em *PINIweb*, 19 de maio de 2008. Disponível em <http://www.piniweb.com.br/construcao/arquitetura/cpi-investiga-irregularidades-na-cidade-da-musica-89294-1.asp>. Visitado em janeiro de 2010.

HEDGPETH, Dana. "Builders groups decry Obama's order on projects", *The Washington Post*, 12 de fevereiro de 2009. Disponível em <http://www.washingtonpost.com/ wp-dyn/content/article/2009/02/11/AR2009021103953.html>.

HUMAN RIGHTS WATCH. *One Year of My Blood*, vol. 20, nº 3, 2008. Disponível em <http://www.unhcr.org/refworld/docid/47d7fb772.html>. Visitado em outubro de 2009.

_____. *Building towers, cheating workers: exploitation of migrant construction workers in the United Arab Emirates*, 2006. Disponível em <http://www.unhcr.org/ refworld/docid/45dadd9b2.html>. Visitado em outubro de 2009.

_____. *The island of happiness: exploitation of migrant workers on Saadiyat Island, Abu Dhabi*, 2009. Disponível em <http://www.unhcr.org/refworld/docid/4a125f4 b2.html>. Visitado em outubro de 2009.

HURST, Will. "Norman Foster's tax status questioned in Parliament", em bdonline.co.uk, 24 de abril de 2008. Disponível em <http://www.bdonline.co.uk/story.asp?storycode =3112065>. Visitado em fevereiro de 2010.

_____. "Foster under pressure to reveal tax status", em bdonline.co.uk, 2 de fevereiro de 2009

INOVAÇÃO TECNOLÓGICA. "Robô-pedreiro constrói muro artístico em Nova Iorque", em *Inovação Tecnológica*, 4 de novembro de 2008. Disponível em <http://www.inovacaotecnologica.com.br/noticias/noticia.php?artigo=robo-pedreiro-constroi-muro-artistico-nova-iorque&id=>. Visitado em fevereiro de 2010.

JON PEDDIE RESEARCH. "The 2008 CAD Report", em *CAD Report*, 2008. Disponível em <http://www.jonpeddie.com/publications/cad_report/>. Visitado em janeiro de 2010.

KUCHTA, Michael. "USA: construction workers endure high rates of death, injury", em *Lakes and Plains Carpenter Magazine*, 18 de fevereiro de 2007. Disponível em <http://www.bwint.org/default.asp?index=641&Language=EN>. Visitado em janeiro de 2010.

LÓPEZ, Gentzane. "The Guggenheim Effect: positive transformations for the city of Bilbao", em *Euroculture 2006*. Disponível em <www.euroculturemaster.org/pdf/lopez.pdf >. Visitado em fevereiro de 2010.

LÖWY, Michael. "Ecología y socialismo", em *La Haine*, 25 de janeiro de 2007. Disponível em <http://www.lahaine.org/index.php?p=20019>. Visitado em fevereiro de 2010.

MASSAD, Fredy; YESTE, Alicia. "Arquiteto Peter Eisenman" (entrevista de Peter Eisenman), em *Vitruvius*, julho de 2005. Disponível em <http://www.vitruvius.com.br/entrevista/eisenman/eisenman.asp>. Visitado em fevereiro de 2010.

MURPHY, Kevin. *The economic value of investing in architecture and design*. The University of Chicago Graduate School of Business, 2003. Disponível em <www.dqionline.com/downloads/MSallette_Ind_Study.pdf>. Visitado em fevereiro de 2010.

MURRAY, Lynn. "Building Information Modeling takes architectural design to a new dimension", em *Design Cost Data*. Disponível em <http://www.dcd.com/insights/insights_sepoct_2007.html>. Visitado em janeiro de 2010.

NATIONAL INSTITUTE OF BUILDING SCIENCES. *National building information standard. Version 1 — Part 1: overview, principles, methodologies*. Washington: NIBS. Disponível em <http://nbimsdoc.opengeospatial.org/>. Visitado em fevereiro de 2010.

NOBRE, Lígia. "Guggenheim-Rio é visão estereotipada do brasil", em *Fórum Permanente*, 2007. Disponível em <http://forumpermanente.incubadora.fapesp.br/portal/.rede/numero/rev-numero2/ligia-nobre>. Visitado em fevereiro de 2010.

NOUVEL, Jean. "Editorial", setembro de 2009. Disponível em <http://larchitecturedaujourdhui.fr/en/edito.htm>. Visitado em fevereiro de 2010.

PARNELL, Steve. "Building Information Modelling: the golden opportunity", em *Architect's Journal Online*, 28 de julho de 2009. Disponível em <http://www.architectsjournal.co.uk/building-information-modelling-the-golden-opportunity/5205851.article>. Visitado em janeiro de 2010.

PODESTÁ, Sylvio. "Por que publicar? Como publicar? Quem publicar?". Disponível em <http://www.podesta.arq.br/index.php?option=com_content&view=article&id=57: texto-porque-publicar&catid=30:entrevista&Itemid=43>. Visitado em fevereiro de 2010.

RAVENEL, Bernard. "Leçons d'autogestion", em *Mouvements*, 5 de abril de 2007. Disponível em <http://www.mouvements.info/Lecons-d-autogestion.html>. Visitado em fevereiro de 2010.

ROBBINS, Tom. "Labor war in Chelsea", em *VillageVoice.com*, 9 de maio de 2006. Disponível em <http://www.swiftraid.org/media/articles/VillageVoice.pdf>. Visitado em janeiro de 2010.

SENAGALA, Mahesh. "Deconstructing AutoCAD. Toward a critical theory of software (in) design", em *Proceedings of the 7th Iberoamerican Congress of Digital Graphics*. Rosário: SIGraDi, 2003. Disponível em <http://cumincad.scix.net/cgi-bin/works/ Show?sigradi2003_008>. Visitado em janeiro de 2010.

SINIAVSKA, Natalia. *Immigrant workers in construction*. Washington: National Association of Home Builders, 2005. Disponível em <http://www.nahb.org/generic.aspx? genericContentID=49216%29.>. Visitado em janeiro de 2010.

SOLIDWORKS. *Software piracy in the CAD industry*. Disponível em <http://www.solidworkscommunity.com/feature_full.php?cpfeatureid=16515>. Visitado em janeiro de 2010.

SPENCER *et al*. *The experiences of Central and East European migrants in the UK*, 29 de maio de 2007. Disponível em <http://www.jrf.org.uk/publications/experiences- -central-and-east-european-migrants-uk>. Visitado em janeiro de 2010.

STONE, David. *Software piracy*, 1999. Disponível em <http://www.ed.uiuc.edu/wp/crime/ piracy.htm>. Visitado em janeiro de 2010.

SULLIVAN, Jennifer. "It hurts so bad", *Salon 1999*, 29 de fevereiro de 2000. Disponível em <http://www.salon1999.com/tech/feature/2000/02/29/rsi/index.html>. Visitado em janeiro de 2010.

TAYLOR, Sarah. "Local craftsmen met Gehry's challenge", *Neogehry*, 17 de outubro de 2002. Disponível em <http://neogehry.org/art_local-craftsmen.php>. Visitado em janeiro de 2010.

TERRA. "Forster asegura que la Ciudad de la Cultura es 'especial y única' y que el reto es atraer visitantes", em *Terra*, 15 de novembro de 2007. Disponível em <http:// terranoticias.terra.es/articulo/html/av22017387.htm>.

"Una ponencia en Ciudad de la Cultura denuncia la 'voluntad premeditada'", *Soitu*, 10 de dezembro de 2007. Disponível em <http://www.elselectordenoticias.es/soitu/ 2007/12/10/info/1197312142_326263.html>. Visitado em fevereiro de 2010.

FILMES

COPANS, Richard. *Collection Architectures.* França, 2003, 5 vols.
DISCOVERY CHANNEL. *Construindo o superestádio.* EUA, 2005, 45 min.
_____. *Build it bigger: mountain of steel.* EUA, 2007, 45 min.
POLLACK, Sidney. *Sketches of Frank Gehry.* EUA, 2005, 83 min.
ROUAUD, Christian. *LIP: L'Imagination au pouvoir.* França, 2007, 118 min.

ENTREVISTADOS

Ana Paula Pontes, da equipe de Christian de Portzamparc na Cidade da Música, no Rio de Janeiro

Caio Faggin, arquiteto que trabalhou no escritório Foster and Partners

Daniel Pollara, arquiteto da Idom, construtora do Guggenheim de Bilbao

Jacques Herzog, arquiteto suíço

João Marcos Lopes e Renata Moreira, sobre o desenho técnico manual

João Sayad, Secretário da Cultura do Estado de São Paulo

Jorge Carvalho, da ANC Arquitectos, escritório contratado por Rem Koolhaas/OMA para colaboração no projeto da Casa da Música, no Porto

Jorge Fiori, diretor da pós-graduação da Architectural Association de Londres

José Baravelli, Renata Moreira e Guilherme Petrella, sobre o desenho digital

José Luiz Canal, engenheiro da obra do Museu Iberê Camargo, em Porto Alegre

Leonardo Finotti, fotógrafo de arquitetura

Martin Corullon, arquiteto que trabalhou no escritório Foster and Partners

Nelson Kon, fotógrafo de arquitetura

Valdeci da Silva Matos (Lelê), pedreiro

e trinta arquitetos europeus e norte-americanos que responderam a dez questões de um formulário sobre as forças de influências no campo arquitetônico.

ÍNDICE ONOMÁSTICO

Aaron, Peter, 267
Adorno, Theodor W., 104
Agnelli, Giovanni, 301
Albagli, Sarita, 189, 203
Allard, Alexandre, 277
Allen, Paul, 72-5, 269
Allen, Woody, 270
Alliez, Éric, 272
Alsop, Will, 299
Alt, Casey, 166
Ando, Tadao, 59, 250, 326, 327
Andréadis, Ianna, 238-9
Antunes, Ricardo, 145
Appelbaum, Alec, 257
Aquino, Guilherme, 199
Aquino, Ruth, 245
Arantes, Otília, 8, 33, 36- 9, 45, 58, 68,
 105, 118-9, 163-4, 252, 259, 298,
 312, 321, 342
Arantes, Paulo, 190
Aravena, Alejandro, 302
Arendt, Hannah, 294
Argan, Giulio Carlo, 31, 129, 156
Ascher, François, 181
Augé, Marc, 313-4
Baan, Iwan, 267, 285-6, 292
Ball, Michael, 179, 180-3, 217, 219, 224
Ban, Shigeru, 42, 302
Baravelli, José, 138
Barbosa, Antônio, 47
Bardi, Lina Bo, 92
Basilico, Gabriele, 292
Baudrillard, Jean, 116, 311
Bauman, Zygmunt, 99
Bazjanac, Vladimir, 155
Bearth, Valentin, 198

Beck, Ulrich, 190
Benevolo, Leonardo, 28
Benjamin, Walter, 68, 114, 309
Bergdoll, Barry, 298
Beutl, Silvia, 100
Beyer, Susanne, 236, 240
Bidet, Jacques, 340
Binet, Hélène, 267, 292
Boal, Iain, 304
Bofill, Ricardo, 105
Bohigas, Oriol, 23, 45
Bonwetsch, Tobias, 197
Borja, Jordi, 32-3
Borromini, Francesco, 162
Bosch, Gerhard, 187
Bourdieu, Pierre, 252, 283, 288-9
Bozdoc, Marian, 137-8
Braga, Ruy, 145
Brown, Scott, 28
Bruggen, Coosje van, 31
Bruna, Gilda, 339
Brunelleschi, Filippo, 19, 31, 128-9, 158,
 221, 223, 309
Bryant, Richard, 267
Buckminster Fuller, Richard, 170
Bulard, Martine, 336
Cacciari, Massimo, 274
Cache, Bernard, 146
Caicoya, César, 31
Calatrava, Santiago, 33, 52, 314
Cameron, James, 150
Campagnac, Elizabeth, 187
Campanella, Thomas, 237
Campinos-Dubernet, Myriam, 184, 187
Canal, José Luiz, 96
Cantalejo, Javier, 205

Carroll, Lewis, 183
Carter Brown, John, 301-2
Carvalho, Jorge, 90-1, 234, 255
Castel, Robert, 186
Cattani, Alfredo, 192, 207
Chesnais, François, 57, 189
Chipperfield, David, 299
Clark, T. J., 304
Coelho, Eliomar, 46, 50
Cook, Peter, 299
Coop Himmelb(l)au, 32, 59, 61, 162, 298
Copans, Richard, 82
Coriat, Benjamin, 180, 183-5, 187, 192
Corullon, Martin, 63, 142, 270, 302, 328, 342
Costa, Eduardo, 266-7
Costa, Lucio, 92
Couchot, Edmond, 165, 167
Cueco, Henri, 39
Dagnino, Renato, 204
Dal Co, Francesco, 124, 298, 302
Dantas, Marcos, 189, 203
Davies, Paul J., 67
Davies, Richard Llewelyn, 218
Davis, Mike, 41, 124-5, 248-9, 346
De Meuron, Pierre, 59, 100-1, 108-11, 113, 237, 247, 285-7, 291-2, 295, 299, 302, 322-3, 326, 330
Debord, Guy, 114, 117, 172-3, 276, 304
Deleuze, Gilles, 166
Delugan-Meissl, Elke, 60
Delugan, Roman, 60
Deplazes, Andrea, 198
Derrida, Jacques, 162-3
Dieux, Hervé, 242
Diller, Elizabeth, 76, 79, 80
Dippé, Mark, 150
Domeisen, Oliver, 106
Dreiner, Dominik, 108
Drexler, Arthur, 301
Drupsteen, Jaap, 108
Dunlap, David, 40
Eco, Umberto, 150

Eisenman, Peter, 43, 81, 128, 161-4, 166, 168-70, 173, 177, 192, 205, 222, 231, 233-4, 237, 256-7, 274, 289, 293, 298-9, 316
Eliasson, Olafur, 78
Elwall, Robert, 267, 269
Erundina, Luiza, 204
Esher, Lionel, 218
Faggin, Caio, 57, 63-4, 66, 326
Farah, Marta, 188
Fathy, Hassan, 192-3
Fehn, Sverre, 23, 330-1
Ferguson, Francesca, 106
Fernandes, Andressa, 257
Fernández-Galiano, Luis, 55, 97, 100, 264, 276, 278-9, 285, 293
Ferreira, Edemar Cid, 46
Ferro, Sérgio, 84, 105, 118, 128-31, 143, 160, 173, 178-82, 192-4, 200, 202-3, 220, 222, 237, 244, 258-9, 294, 329
Figueira, Jorge, 92, 97
Figueiredo, Talita, 255
Fink, Michael, 238
Finotti, Leonardo, 263-5, 267-8, 275, 285
Fiori, Jorge, 299
Fix, Mariana, 337, 339
Flemming, Ulrich, 144
Florio, Wilson, 151, 168
Fontenelle, Isleide, 56-7, 66
Fontès, François, 277
Forster, Kurt, 124, 298, 302, 315
Foster, Hal, 35, 116
Foster, John Bellamy, 340
Foster, Norman, 33, 63-7, 119, 122, 141, 176, 208, 228-9, 250, 270, 285-7, 289, 304, 314, 320, 325-8, 331, 337, 342-5
Fraile, Fernando, 207
Frampton, Kenneth, 274, 276, 278, 293-4, 296, 299, 302
Franken, Bernhard, 144
Friedman, Mildred, 125, 161
Fuão, Fernando Freitas, 264, 314-5
Fuksas, Massimiliano, 42, 44, 298, 314

Fuller, Peter, 119
Furtado, Celso, 180, 190
Futagawa, Yoshio, 262, 280, 285-6
Futagawa, Yukio, 280, 285
Galofaro, Luca, 164, 168
Gama, Ruy, 196-7
Gamarra, Garikoitz, 34, 36
Gann, David, 191, 220
Garcia dos Santos, Laymert, 136, 170
Gates, Bill, 72, 296
Gaudibert, Pierre, 39
Gehry, Frank, 21-6, 28, 30-2, 36, 38, 40-3, 45-6, 58-9, 70-5, 81, 108, 117, 119, 122, 124-8, 141, 144, 147-54, 157, 159-62, 173, 177, 205-10, 212-3, 215-6, 218-20, 222, 225-8, 230-1, 236-7, 250, 256-7, 269, 271, 286-7, 289-91, 295, 298, 302, 306, 314, 315-7, 326-9, 337-9
Germano, Wagner, 346
Ghirardo, Diane, 124
Gilbreth, Frank, 192, 194-5
Gilmore, James, 68
Giscard d'Estaing, Valéry, 175
Giuliani, Rudolph, 40
Glancey, Jonathan, 338
Gluckman, Richard, 42
Glymph, Jim, 72, 126, 148, 219-20, 224, 228
Goldberg, Jeff, 267
Goldberger, Paul, 64
Goldenberg, Suzanne, 228
Gómez, María, 316
Gorz, André, 165, 172, 188
Goulthorpe, Mark, 112, 115
Gouveia, Sonia, 266-7
Gramazio, Fabio, 197-8, 200
Gregotti, Vittorio, 42, 274-5, 297, 302
Grespan, Jorge, 57, 254, 335
Griffith, Tim, 286
Guerra, Fernando, 262, 267, 285-6
Gursky, Andreas, 267
Guzmán, Miguel de, 286
Haddad, Fernando, 126, 146

Hadid, Zaha, 42-4, 59, 81, 162, 250, 286-7, 295, 298-9, 300, 302, 314, 326
Halbe, Roland, 267, 285-6
Hall, Peter, 38, 316
Harribey, Jean-Marie, 340
Harvey, David, 8, 36, 53-4, 57, 70, 185, 189, 258, 316, 340
Haug, Wolfgang Fritz, 99
Hearst, Randolph, 75
Hedgpeth, Dana, 240
Heintz, J., 145
Hendrix, Jimi, 72, 74
Herzog, Jacques, 54-5, 59, 97, 100-1, 108-11, 113, 119, 122, 236-7, 240, 245, 247, 285-7, 291-2, 295, 298-300, 302, 322-3, 326, 330
Hirata, Helena, 190
Holl, Steven, 285-7, 341
Hollein, Hans, 23, 42, 298
Howeler, Eric, 64
Huet, Bernard, 274
Hurst, Will, 327
Huxtable, Ada Louise, 302, 328
Isozaki, Arata, 32, 41
Ito, Toyo, 58, 112, 115
Ivy, Robert, 279
Izenour, Steven, 28
Jaggar, David, 224
Jahn, Helmut, 314
James, Henry, 303
Jameson, Fredric, 7, 85, 99, 117-8, 270, 336
Jencks, Charles, 99, 162, 274, 293
Johannpeter, Jorge Gerdau, 91
Johnson, Philip, 43, 162, 298, 302
Joncas, Kate, 319
Kara-José, Beatriz, 322
Keeley, Graham, 72
Kiely, Kathy, 240
Kieran, Stephen, 221, 223
Klein, Calvin, 69
Klein, Naomi, 56, 158
Klingmann, Anna, 68-9, 76, 80, 269
Knöfel, Ulrike, 236, 240

Índice onomástico

Kohler, Matthias, 197-8, 200

Kolarevic, Branko, 112, 126, 142-3, 146, 148, 151, 153-4, 158, 206-7, 216, 218, 221, 224, 228, 230

Kon, Nelson, 262-4, 266-8, 275, 280, 286

Koolhaas, Rem, 41-2, 60, 62, 74, 84-7, 89-91, 96-7, 108, 119, 122, 162, 234-5, 237, 245, 247, 250, 259-60, 270-1, 285-7, 289-92, 298-9, 300, 302, 314, 319, 326-7, 331, 334

Kouvélakis, Eustache, 340

Krakover, Shaul, 76, 310

Krens, Thomas, 32, 35, 40-3, 45-6, 48, 50, 58

Krier, Léon, 104

Kuchta, Michael, 241

Kwinter, Sanford, 98

Lacoste, Yves, 181

Lang, Fritz, 24

Lang, Jacques, 312

Larrea, Andeka, 34, 36

Lastres, Helena, 189, 203

Le Corbusier (Charles-Edouard Jeanneret-Gris), 47, 178-9

Leal, Carlos, 249

LeCuyer, Annette, 205, 216

Leibniz, Gottfried Wilhelm von, 166

Lelé (João Filgueiras Lima), 204

Lelê (Valdeci da Silva Matos), 192, 195-6, 203

Lenoir, Timothy, 166

Leonidov, Ivan, 162

Levinson, Nancy, 296

Lévy, Pierre, 161, 165, 308

Lewis, Peter, 41

Libeskind, Daniel, 42, 44, 81-4, 162, 298-9, 303-6

Lindsey, Bruce, 219

Lipietz, Alain, 181

Lipovetsky, Gilles, 38, 62-3, 260

Littenberg, Barbara, 304

Loos, Adolf, 102, 104-6

Lopes, João Marcos, 131, 346

López, Gentzane, 315, 318

Löwy, Michael, 340-1

Luebkeman, Chris, 153, 218

Lynn, Greg, 163

Maciel, Marco, 46

Mageste, Paula, 47

Maia, Cesar, 46, 50

Maki, Fumihiko, 302

Malagamba, Duccio, 285-6, 267, 292

Mangado, Francisco, 23

Maricato, Ermínia, 33, 45, 181

Marx, Karl, 7, 11, 17, 54, 70, 116-8, 174, 180, 188, 249, 254, 258, 273, 335

Massad, Fredy, 170

Mathews, Joseph, 304

Mayne, Thom, 302

McConnell, Mitch, 241

McCullough, Malcom, 156

McNeill, Donald, 42

Meethan, Kevin, 312-3

Meier, Richard, 304-5, 326-7

Mendes da Rocha, Paulo, 284, 290, 302, 330-1

Merrill, John, 161, 280, 304

Mészáros, István, 174

Michelangelo, 309

Mitchell, William, 143

Mitterrand, François, 38, 312, 321

Moneo, Rafael, 23, 33, 300, 302, 326-7

Montes, Javier, 249

Mora, Miguel, 24, 32, 315, 338-9

Moraes, Vinícius de, 202

Moreira, Renata, 131, 138

Morin, Edgar, 167

Morris, William, 105

Morton, Ralph, 224

Mostafavi, Mohsen, 300

Mozas, Javier, 33

Marcuse, Peter, 304, 307

Mulder, M., 145

Murcutt, Glenn, 326

Murphy, Kevin, 66

Murray, Lynn, 155

Muschamp, Herbert, 22, 40

Nenê, 195-6

Neutelings, Willem-Jan, 108-9
Niemeyer, Oscar, 52, 92, 290, 326
Nobre, Lígia, 48
Nogueira, Ítalo, 52
Norten, Enrique, 42
Nossiter, Jonathan, 70
Nouvel, Jean, 9, 42-3, 46-50, 59, 110-1, 238-9, 250, 276-7, 286-7, 295, 314, 326, 331, 334
Novais, Fernando, 272
Obama, Barack, 240-1, 337
Oldenburg, Claes, 31
Oppido, Gal, 262
Oseki, Jorge Hajime, 180, 182-3, 339, 340, 346
Ouroussoff, Nicolai, 338
Owings, Nathaniel, 161, 280, 304
Paes, Eduardo, 52
Pallamin, Vera, 38
Palma, Cristobal, 267
Palma, Gabriel, 336
Palumbo, Peter Garth, 301
Papadakis, Andreas, 162, 274
Paracelso, 196
Parente, André, 165, 272
Parnell, Steve, 155-6
Pegenaute, Pedro, 286
Pei, Ieoh Ming, 33, 327
Pellegrino, Paulo, 339
Pelli, César, 33
Perrela, Stephen, 150
Peterson, Steven, 304
Petrella, Guilherme, 138
Philips, Peter, 187
Piaget, Charles, 175
Piano, Renzo, 30, 58, 61, 237, 286-7, 291-2, 314, 326-7
Picasso, Pablo, 26
Pimenta, Ângela, 46
Pine, Joseph, 68
Piranesi, Giovanni Battista, 86
Pittman, Jon, 154-5
Plaza, Beatriz, 33, 269, 316, 322
Podestá, Sylvio, 275
Pollack, Sidney, 17, 125

Pollara, Daniel, 48, 50
Pontes, Ana Paula, 324
Portas, Nuno, 45, 306
Portman Jr., John C., 30
Portoghesi, Paolo, 104, 298
Portzamparc, Christian de, 13, 23, 51-2, 59, 92, 324-5
Prado, Eleutério da Silva, 57
Preteceille, Edmond, 181
PTW, 100, 103
Rainbird, Helen, 185-7, 191, 220
Rauterberg, Hanno, 87, 108, 245, 250, 342, 344-5
Ravenel, Bernard, 175
Reich, Robert, 158
Riboulet, Pierre, 189
Ricardo, David, 258
Richters, Christian, 285-6
Ridder, H. A. J. De, 145
Riedijk, Michiel, 108-9
Rifkin, Jeremy, 54, 308, 311-2
Riley, Terence, 298
Ritzer, George, 42
Rô, 192, 194, 203
Robbins, Tom, 240
Rogers, Ernest, 274
Rogers, Richard, 287, 299, 326
Rohe, Mies van der, 98, 173, 301, 338
Rossi, Aldo, 283, 297
Rothschild, Lord Jacob, 301
Rouaud, Christian, 175
Roux, Elyette, 62, 260
SANAA, 286-7
Sardinha, Ruy, 78, 254
Saunders, William, 23, 276, 296
Sayad, João, 324, 330
Schittich, Christian, 114
Schlaich, Jörg, 208
Schumacher, Patrik, 44
Scofidio, Ricardo, 76, 79-80
Scott, Ridley, 87
Segawa, Hugo, 275, 278
Senagala, Mahesh, 138
Sennett, Richard, 67-8, 142, 144, 160

Índice onomástico

Serra, Richard, 26

Shelden, Dennis, 128, 147-8, 150, 152-3, 206, 225, 228

Shelley, Mary, 196

Shiva, Vandana, 345

Shulman, Julius, 262-3, 266, 292

Sichelman, Lew, 238

Sierra, Rafael, 256

Silver, Marc, 186

Silver, Sheldon, 307

Siniavskaia, Natalia, 241

Sirkis, Alfredo, 47

Siza, Álvaro, 93, 95-7, 262, 290-2, 301, 326

Skidmore, Louis, 161, 280, 304

Souza Lima, Mayumi, 204

Specht, Jan, 76, 310-1, 313, 317

Spencer, Sarah, 242-3

Sperling, David, 78

Steiner, Dietmar, 275

Stevens, Garry, 283, 293, 288-9, 302-3

Stirling, James, 33

Stone, David, 146

Strehlke, Kai, 102

Sudjic, Deyan, 298

Sullivan, Jennifer, 146

Suzuki, Hisao, 286, 292

Syben, Gerd, 185-7, 191, 220

Tafuri, Manfredo, 21, 55, 129, 156, 171, 274, 294

Taylor, Frederick, 192, 194-5

Taylor, Sarah, 231

Terzidis, Kostas, 138, 164, 202

Think Team, 304

Thom, René, 166

Timberlake, James, 221, 223

Topalov, Christian, 181

Tschumi, Bernard, 162, 298

Turhan, Su, 100

United Architects, 304

Uriely, Natan, 76, 310

Vainer, Carlos, 33, 45

Van Lengen, Johan, 339

Varela, Péres, 255

Vargas, Nilton, 184, 186

Vasari, Giorgio, 329

Venturi, Robert, 28

Viñoly, Rafael, 250, 314

Virilio, Paul, 272

Wamelink, J. W. F., 145

Watts, Michael, 304

Webb, Craig, 72

Weber, Max, 42, 104

Weintraub, Alan, 267

Welles, Orson, 75

Whitehead, Hugh, 230

Wigley, Mark, 43, 162, 293

Wilford, Michael, 33

Wilson, Frank R., 145

Wright, Frank Lloyd, 24, 40, 60, 94

Yeste, Alicia, 170

Young, Nigel, 286

Zapatero, José Luis Rodríguez, 255

Zevi, Bruno, 274

Zukin, Sharon, 125, 303

Zulaika, Joseba, 35, 318

Zumthor, Peter, 75-7, 119, 290-1, 302, 317, 326, 330-1, 338

SOBRE O AUTOR

Pedro Fiori Arantes nasceu em São Paulo, em 1974. Graduou-se pela Faculdade de Arquitetura e Urbanismo da Universidade de São Paulo em 1999, e concluiu seu mestrado (2004) e doutorado (2010) pela mesma instituição. Atualmente é professor do Departamento de História da Arte da Escola de Filosofia, Letras e Ciências Humanas da Universidade Federal de São Paulo (Unifesp). É integrante do coletivo Usina, que atua na área de habitação popular e autogestão, autor do livro *Arquitetura Nova* (Editora 34, 2002) e organizador da coletânea de ensaios de Sérgio Ferro, *Arquitetura e trabalho livre* (Cosac Naify, 2006).

ESTE LIVRO FOI COMPOSTO EM SABON
PELA BRACHER & MALTA, COM CTP DA
NEW PRINT E IMPRESSÃO DA GRAPHIUM
EM PAPEL PÓLEN SOFT 80 G/M² DA CIA.
SUZANO DE PAPEL E CELULOSE PARA A
EDITORA 34, EM OUTUBRO DE 2012.